BIBLIOTECA DELL'ARGILETO
Nuova Serie

LETTERATURA ITALIANA
Poesia e narrativa dal Secondo Novecento ad oggi

A cura e con studio critico e profili di
Lia Bronzi

Saggi introduttivi di

Vittoriano Esposito
Nicla Morletti
Angelo Manuali

Volume II

Bastogi
Editrice Italiana

Tutti i diritti riservati
BASTOGI EDITRICE ITALIANA srl
Via Zara 47 - 71100 Foggia - Tel. 0881/725070
http://www.bastogi.it   e-mail: bastogi@tiscali.it

Nota Editoriale al I volume

Proseguendo lungo la linea editoriale tracciata in questi anni (basta riferirsi, per esempio, al volume di Vittoriano Esposito *Poesia - Non Poesia, Anti-Poesia del Novecento Italiano*, da noi pubblicato nel 1992, e ai successivi dell'"Altro Novecento") continuiamo ad orientarci verso una letteratura "altra" rispetto a quella ufficiale e/o accademica, dando voce a quanti, meno noti e meno accreditati o addirittura ignorati, hanno diritto ad una loro visibilità.

L'intenzione contiene in sé ovviamente una certa polemica, dato che molti di quelli che occupano le vetrine e i banchi dei librai, oltre che gli spazi sui mass-media, spesso non sono superiori (ed anzi a volte sono inferiori) ad altri che non hanno tali privilegi. E ci piace a riguardo qui riportare un brano della premessa al su citato volume di Vittoriano Esposito:

"...al fondo delle mie riflessioni c'è la ferma persuasione che accanto al Novecento ben studiato e perfino ben reclamizzato, c'è un altro Novecento, non sempre 'minore' eppure solitamente ignorato. Un problema grosso, questo, che sfugge alla comune considerazione ed è causa d'ingiustizie assurde".

Abbiamo fatte nostre queste riflessioni e da anni stiamo operando per eliminare o almeno ridurre queste "ingiustizie assurde" lamentate da Vittoriano Esposito.

Anche con questo lavoro, quindi, vogliamo proseguire, se possibile con maggiore incisività, su questa strada. Si tratta infatti di un volume non esaustivo e storicizzante "ad escludendum", come spesso accade, ma "ad includendum", recuperando cioè e sottoponendo all'attenzione degli addetti ai lavori e dei lettori tante voci, spesso meno note, che meritano attenzione.

Si tratta, in realtà, di un primo volume-repertorio con centosessanta autori, al quale seguirà un secondo e, probabilmente, anche un terzo volume, in modo da dare una panoramica e una documentazione la più ampia possibile del fare poetico e narrativo di questi ultimi cinquant'anni.

Cogliamo l'occasione per ringraziare quanti hanno collaborato e aderito a questa iniziativa, con particolare stima e gratitudine per Nicla Morletti, Maria Grazia Lenisa e Lia Bronzi, la quale ultima si è assunta il gravoso onere di esaminare centinaia e centinaia di libri, realizzando delle schede biografiche e critiche pregevoli che certamente saranno utili a quanti vorranno approfondire lo studio dei singoli autori.

L'editore

La Critica Letteraria
dal Secondo Novecento ad oggi
(Alcuni critici, teorie e vari metodi)

La critica contemporanea, quella che si rivolge all'arte nelle sue varie espressioni come la letteratura, la pittura, la scultura, l'architettura, la musica, il teatro, il cinema e quant'altro ad essa si rapporti, non considera solo l'aspetto estetico, ma anche quello storico, etico e religioso comunque inteso, cercando di cogliere nelle varie discipline quegli elementi che faranno vivere le opere oltre la loro misura spaziale e temporale, nell'individuazione di quel "quid" che le rende attuali e presenti ma anche universali. Dal punto di vista letterario possiamo affermare che, oggi, l'autore scrive con bisogno catartico, per testimoniare la sua presenza nel mondo e, se possibile, lasciare una traccia indelebile di sé. Ma in letteratura la qualità estetica di un'esperienza compiuta e integrale non rappresenta qualcosa di collaterale o derivato, ma qualcosa di più profondo, in quanto vera e propria condizione di possibilità dell'esperienza umana. In tal senso la capacità della critica consisterà nel comprendere largamente la presenza di questo fattore, nei vari autori, di rappresentarne quindi, attraverso termini atomistici e correlati, la genesi e la fisionomia dei processi conoscitivi. Per questo ogni critica deve essere organizzata razionalmente dal suo estensore e deve possedere un carattere qualitativo omnipervadente ed una propria peculiare tonalità, unica e inconfondibile, per peso e coerenza, nell'unità dell'esperienza estetica, cercando, al contempo, di fissare episodi correlati di una storia che è in movimento ma che possiede un'unica connessione interna in un contesto implicito, quello che oggi anche in lingua italiana si chiama: "context, background o fringe" in via di ulteriore definizione. Nella natura transazionale del rapporto critico con l'autore sarà quindi importante adoperare il discernimento, la selezione, l'astrazione, la riflessione organizzata, al fine di ridefinire ed organizzare una situazione d'esperienza che non comporti un appiattimento della ricerca ed una sua riduzione entro un orizzonte indifferenziato poiché l'essenza della sua sanità consisterà, appunto, nel cogliere il senso estensivo e persistente che evoca ed accentua la qualità dell'essere dell'uomo un tutt'uno con l'universo nel quale vive, ma anche ciò che crea l'aura e la penombra in cui l'aura, da lui creata, si libra.

Alla luce di queste riflessioni analizziamo i concetti che hanno mosso il fare critico nella seconda metà del Novecento fino ad oggi, come sviluppo e continuità dei primi cinquanta anni del secolo e ciò che caratterizzò il dibattito critico nel confronto continuo con i principali indirizzi filosofici del linguaggio. Agli inizi del Novecento, infatti, la storia delle morfologie letterarie ed il riesame della tradizione trova un nuovo sbocco con l'apporto dell'antropologia, dell'etnografia, della storia artistica e filosofica e della linguistica, che prende peso e corpo con Benedetto Croce, il quale fissa il ruolo della critica come storia culturale di un'epoca e come vicenda spirituale di un autore, nell'epifania della poesia. All'idealismo crociano si contrapporrà la poetica vociana del frammentismo, l'impressionismo di Renato Serra e il costruttivismo di Giuseppe Antonio Borgese, attento soprattutto agli aspetti ideologici e psicologici delle opere. Mentre per concordanze estetiche di carattere lirico, troveranno validi riferimenti in esso, la critica ermetica di Carlo Bo esponente della cultura cattolica e di Piero Bigonciari saggista, che influenzeranno le motivazioni storicistiche della sociologia gramsciana degli anni '50. Non commetteremo l'errore di dimenticare Giovanni Gentile, filosofo siciliano, fucilato tragicamente e ingiustamente a Firenze dai partigiani, che influenzò in senso idealistico la cultura italiana sia con la riforma della scuola del 1923 che con i suoi scritti filosofici ed estetici, la sua pedagogia, la vasta opera storiografica.

Negli anni '60, il referenzialismo, il neoidealismo, lo strutturalismo e la semiotica, nell'approdo al concetto che il linguaggio è espressione dell'attività simbolica, mentre i significati costituiscono la fissazione dei metodi o classi di comportamento e ne sono l'istituzione di regole d'uso, caratterizzano in vario modo la nostra cultura e si innestano nella lettura delle morfologie letteraria e della stilistica.

Per lo strutturalismo GIANFRANCO CONTINI, filologo e critico, contribuisce all'evoluzione e al rinnovamento della critica testuale, con un metodo critico-filologico volto a strutturare il processo formativo del testo dal punto di vista storico-estetico e stilistico. Sempre negli anni '60 la semiologia cerca di realizzare una critica nella ricostruzione integrale e omogenea dei piani significativi dell'opera: contribuiscono al suo sviluppo CESARE SEGRE, critico e filologo, che si è affermato come uno dei maggiori esponenti italiani dello strutturalismo e della semiotica assieme alla Corti ed a Umberto Eco.

Negli anni che precedettero il '68, la critica di estrazione marxista ebbe un ruolo egemone, sia per la ricerca del ruolo intellettuale relativamente ai rapporti tra letteratura e potere, che come forma di cultura alternativa, popolare e subalterna, passando da un'ottica rivoluzionaria e provocatoria ad un'ottica più accademica e istituzionale, nella ricerca di metodi con i quali le forme letterarie definiscono la loro separatezza dagli organismi sociali. In tal contesto si muovono ALBERTO ASOR ROSA e ARCANGELO LEONE DE CASTRIS. Nel 1960 la rivista "Nuovi argomenti" conduce l'inchiesta "Otto domande sulla critica letteraria italiana", che investe con una vivace testimonianza-dibattito revisionista lo "Storicismo Marxista". Prendono parte al dibattito autori come: Pier Paolo Pasolini, Alberto Moravia, Franco Fortini, Carlo Salinari, Cesare Cases ed altri, con conclusioni da istanze di razionalità galileiana. Questo periodo si caratterizza e configura, al contempo, secondo una episteme letteraria volta a fissare, nella costruzione del testo, una sistematicità scientificamente misurabile in funzione antiidealista e anticrociana.

UMBERTO ECO docente di semiotica all'Università di Bologna, saggista, narratore di grande successo internazionale e collaboratore del settimanale "L'Espresso", ha fatto parte del gruppo 63. Ha pubblicato *Opera Aperta* dove si ipotizza una teoria verificazionista del significato, quale momento di privilegio dei significati nella costruzione semantica del testo. Ed ancora nel libro *I metodi attuali della critica in Italia* nel paragrafo "La critica semiologica" a pagg. 378-383, egli sostiene: "La semiologia va alla ricerca di codici anche là dove non si pensava che ve ne fossero e scopre le radici convenzionali dei nostri atti di comunicazione". Inoltre Eco è critico nei confronti delle concezioni ontologiche dell'interpretazione, preferendo porre l'accento sulla relazione autore-lettore. Ne sono testimonianza gli scritti: *La struttura assente*; *Lector in fabula*; *I limiti dell'interpretazione*; *Sei personaggi nei boschi narrativi*; *La definizione dell'arte*; *Le forme del contenuto*; *Kant e l'ornitorinco*; *I problemi dell'estetica in Tommaso d'Aquino*.

CARLO SALINARI, docente universitario a Milano e a Roma, critico e storico della letteratura italiana, ha fondato "Il Contemporaneo". Si è staccato dal crocianesimo ed è stato fra i più convinti assertori dell'estetica marxista, convinto com'era che il marxismo riflettesse l'aspirazione ad una pienezza d'espressione, quale tentativo d'accordo del pensiero e dell'arte con il movimento della storia. Alcuni dei suoi saggi più esplicativi confluirono nei volumi: *La questione del realismo* (1960) e *Preludio e fine del realismo in Italia* (1967). Ma Salinari è ricordato, soprattutto, per la *Storia popolare della letteratura italiana* (1962) e per gli studi critici su Boccaccio, Manzoni e Pirandello.

MARIA CORTI, scrittrice, filologa e curatrice di importanti edizioni critiche, fu condirettrice della rivista "Strumenti critici", tracciò con Cesare Segre il rinnovamento della cultura italiana nel testo *I metodi attuali della critica in Italia* e nei *Principi della comunicazione letteraria*. Molte sono le opere filologiche e di critica semiologica da lei pubblicate, ed importante è l'apporto culturale, anche attraverso la prosa narrativa, come profondità e penetrazione delle teorie letterarie da lei praticate e messe in atto.

NATALINO SAPEGNO, docente di letteratura italiana all'Università di Roma, come critico, in un primo momento si riallacciò a Croce e Gobetti, dai quali man mano andò a discostarsi per collocarsi nella dimensione storico-temporale-marxista, nella radicata convinzione che la letteratura deve affondare le proprie radici nella storia civile e culturale del contesto cui appartiene. Fra le sue opere più importanti ricordiamo: *Pagine di storia letteraria* e *Pagine disperse* che volgono all'effettivo recupero di scritti di varie epoche. Ma importanti sono anche i suoi saggi su *Leopardi*; *Ritratto di Manzoni e altri saggi*. Con Emilio Cecchi, Sapegno diresse la *Storia della letteratura italiana*.

In questa nostra brevissima carrellata di critici, non vogliamo dimenticare gli animatori del dibattito critico del gruppo 63 che sono stati: Angelo Guglielmi, Renato Barilli, Edoardo Sanguineti, che andranno a distinguere tre diversi percorsi di teoria di critica, pur accomunati da una nuova ricerca di forme espressive.

ANGELO GUGLIELMI, è stato forse il più vivacemente polemico nei confronti delle istituzioni letterarie e critiche precedenti, ha ricoperto l'incarico di redattore della rivista "Il Verri" e di direttore di Raitre, dove ha promosso trasmissioni innovative come "Blob", "Chi l'ha visto?" e "Un giorno in Pretura", con una pluralità di linguaggi, privi di intenzioni teleologiche dove "Realismo creaturale" e "Realismo fisiologico", vanno a creare un linguaggio svincolato dalla retorica tradizionale. Sue opere critiche sono: *Avanguardia e sperimentalismo*; *Vent'anni di impazienza*; *Vero e falso*; *La letteratura del risparmio*; *Carta stampata*; *Il piacere della letteratura*; *Trent'anni di intolleranza (mia)*.

RENATO BARILLI, ordinario di Fenomenologia degli stili all'Università di Bologna, spazia dalla critica d'arte alla critica letteraria, fino all'estetica, alla ricerca degli equilibri culturali più avanzati, dal punto di vista etico-sociale, sicuramente propedeutici, come potemmo personalmente constatare al momento della lettura approfondita di alcuni testi, tra cui: *Per un'estetica mondana*; *Poetica e retorica*; *Informale Oggetto Comportamento*; *L'arte contemporanea* e *La neoavanguardia italiana* del 1995. Molte sono le pubblicazioni di Barilli in ambito squisitamente letterario.

EDOARDO SANGUINETI, docente di letteratura italiana all'Università di Genova, ha al proprio attivo una tagliente, pungente ed ironica contestazione dei canoni letterari vigenti, con saggi raccolti dal 1965, dai quali si evince che l'ideologia è interna al linguaggio stesso, secondo una lucida dialettica tra militanza e coscienza storiografica.

Tre epigoni della critica, quindi, ai quali si oppone la passione militante di FRANCO FORTINI, pseudonimo di Franco Lattes, insegnante di storia della critica all'Università di Siena e redattore del "Politecnico", ma anche grande poeta. Fortini ha fondato con altri collaboratori la rivista politico-letteraria "Ragionamenti" (1955). Come saggista egli si è occupato dei rapporti tra letteratura e politica, della condizione dell'intellettuale nella società neocapitalistica e della necessità di creare una nuova retorica per superare le secche apportate dalla critica marxista, ormai necrotizzata come inutile rispecchiamento storico-sociale superato per approdare, quindi, a metodi critici che lavorino sullo stile, sulla parola e sulla riflessione etica. Via che fortunatamente imboccheranno molti critici appartenenti agli anni ottanta-novanta fino agli inizi del terzo millennio che, nel mondo più eterogeneo, al di là e al di sopra della critica militante, addensano attorno ai testi dei vari autori le suggestioni più diverse, tracciando fertili campi simbolici, ideologici e antropologici per portare alla luce materiali ancora inesplorati, affiancati da operatori culturali, recensori e saggisti. Impossibile, qui, parlare di tutti. Ci limiteremo a dire, tuttavia, che il saggio va rivelandosi come la forma letteraria più rispondente ai bisogni di conoscenza del "villaggio globale", ancor più della narrativa e della poesia.

Oggi, il saggista non rinuncia ad un buon linguaggio, votato alla riflessione moralistica ed alla testimonianza dei sentimenti, ed, in tempo di globalizzazione, è ben traducibile in altre lingue a differenza della poesia, che pur resta al vertice della letteratura. Il diffondersi del terrorismo su scala mondiale, voluto soprattutto dall'integralismo islamico, l'attacco alle torri gemelle del World Trade Center di New York dell'11 Settembre 2001, ma anche le varie egemonie capitalistiche mondiali, gli spostamenti di interi gruppi etnici, le gravi disuguaglianze sociali apportate dalla miseria di tutti i sud del mondo, le guerre, l'emergenza ecologica, fanno crollare tante sicurezze sulla situazione del mondo. E non possiamo non menzionare l'insieme delle nuove tecnologie come la telematica e l'informatica, che intersecandosi tra loro vanno a formare "internet" che è rete vastissima di rapporti anche con realtà lontane, in tempo reale, tutti elementi che riducono i rapporti basati sulla parola scritta ed edita nelle forme tradizionali.

Una cosa è certa, ci troviamo di fronte ad una mutazione antropologica di enorme portata della quale non conosciamo ancora gli effetti, ma che produrrà certamente una nuova "Letteratura" planetaria e di conseguenza una critica aperta il cui volume si moltiplica ogni giorno in modo sorprendente, secondo entità che impongono modelli di comportamento globalizzato ed omogeneo, dove sarà sempre più difficile riconoscere identità soggettiva e tradizione, in un prossimo futuro. Da qui, oggi, la necessità di salvaguardare quanto più possibile lo spirito critico e la dialettica culturale, che già presenta contaminazioni tangibili, messe a dura prova da un presente che, nell'attimo stesso in cui si forma e porge i suoi frutti, le sue novità più futuribili, vede sorgere intorno a sé altre novità atte a fagocitare le prime.

E comunque, credendo noi che la storia del mondo e la letteratura siano indissolubilmente intrecciate, facciamo un atto di fede nei confronti di tutti coloro che a vario titolo scrivono sfidando la letteratura stessa, con un atto di coraggio che vuol recuperare il passato, per meglio vivere il presente progettando il futuro con vero spirito critico che sa accettare ogni cambiamento connesso alla produzione letteraria e alla riflessione teorica su di essa, sia di carattere estetico, filologico, stilistico, senza abdicare o dimenticare le radici, perché la letteratura non abbia mai fine.

Lia Bronzi

Le poetiche del Novecento

Poesie e Poetica

L'errore di fondo delle teorie sulle poetiche è quello di generalizzare e schematizzare, perdendo di vista il significato e l'essenza stessa dell'espressione artistica.

Non esiste, infatti, una poetica comune da racchiudere in una ricetta, una formula, una teoria; né esiste una scienza o un'arte che insegni le regole per scrivere in poesia. Esistono invece tante poetiche quanti sono i Poeti, perché ognuno di essi si esprime in versi con una propria tecnica, delle proprie regole e con una singolare espressività. Se è vero, quindi, che non vi è poeta senza poetica, così è pur vero che non vi è poetica senza poeta.

Le regole sono relative alla esegesi e allo studio dell'opera d'arte. Non c'è scuola, infatti, o metodo che possa dire al Poeta cosa deve esprimere e come lo deve esprimere. La nostra attenzione non può invadere il campo soggettivo della creazione ma rivolgersi solo a quello oggettivo del prodotto artistico, all'opera compiuta. Non si può dire al Poeta: "Se vuoi essere grande devi trattare questo argomento in questo determinato modo". Sarebbe la negazione stessa della poesia che in quanto tale è creazione e non costruzione. Che poi di volta in volta un testo sia didascalico, morale, satirico, epico, lirico e parli dell'amore, della natura o dell'universo intero, è solo una conseguenza dello stato d'animo in cui si trova il poeta, della sua sensibilità, della sua visione della realtà, della sua concezione della vita.

Se Alessandro Manzoni negli *Inni Sacri* e in quasi tutte le sue opere canta e glorifica la presenza di Dio, lo fa perché, in conseguenza della sua conversione, in lui quel modo di sentire è divenuto connaturale e quel modo di esprimersi una necessità.

Possiamo allora dire che la poesia non è altro che la manifestazione delle esigenze spirituali e culturali del Poeta, la quale però non si risolve, come vogliono i sostenitori dell'arte per l'arte, in un compiacimento di se stessi; e che pertanto la poetica non è altro che la forma e il contenuto nel quale il poeta esprime la propria personalità: che racchiude stile e sostanza che lo caratterizza e lo rende riconoscibile e singolare.

Quali sono allora gli elementi che ci permettono di individuare e riconoscere una poesia come opera d'arte?

La poesia è innanzitutto manifestazione, cioè traduzione di un pensiero, di un sentimento, attraverso un linguaggio, costituito dalla parola scritta, in una forma che è propria di ciascun Poeta, distinta dalla prosa e dal parlare comune, che dà forza ed espressività al contenuto. È in voga da qualche tempo di parlare di significato e significante, dato che la vecchia dizione di contenuto e forma è considerata meno colta.

In ogni caso il problema di fondo, nell'esaminare questi due elementi, è quello relativo alla loro combinazione. Si dice, infatti, che ci deve essere equilibrio, armonia, integrazione tra un argomento e la maniera nella quale viene espresso. Ma non sempre si è d'accordo sul significato da dare a questa definizione. Quelli che si considerano più moderni danno la prevalenza alla forma; mentre quelli che si considerano più classici danno la prevalenza al contenuto.

"La grande poesia" diceva Pound "è semplicemente il linguaggio carico di significato al massimo grado". La ragione prima di questo atteggiamento è da ricercarsi nel desiderio di scongiurare i sentimentalismi, di liberare il linguaggio da ogni retorica, da ogni compiacimento, per ridurla alla sua essenza, alla sua purezza.

Come sempre accade però, per sfuggire ad un eccesso si cade nell'eccesso opposto. Il linguaggio diviene così tanto essenziale da risultare scarno, manchevole, inadeguato. Ma bisogna distinguere. Si dice infatti dai più che oggi la poesia è difficile, quasi incomprensibile. Vediamo fino a che punto ciò è vero.

Che la poesia, di per sé, sia difficile non è un male, un difetto. Provate a far leggere *La divina commedia* senza il supporto delle note e senza una adeguata preparazione e vedrete quanta parte di essa risulterà oscura. Non si può pretendere di comprendere a pieno, specie alla prima lettura, un testo poetico. Per entrare nel mondo di un Poeta è necessario essere attrezzati, esperti, aggiornati e predisposti al dialogo. Anche il poeta più semplice e discorsivo ha una sua profondità, una sua oscurità, se è un vero Poeta.

Ma il problema non è tanto questo, quanto piuttosto quello di vedere fino a che punto il Poeta ha il diritto (o la licenza) di usare o di abusare del linguaggio, cioè di valersi di modi di dire liberamente inventati, con la trasposizione delle parole, l'uso delle immagini, delle assonanze, delle analogie e di tutto l'armamentario della lingua e delle sue figure retoriche.

Partiamo dal linguaggio comune per meglio intenderci. Se noi usiamo, per esempio, espressioni di questo tipo: "amore ardente, accendersi d'ira", effettuiamo uno spostamento, all'interno dei significati. L'aggettivo ardente, proprio di cosa che brucia, non appartiene a rigore all'amore che è un sentimento; come l'accendersi, proprio di cosa che brucia, non potrebbe essere riferito a uno stato d'animo. Eppure nella realtà queste espressioni sono molto usate e con efficacia espressiva.

Prendiamo ora i versi "Dolce e chiara è la notte e senza vento" di Leopardi o "In me si fa sera: l'acqua tramonta/ sulle mie mani erbose" di Quasimodo oppure il famosissimo "M'illumino d'immenso" di Ungaretti.

Nel primo caso molto chiaro e comprensibile è il verso. La notte è dolce perché l'aria è mite, senza vento ed è chiara per la luce lunare. Ma anche qui vi è un aggettivo usato in modo improprio. La dolcezza, infatti, appartiene al gusto, al palato e non alla notte. Eppure quel "dolce" è del tutto appropriato e convincente.

Nel secondo caso è tutta la frase usata in modo originale e la sua comprensione impegna maggiormente la nostro intuizione. In me si fa sera: cioè mi immalinconisco, divento triste e cupo come il cielo all'imbrunire. L'acqua tramonta: cioè scorre, cade, passa, come il sole che scende dietro i monti, con lo stesso senso di abbandono, di perdita. Sulle mie mani erbose: c'è qui come una immedesimazione con la natura e l'erba che mi circonda, in cui si confondono le mie mani, è come parte di me stesso.

Nel terzo caso la luce che è degli astri viene riferita all'universo nella sua immensità, da cui deriva al Poeta una illuminazione tutta interiore, intellettuale e spirituale.

In tutti e tre i casi, come si vede, c'è linguaggio. Nel primo è più facile negli altri due un po' meno, ma sempre esso è tale da permettere una comunicazione. È questo il punto da tenere presente, dato che la poesia è essenzialmente dialogo, anche quando apparentemente il Poeta parla solo a se stesso, perché sempre egli vuole comunicare, altrimenti si fermerebbe al pensiero e non affiderebbe le sue meditazioni alla parola scritta, che è un segno linguistico, un mezzo di trasmissione.

Da quanto sopra risulta che quella che potremmo chiamare una trasposizione, un trasferimento di senso da un piano logico a un piano intuitivo, di per sé è tutt'altro che un male e l'elemento formale ne ricava forza espressiva. Ma fino a che punto? Evidentemente finché si resta nei limiti della comprensione, cioè finché si riesce ad esprimere e a partecipare agli altri il proprio pensiero, i propri sentimenti, le proprie immagini, le proprie suggestioni. Finché cioè i due elementi della poesia, contenuto e forma, significato e significante, quello che si vuol dire e il modo nel quale lo si dice non sono manchevoli, sacrificati l'uno all'altro e il dialogo è ridotto a vano soliloquio. Quando ciò accade il Poeta scrive solo perché sente una vaga immedesimazione, da cui deriva una forma di espressione quasi inconscia che segue solo un suo ritmo, una sua musicalità e della logica del pensiero resta ben poco. L'indistinto prende il sopravvento e la parola è detta prima di essere compresa, prima che giunga a una piena consapevolezza di sé.

Tornando al discorso iniziale, dobbiamo concludere che vi sono tante poetiche quanti sono i Poeti, perché in fondo la poetica è il mondo stesso del Poeta, il suo stile, il suo modo di essere, di concepire la vita e l'arte e di tradurlo in poesie. I gruppi, infatti, le correnti e le stagioni letterarie hanno senso è significato solo in una ricostruzione storica (che riguarda i critici), nella quale si cerca di individuare il clima culturale nel quale hanno operato i Poeti di una certa generazione. Ma anche così non si potrà non riconoscere che poi ciascuno ha avuto la sua personalità, la sua specificità, il suo modo di interpretare la realtà del proprio tempo e, quindi, distinguere tra chi ha innovato e chi ha imitato o non ha saputo sviluppare a pieno la sua personalità e il suo stile: in una parola la sua poetica.

LE POETICHE DEL NOVECENTO IN ITALIA

Alla fine dell'800 i Poeti tendono a evidenziare e rivalutare il loro fare poetico, contrapponendolo ai sistemi filosofici, alle teorizzazioni sull'arte. Avviene così una rivalutazione delle poetiche attraverso la personale riflessione sulla letteratura, con una molteplicità di scelte, di scuole, di movimenti e di correnti. Contro la filosofia positivista andò affermandosi sempre più un atteggiamento che venne considerato "irrazionale". La ricerca di originalità ad ogni costo divenne stravaganza, ricerca del mistero, del sensuale, dell'esaltazione vitalistica.

Quella degli Scapigliati fu la prima sperimentazione che tendeva a distaccare la poesia dalla società, contrapponendola alla industrializzazione. Ma fu un atteggiamento provinciale, che non seppe innestarsi in una salda tradizione, da cui partire per un rinnovamento di contenuti e di forme. Erano anime dolenti, vittime di un male di vivere incapace di trovare una via di guarigione attraverso l'arte e la storia.

Fu il Pascoli per primo nel 1892 a parlare di "poesie delle cose" di "cose e fatti poetici in sé" come rileva Luciano Anceschi; e nel 1894 afferma che la poesia italiana deve essere rinnovata attraverso uno svecchiamento del lessico. La poesia infatti ha una sua struttura, un suo modo di ragionare, immediato, meravigliato, come se si vedesse per la prima volta: è la visione intensa che esalta le nostre capacità di vedere e di stupirci, conducendoci alla rivelazione, attraverso l'analogia "come di chi due pensieri dia per una sola parola". È il modo di vedere intenso del fanciullo, fatto di immediatezza e inventività. Siamo sulla strada dell'irrazionale e del simbolico.

Dopo il Pascoli, il simbolo si manifesta come allusione analogica, che rinvia ad altri significati e come forzatura degli oggetti, caricandoli di forti tensioni. D'Annunzio poi diviene lo sperimentatore per eccellenza e l'irrazionale in lui si istituzionalizza, si trasforma in modello di vita, volontà, sensualità, istinto, giungendo a vera e propria esaltazione. Fu certamente grande versificatore, padrone della parola, ma superficiale, eccessivo, privo di profondità. Fu insomma soprattutto un esteta, innamorato di sé e del bel gesto e non seppe cogliere il vero senso della vita e dell'arte. Pur tuttavia in lui, con tutti i suoi limiti e ancor prima in Pascoli, troviamo i prodromi di una nuova sensibilità, di un nuovo modo di esprimere la poesia, attraverso l'oggettività e l'analogia.

Dopo un primo periodo in cui si sviluppa l'illusione crepuscolare e futurista, il Novecento tende a una nuova poesia, ad una nuova lirica che sappia esprimersi attraverso una parola concentrata, essenziale, priva di retorica, autentica e immediata. Nasce così con Ungaretti da un lato e con Saba e Cardarelli dall'altro una poesia che ha assimilato la lezione del Simbolismo e sa giovarsi della poetica delle forme nuove del Pascoli. La parola diviene da un lato suggestione, incanto, musica che estende il suo significato al di là di sé e dall'altro un mezzo per nominare gli oggetti, caricandoli di significato e facendoli divenire portatori di emozioni e valori nuovi. Vengono così a svilupparsi due indirizzi: quello dell'ermetismo e quello del nuovo classicismo. Il primo espresse nella parola la problematicità del tempo, le sue inquietudini, cercando una continua rinnovazione; il secondo volle dare alla parola una dimensione storica, classica e moderna insieme.

La poesia di Ungaretti, ad un esame critico, appare quella che meglio ha riassunto e interpretato la crisi di quegli anni, con immediatezza e autenticità. Con lui si ha piena consapevolezza della falsità della parola oratoria e decorativa, estetizzante e bozzettistica, malinconica o sensuale. La parola poetica si manifesta così come "soggettiva e universale insieme" portatrice di una "tensione estrema che la colmi della purezza del suo significato", una poetica che fa assurgere la parola a illuminazione interiore attraverso "la trama rivelatrice delle analogie".

Tra gli anni '30 e '40 anche Ungaretti però sente la necessità di ritornare al verso lungo, l'endecasillabo, come un modo di recuperare la tradizione italiana. Riflettendo sullo stile egli lo intende come "segno generale di un'epoca nel segno particolare di un singolo". E a proposito della poesia come dialogo e comunicazione, di cui si parlava nella prima parte di questo breve saggio, egli avverte che un vero artista sente la pena che la sua parola rimanga indecifrabile a tanta parte degli uomini.

Ad altra tradizione si richiama Montale. La sua terra è la Liguria, con le sue asprezze, i suoi pendii, le sue balze da paese emblematico.

Egli percorre la via della negazione, del nulla, dell'assenza di significati. Diviene così interprete di un'umanità senza miti, senza illusioni, con un'acuta e immediata visione del vuoto, dentro di noi e intorno a noi. È pienamente dentro la crisi del suo tempo, anche se cerca di dare voce e significato a ciò che significato non ha. La vita gli si manifesta attraverso il paesaggio ligure e i muri a secco, che hanno in cima "cocci aguzzi di bottiglia", lungo i quali si cammina senza poter vedere che cosa c'è al di là di essi. E a proposito della forma egli ci dice: "Il poeta non deve soltanto effondere il proprio sentimento, ma deve altresì lavorare la sua materia verbale fino a un certo segno e dare alla propria intuizione quello che Eliot chiama correlativo oggettivo". In parte Montale è tributario, per la sua poetica, a Sbarbaro ma ha saputo dare alla sua poesia ben altra consistenza, rafforzando i simboli fino a farli divenire dei veri e propri emblemi, liberandoli da ogni compiacimento, ambiguità e malinconia. Il suo sguardo diviene lucido, attento, fino a una visione del tutto disincantata e disillusa della realtà. Anche Saba e Cardarelli avvertirono certe inquietudini, ma in modo meno rigoroso e intenso, con accenti più leggeri e dolci, in un equilibrio di musicalità, di parole e di immagini.

In Quasimodo vi è poi la "poetica della parola" intesa come parola assoluta, che si fa espressione di un forte sentimento al quale dà valore, tono e durata. A questa prima fase, quella propriamente ermetica, segue di poi in lui, dopo le tragiche vicende della seconda guerra mondiale, una nuova poetica: quella dell'impegno, della politica. "Oggi" egli scrive "dopo due guerre nelle quali l'eroe è diventato un numero sterminato di morti, l'impegno del poeta è ancora più grave, perché deve rifare l'uomo, questo uomo disperso sulla terra, del quale conosce i più oscuri pensieri, quest'uomo che giustifica il male come una necessità".

Molte altre voci, correnti e movimenti, andrebbero annotate in questa prima metà del Novecento, ma ci sembra che, in una rapida disamina, quelle citate siano le personalità più significative. Tutti gli altri in qualche modo possono essere considerati "minori", in una accezione comunque alta di tale termine, con le dovute distinzioni e considerazioni per la loro produzione poetica, che ha contribuito a una ricca e qualificata stagione letteraria. Basti pensare a Dino Campana, poeta singolare che recupera nei *Canti Orfici* miti e simboli della tradizione esoterica, dando ad essi una forza liberatrice; o a Marino Moretti, con la sua voce un po' malinconica, che si interroga su se stesso con intima consapevolezza ed accetta la vita come un dono di cui essere grati; o, ancora, a Arturo Onofri che fu anch'egli, tra Cardarelli e Ungaretti, ricercatore della assolutezza della parola, ma non seppe o non volle andare fino in fondo; oppure a Clemente Rebora testimone di una lotta, fino alla conversione, e di un'avventura umana e artistica per la libertà interiore; o ancora a Aldo Palazzeschi, tenace ricercatore, tra il comico, il grottesco e l'espressionista, frantumatore di versi; a Giorgio Caproni con una sua singolare concezione della vita e del mondo, con i suoi colori e le sue luci, velata da un po' di malinconia; a Leonardo Sinisgalli ad Alfonso Gatto, da Attilio Bertolucci a Lucio Piccolo, fino a Vittorio Sereni. Molti altri ad essi si potrebbero aggiungere, da Gian Piero Lucini a Mario Novaro, da Ceccardo Roccatagliata Ceccardi, da Corrado Govoni a Piero Iahier, da Virgilio Ghiotto ad Aldo Spallicci, da Delio Tessa ad Angelo Barile, da Camillo Sbarbaro, di cui forse troppo brevemente abbiamo parlato, a Girolamo Comi, da Riccardo Bacchelli a Biagio Marin, da Giorgio Vigolo e Giacomo Noventa, da Carlo Betocchi a Sergio Solmi (squisito critico oltre che buon poeta): tutti partecipi e testimoni della poesia di quegli anni. Ma non molto si aggiungerebbe a quanto già detto, trattandosi di figure che hanno avuto sì un loro fervore letterario ma, raramente comprimari, hanno fatto un po' da spalla e da contorno alle grandi figure, la cui personalità ha lasciato netta e indelebile l'impronta poetica. Una citazione a parte deve andare a Mario Luzi per la sua alta lezione di stile e per la tenace coerenza nel rimanere sempre fedele alla sua cifra ermetica, anche quando nuove stagioni letterarie, nel secondo Novecento, faranno cercare e percorrere nuove strade.

Con gli anni '40 l'Italia e l'Europa saranno tragicamente protagoniste e spettatrici di una grande tragedia: quella della seconda guerra mondiale, con milioni di morti e il terribile genocidio del popolo ebraico.

Di fronte a questa cruda realtà bisognava porsi nuove domande, dare un impegno nuovo alla vita, ripartendo dalla realtà quotidiana, dalle macerie delle case e delle anime. Salvatore Quasimodo, come abbiamo già detto, fu uno dei primi che sentì l'urgenza di "rifare l'uomo", di dargli nuova dignità e nuovo impegno sociale e politico.

Molti altri, soprattutto giovani, sentirono l'esigenza di percorrere nuove strade, di cercare nuove esperienze poetiche. Nacque così quello che prese il nome di neo-realismo, nel quale l'attenzione fu rivolta soprattutto al sociale, per recuperare le istanze etico-civili, passando dall'individuale al collettivo e ricercando una parola nuova di verità e di autenticità. Viene anche recuperata in qualche modo la poetica e l'esperienza di Cesare Pavese che, con i suoi versi lunghi, quasi prosastici, ci aveva dato la poesia del quotidiano.

Abbiamo così i versi di Franco Fortini nei quali prevale il conflitto tra etica ed estetica e la poesia, come "lingua morta", ha una sua inattualità, per cui viene costruita come una rigorosa opposizione, negazione, rifiuto delle "false libertà" di una società capitalistica. E ancora

Pier Paolo Pasolini, nel quale forte diviene il conflitto tra la sua estrazione cattolico-borghese e l'aspirazione a una rivolta proletaria, rimanendo imprigionato dentro le sue tensioni, le sue ambiguità, la sua personalità irrisolta e sofferente. E poi abbiamo Rocco Scotellaro, politico militante che, dalla sua Lucania, grida la sofferta indignazione dell'emarginato, testimone della miseria dei contadini del Sud. E con essi tanti altri che si incamminarono verso la poesia realistica.

Ma questa stagione durò poco. Già verso la metà degli anni '50 nascevano nuove esigenze e nuove proposte, sia per l'insofferenza di molti verso un impegno troppo marcato, volto verso una certa direzione, sia per la constatazione che in fondo i risultati sul piano letterario erano di modesta entità, rispetto alla grande stagione del primo Novecento.

Vi era un generale scadimento del linguaggio che si riduceva al parlato comune, senza la forza e il vigore della poesia vera.

A questo distacco dal neo-realismo contribuì anche la ricostruzione in atto, il rapido sviluppo economico che diede un forte incremento al benessere comune, tanto da parlare di vero e proprio "boom".

Si ebbe così un superamento e quasi un rifiuto del neo-realismo, legato agli anni dell'immediato dopo guerra, ormai superato e da dimenticare. Nacque quindi quello che viene definito come "disimpegno", da cui scaturisce per alcuni la voglia di neo-ermetismo e per altri la convinzione che bisognava esplorare nuove strade. I neo-ermetici guardavano soprattutto a Mario Luzi il quale, come abbiamo detto, era rimasto fedele all'esperienza ermetica. Su questa linea troviamo la figura eminente di Andrea Zanzotto anche se su posizioni del tutto singolari, nelle quali andava effettuando sperimentazioni del tutto proprie, con un "discorso vertiginosamente, virtuosisticamente lirico" come dice Alfonso Belardinelli.

Le nuove strade portarono alla neo-avanguardia la quale proponeva il superamento e perfino la rottura con il passato. Questi poeti si chiamarono "novissimi", prendendo il nome da una antologia del 1961 che raccoglieva testi poetici di Pagliarini, Giuliani, Sanguineti, Balestrini e Porta. Successivamente, a questi poeti se ne aggiunsero altri formando il "Gruppo 63", famoso e rumoroso gruppo di operatori culturali che diedero senz'altro uno scossone alla cultura di quegli anni, ottenendo prestigio e prebende, ma non produssero testi poetici di valore, anche perché per scelta, come giustamente rileva Vittoriano Esposito, loro scopo era quello di creare in realtà dell'anti-poesia.

Dopo gli anni '60 e fino ai giorni nostri diviene più difficile individuare le strade attraverso le quali si è andata sviluppando la poesia italiana, sia perché c'è stata una sempre maggiore proliferazione di autori e di testi, anche al femminile, sia perché non ci sono state importanti personalità che hanno saputo lasciare una impronta forte e sicura, se si escludono Mario Luzi e Andrea Zanzotto, di cui abbiamo già parlato e che appartengono alla prima generazione del Novecento. In compenso il livello di scrittura di molti è senz'altro generalmente aumentato, per cui si può parlare di una stagione, dagli anno '70 in poi, di buoni poeti, molti dei quali non del tutto conosciuti o addirittura ignorati. È la conseguenza da un lato della proliferazione delle sigle editoriali, la quali producono testi poco visibili e di difficile reperibilità (complici in questo anche i librai che rifiutano quasi sistematicamente i testi di poesia se non sono pubblicati dai grossi editori), dall'altro la prevalenza dei grossi gruppi editoriali e dei grandi mass-media che ignorano ed emarginano tanti Poeti che meriterebbero migliore sorte.

Volendo citare dei nomi, tra i più noti (che non vuol dire per questo che siano i più bravi), possiamo ricordare quelli di Bárberi Squarotti, Canali, Cattafi, Cavallo, Conte, Cucchi, De Angelis, Matacotta, Merini, Raboni, Ramat, Amelia Rosselli, Sanesi, Selvaggi e Viviani. Una citazione a sé merita Maria Grazia Lenisa "trasformatrice di visioni, ritmi e immagini" come dice Giorgio Bárberi Squarotti.

Ci esimiamo dal parlare degli altri Poeti in quanto, in questo volume e nel precedente, Lia Bronzi ne ha già esaminata una buona schiera, dandoci una significativa mappa del fare poetico dal secondo Novecento ad oggi. Altri restano ancora fuori, di certo, alcuni dei quali abbastanza noti; ma di essi si parlerà in altra occasione, dato che lo scopo dichiarato di quest'opera è quello di dare voce e visibilità a quanti non ce l'hanno o non ne hanno tanta quanta ne meriterebbero.

Angelo Manuali

Ricerca e Tendenze di Nuove Forme Letterarie agli inizi del Terzo Millennio

Avevamo già scritto nel saggio critico "Tendenze letterarie agli inizi del Terzo Millennio" presente nel primo volume della *Letteratura Italiana - Poesia e narrativa dal Secondo Novecento ad oggi:* "Oggi, possiamo oggettivamente osservare come si annunci un tempo che possiede tutte le forme ed una mescolanza di esse, nessuna delle quali ha più l'intenzione di imporre la propria unicità, in nome della necessità storica o della logica di corrente, con opere caratterizzate, talvolta, da plurilinguismo e pluristilismo a fini sperimentali...". Ci rendiamo conto, come del resto molto giustamente è stato rilevato, a proposito del nostro libro in "Red Xio Pn Adnkronos" nell'articolo "Toscana: in Consiglio Regionale Poeti e Scrittori contemporanei" del 24/3/2007, con testuali parole che recitano: "...In sostanza il libro è un prototipo di manuale della letteratura italiana molto simile all'instant-book, il che rende l'opera per un verso rischiosa, ma per un altro molto affascinante...". Del come e del quanto sia difficile e rischioso esprimersi oggettivamente sull'opera di Autori contemporanei, quasi tutti viventi o scomparsi da poco, ci rendiamo ben conto, tuttavia vogliamo precisare che non abbiamo voluto giudicare i vari Autori, piuttosto registrare e testimoniare con serietà ed approfondimento meditato sulla letterarietà delle loro pubblicazioni e sugli inediti, anche con partecipazioni nostre ad eventi letterari, nei limiti che solo la possibilità materiale ci ha imposto.

Alla luce di queste considerazioni, completeremo il panorama sulla contemporaneità riallacciandoci a quegli aspetti letterari che non appartengono solo all'Italia, poiché sono appannaggio espressivo della cultura planetaria contemporanea, ma all'intero pianeta. Esiste infatti, nel panorama geopoetico e non solo, una scrittura non lineare che comprende quattro modi di manifestazione: la *poesia visuale* che, grazie alle avanguardie, investe innanzitutto l'oggetto figurativo e tutto ciò che va ad integrare visualità e scrittura; la *poesia sonora*, flusso eracliteo che opera nelle parole secondo una "pronunciatio" che è polifonia auditiva; la *tecnopoesia*, che si esprime attraverso la videopoesia con funzioni metonimica, attraverso un linguaggio con grado di eccellenza, in quanto capace di realizzare all'ennesima potenza il montaggio dei montaggi del pianeta, con duttilità di creazione lessico-morfologica, collegamento morfosintattico di segni e testi sonoro-visivi, attinti al patrimonio audio-iconico mondiale; e la *poesia performativa* che, inscenando gli stereotipi della gestualità e del linguaggio, compie una rigorosa analisi della condizione umana, riuscendo a mostrare con efficacia la tensione del vivere umano contemporaneo, quale "medium" piuttosto aristocratico, che crea contatto mentale e simbolico tra artista e fruitore, fra soggetto ed oggetto, tra l'io e il tu, nell'ambito di un territorio indefinito che riconosce nella poesia il suo virtuale capoluogo.

Tornando indietro di mezzo secolo, si potrà notare come nella congiuntura storico-culturale che aveva già visto in Europa il primo sviluppo e quindi il progressivo consolidarsi della filosofia analitica del linguaggio, quale acquisizione semantica e base sociale e pratica del significare, con l'ingresso dell'esperienza nel linguaggio, escono nel periodo che va dal 1962 al 1963, cinque opere di studiosi di tale disciplina, appunto, create ciascuna in modo del tutto autonomo in quanto i loro Autori, appartenenti a ben tre paesi diversi, non avevano ancora avuto modo di conoscersi e scambiarsi le loro opinioni in proposito. Alludiamo alle opere intitolate rispettivamente: *Il pensiero selvaggio* di Claude Lévi-Strauss (1962); *La Galassia Gutemberg* di Marshall McLuhan (1962); *Le conseguenze dell'alfabetizzazione* di Jack Goody e Jan Watt (1963); *Cultura e civiltà della scrittura* di Eric A. Havelock (1963) e *Animal Species and Evolution* di Ernst Mayr (1963) nelle quali, fra le molteplici analisi, antropologiche, sociologiche e storiche, si prendono in esame le conseguenze dei processi di alfabetizzazione nelle culture orali nel tempo, che hanno saputo conservare e trasmettere la creatività culturale dei popoli, per mezzo della parola detta o cantata, assicurando in tal modo al linguaggio la possibilità di raccontare il mondo, nel sobrio corollario di una semantica basata sulla conoscenza, pur con varianti e riformulazioni diverse che avevano caratterizzato, fin dall'antichità, l'oralità.

Tali pubblicazioni, molto apprezzate anche in Italia, ci ricordano l'importante funzione che aveva avuto l'Aedo con il canto orale, quando ancora Fiatone non aveva condizionato e ridimensionato l'importanza della poesia, che fu relegata solamente ad intrattenimento estetico, trascurando così il fatto che essa avrebbe potuto veicolare il significato delle essenze logiche e razionali, che sono poi la conseguenza delle azioni sociali e della concertazione delle varie azioni della vita e che, il nominare le significazioni linguistiche che emergono dall'esperienza, come caratteri derivati dall'interazione naturale, è caratteristica della genialità umana, che non può essere solo descritta, come fosse pittura o altra arte figurativa, ma è soprattutto integrazione degli aspetti soggettivi, oggettivi e universali della realtà.

Storicamente, nello snodarsi epocale del Medioevo, una parte della poesia tornò ad assumere la forma orale, innestandosi nell'esistenza sociale, quale "vox" che divenne antesignana macchina performativa, pur con i necessari "distinguo", grazie ai menestrelli, ai giullari, agli attori, in quanto paradossalmente unico "mass-medium" dell'epoca, proprio quando profondi mutamenti investivano anche il lessico e la semantica nel riferimento alle origini romanze. Infatti, sia a causa dell'uso linguistico vivo, sia per l'influenza esercitata dai popoli invasi e assoggettati dai Romani, il latino parlato, detto più comunemente "volgare", andava sempre più allontanandosi da quello codificato dalla grammatica, dalla sintassi e dalla stessa scrittura letteraria fino a cambiare in modo radicale, a causa delle varie popolazioni appartenenti all'impero, che esercitarono la loro influenza sia sulla lingua che sulle arti figurative, in linguaggi talora totalmente nuovi. Tuttavia la preziosa eredità della civiltà romana: il latino, restò per stilare e codificare rapporti giuridici, diplomatici ed ecclesiastici. Il Concilio di Tours dell'anno 813, nella diciassettesima deliberazione di legge, promulgò quanto segue: "All'unanimità abbiamo deliberato che ciascun vescovo tenga omelie contenenti le ammonizioni necessarie a istruire i sottoposti circa la fede cattolica, secondo le loro capacità di comprensione. E che si studi di tradurre comprensibilmente le medesime omelie nella lingua romana rustica o nella tedesca, affinché più facilmente tutti possano intendere quello che viene detto." da *Monumenta Germaniae Historica Concilia, II 286*.

Da allora molti furono gli eventi storico-sociali che contribuirono a cambiare la nostra lingua, a partire proprio dalla Sicilia, ma ciò che preme a noi evidenziare è come dall'XI al XII secolo si vadano a costituire gli albori della nostra civiltà letteraria, passando proprio dall'oralità recitata attraverso la fioritura dei sirventesi in lingua provenzale di autori italiani, fino all'operare poeticamente, da parte di provenzali, a partire da Rambaldo di Vaquieras, con componimenti anche creativamente improvvisati, recitati e musicati. Ed è in questo periodo che il volgare italiano viene adoperato mescidato al provenzale, al francese, al guascone e al gallese-portoghese, secondo la tecnica trobadorica. Un poco per volta le due norme che regolano il verso e la metrica divengono ritmiche e sillabiche, ad uso dell'oralità, della mimica e della gestualità, con accompagnamento anche musicale e non più come nella poesia latina, dove vigeva la regola prosodica, fino a giungere al "tropo" che è unità appena accennata nel ritmo e alla "sequenza" che è canto dispiegato di note e parole.

Dapprima questa combinazione poetica si presentò come "Itinerarium mentis in Deum" quindi, attraverso una trasposizione di immagini, si venne a creare un "mélange" dove la dottrina cristiana è applicata all'amore profano, nell'insieme della poesia di corte, che assembla il servizio amoroso ed il rapporto feudale, secondo un "trobar clus" di complessa organizzazione, ad opera di Arnaut Daniel, presente negli anni che vanno dal 1180 al 1220. In Italia ed in Francia, sia l'innografia religiosa che i canti goliardici, ebbero necessità dell'accompagnamento musicale, poiché indirizzati ad una fruizione auditiva, più che di studio e di lettura, in modo tale che la strofa, il verso con ritmo, rima e melodia divenissero comunicazione, "performance" interregionale e coesione ideologica, che troveranno in Francia, nel nobile Jaufré Rudel e in Italia in Sordello da Goito, uomo dalla vita avventurosa e **romanzesca**, immortalato da Dante nel VI Canto del Purgatorio, due dei più **significativi** iniziatori ed esponenti.

È appurato che la prima espressione significativa della nostra lingua lirica del Duecento è rappresentata dalla scuola siciliana e dal cenacolo della corte di Federico II, con Giacomo da Lentini, senza dimenticare Cielo d'Alcamo, Rinaldo d'Aquino e molti altri, tutti poeti di riferimento per i toscani, tra cui vale la pena ricordare: Guittone d'Arezzo, Bonagiunta Orbicciani, Chiaro Davanzati.

Questi brevi cenni storico-letterari per ricordare che forse il bisogno, da parte di alcuni poeti, di aderire alla odierna "performance" per sedurre se stessi ed i fruitori attraverso un processo di disvelamento, ha radici storiche profonde, anche se avvertite come stimolo a partire dalla seconda metà del Novecento e trova in Italia una propria evolutiva vicissitudine con spettacoli di poesia. Del resto niente nasce per caso e, se la poesia trobadorica seppe creare testi che con la musica avranno una loro fruizione di ascolto e saranno destinati, col tempo, ad acquisire corpo ed uso totale di lettura, analoghe invenzioni e investigazioni sul linguaggio verranno compiute, con funzione estetica, dalla "poesia in azione" a partire dagli anni '60, in modo particolare a Firenze.

Ma prima di proseguire nell'analisi, vorremo ricordare anche come una canzonetta attribuita a Federico II ci giunse accompagnata da note, come del resto, al contempo, una canzone di Dante fu musicata da Casella, cosa che lo stesso poeta ci ricorda nel XI Canto del Purgatorio. In tal senso alcuni artisti medioevali, anche se con connotazioni diverse di ordine storico-culturale-sociale, si presentano a noi come **precursori di** quella tipologia letteraria che giunge in Italia, come già detto, nei primi del Secondo Novecento, dal mondo Occidentale, a veicolare "nuove emozioni culturali", secondo una traversante di percorsi a partire dalle arti visive e figurative che hanno avuto esponenti come: Duchamp, Lucio Fontana, Warhol ed altri, passando per la letteratura, fino alla saggistica scientifica abilmente descritte nel rinnovamento di canoni estetici, per addivenire ad una sociosemiotica della cultura che **privilegia la** comunicazione attraverso la rappresentazione simbolica, con uno spazio di pensiero, dove la gestualità e lo sguardo sono guidati dalle idee, verso un intimo approdo, nella certezza di vivere un tempo segnato dall'integralismo islamico, che ha reso nube di fumo e detriti le "torri gemelle", in una cultura globalizzata, che può salvare se stessa e l'uomo, solamente nell'individualità dell'arte e della creatività del singolo. E non sembri azzardato il parallelo con tempi di culture mescidate ed il nostro volere riallacciare l'attuale attività performativa della poesia in azione a tali radici, anche se poi la sua evoluzione più recente e contemporanea trova ispirazione sia sulla stratificazione -scomposizione cubista, che sulla velocità e simultaneità cara ai futuristi, mentre va a creare diversi centri attrattivi che consentono molteplici letture, e percorsi variegati ma pur tutti legittimi, nei quali la verbovisualità ed improvvisazione hanno un ruolo fondamentale e creativo.

Oggi il "performer" comunica in un contesto reale, dove ci sono parlanti ed ascoltatori reali ed il suo linguaggio è piuttosto un fenomeno inter-individuale che intra-individuale e da questa interazione trae senso e significato, per cui si passa da una visione innatista ad una visione interazionista regolata da spirito critico e grande pratica della poetica sapienziale dell'esistenza, per *realizzare* quell'atto linguistico-pragmatico che porta in sé una riflessione metalinguistica, sia nella forma dell'espressione che nel movimento ritmico del corpo, che è poi memoria ancestrale ed al contempo reazione moderna di un'intera tradizione di sopravvivenza umana alla ricerca di nuovi sbocchi di comunicazione. Abbiamo notato come l'uso della "performance" poetica si diffonda sempre più, anche nella poesia tradizionale, con la partecipazione di un pubblico che altrimenti non verrebbe sedotto. Alludiamo alla "lectura Dantis" di Benigni, il teatro di Dario Fo e Fabrizio De Andrè, artisti capaci di trasformare, ridefinire, riorganizzare, riattualizzare situazioni di esperienza con testi classici di poesia, attraverso la messa in opera di significati reali, come processo di sviluppo di una nuova forma, come ricchezza e varietà dell'attività umana nella completa integrazione di valori colti nel loro dialettico divenire.

A questo proposito vale la pena di ricordare l'impegno profuso da Fiorenzo Smalzi, "patron" del "Gran Caffè Storico-Letterario Giubbe Rosse" di Firenze che, in concomitanza con la Giornata Mondiale della Poesia indetta dall'UNESCO, ha organizzato, quale direttore, l'evento culturale del "Festival Internazionale di Poesia in Azione" alla sua X edizione a + voci, il 16/17 Marzo 2007, con la direzione artistica del grande poeta Massimo Mori, della poetessa e scrittrice Liliana Ugolini ed il coordinamento di Tiziano Pecchioli, sotto gli auspici del Sindacato Nazionale Scrittori, nel percorso di "La Poesia Praticabile nella babilonia del quotidiano". Tuttavia ci domandiamo: riuscirà il post-moderno e contemporaneo ambito performativo intermediale a creare e costruire una poesia che sia veramente multidimensionale e pluridimensionale, policentrica e multilaterale, poliritmica e multisonante, capace di istituire un percorso vero in concreti scenari esistenziali, percepibili in termini estetici, qualitativi e globali, oppure essa è appannaggio aristocratico estensibile ai pochi che la sanno intendere?

"Ai posteri l'ardua sentenza", a noi il compito, con tutte le cautele del caso, di proporre ai lettori il fenomeno in atto fin dal 1963, ed in crescendo, di tale esperienza che si presenta già come unità espressiva nella sua percezione diretta e genuina presente nel mondo, chiaramente unita ad esso nella dimensione del conoscere e dell'agire contemporaneo, dove il nuovo si riallaccia all'antico, al passato, alla storia, alla stessa tradizione, nella sensibilità della poesia che rivela, oltre alla sua grande spiritualità, la sua natura corporea, la sua materia e sostanza nell'interazione tra ricerca e sperimentazione delle contaminazioni tra culture e linguaggi, nei quali la contemporaneità si caratterizza per novità/genialità, ma anche irregolarità artistica, verso la quale dovremo rivolgere tutta la nostra attenzione per coglierne il registro espressivo, l'alternanza continua in forme diverse; la qualità polifonica, insomma, che consegna alla poesia la giustificazione della propria esistenza ed a noi l'empito che ci porta ad indagare su ciò che è ed esiste, in questo travagliato tempo, che non è mai privo di sostegni storico-culturali e di riferimenti, magari inconsapevoli, ad un qualche precedente ed identificabile percorso teorico, con una riflessione trascendentale sul ruolo dell'estetico nell'esperienza, colta nel sentimento della continuità.

Comunque, il nostro prendere atto di situazioni di esperienza che sono ed esistono sia in letteratura che nelle arti figurative, insomma, nell'estetica considerata nelle sue varie forme, vuol registrare la ricchezza e varietà dell'attività umana che accentua, oggi, il carattere di globalità e totalità qualitativa di ogni esperienza creativa individuale, che domani certamente avrà un volto diverso per il processo di interazione di componenti culturali diverse, come qualità sensibile di un'unica, solida struttura dell'umanità in cammino.

Nicla Morletti

Panorama della Narrativa Italiana del '900
(Sintesi)

Premessa

Se è difficile tracciare un disegno storico della poesia italiana nel panorama della letteratura europea, ancor più difficile riesce un analogo discorso sul versante della narrativa fiorita in Italia dagli albori del Novecento. Chiusa la stagione del Verismo, la narrativa italiana parve inaridirsi tra le secche lasciate dalla lezione dei Verga, Capuana, De Roberto. La fedeltà al "naturale" e al "vero", a cui si sottoposero numerosi prosatori in ogni regione d'Italia, soprattutto nel centro-meridione, autori spesso di opere nient'affatto spregevoli, trovò una degna erede in GRAZIA DELEDDA (Nuoro 1871 - Roma 1936), insignita del Premio Nobel, che purtuttavia dovette fare i conti anche col Decadentismo nel dilatare il senso della propria ispirazione, piegandosi al mistero della storia e del destino.

Delle "tre corone" (Carducci-Pascoli-d'Annunzio), dominanti tra Otto e Novecento, solo d'Annunzio parve rappresentare degnamente il movimento decadente nella prosa, passando dalla cosiddetta fase "solare" alla fase "notturna". Ma sarà opportuno ricordare che, nel frattempo, era esploso il "caso" di LUIGI PIRANDELLO (Girgenti, oggi Agrigento, 1867 - Roma 1936), il quale, come narratore – e non solo come commediografo e drammaturgo – apriva una strada nuova con *Il fu Mattia Pascal* (1904). A distanza d'un secolo ormai, pare che la critica italiana non si sia resa ancora debitamente conto della novità di quel romanzo, contenutistica e formale, sul tema tanto declamato dello sdoppiamento della identità personale.

È indubitabile, come tutti sanno, che ci è mancato un Kafka oppure un Joyce, ma la letteratura italiana non è rimasta così arretrata, come spesso si dice, sul piano narrativo e della prosa in genere. Addirittura anche le prose del d'Annunzio "notturno" sono ben altra cosa dell'artificio retorico e dell'esibizionismo preziosistico del primo d'Annunzio, ponendolo legittimamente tra gli scrittori più innovativi del primo Novecento. Lo stesso titolo di innovazione spetta certamente alla prosa del *Mattia Pascal* di Pirandello, magari per una ragione opposta, cioè per la forma asciutta, priva di slabbrature artificiose, sempre aderente alle cose che variano col variare dei moti dell'anima.

Quello che poi accade col Futurismo e col Vocianesimo, al di là di alcune implicazioni di carattere ideologico, porta la letteratura italiana nettamente sul terreno della più avanzata avanguardia in Europa. Scrittori come Palazzeschi, Papini, Prezzolini, sono tali da conferire alto prestigio anche alla prosa del primo Novecento, con delle opere ingiustamente dimenticate o non debitamente apprezzate per le novità che contenevano, pur nel quadro di una produzione non sempre ammirabile in quanto strabocchevole.

Riviste come "Il Leonardo" (1903) e "Lacerba" (1913) di GIOVANNI PAPINI (Firenze 1981 - 1956), i suoi stessi "racconti metafisici", da *Il tragico quotidiano* (1903) a *Il pilota cieco* (1907), per non citare l'autobiografia interiore di *Un uomo finito* (1913), lo ponevano già su un piano di prima grandezza.

Sul versante della prosa socio-filosofica, inoltre, un posto di primo piano spetta a GIUSEPPE PREZZOLINI (Perugia 1882 - Lugano 1982) con *Il linguaggio come causa d'errore* (1908) e *La verità del pragmatismo* (1904), seguiti da indagini sul Modernismo (1908), sul sindacalismo rivoluzionario e sul crocianesimo (1909). Passando poi a costituire il gruppo de "La Voce", egli si fece portavoce di un "idealismo militante" dalle esperienze più diverse, barcamenandosi tra interventismo e il liberalismo azionista di Gobetti.

1) La narrativa "crepuscolare"

È indubbiamente azzardato parlare di "narrativa crepuscolare", prendendo in prestito la stessa definizione che Giuseppe Antonio Borgese dette della poesia d'inizio secolo, nel 1910, successivamente poi adottata nella storia letteraria.

Crepuscolari, sappiamo bene, sono stati innanzitutto dei poeti: Sergio Corazzini, Guido Gozzano, Marino Moretti, Fausto Maria Martini, Corrado Govoni, per citare solo i maggiori, che hanno fatto e fanno ancora molto parlare di sé, pur non avendo costituito un gruppo omogeneo, una scuola, un movimento. La loro, com'è noto, è stata una tendenza interiore, legata ai toni e ai temi semispenti, tipici del "crepuscolo" esistenziale, ribelle al modello "solare" del d'Annunzio superuomo e, a nostro modesto avviso, vicino piuttosto alle fragilità malinconiche di certo Pascoli impressionista.

Ebbene, noi crediamo che qualche accento di siffatta propensione si può cogliere anche nelle poche opere narrative delle figure più rappresentative del Crepuscolarismo. A partire dallo stesso Gozzano.

GUIDO GOZZANO (Torino 1983 - 1916), morto giovanissimo di tubercolosi (allora era un male incurabile), famoso per i suoi *Colloqui* (1911), che avviarono una eccezionale tendenza ad una poesia che si può dire appunto "colloquiale", in rottura con le ferree leggi della tradizione classicheggiante. Gozzano, come tutti gli altri crepuscolari, ha dato poco alla narrativa, adottando il genere della fiaba e della novella. Da ricordare almeno questi titoli: *I tre talismani* (1914), *La principessa si sposa* (1917), *L'altare del passato* (1918), *L'ultima traccia* (1919). Sono opere che meriterebbero un'attenta rilettura.

MARINO MORETTI (Cesenatico 1885-1979), oltre alle raccolte di versi che gli hanno assicurato fama di poeta legato al mondo crepuscolare per tutta la vita, ha scritto e pubblicato anche romanzi e racconti che meritavano, e che meritano, più attenzione: *La voce di Dio* (1920), *I puri di cuore* (1923), *La vedova Fioravanti* (1941), *Il fiocco verde* (1948), *La camera degli sposi* (1958).

FAUSTO MARIA MARTINI (Roma 1866-1931) è noto soprattutto per i suoi legami particolarmente con Corazzini, ma deve la sua fama alle note di viaggio raccolte col titolo *Si sbarca a New York* (1930). Ha scritto anche romanzi, passati quasi inosservati dalla critica del tempo. Da ricordare almeno *Il cuore che mi hai dato* (1925). Egli si è occupato di teatro, con delle commedie d'un certo successo (cfr. *Il fiore sotto gli occhi*, 1921, e *L'altra Nanetta*, 1923).

CORRADO GOVONI (Tamara, Ferrara, 1884 - Roma 1965), dopo aver fatto la sua esperienza "crepuscolare" all'inizio del secolo, come poeta si legò brevemente al Futurismo con *Poesie elettriche* (1911). Ha scritto anche dei romanzi accolti con favore dalla critica. Da ricordare *La strada dell'acqua* (1923) e *Misirizzi* (1930).

2) La narrativa "futurista"

È risaputo ormai che il Futurismo appartiene alla storia della letteratura più per le finalità programmatiche che per i risultati acquisiti sul piano creativo: la considerazione vale per la poesia così come per la narrativa. Diverso il discorso da fare per le arti figurative e forse per il teatro e, in genere, per il mondo dello spettacolo.

In tema di istanze innovative rispetto alla tradizione si parla un po' da tutti gli studiosi, favorevoli o meno, di esperienza futurista come di "avanguardia storica" in quanto nota e consolidata nel tempo. Nel corso del secolo si assisterà ad altri tentativi di rinnovamento radicale dei contenuti e delle forme della tradizione, specialmente con la cosiddetta "neo-avanguardia" sorta tra gli anni '50 e gli anni '60, e ci si riaggancia al Futurismo come alla prima vera esperienza di innovazione nei riguardi del passato.

Quasi sempre ci si sofferma, tuttavia, sugli aspetti positivi del tecnicismo formale, trascurando gli aspetti ideologici a sostegno dell'uso della forza, della violenza, della guerra politica e sociale, che il Futurismo conteneva in sé come germi destinati a fecondare e nutrire la civiltà del futuro: l'esaltazione dello "schiaffo e del pugno", della macchina come strumento di potenza, l'umiliazione della donna e del mondo femminile in genere (cfr. primo manifesto del movimento), sono soltanto le esibizioni più vistose sotto il profilo dell'impegno etico-civile.

Entrando nel merito delle acquisizioni creative, si dice una grande verità un po' da tutti, e cioè che il Futurismo ha prodotto opere validissime nelle arti figurative e quasi nulla nella poesia. Per la narrativa appare tutto discutibile il caso del suo ideatore e fondatore, il Marinetti. Più importanti, senza dubbio, i risultati ottenuti dal Palazzeschi e dal Soffici.

FILIPPO TOMMASO MARINETTI (Alessandria d'Egitto 1876 - Bellagio, Como, 1944), anche se nato all'estero e cresciuto a lungo in Francia, vantò sempre la sua italianità come pregio naturale e formazione culturale. Pubblicò le sue prime opere in francese e a Parigi, dove trascorse la sua giovinezza, bandì il suo primo manifesto sul Futurismo, ma rivendicandone l'origine italiana (cfr. "Figaro", 20 febbraio 1909). Opportuno rilevare che, già al suo esordio, rivelò uno spirito fortemente antidemocratico (cfr. *Destruction*, 1904; *Le roi Bombance,* 1905); poi si avviò verso uno sperimentalismo sempre più vivace ed acceso, sia in poesia che in prosa.

Come narratore bisogna ricordare *Mafarka il futurista* (1910), prima testimonianza delle sue nuove idee e proposte. Più tardi finirà per accostarsi al Surrealismo, trovando nella "scrittura automatica" come una forma dissacratoria del culto eccessivo del "bello scrivere". Tuttavia, in opere come *Gli indomabili* (1922) e *Il fascino dell'Egitto* (1933), riaffiora un certo gusto di decoro formale, vicino addirittura alla "prosa d'arte" dei rondisti.

Marinetti si è occupato anche di teatro e memorie autobiografiche. In politica aderì al Fascismo fin dalla sua nascita e ne fu ripagato con vari onori, tra cui la nomina all'Accademia d'Italia.

ALDO PALAZZESCHI, pseudonimo di Aldo Giurlani (Firenze 1985 - Roma 1974), esordì come attore di teatro, ma poi si dedicò del tutto alla letteratura, prediligendo la poesia inizialmente. Convertitosi al Futurismo, si fece apprezzare subito con *L'incendiario* in versi e con *Il codice di Perelà* (1914) in prosa; con questa ultima opera egli apre una via davvero nuova nella narrativa europea con un genere di "romanzo umoristico", tra l'allegorico e l'esistenziale.

Successivamente egli si distacca dal Futurismo, prendendo le distanze dal bellicismo di Marinetti e dal Fascismo. Si veda, per questo, il nuovo romanzo *Due imperi mancati* (1920), dove "l'ironia si mescola, come è stato ben osservato, a una sorta di umanesimo cristiano". Più in là si riallaccia a *Il codice di Perelà* e, aggiungendo *La piramide* (1926) e *Allegoria di novembre* (1943), compone una sorta di trilogia col titolo *Romanzi straordinari,* con cui consapevolmente Palazzeschi, a nostro parere, s'inserisce nel movimento più avanzato della narrativa europea, toccando le punte più alte con *Stampe dell'Ottocento* (1932), *Sorelle Materassi* (1934) e *Il palio dei buffi* (1936), in cui egli perviene ad una personalissima "descrizione deformante della realtà".

Poco dopo Palazzeschi attenua la sua "caratteristica carica dissacrante" con *I fratelli Cuccoli* (1949, Premio Viareggio) e *Roma* (1953). Ma più tardi egli riscopre la sua "vena grottesca" e si concede qualche cedimento allo sperimentalismo della Neoavanguardia con gli ultimi romanzi: *Il doge* (1967), *Stefanino* (1969) e *Storia di un'amicizia* (1971). Con la sua opera complessiva, Palazzeschi merita – a nostro parere – d'essere annoverato tra i maggiori narratori del Novecento.

Altro grande scrittore italiano del secolo è stato ARDENGO SOFFICI (Rignano sull'Arno, Firenze, 1879 - Forte dei Marmi, Lucca, 1964). Personalità molto controversa e spesso contraddittoria: dapprima avversò con forza il Futurismo su "La Voce", poi invece ne divenne un fervido seguace. Probabilmente, essendo molto versato e impegnato anche nella pittura, ne avvertì meglio certe istanze innovative, piegandole verso il Cubismo.

Futurista apparve soprattutto nelle sue opere in versi, ma anche come prosatore e narratore si rivelò dotato di una carica eversiva davvero eccezionale. Si vedano, per questo, il romanzo autobiografico *Lemmonio Boreo* (1911), seguito da prose varie, tra il diario e la memoria: *Arlecchino* (1914), *Giornale di bordo* (1915), *Kobilek: giornale di battaglia* (1918), *La giostra dei sensi* (1919).

Da ricordare anche le prose più tarde: *Itinerario inglese* (1948), *Passi tra le rovine* (1952) e *D'ogni erba un fascio* (1958).

Ardengo Soffici è stato anche un esperto critico d'arte.

LUCIANO FOLGORE, pseud. di Omero Vecchi (Roma 1888-1966), noto soprattutto come poeta legato al Futurismo (cfr. *Il canto dei motori*, 1917; *Città veloce*, 1919), passato poi ad esperienze ben diverse, quasi sempre di carattere ironico-grottesco. Come narratore ha pubblicato poco, seguendo una strada un po' appartata, che risente molto della tradizione. Da ricordare almeno *La città dei girasole* (1924), *Nuda ma dipinta* (1924), *La trappola colorata* (1934).

Folgore si è occupato anche di teatro, con discreto successo (cfr. *Allegria col divertimento*, 1940; *Piovuta dal cielo*, 1941).

3) LA NARRATIVA DEI "VOCIANI"

Nel gruppo della "Voce" (1908-1914), vivacizzato da continue adesioni e scissioni, prese l'avvento, per restare nell'ambito della prosa, una tendenza "lirico-evocativa" che risentiva vagamente anche degli eccessi preziosistici del d'Annunzio "notturno", ma affondava lo sguardo nelle sfere più intime della coscienza. Testimonianza più significativa forse è da scorgere nelle confessioni autobiografiche di SCIPIO SLATAPER (Trieste 1988 - Monte Podgora 1915), il quale, con *Il mio Carso* (1912), riuscì a rintracciare le orme più profonde dell'anima sua. Egli, benché morto giovanissimo, ha lasciato numerosi scritti politici, letterari e critici, degni di molto apprezzamento.

Sfocia in una visione etico-religiosa la trilogia autobiografica di PIERO JAHIER (Genova 1884 - Firenze 1966), che comprende *Resultanze in merito alla vita ed al carattere di Gino Bianchi* (1915), *Ragazzo* (1919), *Con me e con gli alpini* (1919). L'esaltazione degli "umili" conferisce alla sua prosa una valenza di realismo lirico piuttosto inconsueto tra i "moralisti vociani", grazie anche a dei tentativi sperimentali dagli esiti formali molto apprezzati.

Anche se scrive più tardi le sue opere, del gruppo "vociano" fa parte anche GIANI STUPARICH (Trieste 1891 - Roma 1961). Egli prese parte alla guerra mondiale sul Carso come Slataper, ma si oppose energicamente al fascismo. La sua produzione in prosa risente di uno scavo interiore in linea con la ricerca d'un rigore stilistico molto raffinato: *Colloquio con mio fratello* (1925), *Guerra del '15 - Dal taccuino di un volontario* (1931), *Ritorneranno* (1941) fondono insieme tematiche esistenziali e sofferta autobiografia. Più tardi egli approderà ad un linguaggio tra bozzettismo e memoria (*Ricordi istriani*, 1961; *Nuovi racconti*, 1935; *Stagione alla fontana*, 1942).

Figura di spicco tra i "vociani" è senza dubbio GIOVANNI BOINE (Finalmarina, Savona, 1887 - Porto Maurizio, Imperia, 1917), il quale ha dato un grande impulso ai modi e motivi del "frammentismo", non solo perché autore di *Frantumi* (1918), ma perché, con *Il peccato* (1914), è riuscito a "frammentare" come pochi l'essenza della sua anima, in una prosa speculativa di genere filosofico. Egli ebbe anche una notevole disposizione al saggio critico con particolare riguardo all'esperienza compiuta negli anni della "Voce" (cfr. *Plausi e botte,* postumo, 1918).

Appartiene più alla storia della poesia che della prosa CARLO MICHELSTAEDTER (Gorizia 1887-1910). Nipote dell'illustre filologo Giovanni I. Ascoli, si tolse la vita giovanissimo, scontando totalmente la crisi di valori di quegli anni con un'adesione piena agli aspetti conflittuali del vivere. Sintomatica la testimonianza dolorosa lasciataci con *La persuasione e la rettorica* (Postuma,1912).

4) "La Ronda" e la "prosa d'arte"

Con "La Ronda" (1919-1923) si avvertì il bisogno di rimettere un po' d'ordine nel segno della classicità, in contrasto con le rotture violente rispetto alla tradizione operate dal Futurismo e dal Frammentismo lirico del "vocianesimo". La rivista fu diretta inizialmente da un comitato redazionale composto da Bacchelli, Baldini, Barilli, Cardarelli, Cecchi, Montano e Saffi; successivamente solo da Cardarelli e Saffi. Tra i collaboratori più importanti vi furono Pareto, Gargiulo, Savinio, Soffici, Romagnoli, Tilgher.
Il richiamo all'ordine si attuò nel nome del Petrarca, del Manzoni, del Leopardi. Di fronte al problema drammatico, di ordine socio-politico, dibattuto con l'avvento del Fascismo, si predicò una sorta di indifferenza col rifugio nel culto della "prosa d'arte", che dominò per tutto il cosiddetto "ventennio nero": una prosa, cioè, così definita perché elaborata con estrema finezza, anche per contrastare il disordine morfo-sintattico dei futuristi. Si volle fissare anche un modello con le *Operette morali* del Leopardi, ma non ne fu accolta in pieno la lezione se non sul piano puramente formale.
I rondisti, pertanto, come prosatori furono dei raffinati cultori del "capitolo", dell'elzeviro, del racconto breve. Una sola grande eccezione si ebbe con Riccardo Bacchelli, di cui si dirà tra poco. Degli altri c'è poco da dire, nel complesso anche se sono delle personalità di tutto rispetto per varie ragioni.

A cominciare da ANTONIO BALDINI (Roma 1889-1962): esordì con *Pazienze e impazienze di Mastro Pastoso* (1914); fece molto discutere, poi, con *Nostro Purgatorio* (1918), ispirato alle esperienze della prima guerra mondiale. Ha scritto molto in seguito, da *Salti di gomitolo* (1922) a *Un sogno dentro l'altro* (postumo, 1965), prediligendo sempre la misura classica nelle motivazioni e nello stile.
BRUNO BARILLI (Fano 1980 - Roma 1952), oltre che autore e critico di opere musicali, ha scritto varie "prose di viaggio", prose di memoria e di pura evasione, senza alcun cedimento al gusto sperimentale. Da

ricordare particolarmente: *Il sorcio nel violino* (1926), *Il paese del melodramma* (1929), *Il sole in trappola* (1941), *Il viaggiatore volante* (1946), *Capricci di vegliardo* (1951), *Il libro dei viaggi* (postumo, 1963).

VINCENZO CARDARELLI, pseudonimo di Nazareno Caldarelli (Tarquinia, Viterbo, 1887 - Roma 1959), ha legato il suo nome non solo a "La Ronda", ma anche a "La Fiera Letteraria". Come poeta fu antesignano della tendenza antiermetica, come prosatore seguiva il modello leopardiano, già ricordato, delle *Operette morali* e dello *Zibaldone*. Da ricordare: *Viaggi nel tempo* (1920), *Favole e memorie* (1925*)*, *Il cielo sulla città* (1939), *Lettere non spedite* (1946), *Villa Tarantola* (1948, Premio Strega).

EMILIO CECCHI (Firenze 1984 - Roma 1966), critico e storico della letteratura italiana ed esperto anche di letteratura inglese, ha lasciato anche delle opere in prosa in cui si è fatto apprezzare come narratore ben misurato nel linguaggio. Ricordiamo: *Pesci rossi* (1920), *Messico* (1932), *Et in Arcadia ego* (1936), *America amara* (1940), *Corse al trotto vecchie e nuove* (1947). Si è occupato anche di critica d'arte.

LORENZO MONTANO, pseudonimo di Danilo Lebrecht (Verona 1893 -Milano 1958), collaboratore della "Ronda" con la rubrica "Il perdigiorno", esordì come poeta, ma poi si fece meglio conoscere con delle pagine di testimonianze autobiografiche, raccolte col titolo *Viaggio attraverso la gioventù* (1925).

5) La grande "lezione" di Riccardo Bacchelli

RICCARDO BACCHELLI (Bologna 1891 - Monza 1985), a nostro giudizio, meriterebbe d'essere annoverato tra le figure più rappresentative della narrativa italiana del Novecento. Egli occupa un posto rilevante come poeta (cfr. *Poemi lirici,* 1914), come saggista (cfr. *Confessioni letterarie* 1932; *Nel fiume della storia,* 1955; *Africa fra storia e fantasia,* 1970), come drammaturgo e soprattutto come narratore, sapendo spaziare dal tema storico al tema religioso e al tema satirico (cfr. *Il diavolo al Pontelungo,* 1927; *I tre schiavi di Giulio Cesare,* 1958; *Lo sguardo di Gesù,* 1948; *La cometa,* 1949*; Il progresso è un razzo,* 1975). Ma il suo capolavoro in assoluto è una delle opere più grandi del Novecento: *Il mulino del Po* (1938-1940).

Si tratta, in effetti, di una trilogia che comprende tre volumi usciti rispettivamente nel '38, nel '39 e nel '40: *Dio ti salvi* (1812-1848), *La miseria viene in barca* (1849-1872) e *Mondo vecchio sempre nuovo* (1873-1918). L'autore premette al vasto romanzo un prologo che, come dice il titolo, darà l'impressione di raccontare "quasi una fantasia" e invece s'ispira ad una storia realistica di una famiglia di mugnai del Po in oltre un secolo di vicissitudini, private e pubbliche (dalla ritirata di Russia del 1812 alla battaglia vittoriosa di Vittorio Veneto del 1918). Lo scenario storicamente è imponente: prima europeo e poi soprattutto italiano. Si comincia con le vicende di un soldato al seguito dell'esercito napoleonico, il geniere Lazaro Scocerni, che dalla disfatta sul fiume Vop trae motivo di una insperata fortuna: da un ufficiale riceve in dono, sul punto di morte, una notevole somma in oro, diamanti e perle (2000 scudi), con cui, rientrato in Italia, acquista un mulino, il "San Michele", sulla riva ferrarese del Po. Sposa la fedele Dosolina, che gli dà un figlio, partorito nel corso di una spaventosa piena del fiume. La malasorte si complica per i difficili rapporti con un ex pirata, il Raguseo, e con un suo dipendente; il Beffa Lazzaro, per farsi giustizia, si lega ad un brigante, che uccide il Raguseo. Poi c'è l'acquisto d'un altro mulino, detto il "Paneperso", con la storia di una ragazza, Cecilia, rimasta sola dopo la morte del padre nel fiume. Subentra, alla fine, l'atmosfera rivoluzionaria dei moti del '48.

Il clima storico del '48 funge come connessione con le vicende del secondo volume. A seguito delle reazioni austriache, la famiglia del mugnaio si trasferisce sulla sponda veneta del fiume. Giuseppe, soprannominato "Coniglio mannaro", approfitta della confusione per darsi al contrabbando di grano, coinvolgendo un proprietario terriero e un funzionario austriaco. Lazzaro e Dosolina vengono spazzati via dal colera. Il figlio sposa Cecilia, ma finisce in carcere nel processo per contrabbando. Per il rimorso, non gode affatto del benessere raggiunto: viene in odio a tutti, perfino alla moglie. Non serve a nulla il privilegio che lo riscatta con la morte di Lazzarino, il figlio tredicenne che s'immola eroicamente al seguito del garibaldini. In occasione di una nuova piena del Po, impazzisce per la disperazione e finirà i suoi giorni in manicomio.

Il terzo volume prosegue con la storia di Cecilia e dei suoi figli, tra cui Princivalle: per salvare il mulino "San Michele" da una ispezione di finanzieri, è costretto ad incendiarlo per distruggere le prove del mercato nero a cui si è piegato. Soffiano i primi venti rivoluzionari delle idee socialiste, per cui dei contadini scendono in sciopero inscenando una marcia su Ferrara. Le cose precipitano: Princivalle viene condannato per l'omicidio di un giovane pretendente di sua sorella Berta; la madre, Cecilia, muore nella tristezza; un altro figlio, Giovanni, si riscatta dalla malasorte acquistando un nuovo mulino, il "San Michele" II, dove vive con altre tre sorelle. Una di queste, che si chiama anche Dosolina, dalla relazione con uno sconosciuto ha un figlio, Lazzaro, che muore nella battaglia del Piave.

Nonostante la vena pessimistica che serpeggia nella vasta e complessa trilogia, *Il mulino del Po* fa pensare alla lezione manzoniana: nella sua fitta intelaiatura si fondono storia e invenzione in modo mirabile. In un periodo in cui sembrava che non vi fosse più spazio per una narrazione coinvolgente, l'opera di Bacchelli ha dimostrato il contrario.

6) DUE NARRATORI ISOLATI E DUE GRANDI SCOPERTI IN RITARDO

Due narratori isolati, pur nel furoreggiare degli scontri tra classicismo e avanguardismo, furono Grazia Deledda e Alfredo Panzini, che contribuirono molto a tenere in vita il romanzo nel primo Novecento, quando già se n'era lamentata la scomparsa.

GRAZIA DELEDDA (Nuoro 1871 - Roma 1936), Premio Nobel per il 1926, è figura davvero eccezionale: autodidatta, fece tutto da sé, nel senso che si dedicò alla narrativa con la sua sola forza d'istinto, senz'alcun cedimento alle diatribe teoriche tra classicisti e novatori. Già le sue prime opere portano il segno di una originalità tutta sua, di contenuto e di stile: *Elias Portolu* (1903), *Cenere* (1904). *Canne al vento* (1913) recano l'impronta d'un verismo autentico, che soli critici impenitenti hanno accusato d'essere ritardatario rispetto al corso della letteratura nazionale. Se poi, riversandosi sul mistero del destino che lega la vita alla morte, la scrittrice scopre dei risvolti interessanti anche sulle deficienze del peccato e sul conseguente rodìo della coscienza, non rivela nulla di dannunziano e di decadente. Le opere della maturità piena sono dei piccoli capolavori: *Marianna Sirca* (1915), *La madre* (1931) e *Cosima* (postumo, 1937) denotano una visione della vita, che non ha nulla del verismo regionale.

Di ben altra tempra è ALFREDO PANZINI (Senigallia, Ancona, 1863 - Roma 1939), che si dichiarò sempre un fedele sostenitore del classicismo carducciano (si era laureato a Bologna appunto col Carducci). Aderisce pertanto ad un genere di narrativa tradizionale, ma con larghe propensioni verso il mondo popolare e dialettale, come dimostrerà soprattutto con l'opera sua più matura, *Il padrone sono me* (1922). Aveva esordito con *La lanterna di Diogene* (1907), strano "diario poetico" d'un viaggio in bicicletta, seguito a distanza da *Viaggio d'un povero letterato* (1919) e *Il diavolo nella mia libreria* (1920). Minori, senza dubbio, le opere posteriori: *Io cerco moglie* (1920) e *Il bacio di Lesbia* (1937), stanche rimasticherie di richiami alla lezione carducciana.

Di ben altro spessore, naturalmente, riescono altri due narratori, Svevo e Tozzi, che la critica italiana ha cominciato a celebrare degnamente solo dopo la loro scomparsa.

ITALO SVEVO, pseudonimo di Ettore Schmitz (Trieste 1861 - Motta di Livenza, Treviso, 1928), esordì con una novella, *L'assassinio di via*

Belpoggio (1990), apparsa a puntate su "L'Indipendente". Il suo primo romanzo, *Una vita* (1892), ha a protagonista un giovane suicida che con la morte crede di chiudere una vita disperata. Anche il secondo romanzo, *Senilità* (1898), ha una storia tormentata. Venticinque anni dopo, lunga pausa riempita dall'incontro con Joyce (conosciuto a Trieste, dove faceva l'insegnante di inglese), pubblica *La coscienza di Zeno* (1923), recensito con largo favore dal giovane Montale. I primi veri consensi critici vennero dalla Francia (Larbaud, Cremieux). Solo nel secondo dopoguerra, da noi, si è compresa e apprezzata la novità di Italo Svevo come scrittore capace di esplorare l'inconscio, alla luce del pensiero di Freud, in un linguaggio che non ha nulla del dannunzianesimo dominante tra Otto e Novecento, e nulla neppure delle inquietudini formali dei "futuristi" e dei "vociani", in quanto riesce spoglio, secco, semplice nelle strutture essenziali.

FEDERIGO TOZZI (Siena 1883 - Roma 1920), come Svevo, dovette attendere molto per essere annoverato tra i maggiori narratori del Novecento. Egli esordì come poeta, con scarso successo. Inizialmente professò idee socialiste; poi, legatosi all'amico Domenico Giuliotti, con lui fondò la rivista "La Torre" (1918), con l'intento di promuovere un movimento di "reazione spirituale" all'insegna di urgenze religiose.

Come narratore ha pubblicato dei romanzi brevi, ma intensi soprattutto nei risvolti psicologici: *Il podere* (1918), *Con gli occhi chiusi* (1919), *Tre croci* (1920), *Gli egoisti* (1923). Complessivamente, Tozzi si muove tra naturalismo e psicologismo, ma non estraneo alla "questione sociale". Interessante anche la sua produzione teatrale.

Altri narratori, da tempo scomparsi, meriterebbero d'essere riscoperti: tra tutti, Enrico Pea, Bruno Cicognani, Salvatore Gotta, Fabio Tombari.

ENRICO PEA (Serravezza, Lucca, 1881 - Forte dei Marmi 1958), ha soggiornato ad Alessandria d'Egitto (dove strinse rapporti di stima e di amicizia con Giuseppe Ungaretti); rientrato in Italia, si occupò soprattutto di teatro, ma scrisse molto anche come autore di romanzi, a partire da una tetralogia d'interesse autobiografico: *Moscardino* (1922), *Il volto santo* (1924), *Il servitore del diavolo* (1931), *Mago ometto* (1942). Ha scritto molto altro, sempre con notevole successo. Da ricordare in particolare *La maremmana* (1938, Premio Viareggio) e *Malaria di guerra* (1947). Ultimamente, riaccostatosi alla fede religiosa, pubblicò *Peccati in piazza* (1956).

BRUNO CICOGNANI (Firenze 1879-1971) esordì come novelliere con *Sei storielle di nuovo conio* (1917), *Gente di conoscenza* (1918), *Il figurinaio e le figurine* (1920), ma poi passò a un genere di romanzo autobiografico con *La vela* (1923), *Villa Beatrice* (1931), *L'età favolosa* (1940), approdando ad un genere d'ispirazione intimamente cristiana con *Viaggio nella vita* (1952) e *La nuora* (1954). Cicognani ha goduto in vita di una discreta fortuna critica, ma poi è stato quasi dimenticato.

SALVATORE GOTTA (Montalto Dora, Torino, 1887 - Rapallo, Genova, 1980) è autore di numerosi romanzi, che gli hanno assicurato un successo popolare sotto la raccolta complessiva di *Ottocento* (1949) e *La saga dei Vela* (1954). Ha ottenuto una grande notorietà anche nella narrativa per l'infanzia con *Il piccolo alpino* (1926).

FABIO TOMBARI (Fano 1899 - Rio Salso di Mondaino 1989) vanta una produzione personale che comprende molti volumi, tra cui: *Il libro degli animali, I ghiottoni, Pensione Niagara, Frusaglia, I novissimi ghiottoni*. Ha vissuto una vita molto appartata, prima come docente nelle scuole elementari e poi nelle scuole medie. È rimasto sempre indifferente a tutte le mode letterarie. È stato tradotto in molte lingue.

7) "SOLARIA" TRA REALISMO E CALLIGRAFISMO

Dopo "La Ronda" sorsero molte altre riviste culturali, tra cui primeggiò "Solaria" (1926-1936), diretta da Alberto Carocci, saltuariamente affiancato da Giansiro Ferrata e Alessandro Bonsanti. Tra le linee programmatiche della nuova rivista vi fu una "necessità di critica sociale e morale", d'ispirazione "antiborghese e anticonvenzionale". Secondo Giuliano Manacorda, in tal modo la rivista si dichiarava a sostegno di una narrativa propriamente "neorealista".

In opposizione al regime fascista, "Solaria" si occupò molto di letteratura straniera con recensioni e traduzioni di alto livello. Inoltre, si dedicarono dei numeri speciali a Saba (1928), a Svevo (1929), a Tozzi (1930), contribuendo così alla loro valorizzazione. Nelle edizioni di "Solaria" doveva uscire *Il garofano rosso* di Vittorini, sospeso per ordine prefettizio, e dopo due anni di attesa vide la luce *Lavorare stanca* di Pavese, con tagli apportati dalla censura fascista.

In effetti, nel gruppo dei "solariani" trovarono posto giovani scrittori dalle personalità diversissime: Bonfantini, Loria, Tecchi, Gadda Conti ed altri ancora molto più vicini alla sensibilità "calligrafica" che all'urgenza realistica.

Ad esempio, ALESSANDRO BONSANTI (Firenze 1904-1984), che poi fondò e diresse "Letteratura" e il Gabinetto scientifico-letterario G.P. Viesseux, come autore in proprio si fece apprezzare per *La serva amorosa* (1929), *I capricci dell'Adriana* (1934) e *Racconto militare* (1937). Successivamente, pubblicò altre opere di fine introspezione come *In-*

troduzione al gran viaggio (1944), *La vipera e il toro* (1955) e *La buca di San Colombano* (1964). Egli si è occupato anche di saggistica e critica letteraria.

Nelle edizioni di "Solaria" fece le sue prime apparizioni ARTURO LORIA (Carpi, Modena, 1902 - Firenze 1957), con *Il cieco e la Bellona* (1928) e *La scuola di ballo* (1932). Successivamente, si è accostato sempre più ad un genere di narrativa che coniugava la fantasia alla realtà: si vedano, per questo, *Le memorie inutili* (1941), *Settanta favole* (1957), *Il compagno dormente* (postumo, 1960).

BONAVENTURA TECCHI (Bagnoreggio, Viterbo, 1896 - Roma 1968), oltre che noto critico e germanista, fu un narratore d'impronta chiaramente etico-religiosa, con opere che riscossero molti consensi: *Il vento tra le case* (1928), *Tre storie d'amore* (1931), *I Villatauri* (1935). Dopo l'esperienza dolorosa della guerra (fu, tra l'altro, prigioniero nel campo tedesco di Collelager), oltre a vari saggi, pubblicò *Giovani amici* (1940) e *La vedova timida* (1942).

PIERO GADDA CONTI (Milano 1902-1999), da non confondere col cugino Carlo Emilio Gadda (di cui ci occuperemo più avanti), esordì con i suoi *Studi imperfetti* (1926) su "Solaria", premessa indispensabile per introdursi nelle sue opere narrative strettamente legate alla "tradizione lombarda", ma con ampie aperture ad una visione desolata della terra come un "deserto orrendo", se non si conferisce un senso morale alla vita. Dopo l'esordio con *L'entusiastica estate* (1924), le sue pagine migliori si trovano nelle opere mature: *Verdemare* (1927), *Festa da ballo* (1937), *La paura* (1970). Gadda Conti si è occupato anche di critica cinematografica (cfr. *Cinema e civiltà,* 1960; *Cinema e società,* 1966).

Altri narratori da recuperare nell'area della "prosa d'arte

Pur tra urgenze realistiche e urgenze introspettive, con vaghi richiami alla esperienza della "prosa d'arte", si possono citare i nomi di Bonfantini, Bigiaretti, Delfini, Magris (per la generazione più giovane).

MARIO BONFANTINI (Novara 1904 - Torino 1978), docente di Letteratura francese nelle università di Napoli e di Torino, è noto soprattutto per i suoi saggi critici. Come narratore ha legato il suo nome ad un romanzo sulla Resistenza, Un *salto nel buio* (1959), ma senza dimenticare la lezione solariana del "bello scrivere".

LIBERO BIGIARETTI (Matelica, Macerata, 1906 - Roma 1993) cominciò come poeta negli anni '30, ma poi si è dedicato alla narrativa con più successo e soprattutto con maggiore assiduità, passando da una esperienza di vago richiamo alla realtà ad opere di un forte impegno morale. Tra i tanti suoi titoli, ne ricordiamo alcuni più significativi: *Esterina* (1942), *Carlone* (1950), *I figli* (1954), *La controfigura* (1968,

Premio Viareggio), *Dalla donna alla luna* (1972), *L'uomo che mangia il leone* (1974), *Il viaggiatore* (1984).

ANTONIO DELFINI (Modena 1908-1963), scrittore appartato per non dire isolato ed emarginato, autore di opere che rivelano "una personalità colta e insieme stravagante", capace di congiungere con originalità "il *pastiche* surrealistico e una carica narrativa d'ascendenza crepuscolare": *Il ricordo della Basca* (1938), *Il fanalino della Battimonda* (1940), *La Rosina perduta* (1957), *I racconti* (1963, Premio Viareggio). Delfini si è occupato anche di poesia e di saggistica.

CLAUDIO MAGRIS (Trieste 1939), docente di Letteratura tedesca all'Università di Trieste, è autore di opere saggistiche di grande spessore. Anche come narratore si è fatto apprezzare molto con trame e personaggi che si addentrano nei misteri della realtà. Da ricordare almeno *Illazioni su una sciabola* (1984), *Un altro mare* (1991), *Microcosmi* (1997, Premio Strega).

8) Dal "Realismo magico" al "Surrealismo"

La storia della tendenza narrativa del cosiddetto "Realismo magico" s'identifica col "caso" personale di Bontempelli, ma vi si possono collegare anche altri scrittori, sia pure con infinite variazioni.

MASSIMO BONTEMPELLI (Como 1878 - Roma 1960) ha pagato in modo eccessivo lo scotto per la sua compromissione col regime fascista, nel quale giunse a scorgere addirittura "il fatto storico che apre la nuova epoca, la terza epoca della civiltà umana". Tutto ciò può stupire se si pensa che decine e decine di scrittori aderirono al Fascismo, ma poi si convertirono ad altre ideologie, magnificando i benefici della democrazia.

Come scrittore, Bontempelli si accostò inizialmente al Futurismo, poi a "la Ronda" e a "Solaria", riuscendo infine a teorizzare una poetica nuova, definita del "Realismo magico", che in fondo voleva essere sostanzialmente una sorta di nuovo classicismo capace di assorbire le istanze innovative del Novecento, aperte al mondo "magico" dei sogni, delle fantasie, del mistero. Dette prova, in verità, del suo realismo in varie opere narrative, tra cui: *La scacchiera davanti allo specchio* (1922), *Vita e morte di Adria e dei suoi figli* (1930), *Gente nel tempo* (1937). Nell'ultimo dopoguerra parve scoprire anche una dimensione "metafisica", delle cose e dei sentimenti. Con *L'amante fedele* (1953), per il rigore dello stile limpido e raffinato, ebbe il premio Strega. Per tutta la vita, egli si era occupato anche di teatro e di critica letteraria.

CURZIO MALAPARTE, pseudonimo di Curzio Suckert (Prato 1898 - Roma 1957), come narratore si inserì inizialmente nel movimento del "novecentismo" di M. Bontempelli, ma godette di grande notorietà per suo conto, soprattutto come giornalista: fu direttore de "La Stampa", condirettore di "Novecento" e "La Fiera Letteraria", collaboratore del "Corriere della Sera" e di altri giornali e riviste. Aderì al Fascismo, passando dal gruppo di "Strapaese" al gruppo di "Stracittà", ma poi finì con l'esserne espulso. Il meglio delle sue capacità narrative si rivela piuttosto in adesione al Neo-realismo postbellico con *Kaput* (1944), *La pelle* (1949) e *Maledetti toscani* (1956). Egli scrisse anche opere teatrali e saggistiche. Si ricorda addirittura un film da lui ideato e diretto: *Cristo proibito* (1957).

Anche altri scrittori italiani si possono avvicinare, a nostro avviso, al "novecentismo" bontempelliano. Nella nostra scelta ci muoviamo francamente con molta libertà.

ANTONIO PIZZUTO (Palermo 1893 - Roma 1976) ha legato il suo nome alle fortune della Neo-avanguardia, ma si potrebbe inquadrare anche nel genere del Realismo magico, specialmente per le sue maniere giocose di trasfondere la realtà nei giochi funambolici della fantasia. Esordisce con dei testi innovativi in tal senso, come *Signorina Rosina* (1956) e *Si riparano bambole* (1960), poi si smarrisce in ricostruzioni di storie sempre più fantasmatiche, come *Sinfonia* (1966), *Testamento* (1969), *Ultime e penultime* (1978).

DINO BUZZATI (Belluno 1906 - Milano 1972) è autore di molte opere, tutte impregnate di "un'atmosfera magica", cui concorrono "allegorie inquietanti, spunti surreali, invenzioni fantascientifiche, dati di cronaca (o di pseudocronaca)", in cui si avverte "un senso di angoscia dinanzi alla paradossalità del destino". Spesso nei romanzi, il favoloso "nasce da motivi autenticamente fiabeschi". Da ricordare: *Bàrnabo delle montagne* (1933), *Il segreto del Bosco Vecchio* (1935), *Il deserto dei tartari* (1941), *I sette messaggeri* (1942), *Paura alla Scala* (1949), *Sessanta racconti* (1958, Premio Strega), *Un amore* (1963). Si è occupato anche di teatro e di saggistica.

PIERO CHIARA (Luino 1913 - Roma 1986) si potrebbe avvicinare alla poetica di Bontempelli per la capacità di fondere insieme vena realistica e vena ironico-grottesca. Delle sue opere ricordiamo: *Il piatto piange* (1962), *La spartizione* (1964), *L'uovo al cianuro* (1969), *La stanza del vescovo* (1976), *Una spina nel cuore* (1979), *Viva Migliavacca* (1982).

ACHILLE CAMPANILE (Roma 1900 - 1977), per la sua vena ironica che sfocia spesso nel paradosso umoristico, è stato sempre molto apprezzato. Ha scritto e pubblicato molte opere, tra cui segnaliamo: *L'inventore del cavallo* (1925), *Visita di condoglianze* (1927), *Agosto, moglie mia non ti conosco* (1930), *Cantilena all'angolo della strada* (1933), *Manuale di conversazione* (1973, Premio Viareggio), *Vite degli uomini illustri* (1975), *L'eroe* (1976).

STEFANO D'ARRIGO (Alì, Messina, 1919 - Roma 1992), deve la sua notorietà ad un romanzo monumentale, *Horcynus Orca* (1975), a cui ha lavorato per oltre quindici anni. L'opera ha una storia difficilmente riassumibile, oscillante tra temi esistenziali e fughe memorialistiche, tra richiami realistici e indugi ironizzanti. Del "magico" si può ravvisare anche in *Cima delle nobildonne* (1985). A distanza di una trentina d'anni è apparso *I fatti della fera* (2001), un insieme di "varianti o enormi innesti" nella storia principale, che costituiscono nel complesso "un altro romanzo", che "aveva conservato quasi intatte intere parti, molti episodi e la trama" di *Horcynus Orca*.

VINCENZO CONSOLO (Sant'Agata di Militello, Messina,1933) ha pubblicato numerosi racconti e romanzi caratterizzati da una gran "forza visionaria", sostenuta da una "malinconia colta e insieme popolare, mimetica e parodistica". Ricordiamo: *La ferita dell'aprile* (1963), *Il sorriso dell'ignoto marinaio* (1976), *Le pietre di Pantalica* (1988), *Nottetempo, casa per casa* (1992, Premio Strega), *L'olivo e l'olivastro* (1994, Premio Int.le Unione Latina), *Lo spasimo di Palermo* (1998). Egli si è occupato anche di teatro e di saggistica.

CARLO LINATI (Como 1878 - Rebbio, Como, 1949), a parere di molti studiosi, ancor più del futurismo risentì del bisogno innovativo avanzato con "La Voce" e "La Ronda", per certo suo gusto del "capitolo", del "frammento" e, in genere, della cosiddetta "prosa d'arte". Da ricordare, tra le sue prime prove: *Porto Venere* (1910) e *I doni della terra* (1915). Tra le prove più mature: *Cantalupa* (1935). Si occupò anche di traduzione dall'inglese (ad es., Joyce).

Su altri scrittori che possono rientrare nel gruppo (E. Flaiano, L. Ricci, ecc.) ci soffermeremo nelle nostre letture critiche successive (cfr. *L'altro Novecento nella narrativa italiana*, Bastogi).

9) La questione del Neo-realismo: alcuni grandi precursori

Già dagli interventi raccolti da Carlo Bo nella *Inchiesta sul neo-realismo* (Eri, Torino 1951) si poteva desumere la complessità del dibattito, allora in corso, sui caratteri e l'essenza del ritorno al realismo avvenuto a partire dagli anni '30, in reazione al calligrafismo della "prosa d'arte". Come ormai è noto, il termine stesso di neo-realismo fu usato la prima volta da Arnaldo Bocelli a proposito di due opere incentrate particolarmente sul dominio della realtà: *Indifferenti* (1929), di Alberto Moravia, e *Gente in Aspromonte* (1930), di Corrado Alvaro.

Ben presto a queste opere se ne accostarono delle altre che, in opposizione alla cultura ufficiale del regime allora imperante, ponevano in risalto un diverso rapporto tra realtà e verità: *Tre operai* di Carlo Bernari (1934), *Il garofano rosso* di Elio Vittorini (1934), *Un uomo provvisorio* di Francesco Jovine (1934), *Fontamara* di Ignazio Silone (1931-1934), *Lavorare stanca* di Cesare Pavese (1936, con la sua proposta di "poesia-racconto").

Ma fu poi, negli anni '40, che il fenomeno del neo-realismo esplose con i temi e le cronache della guerra, della resistenza partigiana, delle difficoltà postbelliche, delle lotte del proletariato, nella convinzione diffusa che l'impegno sociale bastasse a tramutare in arte anche il linguaggio più incolto e ruvido. Si rispondeva, così, alla esigenza di sacrificare il bello formale sull'altare dei valori etico-civili, correndo il rischio di dar luogo, come poi si osservò, ad una nuova retorica.

Negli anni '50, parve chiudersi la lunga stagione del neo-realismo: le polemiche sorte sul *Metello* (1955) di Pratolini e, più ancora, quelle sul *Gattopardo* (1957) di Tomasi di Lampedusa, offrirono l'occasione alla critica di ritenere ormai superata la esperienza del "ritorno alla realtà", così come si era intesa nel senso della documentazione "fotografica".

Gli antesignani e i principali promotori del neo-realismo, che avevano dato il meglio di sé nel nome di una letteratura "impegnata" (= *engagée*), *si* disse che non avevano più spazio nelle patrie lettere: Moravia, Vittorini, Pavese, Levi, Berto, Cassola, Calvino, Fenoglio e tanti altri, furono accusati d'essere dei ritardatari del verismo ottocentesco, di guardare al passato con nostalgia anziché con fiducia all'avvenire. Bisognava, si disse da più parti, rompere con le strutture e i presupposti della narrativa tradizionale, per essere al passo con i tempi. Era ora, insomma, di dare il via a quella che poi si definì neo-avanguardia.

A distanza di cinquant'anni, ormai, crediamo che la prospettiva storica sia più che sufficiente per guardare, con più serenità, alla eredità dell'una e dell'altra esperienza.

ALBERTO MORAVIA, pseudonimo di Alberto Pincherle (Roma 1907-1990), dopo *Gli indifferenti* (1929), proseguì nella indagine della realtà sociale con occhio sempre più attento, accogliendo anche la lezione della narrativa europea: *Le ambizioni sbagliate* (1935), *L'imbroglio* (1937), *I sogni del pigro* (1940), *La mascherata* (1941), opere che subirono spesso censure politiche, danno la misura d'un giovane scrittore ribelle alla cultura ufficiale e capace di spaziare dal ritratto familiare all'analisi introspettiva.

Con *Agostino* (1944) e *La romana* (1947) si apre una seconda fase della esperienza di Moravia, con ampie concessioni ad una visione politicizzata in senso marxista. Significativo il pamphlet *La speranza, os-*

sia cristianesimo e comunismo (1945), come a segnare una svolta decisiva.

Nel 1953 Moravia fonda, con Alberto Carocci, "Nuovi Argomenti", che raggruppa firme autorevoli della sinistra italiana. Seguono cronache di largo impegno: *Un mese in URSS* (1958), *Una idea dell'India* (1962), *La rivoluzione culturale in Cina* (1968), *A quale tribù appartieni* (1972).

Nel campo narrativo, con *La noia* (1960) si apre una terza fase, con cedimenti ad un erotismo di moda che tocca il suo culmine con *Il paradiso* (1970), *Io e lui* (1971), *La cosa* (1983). Tra l'altro, cerca anche di vedersi allo specchio intimo, come uomo e come scrittore, con *L'uomo come fine e altri saggi* (1963) e *Impegno controvoglia* (1981).

Nel suo insieme, Alberto Moravia è senza dubbio uno scrittore di prima grandezza, anche se suscettibile di manchevolezze e contraddizioni, in quanto rimasto fino all'ultimo fedele ad una visione freudiano-marxista della storia umana.

CORRADO ALVARO (San Luca, Reggio Calabria, 1895 - Roma 1956), dopo l'esordio delle *Poesie grigioverdi* (1917) e dei racconti *L'amata alla finestra* (1929), si fece subito apprezzare come nuovo narratore con *Gente in Aspromonte* (1930), un affresco sociale – come usa dire – della realtà calabrese, non privo di implicazioni popolareggianti. Ancor più incisiva la rappresentazione di una certa "angoscia collettiva dai toni allegorico-politici" in *L'uomo è forte* (1938), *L'età breve* (1946) e *Tutto è accaduto* (1961).

Alvaro si è occupato anche di saggistica, spesso in chiave diaristica, come attestano *Quasi una vita-Giornale di uno scrittore* (Premio Strega 1951) e *Il nostro tempo e la speranza* (1952). Ha scritto anche di critica e di teatro.

CARLO BERNARI, pseudonimo di Carlo Bernard (Napoli 1909 - Roma 1992) ebbe un fortunato esordio con *Tre operai* (1934), apparso su "Solaria" e sospeso dalla censura politica del regime fascista. Successivamente ha pubblicato una decina di altri romanzi, improntati ad una raffigurazione etico-civile della realtà. Tra tutti, più noto è *Speranzella* (Premio Viareggio 1949), seguito da *Amaro amaro* (1958), *Era l'anno del sole quieto* (1964), fino all'ultimo *Il grande letto* (1988).

ELIO VITTORINI (Siracusa 1908 - Milano 1966), autodidatta, stabilitosi ancor giovanissimo nel Nord Italia per ragioni di lavoro, prese a collaborare ad alcune riviste, tra cui "Italia letteraria". Esordì come narratore su "Solaria", nelle cui edizioni uscì il suo primo romanzo, *Il garofano rosso* (1933-1934), censurato dal regime fascista col pretesto di oscenità, ma in effetti per ragioni puramente politiche. Subito dopo apparve a puntate su "Letteratura" *Conversazione in Sicilia*, poi in volume nel 1941, una sorta di riscoperta delle proprie radici attraverso un viaggio in Sicilia, alla ricerca del "mondo offeso", testimoniata anche in *Uomini e no* (1945). Notevole successo ebbe anche con *Il Sempione strizza l'occhio al Frejus* (1947) e *Le donne di Messina* (1949).

Spirito indipendente, Vittorini coltivò l'ideale di una letteratura liberamente "impegnata": singolare fu la sua polemica con Togliatti e Alicata sui rapporti tra politica e cultura, per cui interruppe le pubblicazioni de "Il Politecnico" e lasciò il PCI. Importante la testimonianza lasciataci in proposito con *Diario in pubblico* (1957). In fondo, egli era rimasto lo spirito autonomo che aveva già rivelato col giovanile intervento "Scarico di coscienza", del 1929, apparso su "L'Italia letteraria".

FRANCESCO JOVINE (Guardialfiera, Campobasso, 1902 - Roma 1950) ha avuto una parabola esistenziale molto breve, ma culminante col meritato successo del romanzo *Le terre del Sacramento* (1950), insignito del Premio Viareggio, tutto incentrato sul riscatto del mondo contadino. Già al suo esordio, con *Un uomo provvisorio* (1934), aveva mostrato spiccato interesse per il verismo regionale, interesse confermato con *Signora Ava* (1942) e i racconti raccolti col titolo *L'impero in provincia* (1945).

VITALIANO BRANCATI (Pachino, Siracusa, 1907 - Torino 1954), dopo aver subìto un certo influsso dalla propaganda fascista, trovò una via d'uscita nell'erotismo ludico-giocoso con una trilogia imperniata sul ritratto realistico del giovane che ama la vita spensierata: *Don Giovanni in Sicilia* (1941), *Il bell'Antonio* (1949) e *Paolo il caldo* (postumo, 1954). Il suo capolavoro, comunque, resta *Il vecchio con gli stivali* (1944), una "franca denuncia dell'antifascismo ufficiale", secondo il giudizio largamente diffuso.

Anche IGNAZIO SILONE, pseudonimo di Secondino Tranquilli (Pescina, L'Aquila, 1900 - Ginevra 1978) viene solitamente annoverato tra i principali precursori del neo-realismo col romanzo *Fontamara* (1931), scritto in Svizzera come esule antifascista e pubblicato per la prima volta in tedesco (in Italia, il romanzo fu reso noto solo nel dopoguerra e in edizioni non sufficientemente curate). Poco dopo seguirono i racconti di *Un viaggio a Parigi* (1934) e altri due romanzi, che ebbero anch'essi larga diffusione in Europa e in America: *Pane e vino* (1936) e *Il seme sotto la neve* (1941).

Rientrato in Italia nell'ottobre del '44, per qualche tempo Silone fu riassorbito dalla politica militante, ma negli anni '50, staccatosi nuovamente dall'impegno politico, si riversò totalmente nell'impegno letterario, pubblicando altri tre romanzi: *Una manciata di more* (1952), *Il segreto di Luca* (1956) e *La volpe e le camelie* (1960). Ma notorietà maggiore ebbe con le prose autobiografiche riunite col titolo *L'uscita di si-*

curezza (1965), la prima delle quali era già apparsa nel 1949 nel volume miscellaneo *Il dio che è fallito,* suscitando un'aspra polemica con Togliatti e con la critica di estrema sinistra.

Ammirato all'estero come uno dei maggiori scrittori del Novecento, in Italia è stato a lungo discusso e non da tutti apprezzato, tanto che si è parlato opportunamente di un "caso Silone", in cui si sono intrecciate ragioni politiche e ragioni letterarie. Per comprenderne la complessità, si pensi solo che egli intese sempre la letteratura votata al servizio dell'uomo, indipendentemente dalle mode letterarie. Quanto all'essenza della sua visione della vita, si ripete una sua formula, forse ormai abusata, che la riassume in pieno: "Socialista senza partito, cristiano senza chiesa".

10) Nel solco del Neo-realismo e oltre

Alcuni grandi narratori, pur partendo da premesse neo-realistiche, vanno ben oltre.

CESARE PAVESE (Santo Stefano Belbo, Cuneo, 1908 - Torino 1950) esordì come poeta con le "poesie-racconto" di *Lavorare stanca* (1936), ma nel contempo si era dato alla narrativa, alla saggistica, alla traduzione dall'inglese. Come narratore, le sue prime prove ufficiali furono dei romanzi brevi o racconti lunghi come *Il carcere* e *Paesi tuoi* (1941), *La spiaggia* (1942). Nelle opere del dopoguerra si rifugiò spesso nella surrealtà e nel mito: *Terra d'agosto* (1946), *Il compagno* (1947), *Prima che il gallo canti* (1948), *La bella estate* (1949), *La luna e i falò* (1950, Premio Strega), *I dialoghi con Leucò* (1947). Pavese fu uomo e scrittore tormentatissimo, come dimostra il diario *Il mestiere di vivere* (postumo, 1952). Finito nel suicidio, egli divenne un simbolo di tutta la generazione venuta fuori dalla guerra.

VASCO PRATOLINI (Firenze 1913 - Roma 1991), nelle prove giovanili raccolte nel volume *Il mannello di Natascia* (1984, Premio Viareggio), rivela già una netta disposizione al dato realistico, suffragato frequentemente da un elemento lirico ed elegiaco. Va detto, però, che queste caratteristiche che affiorano nelle prime prove narrative, tra cui *Il tappeto verde* (1941), *Il quartiere (1943), Cronaca familiare* (1947), sono poi determinanti nelle opere della maturità: da *Le ragazze di San Frediano* (1949) e *Cronache di poveri amanti* (1947) a *La domenica della povera gente* (1952), *Metello* (1955, Premio Viareggio), *Lo scialo* (1960), *Allegoria e derisione* (1966). Pertanto, Pratolini dette l'impressione di aver variato le premesse del neo-realismo molto prima della storia raccontata in *Metello*.

Sostanzialmente simile è stata l'esperienza narrativa di CARLO CASSOLA (Roma 1917 - Montecarlo di Lucca 1987), il quale riesce a mettere insieme interessi realistici e aspirazioni lirico-surrealistiche già nelle opere giovanili, come *Fausto e Anna* (1952), *Il taglio del bosco* (1954), *La ragazza di Bube* (1960, Premio Strega). Copiosa la produzione successiva, tutta largamente apprezzata dalla critica di varia provenienza. Citiamo solo qualche titolo: *Un cuore arido* (1961), *Monte Mario* (1973), *L'antagonista* (1976), *Il ribelle* (1980), *La rivoluzione disarmista* (1982).

CARLO LEVI (Torino 1902 - Roma 1975), con *Cristo si è fermato ad Eboli* (1945), dette un enorme contributo al neo-realismo, sia pure soffuso di una vena liricizzante: costretto al confino politico per antifascismo, egli ritrasse la vita di un povero paese della Lucania, tagliato fuori da ogni possibile sopravvivenza. Seguirono altre opere, tutte segnate dal fascino del primitivo: *Paura della libertà* (1946), *L'orologio* (1950), *Le parole sono pietre* (1955), *Il futuro ha un cuore antico* (1956), *La doppia notte dei tigli* (1959), *Tutto il miele è finito* (1964). Carlo Levi si è occupato con successo anche di pittura.

PRIMO LEVI (Torino 1919 - 1987), scampato ad un lager nazista, ne lasciò una testimonianza impressionante con *Se questo è un uomo* (1947), un lavoro che lo inserì prepotentemente nel novero degli scrittori non solo italiani, ma europei del realismo post-bellico. Seguì *La tregua* (1963, Premio Campiello), una pausa fortemente riflessiva dopo la prigionia e la lotta raffigurate nel primo libro. Le opere successive hanno confermato le doti di uno scrittore di razza, come si suol dire: *Storie naturali* (1966), *La chiave a stella* (1978), *Il sistema periodico* (1975), *Se non ora quando* (1982, Premio Campiello). P. Levi si è occupato con successo anche di poesia e di saggistica. Dopo la morte per suicidio, è uscita una raccolta di *Conversazioni e interviste* (1963-1987), interessanti per comprendere sia l'uomo che lo scrittore.

GIUSEPPE BERTO (Magliano Veneto, Treviso, 1914 - Roma 1978), consacrato nel 1964 con i Premi Viareggio e Campiello conferiti a *Il male oscuro,* una fedele testimonianza di un'atroce esperienza patita nel buio di una coscienza assopita dalla depressione psicologico-mentale. Prima aveva pubblicato opere legate espressamente al neo-realismo, sia pure con variazioni personali: *Il cielo è rosso* (1947), *Le opere di Dio* (1948), *Il brigante* (1951). Interessanti anche le pagine diaristiche, intrise di polemica politica: *Guerra in camicia nera* (1955) e *Modesta proposta per prevenire* (1971).

PIER PAOLO PASOLINI (Bologna 1922 - Roma 1975), per la complessità delle sue forme espressive (poeta, saggista, narratore, regista cinematografico), va collocato al di fuori delle tendenze ordinarie della storia letteraria. Eppure, per certe ragioni polemiche, è rimasto sempre strettamente legato alle radici del realismo novecentesco, a cui ha contribuito enormemente in poesia e in prosa. Come narratore, le sue opere hanno avuto una carica eversiva indubitabile. Si pensi a *Ragazzi di vita* (1955), *Una vita violenta* (1959), *Il sogno di una cosa* (1962). Riconducibili alla stessa atmosfera sono anche *Atti impuri* e *Amado mio*, pubblicati postumi nel 1982. Non posiamo dimenticare *Petrolio* (1992), lasciato incompiuto, a cui l'autore lavorò lungamente dal 1972.

11) Nell'orbita del Neo-realismo

Molti altri narratori, a nostro avviso, si sono mossi e hanno operato in quella che possiamo dire la naturale orbita del Neo-realismo. Ne citeremo i nomi più noti.

GUGLIELO PETRONI (Lucca 1911 - Roma 1993), quasi dimenticato come poeta vicino all'Ermetismo, dopo la triste esperienza del carcere in via Tasso nel '44 per ragioni politiche, divenne famoso come narratore con *Il mondo è una prigione* (1948), ritenuto uno dei più veritieri testi della letteratura resistenziale. Notevoli anche i romanzi posteriori: *La casa si muove* (1950), *Noi dobbiamo parlare* (1955), *Il calore della terra* (1964), *La morte del fiume* (1974, Premio Strega), *Il nome delle parole* (1984).

LEONIDA REPACI (Palmi 1798 - Roma 1985) non ha avuto, come narratore, la fortuna che si meritava: dopo una tetralogia sui *Fratelli Rupe* (1932, 1934, 1937, 1957), ha continuato a raccontare storie legate alla sua terra e alla sua gente con *Il caso Amari* (1966). *I Racconti della mia Calabria* (1931) meriterebbero di essere annoverati tra i testi precursori più autentici della stagione neo-realistica. Repaci si è occupato anche di poesia e di saggistica varia.

MARIO TOBINO (Viareggio 1910 - Agrigento 1991), medico di professione, ha avuto una gran fortuna come scrittore prestato alla letteratura. Ha tratto materia d'ispirazione dall'esperienza professionale, scavando nel sociale, nello psicologico, nell'intimistico, ma traendo motivi anche dalla esperienza umana in genere: si pensi a *Il figlio del farmacista* (1942), *Bandiera nera* (1950), *Il deserto della Libia* (1971), *Le libere donne di Magliano* (1953), *La Croce dei Biassoli* (1956), *Il clandestino* (1962, Premio Strega), *Per le antiche scale* (1971, Premio Campiello), *La ladra* (1984).

CESARE ZAVATTINI (Luzzara, Reggio Emilia, 1903 - Roma 1989) si accostò al realismo trasferendolo nel fantastico-umoristico. Da ricordare in particolare: *I poveri sono matti* (1937), *Io sono il diavolo* (1941),

Totò il buono (1943). Si è riversato, poi, totalmente nella sceneggiatura cinematografica, con una intesa straordinaria con De Sica. Si è occupato anche di poesia e di saggistica autobiografica.

ALBERTO SAVINIO, pseudonimo di Andrea de Chririco (Atene 1891 - Roma 1952) meriterebbe di essere ricordato anche per le sue prose, fantasiose e di viaggio: *Achille innamorato* (1938), *Dico a te, Clio* (1939), *Tutta la vita* (1945). Grandissima, ovviamente, la sua presenza nella storia della pittura novecentesca e perfino nel teatro.

MARIO LA CAVA (Bovalino Marino, Reggio Calabria, 1908 - 1988) si lega stabilmente alla terra e alla gente d'origine, sul filo della tradizione neo-realistica: *Colloqui con Antonuzza* (1954), *Le memorie del vecchio maresciallo* (1958), *Mamì Cafero* (1959), *La ragazza del vicolo scuro* (1977). Egli si è occupato anche di teatro e di saggistica.

RAFFAELE LA CAPRIA (Napoli 1922) si è fatto portavoce, con altri, dei problemi della sua generazione in racconti e romanzi ben accolti dalla critica: *Un giorno d'impazienza* (1952), *Ferito a morte* (1961, Premi Strega). Si è occupato a lungo, e con successo, anche di saggistica varia.

DANILO DOLCI (Sesana, Trieste, 1924 - Partinico, Palermo, 1997), oltre che poeta legato a tematiche etico-civili, è stato scrittore impegnatissimo nelle questioni sociali del Mezzogiorno in generale e della Sicilia in particolare. Ha pubblicato varie opere che oscillano tra la "inchiesta sociologica" e la narrativa romanzesca: *Banditi a Partinico* (1955), *Inchiesta a Palermo* (1957), *Spreco* (1960), *Racconti siciliani* (1971), *Chissà se i pesci piangono* (1973), *Non esiste il silenzio* (1974), *Da bocca a bocca* (1981).

DANTE TROISI (Tufo, Avellino, 1920 - Roma 1989) dalla professione di magistrato ha tratto materia per le sue prose occasionali (cfr. *Diario di un giudice,* 1955) e storie narrative di carattere etico-civile come: *Innocente delitto* (1960), *Voci di Vallea* (1969), *La sopravvivenza* (1982), *L'inquisizione dell'interno sedici* (1986, Premio Campiello).

FRANCO FORTINI, pseudonimo di Franco Lattes (Firenze 1917 - Milano 1994), docente di Storia della critica all'Università di Siena, redattore del "Politecnico" di Vittorini, si è occupato soprattutto di poesia e di saggistica letteraria, ma è anche autore di racconti neo-realistici: *La casa delle ceneri* (1948) e *Racconto forentino* (1956). Anche come poeta ha scritto pagine sulla linea della "poesia-racconto" di Cesare Pavese.

ENZO SICILIANO (Roma 1934-2007), pur essendo venuto alla luce come narratore al tempo della Neo-avanguardia, non ne ha subìto l'influsso, anzi piuttosto un senso di rivolta con dei saggi critici, che meritano d'essere segnalati: *Prima della poesia* (1965), *Autobiografia letteraria* (1970), *Romanzo e destini* (1992), *Campo de' Fiori* (1993). Vasta anche la sua produzione narrativa, che rivela sempre uno stretto rapporto con i problemi della realtà d'ogni giorno: *Racconti ambigui* (1963), *La coppia* (1965), *Dietro di me* (1971), *La principessa e l'antiquario* (1980, Premio Viareggio), *Mia madre amava il mare* (1994), *I bei momenti* (1997). Siciliano ha scritto anche attente monografie e interessanti opere teatrali.

BEPPE FENOGLIO (Alba, Cuneo, 1922 - Torino 1963), conterraneo di Pavese eppure non in stretto rapporto con lui, prese parte attiva alla lotta partigiana e si fece interprete più consapevole della sua terra e della sua gente. Come Pavese, rivendicò anche lui i diritti d'un ritorno alla realtà, ma anche il bisogno d'un culto severo della forma, dello stesso genere pavesiano. Ma la sua notorietà venne fuori dopo la scomparsa di Pavese. Queste le sue opere pubblicate in vita: *I ventitré giorni della città di Alba* (1952), *La malora* (1974), *Primavera di bellezza* (1959). Grande successo hanno avuto anche le opere postume: *Un giorno di fuoco* (1963), *Una questione privata* (1963), *Il partigiano Johnny* (1968), *La paga del sabato* (1969).

SAVERIO STRATI (Sant'Agata del Bianco, Reggio Calabria, 1924) esordì come neo-realista con *La teda* (1957), *Mani vuote* (1960), *Il selvaggio di Santa Venere* (1977, Premio Campiello). Nei romanzi successivi, parimenti ispirati alla terra e alla gente di Calabria, spazia anche in tematiche di una certa spiritualità: *I cari parenti* (1982), *La conca degli aranci* (1986) e *L'uomo in fondo al pozzo* (1989).

MICHELE PRISCO (Torre Annunziata, Napoli 1920-2006), dopo un esordio che fu salutato come una vera rivelazione con *La provincia addormentata* (1949), è passato gradualmente a tematiche d'impegno storico-sociale e perfino d'introspezione psicologica con *Gli eredi del vento* (1950), *La dama di piazza* (1961), *Una spirale di nebbia* (1966, Premio Strega), *Gli ermellini neri* (1975), *Le parole del silenzio* (1981), *Lo specchio cieco* (1984), *I giorni della conchiglia* (1989).

FERDINANDO CAMON (San Salvano di Urbana, Padova, 1935), pur restando nell'ottica storico-sociale del Neo-realismo sui contrasti tra borghesia e proletariato, riesce a catalizzare interessi polemici di varia natura. Rilevanti alcune sue opere narrative: *Il quinto stato* (1970), *La vita eterna* (1972), *Un altare per la madre* (1978, Premio Strega), *Il canto delle balene* (1989), *La terra è di tutti* (1996). Si occupa anche di critica letteraria.

12) La Neo-avanguardia e il Gruppo 63

Verso la fine degli anni '50, dopo le polemiche esplose sul *Metello* di Pratolini e su *Il gattopardo* di Tomasi di Lampedusa, come si è già detto poco sopra, ci si avviò verso una brusca reazione al Neo-realismo e ad una totale rottura con la narrativa tradizionale, dando luogo al fenomeno delle Neo-avanguardie (preferiamo il plurale per le varietà del fenomeno).

In stretta concomitanza, per non dire derivazione, col fenomeno del "Nouveau roman" predicato dalla rivista francese "Tel Quel", anche da noi, sotto la spinta di riviste nuove ("Il Menabò", "Il Verri", "Quindici"), si propose uno sperimentalismo di tipo linguistico, alla ricerca di una innovazione delle stesse strutture formali, sull'esempio di quanto già avvenuto con l'avanguardia futurista, definita per questo "storica". Il discorso riguardava ogni forma espressiva, dalla poesia alla narrativa e alle arti visive.

Restringendo il discorso al campo narrativo, si propose il superamento dello stesso concetto di romanzo, rivendicando il diritto di far parlare le cose così come sono, indipendentemente dalle barriere contenutistiche fissate dalle scelte politiche e ideologiche. Si poneva solo un limite all'invadenza della industria culturale e mass mediale. Di qui ancora qualche influsso da parte della visione marxista della società, fino al rifiuto del linguaggio mercificato e alla conseguente proposta dell'azzeramento della scrittura. Di qui, anche, la fortuna del cosiddetto strutturalismo e un progressivo dominio d'un nuovo formalismo, con un linguaggio misto d'inserti dialettali e apporti classici e moderni.

Si comprende, pertanto, la ragione che porta a ritenere CARLO EMILIO GADDA (Milano 1893 - Roma 1973) un maestro per quel *mixage* linguistico che si trovò nel suo capolavoro, *Quer pasticciaccio brutto de via Merulana* (1957). In effetti, Gadda dagli studi di ingegneria si era prestato alla letteratura per vie traverse, percorrendo una strada tutta sua, a mezzo tra il calligrafismo e il realismo degli anni '30, con le sue prime prove: *La Madonna dei filosofi* (1931) e *Il castello di Udine* (1934). In seguito egli si sentì sempre come uno scrittore appartato, anche se fu accostato ora alla tendenza neo-realistica ora a quella d'avanguardia: *Disegni milanesi* (1944), ad esempio, riuscì – si disse – un "affresco satirico della borghesia meneghina agli inizi del secolo"; *Il primo libro delle favole* (1952), invece, parve rifugiarsi in un mondo favoloso, lontano dalla realtà dura del tempo; *Novelle del ducato in fiamma* (1953, Premio Viareggio), al contrario, proponeva una "grottesca rappresentazione dell'ultimo periodo fascista". Poi il "giallo" di *Quer pasticciaccio* aprì una strada diversa alla narrativa italiana, con quella miscela di tragico e satirico, di italiano e dialetto. Inoltre, le altissime prove della piena maturità, tra cui spiccano *La cognizione del dolore* (1963), *Eros e Priapo: da furore a cenere* (1967), *La meccanica* (1970), che rivelano addirittura una forte disposizione al saggio.

Tra le figure più rappresentative della neo-avanguardia bisogna annoverare Sanguineti, Eco, Guglielmi, Giuliani (che fecero parte del Gruppo 63), e poi ancora Manganelli, Arbasino, Balestrini, Pontiggia, Vassalli, Malerba.

EDOARDO SANGUINETI (Genova 1930), docente di Letteratura italiana all'Università di Genova, ho operato in prosa e in poesia all'insegna di un registro ludico-ironico, inteso a smontare le forme espressive della tradizione, col proposito di recuperare quello che un tempo si diceva il "sermo humilis". Da ricordare i romanzi *Capriccio italiano* (1963), *Il giuoco dell'oca* (1967), *Il giuoco del Satyricon* (1970). Ha scritto anche libretti per musica e soprattutto saggi critici, tra cui *Il realismo di Dante* (1966), e un'antologia di *Poesia del Novecento* (1969), molto discussa.

UMBERTO ECO (Alessandria 1932), noto come saggista acuto e soprattutto come narratore nuovo (docente di Semiotica all'Università di Bologna). Si è affermato con un best-seller mondiale, *Il nome della rosa* (1980, Premio Strega). Appartenente al genere del "triller" o del "giallo", con cui ha scomposto e ricomposto le componenti della narrativa tradizionale, con un sottofondo ideologico di "lucido razionalismo". Lo stesso è accaduto con *Il pendolo di Foucault* (1988) e *L'isola del giorno prima* (1994), che non hanno avuto un pari risultato di pubblico e di critica. Copiosa la sua produzione saggistica, che spazia dalla critica alla estetica, dalle poetiche d'avanguardia alla comunicazione di massa.

ALFREDO GIULIANI (Mombaraccio, Pesaro, 1924), noto soprattutto come poeta del Gruppo 63 (ha curato l'antologia dei *Novissimi*, 1961), ha legato il suo nome alle polemiche su avanguardia e sperimentalismo (cfr. *Immagini e maniere*, 1965; *Le droghe di Marsiglia*, 1977; *Autunno del Novecento*, 1984). Ha al suo attivo anche un romanzo sperimentale: *Il giovane Mar* (1972), che non va oltre il significato di rottura con la tradizione.

RENATO BARILLI (Bologna 1935), docente all'Università di Bologna, critico e saggista di vario interesse, ma legato soprattutto alle fortune della neo-avanguardia, per cui merita di essere debitamente segnalato con la sua storia che va dalla genesi agli ultimi sviluppi (cfr. *La neo-avanguardia italiana*, 1995).

Per rientrare nel solco della narrativa, dobbiamo ripartire da GIORGIO MANGANELLI (Milano 1922 - Roma 1990). Come seguace del Gruppo 63, egli si è fatto apprezzare con interventi spregiudicati (cfr. *La letteratura come menzogna*, 1967), accompagnati da opere creative collocabili tra il reale e il surreale: *Hilarotragedia* (1964), *Centuria* (1979, Premio Viareggio), *Dall'inferno* (1985), *Tutti gli errori* (1987), *Encomio del tiranno* (1990). Poco prima della morte, egli stesso ha raccolto prose narrative e saggi critici col titolo *Antologia privata* (1989).

ALBERTO ARBASINO (Voghera 1930) si è aggregato ufficialmente alla neo-avanguardia nel Gruppo 63, miscelando la narrazione al saggio sul piano strutturale. Le sue opere più notevoli sono: *Distesa d'estate* (1955), *Le piccole vacanze* (1957), *Anonimo lombardo* (1959), *Fratelli d'Italia* (1963, riscritta tre volte), *La controra* (1964), *La bella di Lodi* (1972), *Specchio delle mie brame* (1974). Egli ha scritto anche poesie, cronache, saggi e "reportages"

NANNI BALESTRINI (Milano 1935), del Gruppo 63, esordisce come poeta nell'antologia dei *Novissimi* (1961) con dei "collages" linguistici molto discussi. Fa altrettanto anche nelle sue opere narrative: *Tristano* (1966) e *La violenza illustrata* (1976), *Gli invisibili* (1987), *I furiosi* (1994). D'altro genere, ma significativo, il testo *Vogliamo tutto* (1971), documentazione delle lotte operaie.

SEBASTIANO VASSALLI (Genova 1941), oltre che come poeta esordisce come narratore collocandosi sulla linea della neo-avanguardia con i romanzi-saggi *Narcisso* (1968) e *Tempo di massacro* (1970). Poi gradualmente si libera dall'urgenza delle sperimentazioni linguistiche con *L'arrivo della lozione* (1976), *Abitare il vento* (1980), *Mareblù* (1982). Infine approda a fome più tradizionali con *L'alcova elettrica* (1986), *Il cigno* (1993), *Cuore di pietra* (1996). Dentro la tradizione sembrano gli ultimi racconti, riuniti col titolo equivocabile *La morte di Marx* (2006).

LUIGI MALERBA, pseud. di Luigi Bonardi (Bercato, Parma, 1927), aggregatosi al Gruppo 63, ha esordito tra le asprezze più ardimentose dello sperimentalismo neo-avanguardistico, sfociando nelle situazioni più paradossali eppur coinvolgenti.

Ha scritto e pubblicato molto. Da ricordare: *La scoperta dell'alfabeto* (1963), *Salto mortale* (1968), *Il protagonista* (1973), *Diario di un sognatore* (1981), *Il pianeta azzurro* (1986), *Le pietre volanti* (1992, Premio Viareggio), *Itaca per sempre* (1997). Malerba si è occupato anche di teatro, di sceneggiatura, di critica letteraria e di narrativa per l'infanzia. Sempre con successo.

13) Nel segno della contestazione globale

Dalla crisi del Neo-realismo all'avvento della Neo-avanguardia si è verificata quella che si definisce solitamente la crisi del romanzo nelle sue strutture tradizionali: da un lato, si è proceduto lentamente verso il romanzo-saggio, dall'altro lato verso l'abolizione della trama e delle "storie" in genere.

Verso la fine degli anni '60, con la "contestazione" studentesca e operaia è subentrata la crisi della civiltà industriale e, nel contempo, c'è stato il fenomeno del femminismo, che ha comportato delle conseguenze straordinarie nell'assetto della stessa società borghese.

Nel campo letterario, c'è stata una vera e propria esplosione del mondo femminile: in Italia, e in Europa, la liberazione della donna è stata celebrata da un numero straboccchevole di narratrici e poetesse, che hanno lasciato il segno nell'ultimo trentennio del secolo.

E così, dalla "contestazione" giovanile della scuola a quella operaia nelle fabbriche si è passati ad una "contestazione globale" delle civiltà più avanzate che, nel nome del progresso, hanno saputo mascherare sperequazioni, ingiustizie, violenze sui diritti più elementari. Lo stesso femminismo ha conosciuto eccessi esibizionistici che hanno creato altri problemi, collegati al benessere.

Daremo, qui di seguito, qualche accenno sulle radicali mutazioni avvenute nella narrativa, senza alcuna pretesa di ricostruirne la storia. Citeremo i casi più clamorosi.

PAOLO VOLPONI (Urbino 1924 - Ancona 1994), laureato in giurisprudenza, dall'impiego presso la Olivetti e la Fondazione Agnelli ha tratto materia d'ispirazione prima per l'esordio in poesia (cfr. *Le porte dell'Appennino,* 1960 Premio Viareggio), poi per la narrativa, con delle opere che hanno avuto fortuna di pubblico e di critica: *Memoriale* (1962), *La macchina mondiale* (1965, Premio Strega), *Corporale* (1974), *Il sipario ducale* (1975, Premio Viareggio), *Le mosche del capitale* (1989), *La strada per Roma* (1991).

GIOVANNI PIRELLI (Velate, Varese, 1918 - Sampierdarena, Genova, 1973), figlio dello stesso industriale Alberto Pirelli, ha scritto e pubblicato dei romanzi di una "forte tensione etico-ideologica": *L'altro elemento* (1952), *La malattia del comandante Gracco* (1958) *A proposito di una macchina* (1965). In collaborazione con P. Malvezzi ha curato due raccolte fondamentali per la storia della Resistenza italiana ed europea: *Lettere di condannati a morte* (1952, 1954).

LUCIANO BIANCIARDI (Grosseto 1922 - Milano 1972), dopo alcune opere di saggio storico misto a narrativa (ad es. *La battaglia soda,* 1965), si afferma con opere in cui satireggia la società del tempo con "scatti di anarchica ribellione": *Il lavoro culturale* (1957), *L'integrazione* (1960), *La vita agra* (1962), *Aprire il fuoco* (1969).

ALBERTO VIGEVANI (Milano 1918-1999), legato alla tradizione realistica della sua terra d'origine, reagisce alla crisi del romanzo con opere dense di problematiche etico-civili, tra cui: *Le foglie di San Siro* (1962), *Fata Morgana* (1978), *All'ombra di mio padre* (1984), *La casa perduta* (1989), *Milano ancora ieri* (racconti, 1996).

LEONARDO SCIASCIA (Recalmuto, Agrigento, 1921 - Palermo 1989), trova nel romanzo-saggio, dopo un significativo esordio in poesia, lo sbocco più naturale del suo impegno letterario in chiave di richiamo apertamente sociale. Opere più notevoli: *Le parrocchie di Regalpetra* (1956), *Il giorno della civetta* (1961), *A ciascuno il suo* (1966), *La corda pazza* (1976), *Toto modo* (1974), *Occhio di capra* (1985), *La strega e il capitone* (1986), *Il cavaliere e la morte* (1989), *Una storia semplice* (1989). Sciascia ha impartito, più di molti altri scrittori del suo tempo, una "lezione" di civiltà che merita d'essere sempre meditata.

LUCIO MASTRONARDI (Vigevano 1930-1979) ha fatto il maestro elementare per professione e scelta personale. Si fece apprezzare con una trilogia di romanzi brevi, ma intensi: *Il calzolaio di Vigevano* (1959), *Il maestro di Vigevano* (1962) e *Il meridionale di Vigevano* (1964), a carattere ovviamente autobiografico. Anche le due opere posteriori, *A casa tua ridono* (1971) e *L'assicuratore* (1975), riportano alla terra e alla gente di origine. L'opera complessiva è stata ripubblicata, con l'assenso dell'autore, col titolo *Gente di Vigevano* (1977).

ANTONIO BAROLINI (Vicenza 1910 - Roma 1971) reagisce, con altri scrittori, al benessere determinato dal progresso costruito sulle storture sociali, con delle storie narrate in modo immediato, senza troppe finzioni. Da ricordare: *Elogio di Croton* (1959), *Una lunga pazzia* (1962), *Le notti della paura* (1967), *L'ultima contessa di famiglia* (1968).

DANTE ARFELLI (Bertinoro, Forlì, 1921 - Ravenna 1995) s'inserisce dapprima nella narrativa neo-realistica con *I superflui* (1949) e *La quinta generazione* (1951); poi si chiude in un silenzio depressivo, di cui restano tracce nei racconti di *Quando c'era la pineta* (1975) e, soprattutto, nelle pagine di *Ahimé, povero me* (1993). Un caso umano, il suo, e insieme letterario, da non disperdere.

GIOVANNI ARPINO (Pola 1927 - Torino 1987) si rivelò con un ritratto finemente psicologico nella storia narrata con *La suora giovane* (1959), poi è passato ad una narrativa dalle tematiche più "impegnate": *Un delitto d'onore* (1961), *Una nuvola d'ira* (1962), *L'ombra delle colline* (1964, Premio Strega), *Il buio e il miele* (1969), *Il fratello italiano* (1980, Premio Campiello).

VINCENZO CERAMI (Roma 1940) parte da una considerazione ironica della realtà quotidiana, per assurgere ad una visione "pietosa" della vita. Molte le sue opere, tra cui vogliamo ricordare: *Un borghese piccolo piccolo* (1976), *Tutti cattivi* (1981), *Ragazzi di vetro* (1983), *La lepre* (1988), *Fattacci* (1997). Si è occupato anche di poesia e di teatro. Ha collaborato anche con Pasolini, Amelio e Benigni.

GUIDO CERONETTI (Torino 1927), esperto di letteratura biblica e classica, ha pubblicato anche dei saggi dal tono "dissacrante", piuttosto incline al gusto del suo teatro di marionette. Come narratore ha scritto poche opere, ma significative: *Aquileia* (1973), *Scavi e segnali* (1992), *Deliri disarmati* (1993).

14) NARRATORI D'ISPIRAZIONE CRISTIANA, PROSATORI DI VARIA SPIRITUALITÀ

DOMENICO GIULIOTTI (San Casciano Val di Pesa, Firenze 1877 - Greve in Chianti, Firenze, 1956) si ritiene comunemente una figura rappresentativa della tendenza cattolica più conservatrice. Collaboratore del "Frontespizio" di Bargellini, si è occupato prevalentemente di poesia e di saggistica. Come narratore va almeno ricordato come autore del romanzo *Il cavallo bianco* (1945), in netto contrasto con la moda dominante negli anni della guerra e del dopoguerra.

PIERO BARGELLINI (Firenze 1897-1980), fondatore e direttore della rivista dichiaratamente cristiana come il "Frontespizio", ha pubblicato numerose opere monografiche d'ispirazione cattolica, d'interesse essenzialmente divulgativo, ma con accensioni di sincero fervore. Oltre ai *Santi del giorno* (1958) e *Mille santi al giorno* (1978), da ricordare *La splendida storia di Firenze* (1965-69, quattordici volumi) e *Pagine di una vita* (postume, 1981).

GUIDO PIOVENE (Vicenza 1907 - Londra 1974) parte da un'atmosfera d'intensa spiritualità con *Lettere di una novizia* (1941), per approdare, in un primo momento, ad una visione di conflittualità cattolica con *Gazzetta nera* (1943), *Pietà contro pietà* (1946), *I falsi redentori* (1949). Ha scritto molto altro, avvalendosi di ragioni polemiche: *De America* (1953), *La coda di paglia* (1962), *Le furie* (1964), *Le stelle fredde* (1970, Premio Strega).

GIORGIO SAVIANE (Castelfranco Veneto 1916 - Firenze 2000) si è accostato di frequente a tematiche d'inquietudine religiosa in libri come *Il papa* (1963), *Eutanasia di un amore* (1973), *Il mare verticale* (1973), *Getsemani* (1980), *Diario intimo di un cattivo* (1989), *In attesa di lei* (1992), *Voglio parlare con Dio* (1994).

GIUSEPPE BONAVIRI (Mineo, Catania, 1924), altro grande prestito – come Tobino – dalla medicina alla letteratura. Egli parte dalla terra d'origine, per soffermarsi su problematiche esistenziali in chiave di spiritualismo religioso: esordisce con *Il sarto della stradalunga* (1954), ma prosegue con ritmo crescente di opera in opera con *Il fiume di pietra* (1964), *Notti sull'altura* (1971), *L'enorme tempo* (1976), *Novelle saracene* (1980), *Silvina* (1997). Si occupa con successo anche di poesia.

MARIO POMILIO (Orsogna, Chieti, 1921 - Napoli 1990) esordisce durante la fase discendente del Neo-realismo prendendone subito consapevolmente le distanze con tematiche legate alla tradizione cristiana, ma senza trascurare le dimensioni storico-politico-sociali. Queste le opere pubblicate con più successo: *L'uccello nella cupola* (1954), *Il testimone* (1956), *Il nuovo corso* (1959), *La compromissione* (1965, Premio Campiello), *Il cimitero cinese* (1969), *Il quinto evangelio* (1975, Premio Pax e Premio R. Queneaux), *Il Natale del 1833* (1983, Premio Strega), *Una lapide in via del Babuino* (1991, postumo). Pomilio è stato considerato tra i migliori narratori in campo europeo del secondo Novecento. Si è occupato a lungo anche di saggistica e di critica letteraria. Postuma è uscita la raccolta completa delle sue poesie giovanili a cura del figlio Tommaso.

LUIGI SANTUCCI (Milano 1918-1999) esordisce prima come saggista acuto e poi come narratore col romanzo *In Australia con mio nonno* (1947) e i racconti *Lo zio prete* (1951). Altre opere, sempre ben accolte dalla critica: *Il velocifero* (1965), *Orfeo in Paradiso* (1967, Premio Campiello), *Non sparate sui narcisi* (1971), *Come se* (1973), *Il mandragolo* (1979), *Fuga dall'Egitto* (1991), *Il cuore dell'inverno* (1992), *Nell'orto dell'esistenza* (1996). La sua è stata sempre una presenza vigile e viva sul piano del richiamo cristiano più autentico.

ALBERTO BEVILACQUA (Parma 1934) ha affrontato in molte opere (racconti e romanzi) temi e problemi inerenti al mondo femminile, con frequenti aperture al sociale, ma anche alla introspezione di una franca e decisa spiritualità. Della sua copiosa produzione vanno ricordate in particolare: *Una città in amore* (1962), *La Califfa* (1964), *Questa specie d'amore* (1966, Premio Campiello), *L'occhio del gatto* (1968, Premio Strega), *Il curioso delle donne* (1983), *La donna delle meraviglie* (1984), *I sensi incantati* (1991), *Lettera alla madre sulla felicità* (1995). Si è occupato anche di poesia e ha diretto alcuni film.

GIORGIO MONTEFOSCHI (Roma 1946), oltre che impegnato nel giornalismo e in lavori per la TV nazionale, si è fatto apprezzare come narratore oscillante tra le crude realtà del vissuto e la speranza di verità salvifiche, come traspare da molti romanzi, tra cui: *Ginevra* (1974), *Il nuovo africano* (1976), *L'amore borghese* (1978), *La terza donna* (1984), *La porta di Damasco* (1992), *La casa del padre* (1994, Premio Strega). Egli si è occupato anche di narrativa per l'infanzia.

SILVIO D'ARZO, pseudonimo di Ezio Comparoni (Reggio Emilia 1920-1952), scomparso nel pieno delle sue capacità creative. Che fosse uno scrittore di razza, come usa dire, lo si era compreso bene anche col suo romanzo giovanile, *Essi pensano ad altro,* uscito postumo nel 1976.

Avviatosi alla narrativa durante la fase declinante del Neo-realismo, ne risente in una certa misura, conciliando l'urgenza della più dura realtà con l'ansia cristiana del riscatto dal destino della solitudine e della morte. Delle sue opere, raccolte dopo la morte col titolo *Nostro lunedì* (1960), da segnalare soprattutto il romanzo *All'insegna del buon corsiero* (1942), che ci riporta ai suoi esordi avvenuti, giovanissimo, negli anni di guerra.

RAFFAELE CROVI (Paderno Dugnano, Milano, 1934) risente molto della sua educazione religiosa, sia in poesia che in prosa, tanto che si potrebbe includere nel filone della narrativa cristiana, anche se spesso prende le distanze dal conformismo delle posizioni dottrinali. Tra i suoi romanzi vanno ricordati: *Il franco tiratore* (1968), *Il mondo nudo* (1975), *La convivenza* (1985), *La valle dei cavalieri* (1993, Premio Campiello), *Il santo peccatore* (1995).

Di altri scrittori (Doni, Montesanto, Maffeo, Cristini), certamente collocabili nell'area cristiana, ci occuperemo nelle nostre letture successive (cfr. *L'altro Novecento nella narrativa italiana*, Bastogi).

15) TRA NOVATORI E TRADIZIONALISTI

Un discreto gruppo di narratori, affermatisi nel "ventennio" fascista e poi nel dopoguerra senza alcuna etichetta, né politica né letteraria, sono cresciuti liberamente, senza costituire una precisa tendenza. Sono molti e tutti meriterebbero una segnalazione di riguardo.

GIUSEPPE ANTONIO BORGESE (Polizzi Generosa, Palermo, 1882 - Fiesole, Firenze, 1952), docente di Letteratura tedesca e di estetica in Italia e negli Stati Uniti (dopo l'espatrio perché antifascista), come critico si distaccò dal Croce dopo averlo seguito, dando prova di una visione unitaria dell'opera d'arte, come dimostrò con i tre volumi *La vita e il libro* (1910-1913) e *Poetica dell'unità* (1934). Qui va ricordato soprattutto come narratore: prima di *I vivi e i morti* (1923) e *Il pellegrino ansioso* (1953) aveva pubblicato un'opera molto pregevole col titolo *Rubè* (1921), con a protagonista un intellettuale senza ideali, uscito da una storia che non ammette ragione come quella di una guerra disastrosa.

GIOVAMBATTISTA ANGIOLETTI (Milano 1896 - Roma 1961), direttore per alcuni anni della "Fiera Letteraria", risentì in parte del "rondismo" in alcuni racconti (cfr: *Il giorno del giudizio*, 1927), ma poi dispiegò le sue capacità narrative in due romanzi: *Donata* (1941) e *La memoria* (1949, Premio Strega).

MARIO SOLDATI (Torino, 1906 - Tellare, La Spezia, 1999) deve la sua fama soprattutto al mondo cinematografico in cui ha operato come regista, ma ha scritto molte opere, specialmente narrative, tra cui si ricordano: *La verità sul caso Motta* (1957), *Le lettere da Sapri* (1953, Premio Strega), *I racconti del maresciallo* (1967), *L'attore* (1970, Premio Campiello), *Lo specchio inclinato* (1975), *La sposa americana* (1978), *La casa del perché* (1982), *La finestra* (1991).

ROMANO BILENCHI (Colle di Val d'Elsa, Siena, 1909 - Firenze 1989) si accostò da vicino al rigore della "prosa d'arte", ma non perse mai contatto con la realtà delle "storie di paese e di periferia" (Contini). Dopo le prove giovanili (cfr. *Il capofabbrica*, 1935; *Anna e Bruno e altri racconti*, 1938), si fece molto apprezzare con *Conservatorio di Santa Teresa* 1940), *La siccità* (1941), *Il bottone di Stalingrado* (1972, Premio Viareggio), *Il gelo* (1982).

MARIO BONFANTINI (Novara 1904 - Torino 1978), già docente di Letteratura francese alle Università di Napoli e Torino, va ricordato come narratore per il romanzo sulla Resistenza *Un salto nel buio* (1959). È autore di molti saggi critici, di interesse italiano e francese.

ARRIGO BENEDETTI (Lucca 1910 - Roma 1976) ha legato il suo nome soprattutto alla storia del giornalismo (fu direttore dell'"Europeo", dell'"Espresso", di "Paese Sera"); ma è anche autore di romanzi in cui s'intrecciano bene realtà e fantasia di origine popolare. Si ricordano: *I misteri della città* (1941), *Paura all'alba* (1945), *Il passo dei Longobardi* (1964), *Gli occhi* (1970), *Rosso al vento* (1974).

GIOVANNI COMISSO (Treviso 1895-1969) ha scritto romanzi e racconti con un'adesione alla vita come "felice avventura", salvo che in *Giorni di guerra* (1930), ovviamente legati ad una diversa realtà. Le sue opere più notevoli: *Il porto dell'amore* (1925), *Gente di mare* (1928), *Un gatto attraversa la strada* (1955, Premio Strega). Prestatosi alla letteratura da impegni professionali extraletterari, ha conseguito dei risultati apprezzabilissimi, che risentono spesso di uno stile giornalistico.

GIUSEPPE DESSÌ (Villacidro, Cagliari, 1909 - Roma 1977) si barcamenò a lungo tra memoria autobiografica e richiamo alla realtà ordinaria. Colse il meglio della sua fortuna critica con *Paese d'ombre* (1972, Premio Strega), dopo aver pubblicato molto altro, tra cui: *San Silvano* (1939), *Racconti vecchi e nuovi* (1945), *I passeri* (1955), *Il disertore* (1961).

LEO LONGANESI (Bagnacavallo, Ravenna, 1905 - Milano 1957) è noto soprattutto per aver fondato e diretto alcune riviste di prestigio: "Assalto", "L'italiano", "Omnibus", "Il Borghese". Famoso anche il suo passaggio dal fascismo più aggressivo ad un'attenzione più benevola del regime, seguita da una svolta radicale, sia pure ammantata dallo spirito satirico. Nella svolta rientrano venature moraleggianti e urgenze ribellistiche. Da ricordare tra le sue opere: *Parliamo dell'elefante* (1947), *Una vita* (1950), *Ci salveranno le vecchie zie?* (1953).

CARLO SGORLON (Carsacco, Udine, 1930) ispira la propria narrativa alla terra e alla gente friulana, a partire da *Il trono di legno* (1973, Premio Campiello) a tutte le altre opere successive: *Regina di Saba*

(1975), Gli *dei torneranno* (1977), *La carrozza di rame* (1979), *La conchiglia di Anataj* (1983, Premio Campiello), *L'armata dei fiumi perduti* (1985, Premio Strega), *La foiba grande* (1992), *La maga di Sir* (1997). Sgorlon ha, tra l'altro, il merito di aver anticipato le recenti polemiche sulle foibe (ricorda, ad esempio, l'eccidio di Porzus, dove i comunisti di Tito massacrarono alcuni partigiani della Brigata Osoppo, in cui militava un fratello di Pier Paolo Pasolini).

FULVIO TOMIZZA (Materada, Istria, 1935 - Trieste 1999) si ispira in particolare alla terra istriana, come fa Sgorlon per il Friuli. Significativa la trilogia istriana, appunto per questo, a cui seguiranno altre opere di grande successo: *La miglior vita* (1977, Premio Strega), *L'amicizia* (1980), *Il male viene dal Nord* (1984), *Gli sposi di via Rossetti* (1986), *L'ereditiera veneziana* (1989), *Franziska* (1997). Tomizza si è occupato anche di teatro e di narrativa per l'infanzia.

GIUSEPPE TOMASI di LAMPEDUSA (Palermo 1896 - Roma 1957) ha costituito un vero e proprio "caso" letterario. Appartenente ad un'antica famiglia della nobiltà siciliana (dei principi di Lampedusa), fornito di una solida cultura, sia letteraria che storico-sociale, deve la sua fama al romanzo *Il Gattopardo* (1956, Premio Strega), ingigantita anche dal successo straordinario toccato al film che Luchino Visconti ne trasse nel 1963. Pubblicato per interessamento di Bassani, il romanzo ha contribuito al superamento del Neo-realismo anche se rispecchia, a nostro avviso, in gran parte la poetica del costante richiamo alla realtà post-risorgimentale, sia pure ritratta con finezza psicologica, tra venature ironiche, in una visione di pessimismo fatalistico tipico del verismo regionale e sfociante in una spiritualità di tardo decadentismo. L'autore ha pubblicato anche un volume di *Racconti* (1961) e interessanti saggi critici sulla letteratura francese e inglese, che denotano una sicura padronanza di letture di testi stranieri.

LIBERO DE LIBERO (Fondi, Latina, 1906 - Roma 1981), molto noto come poeta legato alla esperienza ermetica, si è cimentato anche in opere narrative da rileggere: *Amore e morte* (1951), *Camera oscura* (1952), *Racconti alla finestra* (1969).

GIOVANNI TITTA ROSA, pseudonimo di Giovanni Battista Rosa (Santa Maria del Ponte, L'Aquila, 1891 - Milano 1972), si avvicinò inizialmente alle esperienze moderatamente innovative del primo Novecento, ma senza farsi assertore spregiudicato della "novità" (fu, tra l'altro, collaboratore di "Lacerba"), sia come poeta che come critico.

Titta Rosa non ha dato molto alla narrativa, risentendo più delle maniere tradizionali proposte, di volta in volta, da "La Ronda", "Solaria" e "La Fiera Letteraria", di cui fu collaboratore. Da ricordare: *Idilli mistici* (1928), *Paese con figure* (1942), *Niobe e il pittore* (1953). A distanza di molti anni dalla morte è apparso *Matarazzo - Un emigrante dell'800,* uscito nella collana di studi e testi "Gervasiana", diretta da Angelo Russi per Germi Editore (1994).

FRUTTERO e LUCENTINI - CARLO FRUTTERO (Torino 1926) e FRANCO LUCENTINI (Roma 1920 - Torino 2002) hanno costituito una "coppia" singolare di giornalisti e scrittori che, nell'ultimo trentennio del Novecento, hanno operato con una sintonia straordinaria nei modi, nei linguaggi, nei toni satirico-caricaturali, desunti dal parlato quotidiano.

Insieme hanno scritto e pubblicato molte opere, tra cui: *La donna della domenica* (1972), *L'Italia sotto il tallone di F. & L.* (1974), *A che punto è la notte* (1979), *Il palio delle contrade morte* (1983), *L'amante senza fissa dimora* (1986), *Enigma in luogo di mare* (1991), *Il ritorno del cretino* (1992).

Da solo Lucentini aveva esordito con *I compagni sconosciuti* (1951). Avvicinatosi al Gruppo 63, aveva poi tentato la via sperimentale con *Notizie degli scavi* (1964).

Fruttero, invece, ha tentato con *Visibilità zero* (1999) il romanzo in forma di "politichese". Ultimamente, con *Donne informate sui fatti* (2006) si è dato al "thriller", conseguendo addirittura un Premio Flaiano.

GESUALDO BUFALINO (Comiso, Ragusa, 1920-1996). Si è rivelato, in età matura, prima come narratore e poi come poeta di buon successo, dalla spiccata personalità. Fulminante l'esordio con *Diceria dell'untore* (1981, Premio Campiello), una storia dolente che riportava al clima del dopoguerra, con uno stile vicino alla "prosa d'arte". Seguirono: *Argo il cieco ovvero i sogni della memoria* (1984), *Le menzogne della notte* (1988, Premio Strega), *Calende greche* (1992), *Tommaso e il fotografo cieco* (1996).

Come poeta esordì con *L'amaro miele* (1982, Premio Tagliacozzo), a cui fece seguire libri di memorie, saggi critici, scritti giornalistici, aforismi. Interessante soprattutto il suo *Dizionario dei personaggi di romanzo* (1992).

16) TRA IMPEGNO E DISIMPEGNO DEL POST-MODERNO

Approssimandoci allo scadere del secolo, l'unico fatto rilevante nelle cronache letterarie è stato il Gruppo 93, sorto a trent'anni dal Gruppo 63. Tra l'uno e l'altro, si è continuato a discutere della crisi dei generi tradizionali, in prosa e in poesia, riscoprendo in qualche caso anche l'uso della cosiddetta "parola innamorata". In aggiunta, si è molto discusso anche delle funzioni e delle finalità della critica letteraria, a proposito della quale si è rotto il fragile margine tra critica militante e critica accademica, soprattutto grazie al fatto che molti "accademici" (docenti universitari di varia levatura e provenienza) hanno sempre più affrontato il rischio di occuparsi di autori e di opere del nostro tempo, superando l'ostacolo della necessaria prospettiva storica per tentare valutazioni più obiettive.

Nel campo narrativo, accanto a scrittori vissuti e cresciuti ai margini delle scuole e tendenze ufficiali (dei quali daremo conto nelle nostre note di lettore isolato), sarà opportuno dare spazio ad alcune antologie riservate ad autori delle generazioni più giovani. Più importante, a tale riguardo, ci sembra *L'Antologia dei nuovi narratori*, curata da Ferruccio Parazzoli e Antonio Franchini, col titolo *Italiana* (1991), uscita nella collana degli "Oscar Mondadori".

Il volume comprende ben 24 "nuovi narratori", alcuni dei quali si erano già fatti notare e apprezare singolarmente dalla critica. Ne citeremo alcuni in ordine alfabetico, altri in ordine sparso.

EDOARDO ALBINATI (Roma 1956), che ha esordito con i racconti di *Arabeschi della vita morale* (1988), cui ha fatto seguire, oltre a poesie sparse, anche il romanzo *Il polacco lavatore di vetri* (1989), e il poema *La comunione dei beni* (1995), con cui ha ottenuto un discreto successo.

PAOLA CAPRIOLO (Milano 1962), esordito con i racconti *La grande Eulalia* (1988), ha pubblicato romanzi contrassegnati da "densità metafisica" e "rigore formale", come *Il nocchiero* (1989), *Il doppio regno* (1991), *Visi d'amore* (1992), *La spettatrice* (1995) e *Un uomo di carattere* (1996).

LUCA DONINELLI (Leno, Brescia, 1956), oltre ai racconti di esordio (*I due fratelli*, 1990), ha pubblicato altri racconti col titolo *Le decorose memorie* (1994) e tre romanzi: *La revoca* (1992), *Baedeker inferno* (1995). *La verità futile* (1995). Anche due suoi libri-interviste riescono molto interessanti.

MARCO LODOLI (Roma 1956) ha già al suo attivo molte pubblicazioni, tra cui: *Diario di un millenario che fugge* (1986), *I fannulloni* (1990), *Cani e lupi* (1995), *Il vento* (1996). Ha scritto anche poesie e racconti, ispirati a momenti della realtà di oggi, senza alcuna finzione.

MICHELE MARI (Milano 1955), esperto di letteratura settecentesca, è riuscito a reinterpretarne "i modi e le forme" in diversi racconti e romanzi, tra cui ricordiamo: *Di bestia in bestia* (1989), *La stiva e l'abisso* (1991), *Filologia dell'anfibio* (1995), *Tu, sanguinosa infanzia* (1997).

PIER VITTORIO TONDELLI (Correggio, Reggio Emilia, 1955-1991), dopo i racconti d'esordio *Altri libertini* (1980), ha pubblicato tre romanzi: *Tra poco* (1982), *Rimini* (1985) e *Camere separate* (1989). Si è occupato intensamente delle utopie studentesche affiorate nelle agitazioni degli anni '70. Agli anni '80, poi, ha dedicato gli interventi di *Un weekend postmoderno* (1990). Si è occupato anche di problemi di omosessualità ed ha curato delle antologie relative agli "Under 25": *Giovani Blues* (1986) e *Belli e perversi* (1988).

SANDRO VERONESI (Firenze 1959), ispirandosi alle problematiche della sua stessa generazione, esordisce con *Per dove parte questo treno allegro* (1988), prosegue poi con *Gli sforati* (1990), *Occhio per occhio* (1992), *Venite venite B-52* (1995). Si e occupato molto di saggistica d'interesse sociale.

VALERIA VIGANÒ (Milano 1955), collaboratrice del giornale "Il Manifesto", come narratrice si fece apprezzare con *Il tennis nel bosco* (1989), anche per gli esiti formali oltre che per la trama della storia.

ERRI DE LUCA (Napoli 1950), tra i giovani autori, singolarmente porta una esperienza diversa di urgenza religiosa. Ha pubblicato: *Non ora, non qui* (1989), *Una nuvola come tappeto* (1991), *Aceto, arcobaleno* (1992), *In alto a sinistra* (1994) Tra le altre opere, da ricordare soprattutto *Morso di luna nuova*, un "racconto per voci in tre stanze" (2005).

MARIO FORTUNATO (Cirò, Crotone, 1955) esordisce in poesia, come altri, ma si fa apprezzare soprattutto come narratore con varie opere: *Luoghi naturali* (1988), *Il primo cielo* (1989), *Immigrato* (1990), *Sangue* (1992), *L'arte di perdere peso* (1997).

ENRICO PALANDRI (Venezia 1956), già con *Boccolone* (1979) segna "il passaggio al post-moderno italiano", poi s'immerge in tematiche "ideologico-sociali" con *Le pietre e il sale* (1986), infine spazia "tra le diverse culture europee" con i racconti di *Allegro fantastico* (1993) e *Le colpevoli ambiguità di Harbert Markus* (1997).

GIOVANNI PASCUTTO (Pordenone 1948), dotato di "sottile nevrotico umorismo", si rivela già nel romanzo d'esordio *Milite ignoto* (1976) e poi si conferma nei romanzi e racconti successivi: *La famiglia è sacra* (1977), *Nessuna pietà per Giuseppe* (1978), *L'amico Fritz* (1979), *Veramente non mi chiamo Silvia* (1993).

Interessanti anche gli altri giovani autori presenti nell'antologia, di cui daremo in breve qualche notizia.

LUCIANO ALLAMPRESE (1954), collaboratore di importanti riviste quali "Nuovi Argomenti" e "Paragone", ha pubblicato saggi e racconti, ma anche un romanzo che è stato segnalato da più parti: *Strane conversazioni con le donne* (1989).

BRUNO ARPAIA (Ottaviano, Napoli, 1957), collaboratore de "la Repubblica" ed esperto di letteratura latino-americana, autore di vari racconti e del romanzo *I forestieri* (1990, Premio Bagutta "Opera prima").

MARCO BACCI (Milano 1954) è autore di alcuni romanzi già segnalati dalla critica letteraria: *Il pattinatore* (1986), *Il settimo cielo* (1988), *Il bianco perfetto della neve* (1991).

PINO CACUCCI (Alessandria 1955) ha pubblicato, oltre a saggi e racconti sparsi, anche il romanzo *Puerto escondido* (1990). Si occupa anche di sceneggiature per cinema e televisione, con largo successo.

GAETANO CAPPELLI (Potenza 1954), esperto di critica musicale e saggistica varia, ha pubblicato due romanzi, *Floppy disk* (1988, Premio Basilicata) e *Febbre* (1989), e una raccolta di racconti, *Mestieri sentimentali* (1991).

GIANFRANCO MANFREDI (Senigallia 1948), saggista ed esperto di musica, sceneggiatore per cinema e televisione, ha già al suo attivo alcuni romanzi ben accolti dalla critica: *Magia rossa* (1983), *Cromantica* (1985), *Ultimi vampiri* (1987).

MARCO PAPA (Roma 1955) è stato molto apprezzato per *Le birre sonnambule* (1986), *Animalario* 1987), *La guerra* (1989), *Le nozze* (1990), tutte accolte con favore di pubblico e di critica.

CLAUDIO PIERSANTI (Canzano, Teramo, 1954) ha pubblicato racconti e romanzi, tra cui: *Casa di nessuno* (1981), *Charles* (1986), *L'amore degli adulti* (1988), coinvolgenti per più ragioni, anche formali.

ELISABETTA RASY (Napoli 1947), oltre ad occuparsi di saggistica e critica d'arte, ha pubblicato romanzi che le hanno assicurato una certa notorietà: *La prima estasi* (1985), *Il finale della battaglia* (1988), *L'altra amante* (1990). Ha scritto anche dei racconti non raccolti in volume.

ALESSANDRO TAMBURINI (1954), oltre ad occuparsi di musica e sceneggiature televisive, ha pubblicato due raccolte di racconti: *Ultima sera dell'anno* (1988) e *Nel nostro primo mondo* (1990), apprezzati anche da lettori esigenti.

GIORGIO VAN STRATEN (Firenze 1955) è autore di un romanzo, *Generazione* (1987), e di una raccolta di racconti, *Hai sbagliato foresta* (1989), ben accolti dalla critica letteraria.

17) Ancora narratori isolati nell'area post-moderna
Tra Realismo, Iperrealismo, Minimalismo

Disgregatasi la visione organica del realismo tradizionale, passato attraverso l'ottica regionalistica dell'Ottocento, negli anni della seconda guerra mondiale e nell'immediato dopoguerra si ripropone il ritorno alla realtà nella urgenza di "rifare l'uomo", innanzitutto, con i suoi sentimenti prima ancora che con le sue cose. Bisognava "rifare" anche le istituzioni politico-civili in sintonia col ritorno alla democrazia succeduta alla cosiddetta Europa delle dittature.

Dopo il fervore delle lotte "resistenziali", tuttavia, era inevitabile che si corresse il rischio di una rappresentazione "retorica" della nuova situazione storica. Di qui gli eccessi di certo Neo-realismo venuto di moda, contro cui si tentò di rimediare col rifugio nella esigenza del Surrealismo, anche attraverso le problematiche esistenziali tipiche della società del benessere, costruita faticosamente sulle macerie della vecchia società.

Si gettarono così le premesse, da un lato, per la reazione con la Neo-avanguardia, dall'altro per uno scandaglio più minuzioso della stessa realtà attraverso le istanze della cosiddetta "società opulenta": sesso, droga, alcol, etc. Qualcosa del genere era avvenuto con la "Minimal Art" nelle arti figurative, in opposizione all'Astrattismo e alla Pop Art, nel segno della semplicità e della essenzialità nelle scelte tematiche e nelle forme espressive.

Anche da noi si tornò a parlare della crisi del romanzo tradizionale e si preferì il racconto o romanzo breve, ad imitazione degli americani Raymond Carver e dei più giovani Ann Beattie, David Leavitt, J. Mc Iverney, Brett Easton, Amy Hempel, Susan Minol, Mary Robison, Tama Janneovitz.

Anche in Italia, dopo la rivolta neo-avanguardistica, nel clima incerto della civiltà post-moderna, si proiettano, col benessere, inaridimento e solitudine: la solidarietà, l'amicizia, l'amore, la pace diventano aspirazioni assurde e inutili. La famiglia e la scuola diventano fedele specchio di una generazione destinata al fallimento. Addirittura anche la lingua e lo stile subiscono una degradazione pari a quella del parlato tecnologico.

RENZO PARIS (Celano, L'Aquila, 1944), dopo un felice esordio in poesia, si cimenta in romanzi legati al clima contestatario del '68, ottenendo notevole successo: *Cani sciolti* (1973), *Frecce avvelenate* (1974), Filo *da torcere* (1982), *Cattivi soggetti* (1988), *Ragazzi a vita* (1997), fino all'ultimo, *I ballatroni* (2006), che chiude una trilogia tutta ispirata alla Marsica, la terra di Silone.

CARLO LUCARELLI (Roma 1960), a parere di alcuni critici, si è avvalso della sua esperienza di esperto di cronaca nera, per affrontare un discorso impegnativo sul "noir" in narrativa. Nel suo caso, in effetti, si parla giustamente d'un "filone neo-noir" venuto di moda negli anni '90. Dei suoi romanzi, fin dalle prove d'esordio, si è detto un gran bene, specialmente con riferimento a *Carta bianca* (1990), *L'estate torbida* (1991), *Indagine non autorizzata* (1993), *Guernica* (1996), *Almost Blue* (1997).

ANTONIO TABUCCHI (Pisa 1943), docente di Letteratura portoghese e traduttore del Pessoa, ne risente ovviamente nella "prosa evocativa" dei suoi racconti e romanzi: *Piazza d'Italia* (1975), *Il gioco del rovescio* (1981), *Notturno indiano* (1984), *Il filo dell'orizzonte* (1986), *L'an-*

gelo nero (1991), *Sostiene Pereira* (1993, Premio Campiello e Premio Viareggio). Si è occupato anche di teatro e di saggistica.

RAFFAELE NIGRO (Melfi, Potenza, 1947), dopo un intenso impegno in campo saggistico, si è cimentato con successo anche nella narrativa d'ispirazione storica con *I fuochi del Basento* (1987, Premio Campiello), seguito con favore critico da *Ombre sull'Ofanto* (1992), *Dio di Levante* (1994), fino all'ultimo *Malvarosa* (2005).

ALESSANDRO BARICCO (Torino 1958) si è occupato a lungo, tra l'altro, di teatro e saggistica. Tra i suoi romanzi vanno segnalati particolarmente *Castelli di sabbia* (1991) e *Oceano-Mare* (1993, Premio Viareggio), a cui la critica ha riconosciuto una singolare "ricerca di intensità spettacolare".

ANDREA DE CARLO (Milano 1952), dopo lunghi soggiorni negli Stati Uniti e in Australia, ha portato nella narrativa italiana dell'ultimo Novecento una sorta di "iperrealismo", fatto di "obiettività fotografica". Tra i suoi romanzi ricordiamo: *Treno di panna* (1981), *Uccelli da gabbia e da voliera* (1982), *Due di due* (1989), *Tecniche di seduzione* (1991), *Di noi tre* (1997), *Pura vita* (2001).

MAURIZIO MAGGIANI (Castelnuovo Magra, La Spezia, 1951) esordì vincendo un concorso per giovani del settimanale "L'Espresso". Ha pubblicato racconti e romanzi dalle tematiche più diverse: *Màuri, Màuri* (1989), *Felice alla guerra* (1992), *Il coraggio del pettirosso* (1995, Premio Viareggio e Premio Campiello). Forse l'opera sua maggiore è *Il viaggiatore notturno* (2005).

ERMANNO CAVAZZONI (Reggio Emilia 1947), docente di Estetica alla Università di Bologna, si è fatto apprezzare, più che per la rivista "Il Semplice" (che bandisce una poetica analoga a quella da noi propugnata negli anni '50), per i rapporti di collaborazione con Fellini (cfr. *La voce della luna*, 1990) e per le pagine di *Vite brevi di idioti* (1994), ambientate nella pianura padana.

DANIELE DEL GIUDICE (Roma 1949), partito con un tema legato al mondo dello sport (cfr. *Lo stadio di Wimbledon*, 1983), è poi passato a tematiche di maggior impegno con *Atlante occidentale* (1985), *Staccando l'ombra da terra* (1994), *Mania* (racconti, 1997).

GIULIANO GRAMIGNA (Bologna 1920), noto soprattutto per i suoi saggi critici, e anche autore di romanzi inclini a forme di sperimentalismo moderato: *Marcel ritrovato* (1969), *L'empio Enea* 1972), *La festa del Centenario* (1989).

ORESTE DEL BUONO (Isola d'Elba, 1923 - Milano 2007), critico di larga notorietà nella saggistica letteraria e cinematografica, è anche autore di romanzi inizialmente vicini ad una certa urgenza di origine realistica, poi avviatasi verso tematiche introspettive ed esistenziali:

Racconto d'inverno (1945), *La parte difficile* (1947), *Acqua alla gola* (1953), *Un intero minuto* (1959), *Né vivere né morire* (1963), *I peggiori anni della nostra vita* (1971), *Tornerai* (1976), *Se mi innamorassi di te* (1980), *La vita sola* (1989). Egli ha legato il suo nome anche alla storia del giornalismo e dell'editoria (ha diretto, tra l'altro, la collana dei "Gialli Mondadori").

18) Giovani scrittori "cannibali" tra "giallo", "noir" e "realismo psichico"

Tra lo scadere del Novecento e l'alba del Duemila, è sorto un nuovo gruppo di giovani scrittori definiti stranamente dei "cannibali", forse per una totale irriverenza verso le regole comuni della realtà umana. Per chi voglia darsi una spiegazione logica della definizione, si sa che il termine "cannibale", dal nome Canibales o Caribes degli antichi indigeni delle Piccole Antille, notoriamente ritenuti antropofagi, è passato ad indicare persona spietata e crudele, e "cannibalismo" – in senso figurato – equivale a sinonimo di ferocia disumana, senza dover per questo passare alla sfera biologica, nella quale s'indica il fenomeno naturale per cui una cellula viene assimilata e distrutta da un'altra.

Con grande "fastidio di quasi tutti gli autori" entrati a far parte di un'antologia uscita presso Einaudi, voluta soprattutto da Igor Carpinteri Mattotti e ben accolta da Paolo Repetti e Severino Cesari (stando al racconto che ne fece lo stesso Cesari sulla pagina "Cultura e Spettacoli" de "la Stampa" del 12 marzo 2002), senza alcuna pretesa che la definizione "diventasse un marchio", nella redazione romana della Einaudi si credette ad una sorta di miracolo allorché si decise di adottare la formula "Gioventù cannibale" e così l'antologia "prese forma" e il progetto s'intese per realizzato. Era, beninteso, il 1996.

L'antologia comprendeva racconti di giovani scrittori, che rispondevano a dei nomi personali, che vogliamo qui ricordare: Niccolò Ammaniti, Luisa Brancaccio, Alda Teodoroni, Daniele Luttazzi, Aldo Nove, Andrea G. Pinketts, Massimiliano Governi, Matteo Curtoni, Matteo Galiazzo, Stefano Massaroni, Paolo Caredda.

E qui subentra subito "una prima interessante questione", seguendo la ricostruzione fatta da Severino Cesari: "perché un'antologia di scrittori, scrittrici, comici-scrittori già famosi (Luttazzi), registi tv (Caredda), in media sui trent'anni, quasi nessuno esordiente, in genere con uno-due libri alle spalle, è diventato un marchio in Italia? nell'anno di grazia 1996? Perché, sia pure con tutte le esagerazioni del caso, si è cominciato a dividere la scena italiana in un *prima* e un *dopo Gioventù cannibale*? Perché un supplemento letterario nel 2002 può permettersi, per esempio, di titolare in un corpo discretamente grande *I postcannibali*, sicuro che il lettore qualcosa intuisca?"

Cesari azzarda una risposta tra altre riflessioni utili: "Aldilà dei nomi degli scrittori antologizzati, *Gioventù cannibale* indica un clima, una geografia, un paesaggio cambiati. Dopo il tempo della povertà e della solitudine, gli scrittori sono di nuovo orgogliosi (e disperati, naturalmente) di scrivere, sentono di avere un pubblico minoritario ma reale, e di nuovo sono in sintonia con un lettore perché sono sulla stessa lunghezza d'onda, ne parlano la stessa lingua. O meglio, le *tante* lingue. La loro scrittura *eccede* la scrittura tradizionale, si arricchisce di tutti i sapori *eccessivi*, volendo con ciò intendere: del senso in più che gira nei linguaggi dei generi, delle arti, del fumetto, del cinema, e che però solo la scrittura letteraria è in grado di contenere criticamente, nel suo stesso nervo, come una sorta di superlingua nella quale può riconoscersi una nuova comunità ribalda, di marginali forse, ma onnivori e onniscienti."

Approfondendo le sue argomentazioni, Severino Cesari tenta di etichettare i nuovi giovani scrittori con la formula di "realismo psichico", per la loro comune intima disposizione a sgretolare il mondo interiore in sezioni e frammenti difficilmente ricomponibili. Cita, a questo punto, l'esempio di Ammaniti con *Io non ho paura*, Aldo Nove con *Amore mio infinito*, Simona Vinci con *Dei bambini non si sa niente* e *In tutti i sensi come l'amore*.

Vi sono, poi, anche i "figli" dei "Cannibali", i cosiddetti "post-cannibali", che hanno ben appreso la lezione dei padri, sfociando anche nel "noir" oppure dando nuove sfumature al "giallo" (quest'ultimo, a nostro giudizio): Carlo Lucarelli, ad esempio, o Valerio Evangelisti, che penetrano nel lato più oscuro della coscienza e della ragione. E ancora Antonio Pascale con *La città distratta*, Roberto Alajmo con *Notizie del disastro;* e poi ancora Diego De Silva, Giulio Mozzi, Tiziano Scarpa, Learco Ferrari, Paolo Nori, che si muovono con disinvoltura tra i meandri più bui dell'universo psichico.

Interessante la conclusione dell'articolo del Cesari, che si dispiega come un saggio per una intera pagina del giornale: "Non sono certo gli unici: il terreno è seminato, i frutti sorprenderanno. Una nuova fioritura dopo le rovine, quasi di gruppo, ma senza mai definirsi tale. Spiando gli altri e le altre con atteggiamento a volte amoroso a volte risentito e sprezzante, ma sempre intuendone la vicinanza, il calcare la stessa scena, affrontare lo stesso comune ignoto. Come *ronin, guerrieri samurai rimasti senza padrone, ma senza onore*. Tutti, senza rimedio, al di qua della linea di confine, in ordine sparso. La linea che, senza necessariamente averne merito, i cosiddetti cannibali attraversarono per primi."

Troppo presto e indubbiamente azzardato indicare dei "maestri" della *Gioventù cannibale*. Noi ci permettiamo di citare un nome, Andrea Camilleri, per la risonanza straordinaria ottenuta negli ultimi tempi, grazie alle trame e ai linguaggi con cui si muove magistralmente tra il "noir" e il "giallo" oggi tanto di moda.

ANDREA CAMILLERI (Porto Empedocle, 1925) si è avvalso molto della sua esperienza di sceneggiatore e di esperto d'arte drammatica, per primeggiare essenzialmente nel genere del "thriller". Le sue opere hanno riscosso, e riscuotono, un successo singolare non solo per le storie intrigate e intriganti che hanno radici profonde nell'animo umano, ma anche per la vivacità orale dello stile, frutto di una efficace combinazione di italiano e dialetto siciliano. Delle sue molte opere, da ricordare almeno: *Il corso delle cose* (1978), *Un filo di fumo* (1980), *La strage dimenticata* (1984), *La stagione della caccia* (1992), *Il gioco della mosca* (1995).

19) NARRATIVA AL FEMMINILE E NARRATIVA FEMMINISTA

Nel corso del Novecento si è distinto un discreto gruppo di narratrici "al femminile", con qualche concessione al "femminismo" tra le più giovani.

MATILDE SERAO (Patrasso, Grecia, 1856 - Napoli 1977), con poche altre, è una vera e propria antesignana. Inizialmente aderisce al Verismo regionale, dando un enorme contributo alla sua diffusione, con opere che coprono tutta la fine dell'Ottocento (da *Fantasia* del 1883 a *La ballerina* del 1899). Poi si converte a tematiche misticheggianti: *Temi il leone* (1916), *Mors tua* (1926). Si occupa perfino di saggistica agiografica (cfr. *San Gennaro nella leggenda e nella vita,* 1909).

SIBILLA ALERAMO, pseudonimo di Rina Faccio (Alessandria 1876 - Roma 1960) ha il merito di aver anticipato, fin dall'inizio del secolo, la narrativa di genere "femminista" di prima maniera col romanzo *Una donna* (1906), in cui la costante di una natura ribelle al conformismo si congiunge ad una componente autobiografica e insieme sociale. Più tardi ha ripreso vecchi modelli con i romanzi *Il passaggio* (1919), *Amo dunque sono* (1922), *Il frustino* (1932). Si è occupata anche di prose varie e di poesia, conseguendo perfino un Premio Viareggio (cfr. *Selva d'amore*, 1947).

AMALIA GUGLIELMINETTI (Torino 1881 - 1941), collocandosi dapprima sulla linea del modello dannunziano di gran moda tra Otto e Novecento, "disegnò psicologie di donne voluttuose, anticonformiste, disincantate", occupandosi di poesia e narrativa. Tra le opere narrative da segnalare: *I volti dell'amore* (1913) e *Quando avevo un amante* (1923).

Da ricordare anche il carteggio col Gozzano, uscito postumo nel 1951. Si interessò anche di teatro e letteratura per l'infanzia.

ANNA BANTI, pseudonimo di Lucia Lopresti (Firenze 1895 - Ronchi di Massa 1985), si è preoccupata soprattutto di delineare e dipingere "la condizione della donna nella società". Ha fondato e diretto la rivista "Paragone" col marito Roberto Longhi. Senza ragioni polemiche si è accostata a certo realismo psicologico, a partire con l'esordio di *Itinerario di Paolina* (1937). Notevole successo hanno avuto altre sue opere: *Il coraggio delle donne* (1940), *Artemisia* (1947), *Le donne muoiono* (1951, Premio Viareggio), *Le mosche d'oro* (1962), *Noi credevamo* (1969), *La comica bruciata* (1973), *Un grido lacerante* (1981).

LIALA, pseud. di Amalia Liana Cambiasi Negretti (Carate Lario, Como, 1897 - Varese 1995), scrittrice tra le più discusse e contestate in Italia dalla critica accademica, definita solitamente un'autrice di romanzi "rosa" di gusto popolare. Negli ultimi tempi è stata rivalutata pienamente non solo sotto il profilo della sociologia letteraria, ma anche alla luce della stilistica, avendo creato un costume di lettura che abbracciava ogni classe sociale, con una dilatazione del ceto propriamente popolare.

Vastissima la sua produzione, legata tutta e sempre al genere "rosa". Straordinario il successo ottenuto con la "trilogia di Lalla": *Dormire e non sognare, Lalla che torna, Il velo sulla fronte* (1961). Ma notevole anche il successo popolare di altri romanzi, che ricordiamo un po' alla rinfusa: *Farandola di cuori, Soliloquio a mezza voce, Donna Delizia, La casa delle lodole, Vecchio smoking, Brigata di ali, Sotto le stelle, Il tempo dell'aurora, Il pianoro delle ginestre*.

FAUSTA CIALENTE (Cagliari 1898 - Pangbourne 1994), vissuta a lungo ad Alessandria d'Egitto, descrive dapprima la condizione della donna in un ambiente arabo-ebraico, poi più in generale. Esordisce con *Pamela o la bella estate* (1935), seguito da altri romanzi: *Cortile a Cleopatra* (1966), *Un inverno freddissimo* (1966), *Ballata levantina* (1968), *Le quattro ragazze Weiselberger* (1976, Premio Strega), *Interno con figure* (1976).

LALLA ROMANO (Demonte, Cuneo, 1906 - Milano 2001) esordisce in poesia, ma poi si dedica pienamente alla narrativa con le prose raccolte in *Le metamorfosi* (1951), seguite da racconti e romanzi prevalentemente autobiografici: *Maria* (1953), *La penombra che abbiamo attraversato* (1964), *Le parole tra noi leggere* (1969, Premio Strega), *L'ospite* (1973), *Inseparabile* (1981). Anche le altre opere, posteriori: *Le lune di Hvar* (1991), *Un caso di coscienza* (1992) e *Ho sognato l'ospedale* (1997) rientrano più strettamente nella sfera autobiografica.

NATALIA GINZBURG (Palermo 1916 - Roma 1991) esordisce nel 1942 con *La strada che va in città* mentre era al confino politico in Abruzzo (aveva sposato Leone Ginzburg, che poi morirà in carcere; sposerà in seconde nozze Gabriele Baldini). Pubblicherà molti altri libri di narrativa (racconti e romanzi): *È stato così* (1947), *Tutti i nostri ieri* (1952), *Valentino* (1957, Premio Viareggio), *Le voci della sera* (1961), *Caro Michele* (1973), *La città e la casa* (1984), *Lessico famigliare* (1963, Premio Strega). Si è occupata anche di saggistica e di teatro.

RENATA VIGANÒ (Bologna 1900-1976) esordì ancora adolescente in poesia nel 1913, ma si è fatta apprezzare molto più tardi come narratrice col romanzo *L'Agnese va a morire* (1949, Premio Viareggio), rientrante totalmente nella esperienza neo-realistica di genere resistenziale. Poco dopo confermò la sua fortuna critica con i racconti *Arriva la cicogna* (1954).

LAUDOMIA BONANNI (L'Aquila 1907 - Roma 2002) esordì giovanissima con racconti d'interesse regionale (cfr. *Storie tragiche della montagna - Novelle d'Abruzzo*, 1925), ma poi si è impegnata su temi sempre più avvolgenti sul piano sociale: *Il fosso* (1949), *Palma e le sorelle* (1954), *L'imputata* (1960, Premio Viareggio), *Il bambino di pietra* (1979), *Le droghe* (1982), *L'adultera* (1984).

MARIA BELLONCI (Roma 1902-1986) ha conciliato pagine narrative e pagine di taglio saggistico, come ad es. in *Lucrezia Borgia* (1939) e *I segreti dei Gonzaga* (1947). La vena narrativa si dispiega più agevolmente in opere come *Pubblici segreti* (1965), *Tu vipera gentile* (1973), *Rinascimento privato* (1985, Premio Strega). Promotrice culturale, col marito Goffredo Bellonci, ha fondato e organizzato per molti anni, a Roma, il Premio Strega.

FERNANDA PIVANO (Genova 1917) è indubbiamente tra le maggiori interpreti della letteratura americana, ma anche ha scritto, tra l'altro, due romanzi che risentono, per la diretta osservazione del reale in chiave etica, della lezione dei grandi maestri americani: *Cos'è più la virtù* (1986) e *La mia Kasbah* (1988).

MILENA MILANI (Savona 1922) esordisce con un tema legato alla narrativa resistenziale (*Storia di Anna Drei*, 1947), ma poi passa ad argomenti e protagoniste dalle problematiche molto diverse, di tipo esistenziale: *La ragazza di nome Giulio* (1964), *La rossa di via Tadino* (1979), *Umori e amori* (1982), *Sei storie veneziane* (1984), *L'angelo nero e altri ricordi* (1984). Ultimamente si è occupata anche di poesia, nel genere del poemetto colloquiale.

FRANCESCA SANVITALE (Milano 1928) rinvigorisce l'attenzione tutta femminile ai problemi della vita quotidiana con *Il cuore borghese* (1972), *Madre e figlia* (1980), *L'uomo del Parco* (1984), *La realtà è un dono* (1987), *Separazioni* (1997), *Il figlio dell'impero* (1995). Dopo motivazioni esistenziali, con l'ultimo argomento contribuisce alla recente rinascita della narrativa d'ispirazione storica.

ROSETTA LOY (Roma 1931) esordisce con successo con *La bicicletta* (1974). Continua, confermandosi tra le narratrici più limpide ed impegnate su temi esistenziali, con racconti e romanzi, tra cui segnaliamo: *La porta dell'acqua* (1976), *All'insaputa della notte* (1984), *Le strade di polvere* (1987, Premi Viareggio e Campiello), *Sogni d'inverno* (1992), *Il nome ebreo* (1997).

ELISABETTA ROSY (Roma 1947), in quanto cofondatrice delle "Edizioni delle donne", si è particolarmente distinta nell'impegno della letteratura femminile con dei saggi molto coraggiosi. Come narratrice ha pubblicato: *La prima estasi* (1985), *Il finale della battaglia* (1987), *L'altra amante* (1990), *Mezzi di trasporto* (1992), *Posillipo* (1997).

Tra le scrittrici italiane affermatesi nell'ultimo Novecento nel pieno riscatto del ruolo della donna, DACIA MARAINI (Firenze 1936), dopo un primo avvio sul ribalta letteraria (cfr. *L'età del malessere,* 1963; *Memorie di una ladra*, 1973), trova la sua strada tra impegno sociale e impegno del cuore, pubblicando diversi romanzi, tra cui: *Donna in guerra* (1975), *Isolina* (1985), *La lunga vita di Marianna Ucrìa* (1990, Premio Campiello), *Bagheria* (1993, Premio Rapallo e Premio Scanno). Si è occupa anche di poesia e di teatro. È tra le scrittrici più osannate di fine Novecento.

LUCE D'ERAMO (Reims, Francia, 1935 - Roma 2001) da ragazza vol avventurarsi in una sorta di riscontro personale delle nefandezze naziste in Germania e, durante un bombardamento, finì schiacciata nel crollo di un palazzo, per cui ha trascorso tutto il resto della vita su una sedia a rotelle, eppure sempre ansiosa testimone dei valori della vita. Ha pubblicato vari romanzi di chiara impronta neo-realista: *Deviazione* (1979), *Nucleo zero* (1981), *Partiranno* (1986), *Una strana fortuna* (1997), *Sono un'aliena* (1999). Tra gli altri suoi lavori, fondamentale sembra la biografia di Silone (1971); interessante ancora il saggio sul caso Feltrine (1974).

ELENA BONO, nata a Sonnino (nel Lazio), ma ha trascorso gran parte della sua vita in Liguria, esattamente a Chiavari. Esordì nel Realismo lirico, fondato e patrocinato da Aldo Capasso, con *I galli notturni* (1952), ma poi si è dedicata, soprattutto, al teatro e alla narrativa. Come narratrice ha pubblicato una raccolta di racconti, *Morte di Adamo* (1956), e i romanzi *Come un fiume, come un sogno* (1985), *Una valigia di cuoio nero* (1998), entrambi di introspezione psicologica. Molte sue opere sono state tradotte in varie lingue.

SUSANNA TAMARO (Trieste 1957), nipote – per parte di madre – di Italo Svevo, dopo un avvio piuttosto stentato con *La testa fra le nuvole*

(1989) e *Per voce sola* (1991), ha ottenuto un gran successo, in verità più popolare che critico, con *Va' dove ti porta il cuore* (1994), che affronta una tematica più complessa di genere psicologico. Le opere posteriori hanno testimoniato un progressivo avanzamento nella padronanza degli esiti formali. Tamaro si è occupata con fortuna anche di narrativa per l'infanzia con *Cuore di ciccia* (1994) e *Il cerchio magico* (1995).

LIDIA RAVERA (Torino 1951) si rivelò con un romanzo-documento del primo femminismo – scritto in collaborazione con Marco Lombardo Radice –, dal titolo *Porci con le ali* (1976), seguito da altri romanzi più impegnativi, con aperture più marcate verso il sociale e l'esistenziale: *Ammazzare il tempo* (1978), *Bambino mio* (1979), *Bagna i fiori e aspettami* (1986), Voi *grandi* (1990), *Due volte vent'anni* (1992), *Nessuno al suo posto* (1996). Ravera si è occupata anche di sceneggiature per il cinema.

Altri nomi meritano di essere segnalati con molto riguardo: Minnie Alzona, Pia D'Alessandria, Elsa de' Giorgi, Bianca Garufi.

Su altre scrittrici si potranno leggere note nei nostri appunti critici successivi (cfr. *L'altro Novecento nella narrativa italiana*, Bastogi).

20) ALCUNE GIOVANI SCRITTRICI PER UNA *SEX ANTHOLOGY*

Merita una opportuna segnalazione, qui, un'antologia di giovani scrittrici, che si potrebbero raggruppare nell'ultima generazione di femministe: si tratta di una *Sex Anthology,* come vuole il sottotitolo, di quattordici "ragazze che dovresti conoscere", messe insieme da Simona Vinci e Alessandra C., per l'editore Einaudi. Le ragazze si chiamano: Simona Vinci, Deborah Gambetta, Letizia Muratori, Valentina Maran, Ljuba Gribojedowa, Evelina Santangelo, Caterina Bonvicini, Alessandra C., Carla D'Alessio, Vanessa Ambrosecchio, Giulia Blasi, Rosella Pastorino, Teresa Ciabatti, Elena Stancanelli.

Sul risvolto di copertina si può leggere una noterella editoriale, da cui si evincono caratteri e finalità della iniziativa editoriale, in questi termini:

"Questa piccante *sex anthology,* lontana da ogni tabù o inibizione, ci rivela che il sesso può trasformarsi in un fondamentale strumento di conoscenza di se stessi e del mondo, un punto di vista libero e irriverente su quel che davvero conta nella vita. Lo dimostrano, in quattordici racconti *infuocati,* altrettante scrittrici italiane, tutte intorno ai trent'anni."

Sulla stessa linea, per introdurre meglio nel tema, si prosegue: "Sesso e sentimento si alternano e si confondono in queste pagine insieme a ossessioni ed esperienze estreme, fragilità e desideri segreti, senza disdegnare neppure audaci giri di giostra in territorio *hard*... La critica è stata unanime: queste scrittrici scatenate sono davvero le *ragazze che dovreste conoscere,* per scoprire luci e ombre del mondo femminile di oggi."

Doveroso ricordare, a questo punto, che l'iniziativa ha degli "illustri" (per così dire) precedenti in Lara Cardella e Melissa P., provenienti entrambe dall'estremo sud d'Italia, cioè dalla Sicilia.

21) Prosatori tra giornalismo e letteratura

Molto spazio occupa il giornalismo del Novecento con ambizioni non solo letterarie ma con veri e propri sconfinamenti nella narrativa. Ormai non si contano più giornalisti della grande stampa quotidiana impegnati anche in racconti e romanzi. Ne citeremo solo alcuni che ricorrono sulla bocca di tutti.

INDRO MONTANELLI (Fucecchio, Firenze, 1909 - Milano 2001) è ritenuto il maggiore di tutti, ma quasi nessuno ricorda che egli scrisse anche delle opere narrative, come *Giorno di festa* (1936) e *Gente qualunque* (1942). Probabilmente hanno ragione coloro che apprezzano meglio il Montanelli prosatore nelle sue opere di divulgazione storica e, in genere, memorialistiche. Egli ha scritto anche dei testi teatrali.

ENZO BIAGI (Lizzano in Belvedere, Bologna, 1920) è anch'egli, senza dubbio, tra i giornalisti più noti anche perché a lungo ha collaborato alla RAI-TV e, per questo, è stato al centro di polemiche politiche. Anche come collaboratore di giornali diffusi come "La Stampa" e "Corriere della Sera", ha sempre adottato un linguaggio semplice ma non dozzinale, prediligendo inchieste e tematiche di popolare fruibilità, raccolte anche in volume. Ad esempio: *Testimonianze del tempo* (1970), *Il buon Paese* (1980), *Il boss è solo* (1986).

Biagi ha pubblicato anche racconti e romanzi d'un qualche successo (*Disonora il padre*, 1975; *Una signora così così*, 1979) ed alcune opere memorialistiche, tra cui: *L'albero dei fiori bianchi* (1994), *Lunga è la notte* (1995), *Scusate, dimenticavo* (1997).

Quasi all'inizio della sua carriera giornalistica gli fu conferito il Premio Saint Vincent (1969).

ORIANA FALLACI (Firenze 1929-2007), annoverata tra i giornalisti più impegnati sulle tematiche più scottanti della storia contemporanea (Vietnam, Libano, Israele, etc.), ha dimostrato assoluta indipendenza dai poteri economico-militari, anche se finì per vivere in America e sposarne le cause a difesa delle democrazie occidentali. Le sue opere sono state sempre al centro di polemiche ostinate: *Niente e così sia* (1969), *Intervista con la storia* (1974), *Insciallah* (1990).

Fallaci si è occupata anche di narrativa: *Penelope alla guerra* (1962), *Lettera a un bambino mai nato* (1975), *Un uomo* (1979, Premio Viareggio). La sua prosa è molto personale, oscillante tra momenti di raccolto stupore e momenti di rivolta ribelle.

SERGIO ZAVOLI (Ravenna 1923) ha tenuto rubriche televisive ed è stato anche presidente della RAI. L'Università di Tor Vergata (Roma) gli ha conferito la laurea "honoris causa" in giornalismo. Cospicua la sua produzione in volume: con *Socialista di Dio* (1981) ebbe il Premio Bancarella. Altri titoli da ricordare: *Nascita di una dittatura, La notte della Repubblica, Diario di un cronista, Romanza.*

In una intervista rilasciata recentemente ad Alberto Sinigaglia ("La Stampa", Tuttolibri, giugno 2007) ha espresso tutta la sua amarezza constatando che viviamo "un'eclissi di Dio o della storia". Egli si è sempre preoccupato di tracciare il suo "viaggio intorno all'uomo", riflettendo su libri e autori che si sono sempre battuti per la difesa della persona: "scrittori come Balzac, o Hugo, Dostoievskij o Tolstoi, i grandi viaggiatori in Italia Stendhal e Goethe, o i nostri Silone, Soldati, Piovene, raccontano l'uomo, e il suo tempo, come nessun libro di storia potrebbe".

GIANPAOLO PANSA (Casale Monferrato, 1935) ha vissuto come pochi il connubio tra giornalismo e letteratura. Laureatosi con una tesi su "La guerra partigiana tra Genova e il Po", assegnata da Alessandro Galante Garrone e discussa poi con Guido Quazza, succeduto nella cattedra di Storia moderna e contemporanea nella stessa Università, ha scritto e pubblicato successivamente raccolte di saggi e romanzi, barcamenandosi con destrezza tra spunti polemici e invenzioni fantasiose.

Tra i suoi libri da ricordare soprattutto: *Comprati e venduti, Ma l'amore no, I nostri giorni proibiti* (1997, Premio Bancarella), *Il sangue dei vinti.* Prossima l'uscita d'una nuova inchiesta sulla guerra civile in Italia nel 1944-1945: *I gendarmi della memoria* (2007).

GIAMPIERO MUGHINI (Catania 1941) ha avuto vicende piuttosto avventurose come giornalista: mosse i primi passi su "Paese Sera" e fu tra i fondatori del "Manifesto", che però lasciò subito dopo alcuni giorni, per contrasti col Comitato di redazione. In una recente intervista con Mirella Serri (cfr. "La Stampa", Tuttolibri, giugno 2007) ricostruisce il suo itinerario, svelando tutti i suoi debiti verso la letteratura, specialmente francese. Ma ricorda, tra l'altro, d'aver scoperto con ritardo la *Storia della letteratura italiana* di Francesco De Sanctis, che lo ha "galvanizzato" nella scelta delle sue letture.

Tra i suoi libri da ricordare: *Un disastro chiamato Seconda Repubblica, E la donna creò l'uomo,* una lettera d'amore a Brigitte Bardot.

GIANNI RIOTTA (Palermo 1954) attualmente dirige il GT1 della RAI, ma è anche membro del Council on Foreign Relations. Si è formato negli Stati Uniti, praticando il giornalismo alla Columbia University di New York. Ha pubblicato alcune opere d'impegno politico-sociale. Dopo l'esordio con *Cambio di stagione* (1901), ha fatto seguire: *Ultima dea, Ombra, Principe delle nuvole, Alborada, La guerra globale* e *N. Y. Undici settembre. Diario di una guerra*.

Laureatosi a Palermo con una tesi sulla *Etica* di Spinoza, ha tenuto il filosofo sempre come un punto fermo per tutta la vita. In una intervista con Giovanna Zucconi (cfr. "La Stampa", Tuttolibri, giugno 2007) lo ricorda con queste parole: "Per lui, tu sei tutto, non c'è bene né male al di fuori di noi. È il filosofo del nostro tempo, ti chiama come persona a stare dentro il mondo: queste attuali discussioni fra fede e ragione lui le aveva già risolte, sostenendo che non c'è frattura fra Dio, l'uomo e la natura."

PIERO OTTONE, pseudonimo di Pier Leone Mignanego (Genova 1924), ha raggiunto il culmine della sua carriera giornalistica con la direzione del "Corriere della Sera" negli anni '70, dando nuovo impulso al giornale con la collaborazione di illustri scrittori. Ma si è guadagnata anche notorietà con la pubblicazione di libri d'impegno politico come *Fanfani* (1960) e *La nuova Russia* (1967).

Successivamente ha pubblicato libri di più vario interesse, quali *giornale di bordo* (1982) e *Le regole del gioco* (1984). Hanno avuto un risvolto educativo le lettere rivolte ai figli e raccolte col titolo *Piccola filosofia a uso personale* (1984). Negli ultimi libri, si affrontano questioni più complesse, come in *Il gioco dei potenti* (1985), *La guerra della rosa* (1990) e *Il tramonto della nostra civiltà* (1994).

CORRADO AUGIAS (Roma 1935) aveva esordito con opere di teatro e romanzi con *Direzione memorie* (1967), *Quel treno da Vienna* (1981), *L'ultima primavera* (1985) e *Una manciata di fango* (1993).

Entrato a far parte dei programmisti della RAI-TV, ha tenuto rubriche con molto successo, senza mai smettere l'attività di scrittore con saggi d'indagine storico-politica: *I segreti di Parigi* (1996), *I segreti di New York* (2000), *I segreti di Londra* (2003), *I segreti di Roma* (2005). Saggi che hanno avuto più ristampe e traduzioni.

D'interesse religioso è l'ultimo suo grande successo: *Inchiesta su Gesù* (2006), scritto in collaborazione con Mauro Pesce, storico del Cristianesimo e noto biblista.

BRUNO VESPA (L'Aquila, 1944) esordì giovanissimo nel giornalismo, come corrispondente di testate locali, soprattutto "Il Tempo". Entrato poi per concorso alla RAI-TV, ne è stato rubricista ed anche direttore del TG1. Molta notorietà ha raggiunto con le problematiche discusse negli spazi di "Porta a porta".

Ha pubblicato varie opere di cronaca politica, attingendo notizie di prima mano da interviste e incontri avuti con esponenti d'ogni schieramento ideologico, italiano e internazionale.

Conclusioni

Nel tracciare questa sintesi storica, ci siamo attenuti alle principali correnti e tendenze della narrativa novecentesca, cercando di seguire il più possibile le acquisizioni critiche più diffuse, ma procedendo per conto nostro, cioè con la massima libertà, nella successione e nella costituzione dei raggruppamenti, sulla base dei nostri rilievi, fatti in oltre sessant'anni di letture.

La prima grande licenza che ci siamo concessi, e della quale ci scusiamo (ma anche per gli studi sulla poesia spesso ci siamo comportati allo stesso modo), riguarda la presenza femminile: non per un oscuro e riprovevole bisogno di ghettizzazione, sarà bene dirlo con estrema chiarezza, noi abbiamo messo da parte le donne scrittrici, che formano un gruppo cospicuo che si è venuto infoltendo col passare degli anni, ma solo per studiarne più da vicino la crescente presa di coscienza del proprio ruolo nella cosiddetta repubblica delle Lettere, in corrispondenza del ruolo sempre più assunto liberamente nella società.

In generale, poi, abbiamo cercato di definire l'appartenenza di molti scrittori a questo o quel gruppo, alla luce di criteri del tutto personali, particolarmente per le generazioni più giovani. Anzi, per queste ultime, abbiamo dovuto tener conto solo della produzione dei primi anni, coincidenti più o meno con la fine del secolo.

Ovviamente, nessuno può immaginare gli sviluppi futuri dei giovani scrittori. Ma, in fondo, questo si può sostenere anche per gli scrittori meno giovani se, addirittura, è in gioco ormai lo stesso futuro dell'uomo. C'è da auspicare, per questo, che rinsaviscano non solo i responsabili della politica mondiale, ma anche e soprattutto i detentori del potere economico che ne sono gli effettivi "registi".

Nino Agnello

Nino Agnello è nato a Grotte (AG), vive ad Agrigento dove ha insegnato Letteratura italiana e latina nei licei; dal 1998 è collocato a riposo.

Intensa la sua attività letteraria, che si esplica attraverso la poesia, la narrativa e la critica letteraria e con collaborazioni a riviste e antologie.

Ha pubblicato diverse raccolte di poesia: *Dialoghi della mia solitudine*, 1960; *Vento caldo*, 1969; *Cerchi concentrici*, 1980; *La danza dei delfini*, 1980; *Tutte parole*, 1984; *La spiaggia*, 1985; *All'ombra del basilico*, 1987; *Ancilla Domini*, 1988; *Le colombe di Galla Placidia*, 1990; *Palermo volti e cuore*, 1993; *Sogni al tombolo*, 1995; *Chitarra fedele*, 1997; *Accadimenti*, 1998; *Convivalia*, 1998; *Parole di granito*, 2000; *Le forme del divenire*, 2001; *Abitare questa terra*, 2005; *Amore ad Amsterdam*, 2006.

Raccolte di racconti: *Un paese come tanti*, 1977; *L'età felice*, 1984; *Eldorado*, 1991; *Il muro di Berlino*, 1991; *La casa con gli archi*, 1997; *Il romanzo di Empedocle*, 2002; *Una vita per Omero*, 2005; *Le due stampelle*, 2006; *Dialoghi con Padre Pio*, 2007.

Per la critica letteraria ha pubblicato: *La narrativa di Cesare Pavese*, 1982; *Agrigento in versi*, 1985; *Luigi Pirandello, Il fu Mattia Pascal*, 1994; *Empedocle, Frammenti*, 1998; *La poesia di Carlo Betocchi*, 2000; *Neruda e Quasimodo*, 2002; *Pino D'Agrigento. Uno scrittore siciliano del Novecento*, 2004; *Pino D'Agrigento, Novelle agrigentine*, 2006; oltre a diversi articoli e saggi brevi apparsi su riviste riguardanti Pavese, Pirandello, Silone, Luzi, Betocchi, Rigoni Stern, Cristini, Di Giovanni, Goethe, Saramago, ecc.

È presente in *La poesia italiana del secondo dopoguerra*, 1992; *Letteratura italiana - Il secondo dopoguerra*, vol. I, 1993; *Repertorio della poesia contemporanea*, 1993; *Dizionario Autori italiani contemporanei*, 1996; *Storia della letteratura italiana del XX secolo*, 1999; *L'altro Novecento, la poesia centro-meridionale e insulare*, a cura di Vittoriano Esposito, 1999.

Fin da un primo approccio di carattere ermeneutico con la vasta opera di Nino Agnello, poeta, narratore, critico e saggista si può notare come il letterato riesca a far interagire ed unire l'alto con il basso, il verticale con l'orizzontale, pur nella profonda diversità dei mezzi espressivi, a seconda dei generi, sempre elevati ed essenziali al contempo, per mezzo di un viaggio che, fortunatamente per lui, è reale e geografico, quindi anche iniziatico ed interiore, secondo l'aforisma: "Visita interiora terrae, rectificandoque invenies occultum lapidem" con approdo alla metafisica trascendentale, a Dio. Nella poesia, Nino Agnello, partendo dal significato della vita quotidiana e del tempo, dall'amore inteso nelle sue varie accezioni, dalla bellezza della natura, sia della Sicilia, che d'altre terre da lui abitate e visitate, compie un movimento a partire dalla propria storia individuale e collettiva, cogliendone il senso umano e quello del sacro, fino alla ricerca estrema di verità nella Trascendenza. Nel poeta vive, infatti, l'anima sicula che affianca l'anima europea, più razionale e realistica che, tuttavia, non riuscirebbe a vivere senza la vicinanza della magia della solarità e del fascino misterioso proveniente dall'isolitudine che a sprazzi caratterizza la sua opera, come dice Alfredo Scaglia, nel saggio "L'isolitudine" che raccoglie quattro recensioni su raccolte di poesia dello stesso poeta e come si evince da versi come: "...Qui il verde sorride carnoso,/ le palme sono belle signore a passeggio,/ il mare cintura di eleganza./ M'illudo di essere a Genova a Pompei a Taormina/ respiro l'alito di casa nostra./ Il mondo comincia sempre da casa nostra/ e qui finisce." ("A Malaga" da *Chitarra fedele*), dove la poesia del viaggio si fonde ad una crepuscolare nostalgia proveniente dal tenace legame con la terra di origine, che permea di sé l'angoscia del vivere. Nella palese impossibilità di commentare in questa sede le varie raccolte, ci limiteremo a considerare la poetica in generale. Già Neuro Bonifazi aveva detto nella prefazione a *Le forme del divenire*: "...Si tratta di una poesia non futile, né superficiale, ma di riflessione sulle leggi dell'esistere, che l'autore, come un grande saggio, descrive con equilibrio e quasi riservatezza, senza mettere la sua persona in primo piano, soprattutto quando deve manifestare qualche protesta o qualche inevitabile condanna di carattere morale o politico, o qualche rilevamento sociale." concetto condivisibile, specialmente quando il canto acquista toni epici, poiché il poeta sa cogliere quella creaturalità umana che ben esprime nel registro del quotidiano, fino ad innalzarla nel registro alto del sublime, cui da sempre il poeta aspira. Citiamo ad esempio del nostro dire l'"incipit" di "Invocazione" che testualmente recita: "Maria di Fatima, dacci la grazia della tua amicizia,/ siamo soli: dacci compagnia,/ siamo membra sparse: facci corpo unito,/ siamo sterpaglia: facci campo verde,/ siamo granelli di sabbia: facci terreno compatto,/ siamo note stonate: facci alata sinfonia...." (da *Parole di granito*), dove il poeta invoca la mediazione della Madre, in modo partecipante e concomitante, estensibile all'umanità tutta, e in diretta connessione tra l'idea della mente e la vera essenza spirituale, alla quale l'idea stessa si riferisce, con messaggi intelligibili di vera comunicazione. In tal senso, Agnello, a differenza di Pessoa, da lui evocato, non è attratto solo dal "sogno puro" poiché le sue interiorizzazioni sono composte da due dimensioni: quella immaginata e quella fattuale, mentre la divagazione onirica non è fine a se stessa, poiché ancorata all'indizio terrestre. Ma tutta la produzione letteraria ci appare segnata soprattutto dalla poesia come ragione di vita e mezzo espressivo prevalente tanto che anche la narrativa, la critica e la saggistica, ci appaiono fortemente connotate da vocazione lirica, oltreché da precisione scientifica di ricerca. Così è per la narrativa di *Le due stampelle* (racconto ad intarsio) e *Una vita per Omero* (racconti umanistici) e *Dialoghi con Padre Pio*, dove si avverte il colore della vita che passa, nella perenne scoperta di emozioni apportate da grandi personaggi che appartengono alla storia, Omero e il lontanissimo a lui, ma ancor più grande, Padre Pio. La nutrita saggistica comprende scritti apparsi su riviste relativi ad importanti contemporanei, come altri in plaquettes, tra cui citiamo: *La narrativa di Cesare Pavese; Agrigento in versi; Luigi Pirandello; Neruda e Quasimodo;* e molti altri, come da biografia. Tutto un lavoro con esposizione limpida e puntuale, supportata da testi, completo poiché spazia dalla problematica ontologica alla poetica, dalla morale al teatro, lasciando nel lettore quell'eco che incontra un'intelligenza quando va ad interpellarne un'altra, nella traccia del "logos" comune che unisce. Letterato di comunicazione, quindi, Agnello, che conosciamo dai testi, ma anche personalmente, comunque una delle voci più belle ed importanti della cultura italiana contemporanea.

Marzia Alunni

Marzia Alunni è nata a Brindisi. Si è laureata in Filosofia all'Università di Perugia.

Sporadicamente ha pubblicato su riviste quali "Prometeo", "Arte Stampa", "Notiziario della Bastogi" e "Punto d'Incontro", dedicandosi con lungo agio agli ozi poetici e venendo a comporre quello che lei chiama "il libro che non finisce mai".

Nel 2002 pubblica la sua prima opera poetica *Il Semacosmo*, ma in collaborazione con la madre Maria Grazia Lenisa ha condotto uno studio circostanziato su *L'Arco di Apollo* (saggio) di Eraldo Garello.

L'uomo ha innato in sé il senso della propria origine divina, per quel fiato di vita che l'Eterno gli soffiò nelle nari e che, come richiamo ancestrale impresso a fuoco, ha nel suo DNA, che lo spinge a ricercare incessantemente il mistero dell'origine sua, proprio per un moto interiore naturale e spontaneo che lo richiama ineluttabilmente al proprio principio. Per questo egli, mosso da due distinti ordini di idee, soggettivo uno ed oggettivo l'altro, attraverso l'osservazione del cosmo e della natura, considerata nelle sue forze meravigliose in quanto "Vestigia Dei", ma anche misteriose e tremende, perviene all'intuizione dell'Ineffabile, del Non Nominabile ed Eterno, del "Negativo" o del Positivo Iddio di tutte le religioni, dal quale si dipartono i fili aurei della vita. L'artista, più degli altri uomini, anche oggi agli inizi del terzo millennio, dimostra di essere molto sensibile e affascinato da questa forza misteriosa, che ficinianamente lo avvince, poiché sente, come diceva il Trismegisto nell'enunciato della legge dell'analogia che: "Quello che è in alto è come quello che è in basso, per compiere il miracolo dell'unità".

Marzia Alunni, giovane poetessa, nella sua raccolta dal titolo esplicativo Il Semacosmo sembra racchiudere in sé tutto il rigoglio e lo sforzo dell'anima che vibra verso quel mondo superiore, o macrocosmo, dal quale è attirata a calamita, che essa intuisce, cogliendo le estasi delle azzurre visioni, nella sintesi magnifica di tutte le luci, dalle quali sa strappare la misteriosa favilla della poesia. Cosa veramente rimarchevole per una giovane poetessa, se si pensa che a queste "sponde" ci si arriva e non sempre, in età matura e sofferta. Trascriviamo per intero la poesia "La gabbia metafisica" che da sola dice molto più di qualsiasi nota critica, dalla quale, peraltro non ci sottrarremo e che così recita: "Limbo di luce/ in questo angolo/ sperduto di universo.../ Si schiude/ la gabbia d'oro sul Nulla/ e giunge polverizzato/ il meteorite/ da un lungo viaggio./ Intatti contano i desideri,/ la memoria che tutto è vano./ Ghiaccio e tempesta/ nascondono il sentiero./ Il Pensiero/ superstite e testimone.".

Dopo di che dipartono poesie che elaborano una cultura della genesi, originale, dotata di mezzi d'espressione che le sono propri e che si snoda in poesie dal titolo: "Creazione", "L'ipertesto", "La scintilla", "Giorno di luce", "Il big bang", "La singolarità", "Apparizione", "Dissolvenza", "L'universo creatura", "Pulsar", "Il Buco Nero", fino a "Spiegazione ultima" dove si prefigura un'idea immanentistica e trascendentale al contempo nella quale: "La figura del Nulla/ è evocata" fino al "Buco Nero senza fine".

La raccolta prosegue nelle sezioni: "Verità Impossibili", "L'Ultima Glaciazione", "La Biblioteca d'Alessandria" e "La Nave di Cristallo", nelle quali la centralità di una totalizzante cosmicità si riflette nella metafisica del microcosmo pensante, vale a dire l'uomo, ed è misurata in termini letterari col metro del verosimile, delle funzioni catartiche e degli effetti speciali provenienti dai contenuti e dagli stilemi delle singole liriche, nel loro farsi poetico, ma soprattutto nella ricerca di una precisa e differenziata attività e identità di poeta, da parte di Marzia Alunni che, con la metafora di *Semacosmo*, si avventura coraggiosamente dalla terra alle stelle, sottolineando ancora una volta come la poesia delle donne, nella storiografia letteraria, va di pari passo con la storia ed è forza testimoniale, ricca di fermenti e di conflitti, attenta soprattutto a cogliere la continuità e la interazione delle varie manifestazioni artistiche sino a farsi scienza stessa della storia.

Angela Ambrosini

Angela Ambrosini è nata a Perugia, vive a Città di Castello (PG) e insegna spagnolo presso il Liceo Linguistico "Città di Piero" di Sansepolcro (Arezzo).
Scrive poesie, racconti e coltiva l'interesse per la traduzione letteraria dallo spagnolo.
Ha conseguito il Master in Traduzione Letteraria presso l'Università di Siena ed ha al suo attivo traduzioni di prosa e poesia dallo spagnolo, alcune in fase di pubblicazione.
Ha realizzato alcune recensioni e studi critici su autori spagnoli e sua è la traduzione italiana del *Don Juan* di G. Torrente Ballester.
Molte sue opere, sia di prosa che di poesia, sono incluse nelle raccolte antologiche di premi letterari. Alcune sue liriche in spagnolo sono state pubblicate nelle antologie del "Centro de Estudios Poéticos" di Madrid.
Dopo *Silentes anni,* 2006, sua opera prima di poesia, nel 2007 ha pubblicato il suo primo libro di racconti dal titolo *Semi di senape.*
Collabora con alcune riviste di poesia, sia con elaborati di creazione propria che con traduzioni.

Positivismo, venato da lieve crepuscolarismo nei confronti del divenire, ma anche disponibilità nel segno solare della pienezza in temi concreti e tattili, colti nel profluvio vitale del quotidiano, che vanno ad aprirsi all'Eterno, secondo uno stato di religiosità panica, proprio in forza di singoli momenti dell'essere, è ciò che avvertiamo nella bella raccolta dal simbolico nome *Silentes anni* di Angela Ambrosini, nella quale la poetessa cerca di stabilire un'empatica sintonia con il paesaggio, specialmente quello toscano e umbro che è avvertito e descritto in tutta la sua raffinata eleganza e bellezza. In esso Angela cerca di afferrare la simbolicità dell'evento, quale cifrario misterioso dell'alfabeto cosmico, in simbiosi con la sua sensibile anima; ne nasce una poesia intensa, serrata nella forma, dal taglio talora epigrammatico con verso breve, altre volte più ampia e distesa a verso lungo, ma sempre simultanea nell'accogliere e nel dire, quasi che la partecipazione alla vita, da parte sua, sia nel senso di intelligenza che di emozione, fosse un tutt'uno con le emanazioni cosmiche, colte nelle loro irripetibili, ma anche cicliche vibrazioni, capaci di sfasare il tempo e lo spazio, secondo una dimensione assiologica della natura che va ad abbracciare il campo del Trascendente, rivelando le "Vertigia Dei", scavate così profondamente nel suo volto. Citiamo a proposito per intero la bella lirica che dà il titolo al testo *Silentes anni*: "E se luce batteva alle siepi/ di bosso umido ancora di stelle,/ non fra ricordi l'alba inverdiva/ ma inquiete rondini primizie ai sogni,/ dissepolti baratri schiudevano./ Ora che altro canto sale dal cuore/ e più ricordi ha con sé l'avvenire,/ rompe dagli argini il vento autunnale/ e sul silenzio degli anni dilaga,/ dilaga a schiantare rovi dai gorghi.", dove è evidente che è il silenzio durato anni, a rompere e dilagare, secondo un suono, una struttura ed un significato propri, in quanto aspetto vivo e vitale della psiche del non detto, come forma e entità polisemica che va a covare sotto la cenere il magma lirico che, come nel nostro caso, esplode nella comunicabilità della poesia, divenendo al contempo catarsi dello spirito. In chiusura la raccolta ha tre significativi epigrammi che riportiamo, per bellezza di sintesi e incisività di forma. Da "Canzone": "E ogni giorno vive di te/ inafferrabile e subito pianto/ nell'attesa del poi." da "Notturno": "Spargendo petali d'ombra/ veleggiano stelle/ negli spazi del tempo./ Dolente s'insinua/ la vita fra/ innocenze lunari./ Fuggono a stormi/ indomati/ i pensieri." da "Supplica": "A nuova vita piega,/ Signore,/ lo sgomento acerbo/ di noi qui sulla riva." quasi a siglare con velata mestizia il percorso poetico. Per la narrativa Angela Ambrosini ha scritto *Semi di senape (Racconti dal vero)*. Di essi Antonio Melis nella prefazione dice: "Nei racconti di Angela Ambrosini il fantastico si insinua naturalmente nella quotidianità. Proprio per questo, paradossalmente, acquista una dimensione più inquietante. Si tratta spesso di un evento in apparenza minimo, che rompe il corso abituale delle cose e si dilata progressivamente fino a permettere tutto il testo. La linearità è quasi del tutto assente da queste narrazioni. Essa rappresenta solo la superficie visibile dell'esistenza, che è percorsa sotterraneamente da movimenti imprevedibili. Quando si produce il cortocircuito, questi sussulti emergono alla luce del sole....". Sia il prefatore Antonio Melis, che la prefatrice Dianella Gambini, citano, a proposito di Angela Ambrosini, Jorge Luis Borges, per affinità elettive deducibili dal ricorso agli exergo frequenti nei racconti da parte della stessa autrice. Tuttavia, va detto, che ella ha già un proprio originale profilo e una poetica che risente semmai della verticalità dei cipressi e dell'orizzontalità degli ulivi della Toscana e dell'Umbria, un panismo tutto tosco, che molto ha ancora da dire e molto, ne siamo certi, dirà ancora.

Fausto Mariano Antonucci

Fausto Mariano Antonucci è nato a San Severo (FG). Dopo aver conseguito il Diploma di Maturità Classica, si è laureato presso l'Istituto Superiore di Scienze Religiose all'Apollinare di Roma, Facoltà di Teologia del Pontificio Ateneo della Santa Croce con la votazione massima; si è specializzato presso la facoltà di Bioetica dell'Ateneo Pontificio Regina Apostolorum, conseguendo il Master. È attualmente anche studente a Pisa ed è laureando in Conservazione dei Beni Culturali indirizzo archeologico.

Da sempre è attivamente interessato ai temi del sociale ed è stato insignito del Premio della Bontà, Diploma di Benemerenza "Giovanni XXIII" per l'alto grado di moralità. Tuttavia i suoi interessi sono maggiormente di natura letteraria: per la poesia, la narrativa e la saggistica.

Ha pubblicato: *Palingenesi*, 1996; *Dal tramonto... al sole*, 1998; *Il Rosario, Tesoro Semplice da riscoprire, da cui si schiude l'immensa ricchezza di Cristo...*, 2006; *Il Principe Triste*, 2006; *Trilogie - Canti Romani*, 2007; *Attraverso la Sua Misericordia impariamo a conoscere il Dio che ci vuole salvi...*, 2007.

Sue liriche sono pubblicate in agende ed antologie.

L'amore deve essere un atto incessante al fine di realizzare il bene prezioso della Verità, quale continua presenza in Dio. Egli, attraverso la Grazia, salva l'uomo dal caos e lo mantiene nell'ordine e nell'armonia, dell'esistenza, nel prevalere del bene sul male. Fausto Mariano Antonucci, scrittore e poeta, partendo da tal presupposto e fidente nel motto che: "Amor vincit omnia", scrive per grandi e piccini la favola *Il Principe triste* che pubblica nel 2006, con Bastogi, con colorata ed invitante copertina e belle illustrazioni all'interno di Fabio Casiero. Un raccontare, il suo, che è anche operazione di vita con comunicazione d'anima, nei ritmi della poesia, come casa dell'amore contro il male, pur nei toni onirici, surreali e fantastici della fiaba, per questo con valore pedagogico e morale non apertamente palesati, ma indotti dai fatti narrati. Per la poesia Antonucci pubblica, nel 2007, la raccolta *Trilogie - Canti Romani*, la cui struttura architettonica consta di sezioni, composte da tre liriche, dal titolo: "Trilogia del nulla"; "Trilogia del sogno"; "Trilogia del poeta"; "Trilogia Gotika"; "Trilogia del Re"; "Trilogia Haiku"; "Trilogia d'Amore e d'Amicizia" - "Trilogia per Costanza"; "Trilogia per Chiara"; "Trilogia del Soffio"; "Trilogia del Vento"; "Trilogia Sparsa"; "Trilogia Spersa". Spesso le trilogie sono accompagnate da una nota esplicativa a piè di pagina, dalla quale è possibile evincere l'ordito del monologo autobiografico e la tecnica che disciplina l'andamento del testo. Dal punto di vista delle tematiche si avverte la preoccupazione, da parte del giovane poeta, di scavare in profondità, in una materia tutta umana e altamente spirituale per approdare, quindi, ad una singolare intensità psicologica, dove la partita si gioca, facendosi affascinante, nella poesia d'amore, che è un tracciato di linee, un'occasione esistenziale, attorno al pensiero e al sentimento, che diviene rappresentazione, evento, fatto, con nome di donne diverse, e non importa se siano reali, ciò che importa è che abbiano una loro chiave di lettura, un loro registro espressivo, nella pienezza del sentimento e la solenne dignità e purezza che le è intrinseca. Citiamo dalla "Trilogia del Soffio" la lirica "Dai tuoi occhi" (Ad una amica mai conosciuta) che recita: "Dai tuoi occhi/ luce abbagliante,/ riflessa dalla tua pelle bianca/ come neve appena caduta,/ profondi me stesso/ di me stesso,/ riempiendomi di nuova vita!/ Vorrei conoscerti,/ e la chiara dolcezza,/ che traspare dal tuo essere/ viene ad accarezzarmi.../ Vorrei poterti abbracciare/ e stringerti tra le mie braccia,/ vorrei poterti dire...Ti Amo!". Lo stesso poeta scrive a mo' di commento in fondo alla pagina: "Questa come le altre seguenti liriche si ispirano al *"soffio del vento"* che soffia portando fugaci, passeggeri e non, barlumi di vero **Amore**....".

Un percorso d'amore, quindi, sempre teso in avanti, verso l'arduo completamento della propria anima, alla ricerca della parte celeste mancante, che non è solo ricerca della donna archetipale, come ci par d'intendere, ma anche presa di coscienza di sé, dei propri mezzi, dei propri fini, dove il gioco del cronologico è travagliato, o dal gioco col logico atto a mettere in moto un processo creativo che gli conferisce unità profonda, nel confluire di vari aspetti, nel femminile eterno e archetipale. Come si evince dalla lirica "Sei" (A Rossana) che recita: "**Sei** una luce abbagliante/ che mi indica il cammino.../ come un faro/

mi aiuti a muovere tra gli scogli.../ **Sei** un fuoco tiepido e costante,/ certo e sicuro, che mi/ scalda in una notte d'inverno.../ e da te è difficile staccarmi!/ **Sei** un sorriso materno/ ricco e trascinante.../ **Sei** rugiada al mattino/ che rinfresca con perle i fiori.../**Sei** preziosa al mio cuore/ e il tuo abbraccio sicuro, lo scalda!", dove l'astrazione della metafora si confonde nell'esperienza concreta personale e con referenti esistenziali emblematici, che sottolineano l'attenzione del poeta al valore della parola. Come è possibile rilevare dalla biografia, sappiamo che Fausto Mariano Antonucci ha al proprio attivo importanti pubblicazioni di carattere religioso, come è logico che sia, essendo egli laureato presso l'Istituto di Scienze Religiose.

Antonia Arcuri

Antonia Arcuri è nata a Giuliana e vive a Palermo dove svolge attività libero-professionale in ambito psicologico e psicoterapeutico. Associa all'attività clinica un lavoro con bambini della Scuola dell'Infanzia.

Ha pubblicato tre raccolte di poesie: *I Colori dell'Armonia*, 2003; *La pesatrice di perle*, 2005 e *Il sé come una stagione*. È coautrice di un volume collettaneo dal titolo *La grammatica del Logos*.

Ha pubblicato articoli sul giornale dell'Ordine degli Psicologi della Regione Siciliana e su "Babele" il periodico dell'Associazione San Marinese degli psicologi.

Si occupa inoltre di Psicodramma e Scritture poetiche.

Per Antonia Arcuri, poetessa siciliana, bastano i tre titoli *I Colori dell'Armonia*, *La pesatrice di perle* e *Il sé come una stagione* a dare testimonianza di una sentita ed autentica interiorità che, per mezzo di una diffusa tonalità elegiaca, si affida, al contempo, a meditazione intellettiva filtrata da sapienza di cuore. Nelle due raccolte vi è, infatti, una compostezza classica che sa vedere una trasognata realtà orizzontale, colta dentro una terra animata, in cui il tempo si dilata ed ospita sentimenti come l'amore, la tenerezza, l'esserci in vibrate parentesi dolcemente affettive. Ma ciò che impressiona di più, nelle due raccolte, è la contemplazione fluttuante della poetessa, nelle cose dell'universo, nella dialettica del divenire e delle ore che scorrono inesorabilmente, dove anche la morte è vestita di fiori e le donne sono: "... Noi/ donne di terre ardenti,/ prigioniere di un velo di parole:/ Donne migranti,/ NOI/

ci sveleremo ad occhi bassi./ Rondini terse,/ cercheremo un nutrimento/ nel codice d'amore/ Donne di terre esauste,/ scriveremo le nostre leggi/ sulle spighe di grano./ Semineremo al vento,/ macineremo insieme,/ con il sole negli occhi/ e l'oro nelle mani." ("Donna di terre ardenti" da *La pesatrice di perle*), lirica nella quale l'immagine della figura femminile è solare, simbolo di fertilità e di amore, anche se si avverte un dolore proveniente da un nostalgico "nostos", un bisogno ancestrale di approdare a ciò che è lontano, proveniente proprio dall'espressione affannata e straziante "donne migranti", alla ricerca di una stabilità che sia lontana dal male. E c'è un grande respiro di voce, nel fluire della poesia, fortemente interiorizzato, dal quale prorompe una fervida fantasia, che sa captare i grandi silenzi cosmici con l'immaginazione, li fa suono con la parola, come si può evincere da: "....È la canzone del sole/ quella che si ode a tempo/ nella ballata del giorno...." ("Una poesia di pace" da *I Colori dell'Armonia*). Altro elemento fisico importante è quello equoreo, riscontrabile quasi in tutte le poesie, il cui moto è espresso con frasi come: "L'eco dell'onda, la piena rompe, zampilli di vita, acque velata da sposa, acque di cedro, l'universo è un cielo d'acqua, l'acqua del fiume svapora, vene d'acqua e di pensieri, le vira quella fresca cascata. Un'acqua dai sospiri lievi, di luce e d'acqua viviamo i nostri giorni, gocce d'acqua rubate alla fonte", tanto per citarne solo alcune, acclaranti ed esplicative di una bellezza eponima e nodale della stessa poesia che vanno a creare un linguaggio metaforico ed altamente lirico, nei segni criptici della propria presenza, capaci di conferire musicalità dal dolce brusio delle acque, dal suono di vita che crepita nella poesia. Ma è tutta la natura con i suoi simboli, appena percettibili, e le metafore insite negli stupendi colori e profumi che invadono l'aria, ad essere raggio di speranza affidata alla luce nella quale la visione della vita non è egocentrica, poiché è allargata a tutti, in accensioni vitali ad esorcizzare i mali del destino come l'angoscia, il dolore, la cronaca inquietante; e lo dice chiaramente Antonia Arcuri, con versi che recitano: "Trabocca di lilla chiaro ed energia il glicine fiorito,/ raccoglie del mondo le speranze di bellezza..." anche se: "...Riemerge il furore,/ in tempo placato da gocce..." ("Terramare" da *I Colori dell'Armonia*). Nei due testi è presente una coerenza di poetica, pur nella varietà delle tematiche affrontate, unitamente a certezze morali, d'antica significazione, che puntano a cogliere una religiosità panteistica nell'Armonia dell'universo, riscontrabile in tutte le cose ed in ciascuna nel proprio dettaglio ed una metafisica delle stesse che le trascende, secondo un ideale dell'esserci, ora e subito, che fa sentire una propria inconfondibile voce, che è poi quella della poetessa Antonia Arcuri che ha: "....crosta dura che protegge la mollica morbida e bollente dall'incalzare del tempo...." come dice di lei

Daniele Billitteri nella bella prefazione a *I Colori dell'Armonia*.

La raccolta *Il sé come una stagione* va a creare quel territorio metaforico ed ideale dove c'è moto uroborico, quindi circolare, ma anche a spirale verso l'alto, che è poi partenza e ritorno dell'esperienza antropologica del viaggio, costitutiva del canone letterario della stessa raccolta, secondo un'interrelazione comunicativa profonda nella sua identità di genere e nel confronto con l'alterità, alla conquista e nel riconoscimento del sé profondo. In tal senso il viaggio della poetessa è il luogo di scambio, d'ispirazione e formazione che fornisce un orizzonte di rielaborazione creativa in cui la poesia è al contempo significato e significante, dove c'è il concetto logico dell'essere in sé e per sé nell'unità dello spirito che è concretezza, appunto, considerata nel dialettico divenire, che va, via via, acquistando una sempre maggior consapevolezza e autocoscienza. Poesia dell'io profondo, dunque, sul filo di una densità ed espressività nuova per dimensione semantica e climax d'emozioni che sa offrire e che va ad arricchire il panorama poetico italiano d'inizio millennio.

Roberta Bagnoli

Roberta Bagnoli è nata a Firenze e vive a Bagno a Ripoli (FI). Ha conseguito il diploma di maestra elementare, attualmente svolge il lavoro di impiegata presso la Direzione Sistemi Informativi del Comune di Firenze.

Fin da ragazzina si è dedicata alla poesia e nel 2006 ha pubblicato il suo primo libro di poesie *Abbandono confidenziale*, seguito nel 2007 da *Spighe di luce*.

Le sue poesie sono presenti in diverse antologie.

Sulla parafrasi sentimentale dell'uomo, conscio del suo essere solo nel mondo, inizia, si edifica e si evolve il viaggio poetico di Roberta Bagnoli, proprio a partire dalla raccolta *Abbandono confidenziale* nella quale la lirica "La stanza inviolabile", che è quasi un epigramma, diviene intenzione e manifesto programmatico di poesia. Dice, infatti, la poetessa: "Ogni creatura ha la sua stanza inviolabile/ dove la trama del cuore, intrisa di fili invisibili,/ si dipana nel presente/ nell'attesa dei semi più fruttuosi." per proseguire in "Constatazione", lirica contenuta nello stesso testo, quasi a ribadire un concetto: "Siamo anime elette/

siamo stanze inviolabili/ indossiamo panni magici/ e ci confondiamo tra la gente/ che niente sa di noi,/ ignora i nostri sogni/ teme il nostro sguardo/ rifiuta il nostro candore....". "Solitudine sì" diciamo, ma con tanto desiderio di comunicare con gli altri, per proporre le proprie istanze, esternare dubbi e gioie, come si evince dalle altre liriche della raccolta, nelle quali la poetessa si colloca: tra due esseri per la poesia d'amore, nel luogo giusto delle emozioni ed in quello geografico di ciò che veramente è nella sua tangibilità, ed esiste, e che la parola poetica, lambendo i confini dell'universo terrestre, trasforma mirabilmente in sogno, secondo un dialogo fatto di estatici abbandoni, sensazioni sottili, in echi e risonanze liriche, dove non manca un certo candore per "il cuore/ rimasto diafano fanciullino..." ("Danzano le parole" da *Abbandono confidenziale*). Candore che torna espresso chiaramente nella raccolta *Spighe di luce* con la lirica "La bambina sentinella" che nell'incipit testualmente recita: "È di vedetta la bambina sentinella./ Negli occhi ha volo d'uccello/ nella mano suona l'incauto fucile./ Su in alto sventola bandiera lisa,/ arresa al teso vento./ A valle si accovaccia/ l'orda stanca e scura,/ scena di quotidiana follia/ sospesa nell'intervallo della morte..." stavolta però evocato, ossimoricamente, nel richiamo della morte arrecata da un qualsiasi integralismo in Dio. La raccolta dal metaforico e simbolico titolo *Spighe di luce* appartiene, senza dubbio, al filone lirico-religioso di poesia, e prende nome dall'omonima poesia che recita: "Vorrei pioggia fresca d'amore/ che aprisse la terra come bianca ferita./ Vorrei grandine di felicità/ che sciogliesse il gelo del cuore/ in risa di gioia./ Vorrei che tornasse il corpo di Cristo/ a germinare semi di pace/ come spighe di luce.". Gesù Cristo, dunque, sentito come segno di verità illuminante e vita di pace, della quale i poeti sentono tanto il bisogno, come del resto tutti gli uomini di buon volontà. E la raccolta si dilata, si allarga nel senso del fecondo dialogo di spiritualità con sé e nei confronti degli altri, verso i quali è palese, in ambedue i testi, costruttiva solidarietà, opposta alle tensioni permanenti che agitano il mondo. Per questo Roberta cerca: "....mani che aprono accessi inesplorati,/ mani che annullano fredde distanze,/ mani che strappano fili spinati,/ mani che ammainano nude bandiere,/ mani che non temono la sconfitta,/ mani che hanno coraggio/ di fermare i proiettili...." ("Le mani, la mia voce"). Solidarietà che parte dall'anima e diviene istanza planetaria di giustizia, considerata in una nuova ottica di pace, che è quella evangelica, colta nella dimensione dell'essere interiore e dell'amore universale. Questo ci par voglia dire Roberta Bagnoli, con una cultura che è umanistica, religiosa e planetaria al contempo, al centro della quale c'è il Cristo, reiteratamente evocato nella poesia, via di verità e vita stessa per tutta l'umanità, con il suo messaggio d'amore e di estremo sacrificio per la salvezza degli uomini. Nel fluire dei versi, la poetessa ricerca incessantemente la "luce" che è poi il vero "clou" della sua poesia, fatta di genere e numero, di tradizione e innovazione, di ricerca spirituale intersecata a quella più umana della quotidianità temporale e terrena, nel distendersi di forme musicali, ancora in divenire e, come dice Mariateresa Biason Martinelli prefatrice a *Spighe di luce*: "...Poliedriche, sfaccettate, intense, profonde, composte da versi lirici, incisivi e da immagini vivide ed originali metafore, ricche di messaggi di speranza, di gioia, senza ignorare il dolore del mondo..." giudizio interamente condiviso, nella certezza che la poetessa avrà molte cose da dire ancora.

Rita Baldassarri

Rita Baldassarri è nata a Santo Stefano Magra (SP) dove ha vissuto e lavorato.
Ha pubblicato: *Acquaforte,* 1980; *La fisica dei liquidi,* 1981; *Occhi di gatto,* 1986; *Geometria di ombre,* 1988; *Candida lumina solis,* 1989; *Via di Goletta tredici,* 1993; *Palazzo rosso,* 1997; *Ojos de gato y otros poemas,* 1997; *L'incontro,* 1998; *Sassi,* 1999.

Poesia visiva, antropomorfa e magica, per quello che attiene la natura, questa di Rita Baldassarri, che è stata anche saggista e delicata narratrice con un romanzo autobiografico di commovente dolcezza. La sua attività poetica inizia negli anni Ottanta, con la pubblicazione della raccolta *La fisica dei liquidi* fino all'ultima pubblicata postuma, crediamo, intitolata *Sassi.* Nella poetica dei vari testi, è la natura a fare da protagonista, proprio per quell'essere colta ed avvertita nello splendore della sua pienezza e del suo consistere come madre, e talora matrigna, tra gli uomini, nella caducità del divenire continuo ed eterno che comprende: nascita, crescita, lussureggiar per un attimo, per poi morire secondo una metamorfosi che è al contempo tensione verso la luce. Poesia, dunque, che si evolve, nella dimensione filosofica del pensiero eracliteo ed in quello plotiniano-immanentista, proprio per l'azzardo del volo antropomorfo in cui gli archetipali elementi come: l'acqua, l'aria, il fuoco, ma anche la linfa vitale dell'uomo come il sangue, costituiscono gli accordi musicali dei versi e ne sono, al contempo, i veri protagonisti. Mentre, a far da controcanto, sono presenti esemplari immagini di "gridi di bimbi e di cani", o di "...gente di fretta dalle banchine a salti..." tanto per fare degli esempi, dove la parte umana è realizzata per nomi collettivi e proviene dal movimento. Tuttavia, non per questo il lirismo è inutile o si esaurisce in se stesso, poiché la sua espressione di stato d'animo individuale di solitudine è necessaria in quanto in essa ogni essere umano si riconosce e si ritrova, e contiene una tensione liberatrice e non il compiacimento di una permanente capitolazione, in una sovrapposizione schematica, natura stessa della sua ispirazione. Citiamo, ad esempio, l'intera lirica di apertura della raccolta *Palazzo rosso*, "La terra sta schiantandosi" che recita: "La terra sta schiantandosi in attesa dell'acqua./ Il sole stragia cirri che non portino pioggia,/ domanda proroghe e non s'arrende./ La tenaglia dell'afa sbulletta gli animali in un trascinamento/ verso le gore d'umido./ Il verde si è contratto: sta lasciandosi andare./ L'arsura differisce come un atto d'ufficio: vedremo,/ ripassi domani... Poi domani è lo stesso./ la terra si suicida con le crepe./ Il sole strappa a morsi./ Intanto si studia il suo caso.", dove, attraverso immagini polisemiche e naturistiche si evoca l'illimite, in dimensioni che abbracciano allegoricamente altri referenti extralinguistici, nello sconfinamento della dimensione cosmica e nell'ardita alterità dell'anima del mondo. Ma sono infiniti gli esempi che potremmo fare di questa poesia che dovrà essere divulgata, non solo per rendere omaggio alla sua autrice che non c'è più, ma per far conoscere tutto un suo mondo di epifanie del microcosmo e del macrocosmo che trovano la loro manifestazione epistomologica in un modo del tutto originale e comunicativo, proprio per la tensione accumulata nelle anofore, nelle rime, nelle assonanze che vanno a creare, come dicevamo all'inizio, speciali assonanze.

Per la saggistica storica Rita Baldassarri ha pubblicato *Lettere inedite di Ceccardo Roccatagliata Ceccardi a Lorenzo Viani*, a sua cura e commento. Lo ha fatto con pignola precisione scientifica, mettendo in luce i rapporti tra il poeta Ceccardi ed il grande Lorenzo Viani, attraverso lettere inedite, di proprietà della famiglia di Lorenzo Viani. Per studi di filosofia, politica e diritto nel 1972 l'autrice ha pubblicato *Gian Pietro Lucini e la recente divulgazione degli "inediti"*, quindi per l'Università di Pisa ha scritto il saggio *Lucini teorico della "lotta armata popolare" contro lo Stato* mettendone in risalto le peculiari doti di scrittore e poeta. Di lui E. Sanguineti ha scritto "ebbe l'ambizione di costruire, su parallele radici simboliste, una soluzione alternativa al dannunzianesimo trionfante" (da "Poesia italiana del Novecento", come riporta Rita a pag. 436 del saggio *Gian Pietro Lucini e la recente divulgazione degli inediti*). In *L'incontro*, testo autobiografico di narrativa, Rita riesce a commuovere fino alle lacrime, poiché racconta la sua vera storia di figlia nata dalla violenza sulla madre, perduta negli anni della guerra e ritrovata, per volere della madre, dopo cinquant'anni. Ma, al di là della vera storia che di per sé è già romanzo, ciò che avvince è la letterarietà del testo, la cui architettura si costruisce per intertesti spostati abilmente nel tempo, con una scrittura tutta toscana, elegante e asciutta nella centralità dei predicati e nella riduzione degli attributi; senza fronzoli, quindi, e che si fa leggere tutta d'un fiato.

Autrice a tutto tondo, Rita Baldassarri, da non dimenticare da parte degli operatori culturali e degli amatori dell'arte letteraria.

Claudio Battistich

Claudio Battistich è nato a Fiume (Rieska). Fucilato il padre, e minacciati di essere infoibati egli stesso e la madre, fuggono in Italia, dove studia Medicina presso l'Università di Roma. Dopo la laurea non può esercitare finché non ha ottenuto la cittadinanza italiana, essendo apolide.

Esercita il lavoro di traduttore dalle lingue antiche orientali (aramaico, ebraico antico, sanscrito) nel "Centro Studi Orientali" da lui aperto a Firenze, e dove insegna orientalismo in genere, filosofie comprese, assistito dalla seconda moglie, Adelaide Duccia Camiciotti.

È morto l'11 febbraio 1988.

Di lui sono stati pubblicati i libri di narrativa: *Il tempo di Meg Dombrwskyi; La rivelazione del prozio Silas e altri racconti; Il gran Sacerdote Balaam* e *La conchiglia del Nautilo* (coautrice la seconda moglie) e la raccolta di poesia *Il nuovo futuro*.

Claudio Battistich, fu medico ed insegnante di lingue e filosofie orientali (aramaico, ebraico antico, sanscrito), ma soprattutto fu scrittore e poeta. Parleremo di lui come poeta, poiché è la sua straordinaria raccolta di poesie *Il nuovo futuro* ad essere a nostra disposizione. Il testo è diviso in due sezioni: *"Eros trionfante; Pene d'amore; Futuro"* e *"Le poliedriche forme della vita"* nelle quali Claudio dà alla poesia l'impronta della sua cultura, parlandoci della Kundalini, pura forza divina che, secondo la gnosi universale, agisce in tre centri: il cuore, la testa, il bacino sacro. Poesia di carattere escatologico, dunque, dove è presente uno gnosticismo-cristiano-biblico-orientale con venature neoplatoniche e pitagoriche. Mentre gli studi sapienziali ed esoterici realizzano, nella poesia, rimandi simbolici di grande efficacia, come ben si evince da versi come: "Corro, veloce come il pensiero,/ parallelo alla linea di luce/ Dio stesso m'ha dato la forza./ Egli mi donò la scienza,/ e io sapevo senza sapere./ Andavo, prima di conoscere,/ nella conoscenza./ ...E ancora insieme,/ mentre dietro di noi/ in olocausto di luce/ moriva la notte,/ là dove spazio e tempo/ s'eran congiunti per annullarsi./ Salimmo allora come aquile/ insieme nell'azzurro cielo,/ nel tramonto viola." ("L'Aquila") lirica d'apertura del testo dove è evidente il "dejà vu" e il senso d'antecedenza che è nell'uomo, assieme al desiderio di perfezionamento attraverso il cammino di conoscenza, espresso dalla metafora dell'aquila, da condividere con la persona amata, nel caso specifico lei: la poetessa Duccia Camiciotti. Pensiero ribadito in "Sono solo" dove si dice che "il cerchio è completo", ma la "conoscenza è tutt'ora sepolta" nella quale i simboli del "Gallo" e della "Fenice" ci riportano "tout-court" alla conoscenza ed al simbolismo dei gradi esoterici. In "Equilibrio" si ribadisce il concetto che: "L'atomo sorge dalle ceneri" e "L'acqua è fonte di vita", elementi iniziatici di purificazione e principi di vita che realizzano: amore, coscienza, catarsi. La conoscenza avviene attraverso tappe simboliche percorse dal poeta, dove vive anche lo sgomento e la solitudine come si evince in "Risposta alla canzone del cavaliere errante", nella quale c'è straniamento perché: "...furente è la tenebra/ Ed egli sarà preda del notturno falco/ e della sua precipitevole fretta..." anche se: "...Dopo il tramonto/ fosca è la strada/ ma segue sempre/ l'alba di luce...". Ma dove Battistich si mostra buon conoscitore delle religioni e delle filosofie orientali, dalle molteplici sfaccettature è nella poesia "Un nuovo futuro" nella quale mette insieme il visibile con l'invisibile, in immagini che riflettono un ordine astrale e cosmico parlando di "Genesi nuova", di "Origine", di "Scintilla", di "rogo infinito", di "Crotalo" che è poi l'iniziatico serpente che si morde la coda, di sofferenza, di deserto, di dune, di steppe e per ossimoro di "un tempio/ dove baciare i figli/ entro le mura della fede/ nel luogo del riposo.". Ma la poesia di Claudio, nel suo porsi, proporsi e riproporsi, prospetta un nuovo senso delle cose, senza rinnegare mai nulla, realizzando una dimensione originale e del tutto personale, che la rende interprete particolare della realtà nel suo insieme, pur considerata nelle contraddizioni e distinzioni della vita quotidiana, specchio di una sentita, autentica interiorità, che cerca la propria adesione al mondo. In tal senso la raccolta aderisce all'aspetto civile con composizioni intitolate: "Vorrei vedere", "Lupo", "Amicizia" ed altre. Nella seconda sezione troviamo anche l'incomparabile poesia "Ricordo" (In memoria di Mosido Soleno Battistich), figlio del poeta, morto giovanissimo per incidente. In essa Claudio realizza la corda della coralità, mentre la vita è misurata nella fisicità della propria finitudine, ora per ora, nei suoi limiti, in argomenti di spazio e di tempo dove si abita da soli e dove c'è pathos del vaticinio, in momenti di straordinaria trepidazione nel nucleo lirico-evocativo e nella sacralizzazione della poesia, nel suo motivo elegiaco. Ma soprattutto c'è la simbologia della Kundalini e l'iniziazione tibetana del figlio, che ha come maestro delle cerimonie il padre, come si evince da versi che recitano: "...Ricordo sul Potala/ quando il monaco/ ti consegnò il mazzuolo/ più alto della tua ombra./ ...nasceva il sole,/ luce sul volto di bambino..." ed ancora: "...volevamo trovare in noi/ l'incarnazione della schininà..." e sappiamo che la "Schin" è l'espiazione e poi la morte e a fusione avvenuta, ancora schininà che è l'alba. Credenza dunque nelle reincarnazioni, cioè nella rinascita ad altra vita. Ma la poesia di Battistich è tale che meriterebbe interi testi di critica; nell'impossibilità di farlo, ci limiteremo ad esaltarne l'universalità e l'eternità, nella speranza che essa sia letta da molti, mentre ricordiamo che egli, oltre che essere un indimenticabile "Maestro iniziatico" fu e resta il marito della grande poetessa Duccia Camiciotti.

Beatrice Bausi Busi

Beatrice Bausi Busi è nata a Firenze dove risiede. È narratrice, poetessa, pittrice, scultrice e operatrice culturale.

Ha pubblicato: *Costruire impalpabili angeli,* 2002; *La stessa cosa fluente,* 2005; *Elementalia, (raccolta sui 4 Elementi e gli Elementali o Deva),* 2006, ed ha al proprio attivo importanti inediti tra cui la raccolta poetica *Dogma d'amore* e il libro di narrativa *Ipotesi.*

È presente nelle antologie dei premi: *Maestrale San Marco Marengo d'oro* di Sestri Levante; *Il Molinello* di Rapolano Terme (Siena); *Premio Eugenio Mazzinghi*; *Premio Cinque Terre*; *Premio Val di Magra Micheloni.*

È presente con la poesia "Nassyria" nella raccolta *Parole di pace,* 2004.

Vi è nella produzione artistica di Beatrice Bausi Busi, poetessa e pittrice, quell'orizzonte guida legato all'unità estetica della sua esperienza, dove eventi ed idee di un processo artistico in divenire sono episodio correlato ad un'unica storia, che possiede una connessione interna con carattere di apertura e plasticità, che sa avvertire ed ha coscienza di un sapere originale e di pre-conoscenza sentita come vicenda in divenire il cui esito non è determinabile a priori, poiché implica una continuità di significato che è in corso di formazione. A partire dalla prima raccolta *Costruire impalpabili angeli* vi è un nodo linguistico, culturale ed affettivo che ella propone come raffigurazione lirica, esistente non solo nella sua geografia sentimentale, ma quasi come Eden o Eldorado in cui realtà e proiezione inconscia memoria e favola si confondono nell'infinito frantumarsi della varietà delle cose e nei segmenti dello spazio e del tempo. Dice, infatti, Beatrice: "Accompagnami,/ costante nel tragitto diuturno,/ per favore Angelo Mio/ e per la via/ continua a sostenermi,/ com'hai sempre fatto anche se n'ero ignara…" ("Accompagnami"), quasi a chiedere sostegno nel difficile viaggio nella vita e nell'arte. Ma chi conosce la gioia dello spirito fissato in una ben delineata alterità, che non è solo credenza nell'immortalità dell'anima, ha anche il culto della morte, resa su base familiare ed affettiva, alla maniera di Augusto Comte e di Giuseppe Mazzini, il quale a proposito degli Angeli aveva detto: "sono, le anime dei giusti che vissero nella fede e morirono nella speranza" proseguendo: "ci amano, pregano per il nostro miglioramento morale… l'Angelo Custode è ispiratore, è l'anima della creatura che più santamente e costantemente ci amò, riamata sulla terra ed ebbe per ricompensa la missione e la potenza di vegliare su di noi e giovarci.". Per Mazzini, quindi, gli angeli sono spiriti disincarnati e rientrano in un quadro di finalità cosmica, secondo la legge della catarsi, del dovere o reincarnazione, dunque benefici, come del resto non è senza significato che la pace natalizia e solstiziale del sole sia annunziata agli uomini dagli angeli. E lo dice Beatrice in "Volubili ma sinceri" con versi che recitano: "…Messaggeri cioè angeli,/ obbligati ad una sola amorosa missione:/ la presenza-assistenza,/ non il proselitismo.".

Nel secondo testo pubblicato, dal titolo *La stessa cosa fluente*, l'autrice allarga la visione del mondo indagato, secondo un'aspettativa nella quale c'è un ritmo che regola il tempo ed elementi diversi che condizionano il movimento dello spazio, in attesa dell'elemento nuovo necessario all'evoluzione, che è poi la vera conoscenza per comprendere il senso della vita, come si evince da versi che recitano: "…gira e gira e gira/ la ruota immensa/ ben oliata…" ("Vita dopo vita dopo vita"). Con la lirica "Reincarnazione. Caleidoscopio" giunge il momento "coepit facere et docere", attraverso la parola poetica che vuol realizzare un viaggio dove cercare le corrispondenze universali dell'universale analogia e nelle forze sottili che uniscono le parti corrispondenti e analoghe del cosmo, attraverso, appunto, la stessa cosa fluente in: "…Flabelli di immagini/ sciabolate di lampi e luci…" ("La camera sul giardino"). I versi di tale raccolta sono luminosi e carichi di forza emotiva, in temi svariati e ricorrenti, dove c'è fascino di vita e di morte nel mistero della poesia che la racchiude. Nell'inedito *Dogma d'amore*, a noi pervenuto, Beatrice conferisce alla poetica toni da antica lirica eolica, poiché la sua concezione d'amore, spirituale e terrena al contempo, ha sembianze che si sovrappongono e si intersecano in un tutt'uno di commossa religiosità nei confronti di un sentimento che sa assurgere a simbolo universale e catartico, nell'affermazione di una calda sensualità, reiterata poiché: "Lui è lì" e c'è per lei, oltre qualsiasi freddo d'anima ed avversità terrena, secondo un sortilegio che si rinnova nel miracolo della resurrezione, nella possibilità del proprio riscatto, proprio in quel punto di pura centralità che la poetessa fa intendere di conoscere.

Sesto Benedetto

Sesto Benedetto è nato a Reggio Calabria dove risiede. È laureato in legge ed esercita la professione di avvocato.

Rivolgendo i suoi interessi anche in vari settori della cultura, coltiva con passione la poesia e si dedica con impegno alla narrativa.

Collabora ed ha collaborato a diversi quotidiani e periodici.

Nel 1992 ha curato due volumi postumi: *Poesie* e *Saggi* del fratello Giuseppe, noto poeta e saggista; nel 1994 ha pubblicato *Parole scritte*, una miscellanea di liriche dello stesso autore.

La sua prima raccolta di poesia *Malinconia di pietra* è apparsa nel 1999; seguono *Pensieri che vanno*, 2001; *La tenebra rispose in chiarità vivente*, 2005. Nel 2006 ha pubblicato il romanzo *La ragazza di Bitonto (Anna da una storia vera)*.

Alcuni suoi scritti sono stati tradotti in francese e in portoghese.

È presente in diverse antologie, tra cui *L'Altro Novecento*, voll. V e VII, a cura di Vittoriano Esposito, in quotidiani e riviste letterarie.

L'opera letteraria di Sesto Benedetto, della qule abbiamo a disposizione due raccolte di poesia, intitolate rispettivamente *Malinconia di pietra* e *Pensieri che vanno*, più il romanzo *La ragazza di Bitonto (Anna da una storia vera)*, ci appare interamente autobiografica, poiché realizzata con intensità emotiva, nell'incanto dell'amore e nella stretta del dolore, ma anche nelle gioie della vita trascorsa e nell'ansia di una morte prematuramente annunciata, che ha privato l'autore dell'altra metà della sua parte celeste, creando un'assenza che nessun'altra presenza potrà colmare. Nel fluire della poesia c'è anche una natura che si fa tempio d'infinite corrispondenze, nella magica foresta del simbolo, dove le parole sgorgano limpide dall'anima, dal cuore, dalla carne stessa, quotidiane e per ossimoro eterne, capaci di fermare il senso di un imponderabile destino.

Nella prima raccolta *Malinconia di pietra*, Sesto Benedetto, consegnandosi ad una completa fusione con il sentimento ferito, scrive pagine in versi per lei: Anna, con la quale instaura un colloquio infinito che andrà oltre la morte, poiché l'amore che è vita non teme la nera signora. E basterà citare, per tutte, la lirica "Guidami per mano", che recita: "Sento in questi giorni/ l'animo vacillare,/ col tempo che infuria/ avvicinarsi la bufera.../ Oh Anna,/ toglimi dalle intemperie/ e guidami per mano/ in uno schianto di luce;/ del fortissimo amore/ ingemmerò la mia vita." per comprendere come, attraverso le espressioni "schianto di luce" e "ingemmerò la mia vita" che appartengono alla stessa esistenza e non sono, quindi, astrazioni, il poeta riesca a riallacciarsi al puro spirito della moglie per vivere di lei.

Di *Pensieri che vanno* ha scritto, molto acutamente Maria Grazia Lenisa nel fondo di copertina: "...Appartiene ad una resa stilistica curatissima che non ammortizza la Parola seppure la distanzi nel contesto di metafore audaci e vivificanti. Vi è la lezione accolta di Quasimodo, più urgente per altro; infatti la rassegnazione al dolore è divenuta segno di "più vita", più esperienza onde dare senso al proprio viaggio terreno...". Espressione critica condivisibile, poiché il poeta ci invita ad entrare nel suo mondo, molto serenamente, con il cuore dolorante in mano, quasi a dire: "Homo sum humani nihil alienum a me puto" cercando condivisione al proprio dolore, ormai universalizzato ed irrinunciabile, "alter ego" con il quale convivere. Ed è con questo spirito che Sesto Benedetto ha realizzato il romanzo *La ragazza di Bitonto (Anna da una storia vera)*, che si pone all'attenzione del lettore per fermezza lirica e per respiro altamente umano e metafisico al contempo, e che si realizza con parole sintetiche e sincere. Scrive l'autore nel retro di copertina: "Di ogni avvenimento/ del quale ci è capitato di essere testimoni/ conserviamo nella memoria/ un gesto una frase una parola./ Soprattutto di Anna/ conserveremo per sempre/ la sua grande forza d'animo/ la gioia di vivere.".

Storia di due anime amanti, colta nel rapporto vita-letteratura, quindi autobiografica, dove c'è introversione ed estroversione nella rivisitazione del proprio passato per cui, da parte dell'autore, scrivere dà la possibilità di rivivere, di provare sensazioni, nella importante dimensione del proprio "self" storico, con potere salvifico e catartico, che va a divenire il luogo scelto per poter continuare a vivere ed amare, ed è al contempo forza morale e vitale sia a livello individuale che a livello dell'architettura letteraria e generale dei tre testi, di questo delicato autore.

Alberta Bigagli

Alberta Bigagli è nata a Sesto Fiorentino, vive a Firenze. Ha lavorato e fatto attività sindacale. È laureata come Psicopedagogista. È scrittrice, critico e ricercatrice.

Ha collaborato e collabora con varie Riviste. È presente in numerose Antologie e in Cataloghi di pittura. È stata tradotta, soprattutto in spagnolo. Sue opere sono state catalogate alla Library of Congress di Washington.

Figura nel primo nucleo dell'Associazione delle Scrittrici Toscane voluta dall'Istituto Universitario di Italinistica di Firenze. È socio-fondatore di "900 - Libera Cattedra di Poesia", del "Circolo Letterario Semmelweis" di Figline Valdarno e del "Perseo-Centroartivisive". È stata redattrice della collana di poesia "Sagittaria" e lo è del periodico on line "novecento poesia".

Nel 1976, operando come volontaria presso l'Ospedale Psichiatrico di San Salvi, ha ideato una ricerca di Linguaggio Espressivo, che consiste in incontri di gruppo con raccolta di voci attraverso il metodo "tu parli io scrivo". Ha condotto tale ricerca presso sedi pubbliche e private. Fra le sedi attuali, il Laboratorio Falteri "Stampe d'arte", l'Associazione Pensionati Fenacom e la Casa Circondariale di Prato.

Sono nati e nascono "periodici artigianali", pubblicazioni su Rivista e i volumi *Armando e Marcella*, a cura del C.L.S. di Figline Valdarno; *Dialoghi a Sollicianino*, a cura dell'AICS di Firenze; *Olindo del Fuoco / Poesia dall'Ospedale Psichiatrico Giudiziario di Montelupo*, a cura delle Edizioni Caffè Letterario Giubbe Rosse.

Per questa attività ha tenuto Incontri seminariali presso la cattedra di Letteratura Spagnola del Dipartimento Universitario di Lingue Neolatine. Il suo Archivio di Linguaggio Espressivo è stato accolto presso la Cattedra di Sociologia della Comunicazione di Firenze.

A iniziare dal 1975 ha pubblicato i libri di poesia, in versi e in prosa: *L'amore e altro; L'Arca di Noè; In mezzo al cerchio; Tre voci e una mano; Diamanti; Agrodolci / Novelle; Paesaggio mobile; Dalla terra muovo; Il sentimento della storia; Agli amici di "Villa Ulivella" (piano secondo "corsia chirurgica")*.

È presente in "Vernice" e "Catalogo degli scrittori".

Nel 2005 è nato, su idea di Fiorella Falteri, il periodico "Voce-Viva – Viaggio di Alberta Bigagli nei sentieri nascosti del Linguaggio Espressivo". È Presidente della "Associazione ABBÌ - Psicologia e parola poetica".

In Alberta Bigagli, a partire da *L'Arca di Noè* passando per le numerose pubblicazioni, fino all'ultima edita *Gli amici di "Villa Ulivella"* la poetica è caratterizzata da unità qualitativa profonda, nella dimensione proveniente da autentiche esperienze vissute che hanno trovato nell'attività artistica la loro celebrazione, il luogo di una manifestazione comunicativa esemplare, nella quale l'immediatezza della scrittura, il suo presentare direttamente pensieri e significati sotto forma di immagini, di qualità di cose, è un punto di arrivo e il risultato di un lavoro di condensazione e trasformazione di materiali esistenziali vissuti e sofferti. Per quello che attiene allo sviluppo della forma, la poetessa rimane fedele ad un suo inconfondibile, fiorentinissimo stile, che predilige toni ben definiti, sintetici, essenzialmente eleganti, sottratti alle sirene dell'estetismo in immagini asciutte e soggetti umanissimi, colti nel contorno sociale e del quotidiano sempre sobrio, anche quando dolorose vicende umane costituiscono la fonte dell'ispirazione, mentre i paesaggi evocati, sia bucolici che cittadini si prospettano in termini di panica luminosità, dove non manca l'effetto di una stratificazione collettiva volta alla suggestione poetica. Del resto dice, infatti, Alberta, in un articolo riportato in "L'area di Broca" del Luglio 2005-Giugno 2006, Semestrale di Letteratura e conoscenza di Mariella Bettarini, dal titolo *Gli altri*: "...Ho chiamato a raccolta col pensiero tutti quelli che chiamo "cuori comunicanti". Sono arrivati da varie direzioni e via via la schiera si è ingrossata, tanto da allontanare le siepi durante il passaggio, spostare gli alberi e incurvare i muri. Perfino i muri delle case. Ecco, la moltitudine si è formata. Una collettività di individui sconosciuti uno all'altro, ma soprattutto diversi uno dall'altro. Portatori ciascuno di particolari modi, modi che sono segni e segnali, modi che denunciano vere personalità... Perché sono venuti i "cuori comunicanti"? Perché, appunto, sapevano che qualcuno, avendoli conosciuti e intuiti, li avrebbe riconosciuti ed amati. Loro, che a volte non hanno anagrafe, loro i geniali abitatori dell'ombra." (da *Com'è grande il mondo* ovvero *L'elogio della diversità*). Titolo che suona alto e tocca il vertice, recando un messaggio chiaro al nostro difficile ed inquieto tempo, nella disponibilità infinita verso un'ulteriore e più ampia integrazione di qualità e significati, nell'unità estetica dell'esperienza dell'autrice, che professionalmente ha fatto la psicopedagogista. Le varie raccolte scorrono spesso per brani che si alternano ai versi, traendo carni viva dalla realtà, pur dissuccando da essa tutta la metafisica possibile, protraendone nella vita il senso più vero ed intrinseco. Così come ben si evince da una strofa di "Espansioni" che recita: "E soprattutto il cielo è colore di arancio anche la notte/ poiché la piena luna specchiata dalla nebbia rabbia e calore/ esprime gli umori di un frutto un agrume..." (da *In mezzo al cerchio,* 1989), nella quale la notte protrae il senso intrinseco nella vita e l'assenza quasi totale della punteggiatura, fatta eccezione per i punti, riesce a spostare l'area semantica nel giusto disincanto ed è, al contempo, manifesto di poetica e per ossimoro il suo contrario. Nella raccolta *Paesaggio mobile,* 1999, c'è una maggior tensione della coscienza, per abbracciare significati "altri" più sociali, senza fughe o deviazioni. Per rendersene conto basterà approfondire e citare alcuni versi di "Carcere giovanile" dove si dice: "...Ragazzi a cantare irrequieti/ o immusoniti nell'ombra./ Organizzata una festa/ che consumata giace/ noi penzoliamo gracili./ E in attimi di sospensione/ odore di eternità." dove i versi, nelle analogie, nelle amarezze per un mondo che possiede schegge impazzite, si elevano a comprensivo canto, divenendo poesia di amara vita, vera e vissuta. In *Dalla terra muovo* del 2003 i motivi ispiratori rendono più serrato il colloquio tra microcosmo e macrocosmo, per mezzo di una paesaggistica rappresentazione della realtà esterna, dove il vero e l'astratto, il temporaneo e l'eterno vanno a reiterare situazioni universali ed umanissime che sono poi ipogeo e cielo della stessa poesia. Un discorso a parte merita il testo di poesia e prosa poetica dal titolo *Agli amici di "Villa Ulivella" (piano secondo "corsia chirurgica")* dove nella chiusa Alberta dice: "...Ho scritto davvero e a Villa delle Terme ho aggiunto piccoli ritratti di persone, animali, natura. La storia della mia malattia non finì allora, sta finendo in questi giorni. Ma un senso nuovo di vita, nonostante l'età avanzata, aveva cominciato ad affermarsi e vorrei trasmetterlo, ora, a chi legge queste poche pagine. A chi leggerà. Alberta. Firenze, luglio 2006." Raccogliamo ed estendiamo l'appello, sappiamo, infatti che la poetessa è stata operata a Villa Ulivella di cancro, come ella scrive, ed ha fatto la riabilitazione a Villa delle Terme dei Falciani. Ella ha mantenuto la parola data scrivendo in prosa e in versi per coloro che l'hanno aiutata a vincere la malattia, ne è uscito un testo ispirato da Calliope, avverso al male, con inno alla vita, dove l'io lirico sa sdrammatizzarsi con l'atletica della positività rispetto a temi dell'esistere, dell'essere, dell'esserci, secondo un derma che non sembra conoscere rughe. È impossibile scrivere di Alberta Bigagli in così poco spazio, ma chiuderemo col dire che il suo periodico "Voce-Viva Viaggio di Alberta Bigagli nei sentieri nascosti del linguaggio espressivo" riesce a portare la parola all'uomo e, come dice ella stessa, è: "Poesia come amicizia - L'ascolto e l'abbandono".

Pasqualino Bongiovanni

Pasqualino Bongiovanni è nato a Lamezia Terme (CZ). Ha conseguito il diploma di chitarra classica presso il Conservatorio "U. Giordano" di Foggia e si è laureato in Lettere all'Università "La Sapienza" di Roma.

Dopo aver insegnato per alcuni anni nella provincia di Vicenza si è nuovamente trasferito a Roma dove attualmente vive e lavora. Insegna Materie Letterarie e tiene corsi di chitarra classica.

Come musicologo ha scritto su importanti riviste specializzate.

Ha collaborato con l'Istituto dell'Enciclopedia Italiana fondata da G. Treccani alla redazione del "Dizionario Biografico Degli Italiani.

Svolge la sua attività critica su "Polimnia", Trimestrale di Poesia Italiana.

Ha pubblicato la raccolta di poesie *A sud delle cose*, 2006.

Pasqualino Bongiovanni, giovane poeta calabrese, nella raccolta *A sud delle cose* vive la sua poesia e la fa vivere, attraverso la parola, il suono, la perfetta unione tra significante e significato, nella sintesi colta sausurrianamente nel segno, che va a fermare un tempo reale, tattile e quasi verbo-visivo, per efficacia e sintesi di parola scalpellata a bulino, atta a restituire immagini sull'onda del disagio che vivono i personaggi chiave delle sue poesie, nella contestata e pur amatissima Calabria dalla plurimillenaria cultura, con radici greche, saracene e normanne, ma scossa da un irrisolto disagio sociale, che il poeta avverte con sofferenza. Del resto anche il neorealista Mario Rigoni Stern, l'indimenticabile narratore de "Il sergente nella neve" e "Il bosco degli urogalli", nella nota critica al testo dice: "Le poesie di Pasqualino Bongiovanni, così amare e così cariche di ricordi di una terra amatissima e sofferta, mi fanno capire l'anima nascosta della Calabria, la sua antica civiltà e anche il mal vivere che ogni tanto si manifesta. Per lui è ancora duro viverci lontano, è ancora tutto dentro l'imprinting: ricordo quando venne quassù nel 'profondo Nord' con la sua malinconica tristezza. Ora, a Roma, certamente sarà cambiato anche a livello culturale, ma ancora il suo paese è dentro di lui, le sue poesie me lo dicono.". Riportiamo questa esplicativa testimonianza, per l'autorevolezza dello scrivente, ma soprattutto perché in poche parole essa traccia la biografia del giovane poeta, itinerante per motivi di lavoro, in modo chiaro e sintetico. Ed apriamo il nostro dire con la lirica di apertura del testo, integralmente trascritta, per non invalidarne la bellezza: "Sudati anni,/ sputi nelle mani,/ giacche assolate/ stanche,/ saluti/ con cappelli/ di polverosa umiltà./ Oggi/ rasato dal barbiere/ in un bellissimo/ abito/ nuovo." ("Morte di un contadino") dove una ritmicità fratta determina momenti di ansia intensa e di aspettativa acuta per il "non detto" nell'urgenza di ascolto, ma facilmente immaginabile, poiché è la parola già scritta che percuote il cuore del fruitore, sovrapponendosi a scritture incapaci di nascere, perché racchiuse in un doloroso silenzio riflessivo. In "Spleen" il poeta acclara il proprio stato d'animo con versi che recitano: "La mia anima guarda con occhi/ gravidi di lacrime/ i fogli rigati, macchiati/ da grumi di polvere nera e sangue,/ sudore e rabbia tra le mie dita." dove è ancora una parola che pesa come macigno, a produrre nel fruitore sentimenti e azione, in sinergie singolari e innovative, dai numerosi livelli stratificati che lasciano intendere emozionalmente molte cose, circa i segni dei tempi e le peculiarità sociologiche del Sud, nel quale il tempo sembra immutato e carico di omertoso silenzio, e lo dice il poeta in "A sud delle cose" con versi che recitano: "...Dove la vita è silenzio,/ e la morte, una colpa...". E non è certo comunicazione del "nulla" questa che ci offre Pasqualino Bongiovanni, poiché anche quando lo scandaglio affonda inesorabilmente nella vicenda storico-sociale-individuale, il discorso si eleva ad alto livello e si fa paradigma dell'umana avventura di tutti gli uomini del Sud. Ma con linea elegante, quasi riservata il poeta va a ricercare l'anima segreta delle cose e con sensibilità ironica e dolente lancia il proprio strale in "Padania" dove nella chiusa dice: "È qui/ che l'Italia,/ come la rana,/ si gonfia/ mostrando/ una faccia/ e una voce/ più tronfia/ e più roca/ del suo verso/ abituale." entrando nel vivo del problema, con una metafora che si presenta apertamente con quella potenza che è creazione d'artista vero. Dunque il poeta non accetta l'alone della prolungata astenia regionale, anche se messo in crisi per "pausa subita", "impasse" e "struttura incoativa", ma vuol ritrovare significati nella gente pura e semplice e nella sua terra, proprio per quella irriducibile esigenza di recuperare una totalità perduta. Lo fa con intelligenza analitica, forse anche talora spregiudicata e demistificatrice ma anche sentimentalmente e fraternamente comprensiva ed in tal senso si apre alla speranza proprio nella bella lirica "Le gemme da innesto" dove nella chiusa dice: "...Perché noi oggi/ siamo gemme da innesto/ capaci di dare buoni frutti/ anche con altre radici/ e su altri rami." nella quale il dolore dell'esistenza si fa più tenue nel sogno ed in nuova presa di coscienza, che va a stemperare gli accenti di fatalismo, altrove attivi e presenti. Ci è caro ricordare come il giovane poeta fosse amatissimo e stimatissimo dal compianto poeta Medardo Macori che per lui ha stilato, come opera critica prima, la postfazione al testo e che ha voluto che anche noi ne rendessimo testimonianza. Cosa che ci apprestiamo a fare anche oralmente, al Caffè Letterario "Giubbe Rosse" di Firenze.

Mariella Bottone

Mariella Bottone vive a Firenze dove lavora nel settore della Sanità. Ha studiato solfeggio e pianoforte. Ha conseguito la maturità magistrale e, per alcuni anni, attraverso l'insegnamento, ha cercato di trasmettere ai suoi alunni la passione per l'arte e per il bello.

Amante della letteratura e della pittura, esprime emozioni e sentimenti attraverso la poesia, spesso associando le proprie composizioni a quadri su tela o a disegni.

Ha seguito corsi di Psicologia presso l'Università degli studi "La Sapienza" di Roma.

Componente del "Coro Polifonico Florentia", per le sue caratteristiche vocali di soprano, ha partecipato a concerti e a rassegne corali anche a livello nazionale.

Nel 2006 ha pubblicato la raccolta di poesie *Come un granello nel cosmo*.

Da sempre il poeta, sotto l'azione incessante della potenza evolutiva che plasma l'umanità, nel bene e nel male, ha cercato tutte le forme intellettive e razionali, per apportare con la parola un proprio contributo al progresso dell'umanità ed esserne, al contempo, testimone. La poesia, che è sintesi di quelle forme promosse dallo spirito, siano esse di contenuto che estetiche, rispondendo ai bisogni della mente e del cuore, rappresenta il nutrimento che può elevare alle sommità di idealità suprema e, quando difficili momenti di transizione riducono all'impotenza la sua azione, il poeta stesso ne soffre, ma al contempo leva la sua voce di dolore, che attraverso vari generi di canto elegiaco, epico o lirico crea quell'architettura che più si conviene alla realizzazione pratica degli ideali che lo animano. Al pari di Mariella Bottone, con la raccolta *Come un granello nel cosmo* che è scientemente divisa in cinque sezioni, rispettivamente intitolate: "La Bellezza", "Il Dono", "L'Amore", "La Ricerca", "La Clessidra", quali tappe di un viaggio ascensionale, avvertendo in sé quel lievito che vivifica lo spirito, dà l'avvio alla sua ricerca poetica, partendo proprio con l'affermare che: "L'immenso/ spolverato di stelle/ filtra lo sguardo/ in notti fonde/ sul mondo/ sospeso come un granello nel cosmo./ Tra nuvole fuggitive/ rotola, rugge alle tempeste/ della menzogna./ Geme./ Tende l'orecchio/ l'Immenso./ Ode sovrumani egoismi/ che infrangono/ sogni e speranze." ("Come un granello nel cosmo"). Ma la poetessa, pur con occhio pessimista per i mali che affliggono il mondo e di riflesso la sua vita, microcosmo che ficinianamente riflette il macrocosmo, saprà trarre cibo spirituale proprio dall'armonia dell'universo e dall'energia cosmica che esso emana. E lo dice in versi che recitano: "Colori incantevoli della nostra esistenza,/ tumulto di sentimenti,/ passioni che si perdono ai confini/ delle nostre solitudini.../ Attendo l'Infinito con il chiarore/ della nuova aurora." ("Energia cosmica"), dove si può osservare come "Infinito" scritto con la maiuscola è già Divino, e la stessa energia cosmica ha funzioni spirituali ed umane, in quanto diviene, al contempo, alito divino ed infinito della stessa poesia, nella quale c'è la sensazione di scivolare fuori del tempo storico, proprio attraverso la parola. Opera lirica, ma anche speculativa e costruttiva, in quanto tendente all'elevazione spirituale, questa di Mariella Bottone, quale necessità umana che si apre all'altrui esperienza, in flussi d'amore che si giustificano e si motivano fra loro e che fanno dire alla poetessa: "...Lontano da voi, amici, assaporai l'infelicità./ Freddo, il cammino di mattine in nebbie depresse..." ("L'importanza di un amico"). Versi che sembrano scritti per il bisogno di una genuina necessità di confidenza e che riescono a far riconoscere il terreno comune di identità fra gli uomini, in base ad affinità umane, per le quali è possibile raggiungere lo specchio della speranza. E, fra alti e bassi, fluisce la poesia, che fa apparire "Ineffabili" la fine ed il principio, facendo approdare la poetessa, con "coscienza non vuota" che convive con libertà ed indipendenza, come ella stessa afferma, verso una maggiore presa di coscienza, densa di significati, che gemma una parola austera e bella, sempre metafisica e archetipa, nella luminosità delle immagini metafisiche, tanto da diventare codice linguistico, per la qual cosa la sua creatrice dice: "...Così la poesia si mostra/ unico strumento di salvezza." ("La forza dell'uomo"). Per tracciare quindi una sintesi, circa l'operare letterario di Mariella Bottone, che è anche pittrice e musicista, ma anche cantante con caratteristiche di soprano, ci sembra di poter affermare che l'essenza ispirativa della sua esperienza poetica sa raggiungere esiti pregevolissimi, da ricercare proprio nel destino medesimo dell'artista in senso lato, improntato dall'amore per l'arte in generale e la poesia in particolare, che ella sente e vive come vera missione salvifica e catartica, che si fa diuturna compagna alla sua vita, nella necessità di ricercarne il senso. In tal modo il dolore rimane sviluppo interiore e verbale da sciogliere nella chiarezza del dettato poetico. Tutto un processo ciclico ed uroborico per quello che attiene il terreno, e di ascesi sognata e pensata per quello che riguarda la Trascendenza, che c'è, fortemente avvertita, e che porterà Mariella Bottone, proiettata verso esiti letterari ancora in via di compimento, ad una ascesi vissuta anche poeticamente.

Marzia Maria Braglia

Marzia Maria Braglia è nata a Scandiano (Reggio Emilia) e risiede a Rivara di San Felice sul Panaro (Modena).

Ha seguito gli studi di Belle Arti presso l'Istituto Statale "Gaetano Chierici" di Reggio Emilia. Oltre a dipingere, scrive poesie. A partire dal 1977 ha esposto in molteplici mostre collettive e in personali, sia in Italia che all'estero. Come pittrice è presente in cataloghi ed annuari.

È pluriaccademica e socia di numerose Associazioni culturali.

È tra i fondatori di "Artinsieme" a cui collabora organizzando letture pubbliche di poesia, spettacoli teatrali e performance.

È attiva nel circuito della Mail Art.

Sue poesie sono state pubblicate in prestigiose antologie di premi ed è presente nella *Letteratura Italiana Contemporanea* (2005).

È iscritta alla S.I.A.E. ed ha realizzato come autrice alcune canzoni.

Ha al proprio attivo la raccolta di poesie *Sotto Sopra*.

Marzia Maria Braglia è poetessa e pittrice, con tutte le implicazioni del caso, per la presenza dell'"energheia" emanata dall'ingegno pulsante e vitale che la distingue. Come poetessa di autenticità è volta ad ascoltare l'eco segreta di dolore e di amore che proviene dal profondo, ma anche le tracce che emanano dai luoghi e dall'habitat naturale, nell'alternarsi perpetuo di luci ed ombre, dal movimento delle stagioni che si manifestano nel cuore di un intimo silenzio, secondo un ritmo ciclico pieno di risonanze, con il quale entrare in empatica simbiosi. Tutti elementi, questi, volti a creare un'intensa comunicazione concreta e necessaria di dicibilità, dove la realtà naturale e culturale è avvertita come andasse già dileguandosi verso un "altrove", dal quale la poetessa non ama tornare, poiché la "dimensione altra" offre prospettive affascinanti e di completamento. In tal senso la poesia di Marzia Maria diviene trasfigurazione lirica nella ascultazione del sé e nel trasformarsi fisico e psichico nel tempo, come se si viaggiasse in una realtà parallela, presente ed estranea, allo stesso tempo. Come ben si evince dalla lirica "Fogli di cielo" che nell'"incipit" recita: "Su fogli di cielo/ scrivere il sogno/ di un mondo ideale,/ di un'altra terra/ al di là delle nuvole,/ di un altro pianeta/ al di là del sole..." (da *Sotto sopra*), dove si può notare come il linguaggio si organizzi su misure metriche regolari e tradizionali, mentre l'espressione è dosata e calibrata ed il dettato, denso e profondo, ci appare connotato da tranquilla certezza, in una sorta di ariosa leggerezza. Citiamo, ad esempio, anche la lirica "I prati della mia vita" che testualmente recita: "Ricordo un torrente/ bordato di viole,/ ritorna la mente/ ai giorni di sole,/ a un cielo azzurro,/ chiaro, pulito,/ a un futuro/ che sembrava infinito,/ rivedo papaveri/ e spighe d'oro,/ uomini e donne/ insieme al lavoro..." e nello snodarsi di bucolici versi, serenanti e pacati, si arriva tout-court ancora al concetto che conduce al momento in cui: "...s'alzerà il sipario/ su un'altra vita." (da *Sotto sopra*). C'è tutto un evolversi di un colloquio poetico, quindi, che chiama continuamente in causa quel "Sopra" che è poi un'altra vita nella quale è possibile incontrarsi ancora con coloro che abbiamo amato e riallacciare: "....i fili invisibili/ della gioia/ e percorrendo/ strade di cielo/ sarò luce/ in un mondo che non so,/ non aspettatemi, non tornerò....." ("Non tornerò" dallo stesso testo). Da tutto il percorso poetico della Braglia, assieme all'amore per la vita, si evince una ricerca, senza sosta, della trascendenza in Dio, pur considerata nella sua difficile conoscibilità ad ogni misura umana. E la richiesta del divino si acclara sempre più nel fluire della poesia, come è evidente nella lirica "I giorni degli angeli" mentre si fa strada il concetto di resurrezione, reiterato anche nella lirica "Straniera".

Nella bella poesia dedicata all'attuale Papa, ed intitolata "Ritratto (Benedetto XVI)", si va già a segnare un eclatante essudato di fede, in un percorso di religione, che è catartico e liberatorio, nella indiscutibile capacità di legare spiritualità e mondo reale. Risulta evidente come la poetessa-pittrice sia portatrice di un mondo del quale l'Io è attento esegeta, con fiducia nella parola e nel suo potere evocativo, normativo e decisionale, parola che dal pennello mutua la colorazione e la forza, per creare un "unicum" che amiamo definire: "Arte".

Serena Caramitti

Serena Caramitti è nata a Roma e vive a Torvaianica, sulla costa laziale. È poeta, narratrice, musicista e svolge un'intensa attività letteraria.

Per la narrativa ha pubblicato: *Il tabulatore*, 1988; *Racconti d'incubo*, (in collaborazione con altri scrittori) 1991; *Penelope in Trastevere*, 2005; *Trasparenze*, 2007.

Per la poesia le raccolte di liriche: *È sempre la risacca*, 1977; *Tempi sovrapposti*, 1978; *Verso il tempo*, 1984; *Atelier in disordine*, 1988; *Permesso di soggiorno*, 1989; *Fantasmi di larici*, 1993; *Tre donne*, 1997;

Un anno con Lui, 1999; *Colloqui on line (Un trovatore e gli altri)*, 2000; *Quali parole*, 2001; *Titoli di coda*, 2003.

Collabora a varie riviste letterarie tra le quali "Fermenti", "L'Area di Broca", "Salvo Imprevisti", "La Vallisa", ed è stata inserita in numerosi saggi critici ed antologie.

Alcune sue liriche sono state musicate da Irma Ravinale, Giacomo Dell'Orso, Francesco De Masi, Grimoaldo Macchia.

La musicista Serena Caramitti è poetessa lirica con undici titoli all'attivo, ed esperta narratrice con tre raccolte di racconti ed un romanzo. Dai tre testi di poesia a noi pervenuti si evince un "ductus" acceso tra tracciati letterari dello stesso e di altro segno, vale da dire che il suo dettato poetico fluisce per frasi di senso compiuto, sia che esse abbiano un ritmo ampio e disteso, che più fratto e sintetico, talora quasi da epigrammi o haiku. Ne facciamo un significativo esempio: "Rientro sola nell'aria densa/ dove credevamo/ di respirare/ soltanto adesso/ mi chino a raccogliere/ pensieri sparpagliati/ e sguardi/ persi nel disordine/ di mozziconi/ che ancora fumano." ("Dopo" da *Quali parole*) oppure come nei "Cinque Haiku" presenti nello stesso testo, ai quali si contrappongono poesie come: "Il ragazzo Sergio", che è quasi una storia, o "Fuochi d'artificio", che è un evento narrato sempre nella raccolta *Quasi parole*.

In *Colloqui on line (Un trovatore e gli altri)*, Serena Caramitti si immette tout-court nella post-modernità, se ci è permesso l'ardire applicato alla Letteratura. Infatti è dalla vita virtuale che si snoda la poesia della raccolta, secondo un colloquio "on line" vero o immaginato che sia, che ci restituisce misteriosamente, più umanità, di chi, da cattedre politiche, o di sapere, da grandi culture e presunti equilibri, non sa trovare un "modus operandi" in forme e linguaggi che abbiano vero senso umano e poetico. Dice Serena Caramitti, nell'incipit di "Filosofo": "Misterioso sfuggente/ il nuovo amico on line/ occorre/ tempo per aprire difese/ ma poi scorre un dialogo/ su oliati binari/ dove scopriamo di passare/ ore dei nostri giorni/ con la parola/ io sull'onda del verso/ lui navigando/ da Platone a Nietzsche..." ed è così che con sequenze numerate, di poesia in poesia, si realizza un'interessante "rete" di contatti, in libertà e riattivazione di energie psichiche e di mente. È certo che la poesia ha talora misteriose vie di comunicazione e ancor più misterioso approdo per realizzarsi, importante è comunque confrontare i propri sentimenti, il proprio vuoto interiore con quello dell'altro, per far scattare quindi quell'alchimia simbiotica, in cerca di senso, che si fa voce e "medium" poetico da offrire a sé e agli altri.

La raccolta *Titoli di coda* possiede un carattere più biografico ed esistenziale e, giustamente, dice il prefatore Luigi Blasucci, a conclusione del testo critico alla raccolta: "...Si tratta, in parecchi di questi casi, di testi conclusivi: una sorta di costante strutturale, dunque, delle raccolte poetiche di Serena. Questa volta la metafora è più dimessa, la voce più desolata...". Un piccolo canzoniere, dunque, dove l'amore, il sogno, la speranza, ma anche la delusione paventata, assumono una connotazione autobiografica in una progressione discorsiva che, con cadenze da Chansonnier del lirismo, ha tutte le caratteristiche ed, a proposito, basterà citare i titoli "Queste mani" e "E adesso", che evocano indimenticabili canzoni francesi.

Per la narrativa la poetessa scrive *Penelope in Trastevere*, dove c'è ricerca di uno spazio incontaminato, quello delle radici, appunto, che è poi ritorno ad un luogo, che da "eu-topos" è divenuto "ou-topos", poiché qualcosa è andato perduto. La narrazione parte dal capitolo "Inizio Garibaldino" e, nello snodarsi degli eventi di quella che è una vera e propria saga familiare, si giunge al capitolo "Trastevere addio", nel quale si evidenzia la fine di una umanissima epoca, dove la protagonista, filo conduttore del testo: "Lontana da Trastevere, Penelope non vivrà a lungo. Neppure col riscaldamento e l'ascensore.". Dove c'è "nostos" come fa rilevare anche Luigi Magni, nella nota critica, riportata nel retro di copertina con parole che recitano: "Nostalgia? Sì, ma non il patetico e lacrimoso sentimento di rimpianto per qualche cosa di perduto, come si interpreta in italiano l'etimo greco (costruito da due parole: *nostos* ed *algia*) che tradotto letteralmente vuol dire "sofferenza per il ritorno"". In copertina, il testo riporta una fotografia d'epoca del monumento a Garibaldi al Gianicolo, Roma, elaborata da Maria Korporal, che va a creare un'aura storica e crepuscolare di notevole rilievo.

Antonio Casula

Antonio Casula è nato a Meano Sardo (NU), ma risiede a Lomagna (CO), dove vive ed opera come imprenditore, non trascurando una sua attività letteraria di prosa e poesia.

È presente nella pregevole raccolta poetica (2002) *Voli di angeli sulla terra scesi ad addolcire ogni cuore*, dell'Editrice H.S. Cav. Heléna Solaris e nel *Libro d'Oro e d'Argento* della stessa casa editrice, che raccoglie poesie e diplomi di autori che hanno raggiunto alti meriti.

Ha pubblicato per la prosa nel 2005 *Dai Borboni ai barboni (Sprazzi di Storia italiana descritti da "L'uomo della strada" con sconcerto e molta ironia tra il 1980 e il 1999*, contenente anche poesie.

Per la poesia, nel 2007 ha pubblicato la raccolta *"Antologia uno" (poesie e brevi storie)*.

Ha al proprio attivo numerosi inediti.

In *"Antologia uno" (poesie e brevi storie)*, Antonio Casula, imprenditore, narratore, poeta ed "Ulisse per sempre", per l'amore manifestato in letteratura di compiere reali e metaforici viaggi, raccoglie acclaranti brani in prosa e poesia, in stretto rapporto con il personale vissuto e la realtà sociale e civile del contesto storico e geografico che gli appartiene. Lo fa liberando la fantasia e ripercorrendo itinerari nuovi e antichi, per fissare frammenti e momenti di ciò che nella sua vita è stato legittimamente nesso vitale e positività, dove aleggia una crepuscolare nostalgia per ciò che è lontano nel tempo e che non è più. E questo si evince nelle poesie che accolgono il tema della memoria, o da allusioni a fatti di cronaca, anche quando essi evocano episodi minimi e del quotidiano, oppure eventi storici del progresso tecnico, come ad esempio in "Anno 1956, Televisione" (brano narrativo) ed esplicativo della lirica "Televisione" la cui chiusa recita: "...TELEVISIONE.../ Tra le tante cose belle,/ crei legami tra i ceti sociali./ Spesso quasi affratelli/ da far sembrar reali/ I sogni più belli,/ forse mai sperati...", dove il recupero delle età trascorse diviene filogenetico e ontogenetico, al contempo. La poesia fluisce nel testo tra ricordi paesistici e bucolici della Sardegna, in parallelo alle panoramiche vedute del Nord, compreso quelle di Barzio e di Cremeno, situati di fronte alla Grigna Orientale, ma anche lo snodarsi dei mesi dell'anno, le eclissi di sole, gli anni che chiudono un millennio e ne aprono un altro, la campagna con i suoi raccolti, gli affetti familiari, i nipotini: tutto un mondo di cose positive, evocate e meditate dal poeta, la cui visione è sospesa tra il divenire, la permanenza ma, soprattutto, tra la presenza del divino nelle cose e nella Trascendenza, che accoglie in sé l'identità fra natura e individuo, natura e poeta, tematiche che sono distintive, poi, del classicismo. Per quello che attiene alla forma, lo stesso poeta ci dice in "Raccolta di poesie": "...Nel mio scrivere ho una particolare preferenza per un tipo di versi chiamati: senari, ottonari, endecasillabi, coi quali creo le strofe tipo... distici, quartine, sestine, ottave e sonetti, con rime e accenti tonici come da regole metriche. Ho anche scritto centinaia di versi in quella forma chiamata: terzine rimate concatenate...". Poesia onesta, dunque, chiara come sorgente d'acqua viva, che, a polla, sgorga dalla terra naturalmente, odorando di vita in Dio.

Per la narrativa Casula aveva già pubblicato il testo *Dai Borboni ai barboni*, libro caratterizzato sia da riflessione politica e civile, che da impegno morale e meditazione religiosa, tutti elementi che sono, poi, la chiave di lettura di una personalissima esperienza di vita che diviene letteraria e che ha forza del tutto autonoma per storia, amicizia ricordata, speranza politicamente delusa, esperienza lavorativa, tutti eventi espressi con parole mai complicate, ma comunque impegnate a veicolare idee e conoscenza, nel difficile compito della comunicazione, che pur c'è, meritatamente ed altamente accattivante poiché: "mala tempora currunt", come dicevano i latini. Tutto un registro, quindi, che va inteso come "viaggio" in territori scoscesi che l'autore attraversa e dai quali è, al contempo, attraversato, dove traspira una velata nostalgia nei confronti di un'infanzia vissuta nella bella e petrosa terra d'origine: la Sardegna appunto, che Casula descrive sempre superbamente, con toni bucolici ed espressionistici, ricercandone la poesia nella natura e nell'"esprit" stesso dell'essere "isola" ricca di varie culture.

Poeta e scrittore "emigrato", quindi, Antonio Casula, che ha saputo realizzarsi nel quotidiano e nella vita lavorativa, cosa di cui va fiero (si evince bene dai suoi scritti), ma anche pio e devoto alla Vergine Maria per la quale ha scritto il suo canto più bello, che ha inequivocabili sbocchi di carattere religioso, che sono poi la sua cifra più vera, ed è indubbio che le molte cose scritte (poesie e prosa) che ha inedite, troveranno la giusta collocazione in pubblicazioni, tanto ne vale la pena.

Nadia Cavalera

Nadia Cavalera è nata nel Salento a Galatone (Lecce), è laureata in Filosofia e dal 1988 vive e insegna a Modena.

È poeta, giornalista, scrittrice, è legata al "Superrealismo allegorico", nome con cui ha definito la sua personale speculazione poetica, concretizzatasi anche figurativamente e presentata in mini cataloghi (1993, 1995, 1997, 1999).

Nel 1990 ha fondato con Edoardo Sanguineti la rivista "Bollettario", selezionata in "Guida all'Italia delle riviste di cultura" (2005), a cura del Ministero ai Beni e alle Attività Culturali.

Le sue opere principali sono: *I palazzi di Brindisi*, 1986; *Amsirutuf: enimma*, 1988; *Vita novissima*, 1992; *Americanata*, 1993; *Ecce Femina*, 1994; *Nottilabio*, 1995; *Brogliasso*, 1996; *Salentudine*, 2004, *Superrealisticallegoricamente*, 2005.

Nel libro-totale nel quale confluiscono tutte le esperienze della integrazione tra le varie arti dell'espressione, compresa la ripetizione-variazione del pentagramma a piè di pagina, che per l'autrice simboleggia il canto gregoriano, dal titolo simbolico *Amsirutuf: enimma*, l'assunto storico linguistico, considerato nella sua espansione segnica di energia-forza d'urto-simbolo, approda ad una totale deiscenza, in esplosioni ed implosioni della scrittura, considerata nelle sue varie e libere forme e secondo un cammino creativo ed espressivo che è nucleo culturale e strutturale, poi, di Nadia Cavalera. Per quello che attiene i contenuti, il testo fornisce nella sua globalità e secondo un lessico primario: pensieri, conflitti psichici, compartecipazione umana, "pietas" e "vis" poetica nel panorama radicale di plurisenso e pluridimensione. Citiamo ad esempio alcuni versi: "abbracciare la dolce roccia/ morire bruscamente all'umane cose/ baciare la bruna terra/ offrirmi al sole/ fuggire col vento/ .../ ricevere la pura pioggia" (TAV. 1967:1) oppure: "...t'ho visto amore/ le parole seccano di troppo sole/ le orecchie vibrano d'infiammate note/ per un attimo/ la vista s'annebbia di luce/ il cuore precipita di gioia" (TAV. 1971:7), nei quali, se una struttura grafica s'impone per originalità, il lirismo richiama in vita lacerti di sensazioni ritrovate ed evocate nella positiva verifica, sul terreno che è proprio dei poeti di ogni tempo, con immagini scalpellate, vive ed incalzanti che si succedono rapide secondo una linea autonoma. L'effetto pittorico della pagina è geometrico e astratto e ne rappresenta il segno che, unito alla scrittura, alla scrittura rovesciata, al pentagramma, va a formare un "unicum artistico" innovativo, prezioso ed anche divertente, reperibile anche in protagonisti delle arti figurative moderne. Il testo dal titolo complesso e significativo *Superrealisticallegoricamente* con opere verbo/visive della stessa autrice, risponde a canoni sperimentali e innovativi moderni, dove è presente una "Mathesis" che rende possibile un nuovo rapporto fra culture ed acquista valore di carattere e individualità permanente, al contempo, sia a monte dell'aspetto grafico-morfologico che sul valore di carattere tematico.

Il libro è diviso in tre sezioni, intitolate rispettivamente: "*Superrealisticallegoricamente*" (1993-2005); "*Stundaia*" (1995); "*La Scrittura tra realismo e allegoria*" (2005), che è poi un saggio della stessa autrice a carattere di "autobiografia in versi variamente modulare". Ne risulta una letteratura che resta inquietudine critica del nostro tempo, che si fa idea e forma-strutturale nell'irrefrenabile utopico scatto di segni e nella versificazione della parola, che realizza una scrittura aperta alla rigenerazione dell'uomo che ripudia il potere e cerca di afferrare il nodo dell'esistenza, l'intreccio delle sensazioni nella compartecipazione alla "pietas" senza la quale non c'è umanità. Scrive infatti l'autrice: "ah, se questa palpebra/ riflessa stabilmente/ nel dumdummire connessa/ potesse disintegrare/ l'horror reale/ dell'universo potere!", mentre Donato Di Stasi nell'introduzione dice: "...Si configura in altri termini una brillante operazione intellettuale di classificazione e definizione delle costruzioni mitiche attuali, tecnologicamente sviluppate, per scalzarne le fondamenta e agire contro l'arbitrarietà del simbolico, rispondente unicamente a canoni stereotipati, all'imposizione di convenzioni omologanti e consumistiche....". Mentre Nadia Cavalera nella poesia compone versi che recitano: "tra cielo di terra e terra di sale/ gravida gradiva la partenza/ il ritorno alla superba stundaia." ("Conclusione").

Nadia Cavalera ha curato e tradotto, con grande rigore e perizia, il testo di Anna Aurelia Galeria Lumilla Augusta dal titolo *Ecce Femina* che è la proposta di un singolare manoscritto rinvenuto nella sezione vaticana della Biblioteca Estense di Reggio Emilia, nell'anno 1989, nel quale, rigo per rigo, l'originale si alterna alla traduzione dal latino e a piè di pagina il commento, offrendo al lettore una densità transtestuale di notevole valore letterario.

Altro testo curato e tradotto dalla Cavalera è *Americanata* di Marie Donna Lancaster, poetessa nata e vissuta a New Orleans, dove è morta nel 1992 nell'incendio della sua casa. L'intenzione è dichiarata dalla stessa traduttrice: "Il testo è una proposta, la traduzione un'interpretazione".

Luciano Cecchinel

Luciano Cecchinel è nato a Revine-Lago (TV), ha insegnato materie letterarie nella scuola media. Dopo un'esperienza in campo amministrativo locale, ha partecipato all'attività di gruppi operanti ai fini dell'organizzazione di base del territorio nella prospettiva della salvaguardia del tessuto socioeconomico e culturale. Maturati "in situazione" interessi per la cultura popolare e, in particolare, per quella contadina, ha scritto per varie riviste articoli sulle culture subalterne e pubblicato le raccolte di poesia *Al tràgol jért,* 1988-1999; *Lungo la traccia,* 2005; *Perché ancora / Pourquoi encore,* 2005.

Suoi testi sono stati ospitati sulle riviste "Diverse lingue", "Pagine", "In forma di parole", "Annuario di Poesia", "clanDestino", "Atelier" e "Yale Italian Poetry".

È stato inserito in varie antologie, tra le quali l'antologia di poesia neodialettale *Via Terra*, in *Il pensiero dominante – Poesia italiana 1970-2000*, in *Dialect Poetry of Northern and Central Italy*, in *30 ans de poésie italienne* e in *Parola plurale*.

Nel momento in cui l'universalismo dell'informazione rende contermini le civiltà, scrivere in dialetto/poesia, sia pur corredata da versione in lingua a piè di pagina, può apparire sfida stessa, iscritta nella interrelazione fra culture. In tal senso, Luciano Cecchinel, conferendo alla linea poetica una forma plurale e memoriale di comunicazione, secondo un divergente percorso di geo-storia culturale, riesce a realizzare una risorsa espressiva che va ad irrorarsi delle linfe primeve e locali, al fine di esorcizzare quel senso di perdita che è assenza e trauma, pur presenti in lui, ma che diviene attività multisemiotica, nella sua realizzazione. Nasce così il bel testo *Al tràgol jèrt (L'erta strada da strascino)*. E basterà citare versi come: "L'ultima macia de luna fa lat fresc spandest,/ la montagna mare bisa insonada,/ al sol, schirat rosat ingelà in tra ran senza na foja,/ i pra ròsa e bròsa sote 'l ziel de zera, sora i/ bòsc zendre de castegnèr....". Inutile dire che abbiamo riportato i versi in dialetto, poiché essi posseggono una musicalità elevata, tuttavia va detto anche che anche in lingua essi sanno mantenere un elevato senso fonico, in adesione del tutto panica con i rumori della terra, dell'acqua, degli animali, degli uomini, anche se non c'è catarsi, in questa identificazione, poiché il poeta registra la finitudine della vita umana e delle cose. E per noi che amiamo Trakl, che ben conosciamo, troviamo in Cecchinel, pur nelle differenze di vita vissuta, tanto del suo espressionismo. La raccolta *Perché ancora / Pourquoi encore*, con note in francese di Claude Mouchard e Martin Rueff, interamente tradotta in francese dalla lingua italiana, è dedicata ad una rilettura della resistenza, motivazione che il poeta spiega con queste parole: "...Certo, non essendo questo in senso diretto un libro di storia, l'incompletezza ne è una pecca d'origine ma mi sono ad ogni modo fatto obbligo, anche contro le ragioni che sono proprie della poesia, di scrivere per tutti i resistenti di cui meglio conoscevo le vicende.". Ma noi avvertiamo che, al di là di ogni motivazione politica, le istanze umane, etiche e politiche, in punti cardinali di evocazioni, accensioni liriche e narrative in rigore stilistico pur presenti nel testo, sono tanto evidenti e tali da sorreggerne tutta l'impalcatura poetica. Lasciamo per ultima la raccolta *Lungo la traccia* uscita qualche mese prima di *Perché ancora*, perché ci appare opera molto matura. Essa è scritta in lingua con varie escursioni in trevigiano ed inglese, in un percorso che, partendo dalla vicenda di un avo emigrato, ne segue le tracce negli Stati Uniti d'America, e ci riporta ad un filo narrativo che si dipana fra l'onirico, il folklore americano, la suggestione letteraria di un "italiano vero". Tutti elementi questi che cercano di ricomporre una dicotomia tra un continente e l'altro. Ne esce fuori un paradigma poetico fortificato e vivificato, nella consapevolezza di dover comunicare e interloquire con un pubblico, che non è solo quello delle radici, ma quello più allargato e universalizzato. I linguaggi iteratamente mescidati, volgono alla ricerca di nuove armonie, nella tecnica di un nuovo discorso verbale, che sa tanto di proiezione nel futuro. Citiamo al riguardo qualche verso di "suite appalachiana" tanto per fare un esempio, tra i molti che potremo prendere in esame, e che recita: "...hello you, Main Street of America!/ l'aquila d'argento sopra di te,/ detrito di vertiginoso sogno/ per un improbabile, sottile/ ammiccare notturno,/ per la sola speranza del ritorno..." dove, una nostalgia sempre sospesa scava fossi di silenzi, per quel desiderio di ritorno in patria, che è poi "trasfert" semantico del poeta, lungo i sentieri dei suoi luoghi nativi, sentimento che si dipana nel testo fino all'ultima lirica "chiuso il cerchio" dove nell'"incipit" si dice: "…/ è così che un vecchio,/ un nuovo uomo/ se ne può partire,/ chiuso il cerchio/ per sangue redento/ di errante italiano,/ nordamericano..." dove la commistione di lingue e la varietà di forme espressive ci propongono la ricchezza del back-ground culturale dell'autore, mentre il "nostos" radicato profondamente nella vita, intesse legami tra significati e significanti nell'attimo rivelatore della realtà, nella quale si chiude un cerchio e se ne apre, senza dubbio, un altro, dove ci sarà ancora tormento, come del resto si evince dal testo *Lungo la traccia* e perché forse, è questo il motivo di cotal poetare, sempre sospeso tra la perdita ed un certo ritrovarsi in tracce che: "...e andare, andare nonsaidove,/ in chemailuogo,/ verso la Nuova Strada Nazionale?" come evidenzia lo stesso poeta in copertina.

Franco Chiocchini

Franco Chiocchini è nato a Torino da famiglia romana trasferitasi nel capoluogo piemontese per il lavoro del padre ingegnere. Rientrato con la famiglia a Roma quando aveva un anno, vi è sempre vissuto, prima nel rione Celio, poi nel quartiere Ostiense ed infine a Primavalle dove vive tuttora.

A Roma ha compiuto tutti gli studi. È laureato in Ingegneria Civile, sposato e padre di due figli.

È entrato alle dipendenze del Comune di Roma vincendo un concorso pubblico, prima come funzionario tecnico e poi come dirigente. Ha lavorato per circa vent'anni presso l'Ufficio Speciale Piano Regolatore; in seguito ha diretto la U.O. tecnica per l'edilizia scolastica dell'XI Dipartimento e da ultimo è stato dirigente della III U.O. tecnica dell'Ufficio Progetti Metropolitani. Dal 2003 è in pensione per raggiunti limiti di età.

Da quando il padre acquistò nel 1943, per 20 lire, la prima edizione Mondadori dei Sonetti di Cesare Pascarella, ha sempre coltivato l'amore per il romanesco ed è riuscito a contemperare l'impegno lavorativo con l'esigenza di momenti di poesia.

Alcuni suoi sonetti sono stati pubblicati nel 1983 sulla rivista romana "Dalla parte dell'Uomo - Quaderni", sul periodico "Alfa-Fogli sparsi" del CESCAT di Allumiere e sul III volume de "L'Altro Novecento" di V. Esposito.

Ha pubblicato: *Er bujo è vita (sonetti e poesie in romanesco)*, 2006 e *'Na córza a San Pietro in Vaticano (Storia breve d'un miracolo a puntate)*, 2006.

Leggere poesia in dialetto non è solo esercizio accademico e filologico da condurre sugli aspetti grammaticali e sintattici di una lingua popolare, ben radicata nelle varie culture, ma è sforzo per comprenderla e riviverla al contempo, ricercando nel suo autore l'amore per il mondo che lo circonda e che egli cerca di afferrare nella sua espressione più genuina, l'impegno profuso per inviare un messaggio, al fruitore, di carattere lirico- morale-religioso e storico e civile, al contempo. Ed è ciò che ha suscitato in noi la poesia e la narrativa dell'ingegnere Franco Chiocchini che, come Gadda e Macori, scrive poesie dove è riscontrabile la mentalità del professionista, proprio per quel rigore contenutistico e formale che la contraddistingue. Chiocchini scrive in romanesco e pubblica la sua raccolta di poesie sotto il titolo distintivo di *Er bujo è vita* alla quale si accompagna un testo di prosa dal titolo *'Na córza a San Pietro in Vaticano (Storia breve d'un miracolo a puntate)*, nei quali è palese l'intenzione dell'autore di cogliere dalla lingua il massimo della liricità e musicalità, in situazioni reali, necessarie e vive, legate alle proprie immagini culturali e poetiche. La raccolta è suddivisa in sezioni: "*Sonetti*", "*Li fiji*", "*La pillola anti-omo*", "*Agosto 1983*", "*Poesie*", " *'Na parata de sordati*", "*Tempi de guera*". Dalla sezione "*Agosto 1983*", riportiamo la bella poesia dedicata a Emanuela Orlandi, vittima innocente di "non sappiamo chi", la cui scomparsa resta un vero e profondo mistero, uno dei tanti d'Italia, ormai storicizzati tristemente: "Vivémo un monno schifo, incancrenito/ ne la malignità d'un gran tumore/ che spunta indóve tutto è conzentito,/ puro dà morte e seminà dolore./ Emanuela mia!... Si hai resistito,/ possi tornà, pe ritrovà l'amore/ che quinniciànni fa t'ha concepito!/ Ripòrtece speranza drent'ar core!/ Cèrto che l'occhi nun zaranno uguali,/ e quer zoriso... nun potrà commàtte/ la cattiveria de li criminali./ Ma l'impotenza peggio che m'abbatte/ è 'sta certezza de tornà animali,/ è la disperazzione... de scordatte!". Il poeta compone icasticamente a colpi di scalpello, la storia e con sfogo e saldezza di nucleo espositivo, con pronunzia dialettale forte, ma non espressionistica, è sostanzialmente capace di evocare emozioni, con semplicità di spirito. Ma ciò che evidenzia di più il ricco registro linguistico è il dramma dell'uomo colto nella sua accertata infelicità, nel suo travagliato rapporto con la metafisica delle cose e quella Trascendentale, l'amore per la sua donna ed i figli e quello ancor più grande e universale esteso a tutti, dove il Dio sacrificato sulla croce: Gesù Cristo, è simbolo dell'uomo che soffre, il tutto a favore di una religiosità, che è percorso di vita ben identificato con il cattolicesimo. La natura, che pur esercita il suo fascino, attraverso descritte manifestazioni di eclatante bellezza, non ha valore catartico poiché non riesce a colmare l'inquietudine ed il continuo consumarsi dell'uomo, per la sua finitudine. La prosa è tutta dedicata alla imponente basilica di San Pietro e ai grandi tesori d'arte che essa racchiude, ma soprattutto al tesoro più bello che è quello di essere la Casa Madre di Dio. L'autore riesce a stimolare il lettore a fare un'approfondita riflessione sulla fede e sulla preghiera, preparando il cuore del lettore all'umiltà, alla docilità, all'abbandono in Dio, concetti che sono poi centro e radice della vita cristiana. Nella chiusa del libro, Franco Chiocchini scrive: "...A fianco der portone d'ingresso appoggio er ginocchio sur pavimento e me faccio er zegno de la Croce. Sur momento, me rèenno conto de quanto sèmo piccoli, avanti a l'immenzità de 'sta Basilica ch'è er vanto de tutta la cristianità..." ed è così che l'uomo "misura di tutte le cose" si sente nei confronti di Dio e dell'opera d'arte che altri uomini hanno elevato per la sua gloria: "piccolo" ma microcosmo che riflette il Macrocosmo, e di fronte a tanto mistero s'arresta in sinergia con gli sforzi di altre anime che compiono lo steso cammino, in ricerca. Vi è, dunque, nelle due opere, arricchite da fotografie e tavole illustrate, oltre all'aspetto religioso, un apporto visivo e letterario che unisce: dottrina, chiarezza e praticità tali da esserne consigliata la lettura, anche se pubblicato in copie ridotte e non in vendita.

Amelia Ciarnella

Amelia Ciarnella è nata a Tufo di Minturno (LT). A quattro anni, in seguito all'espatrio volontario del padre, si trasferisce con la famiglia ad Addis Abeba, dove viene a contatto con un mondo sconosciuto, con grandi spazi, etnie e tradizioni completamente diverse da quelle del suo paese.

Trascorso un periodo di vita serena, nel corso della seconda guerra mondiale, avviene l'occupazione di Addis Abeba da parte degli Inglesi e la situazione diventa critica. Il padre viene inviato in un campo di concentramento ed ella è costretta con il resto della famiglia a ritornare in Italia, prima a Napoli, poi a Tufo, a Roma e di nuovo a Tufo.

Dopo il rientro del padre e un ulteriore trasferimento a Roma, ormai ventenne, ottiene un impiego per cinque anni. Poi si sposa ed è costretta a licenziarsi. Dal matrimonio ha due figli. Una volta cresciuti, decide di riprendere gli studi e si diploma, riuscendo ad avere l'incarico di maestra presso una Scuola Materna Statale.

È proprio il lavoro che sognava e per il quale si sente realizzata.

Ora, in pensione, ha ripreso tra le mani il quaderno su cui segnava le esperienze vissute ed ha deciso di raccontarle, con sincerità di sentimenti, ma anche con arguzia e spirito umoristico.

Nel 2003 ha scritto il suo primo libro intitolato *Un guazzabuglio*, al quale ha fatto seguito nel 2006 *Guazzabuglio due*.

Dopo le numerose prove a cui la vita l'ha sottoposta, le sue giornate ora si svolgono serenamente, dedicandosi alle attività preferite: la lettura, la scrittura, la musica.

L'insegnante in pensione di Scuola Materna, Amelia Ciarnella, con sincerità di sentimenti e con arguzia di spirito umoristico, dà l'avvio alla sua carriera di narratrice, con ottimi esiti, pubblicando i due testi, titolati rispettivamente *Un guazzabuglio* e *Guazzabuglio due*, dove letterariamente sviluppa gli episodi da lei stessa vissuti ed annotati, nel periodo della vita scolastica, in un quaderno. *Un guazzabuglio* inizia con una nutrita e sapida autobiografia, nella quale l'autrice traccia le linee di una vita, la sua, vissuta tra Tufo di Minturno, in provincia di Latina, e Addis Abeba, in Africa, per gli spostamenti del padre, per poi tornare in Italia, sia a Tufo che a Roma, città nella quale vivrà sposata, avrà dei figli, porterà a compimento gli studi e darà l'avvio, fino alla pensione, al proprio lavoro. Tale biografia, di per sé, è già un romanzo, poiché la scrittrice sa entrare nelle maglie dei vari "topoi", afferra abilmente il corso del tempo come "revenant" insepolto e lo anima con una scrittura dove razionalità ed oggettività, che la parola evoca dal profondo, sono aporie caratteristiche, simili ad una forza demiurgica e catartica al contempo, di una realtà testualizzata. Il libro prosegue con capitoli dedicati ai bambini della scuola materna, al loro modo di essere nei rapporti con la religione e la scuola, del tutto tenero e innocente. Non mancano capitoli scritti in dialetto romanesco ed una scenetta scritta, da recitare con forte accento napoletano, aiutando le espressioni della voce con abbondanti gesti, com'è caratteristica in uso presso questa simpatica popolazione. Ma anche episodi di malasanità, ritrascritti a mo' di piéce teatrale, ricca di "divertissement" e di spirito umoristico, per il dialetto romanesco adoperato, dove il realismo della cronaca e della presenza si decolora in un più oggettivato realismo della distanza, dalla quale si può evincere, come del resto in altri episodi narrati, che c'è ancora tanto bisogno di rigore morale in Italia, sia da parte della società che dal cosiddetto "potere". Il testo chiude con una simpatica raccolta di barzellette e con alcuni divertenti aneddoti, che rivelano come una produzione ampia e distesa nel tempo, sappia dare senso ad un'intera vita, riflessa in un contrappunto narrativo diversificato, che ha il compito di esorcizzare il dolore.

Del testo *Guazzabuglio due* la stessa autrice, in una nota prefativa scrive: "...questo mio secondo libro è formato da storie antiche del mio paese e di quelli viciniori; fatti di cronaca di quei tempi, storie strane e inverosimili, ma tutte realmente accadute, col giuramento di chi me le ha raccontate..." ed è così che, parola dopo parola, Amelia Ciarnella ci presenta uno squarcio intenso, talora sconcertante del tempo contemporaneo, un affresco di costume, così vividamente dipinto, da attenta spettatrice quale ella è, puntuale e continua nel tempo, tanto da innestarsi nel filone della pregnanza storica, per formazione culturale ed esperienza umana, che sa dare spazio a un quadro realistico di vita e a microscopie locali, dove si avverte una sottesissima politica, in modo da fornire una mole di notizie, che sono poi una tessera importante del nostro tempo. Il testo, come il primo, chiude con una serie di divertenti barzellette, ma anche di detti famosi, mutuati dalla corrente tradizione orale popolare. Ne riportiamo uno per tutti, che la dice lunga per la sua veritiera efficacia e che così recita: "La Legge Italiana è come la pelle dei coglioni, si può tirare da ogni parte!". E quanto meglio sarebbe se i rappresentanti delle varie caste leggessero queste massime, per ritrovare il rapporto perduto con la realtà!

Letteratura, quindi, questa di Amelia Ciarnella, nella quale la fantasia inventiva della scrittura esprime il reale e si ricompone nel quadro del discrimine tra intrattenimento ed intenti polemico-illuministici di satira sociale, sul versante del puro raccontare, fino al campo allegorico-istruttivo. Per quello che riguarda il lessico, bilicato fra immediatezza e finzione, c'è da dire, qualsiasi sia lo stile che comporti, che esso mai pregiudica l'intima popolarità del racconto, che supera ogni frontiera storica e linguistica, pur nei dialetti usati, contribuendo piuttosto ad incrementare un'epica profondamente umana, colta nel momento dell'ironia e della satira-realistica. In tal senso "mutatis mutandis", la scrittrice ci fa provare la sensazione di una sua grande consistenza individuale, che va ad insinuarsi in un periodo di forte transizione storica, dove forse solo il letterato può indicare il giusto cammino.

Melina Ciccotta

Melina Ciccotta è nata a Gela (CL) ed è residente, fin dall'infanzia, a Milazzo, dove ha compiuto gli studi classici.

Coltiva vari interessi come la lettura, la pittura e la fotografia, sempre alla ricerca dell'emozione, della scoperta del sentimento, della complicità con la natura.

Ha pubblicato due raccolte di liriche: *Momenti*, 1979 e *Ali di cera*, 1981.

È presente nelle riviste letterarie: "Sintesi" e "Sicilia alternativa".

Nel 2003 è stata inserita nel primo volume dell'antologia *Poeti siciliani del Secondo Novecento,* curata da Carmelo Aliberti.

Melina Ciccotta, a partire da *Momenti* fino ad *Ali di cera*, due belle raccolte edite di poesia, dopo aver indagato la propria profonda scaturigine interiore, muove in territori chiaroscurali d'anima, evocando tecniche rappresentative di affioramento nel cerchio compiuto del "poieìn", che rivela profondi nuclei tematici del suo comporre, quali il mistero del tempo che, ossimoricamente, staticamente fluisce, dove c'è nichilismo, proveniente da una profonda e avvertita labilità dell'esistere, estesa ad allargati e storicizzati orizzonti, come la sua particolare terra, chiusa nel cerchio insormontabile e archetipale dell'isolitudine: la Sicilia, appunto, per la quale Melina Ciccotta compone un'ode di grande efficacia espressiva, che nell'"incipit" recita: "Questa terra di fuoco e di poesia,/ di gloria vittoriosa e storia schiava,/ questa terra indomita e selvaggia,/ dura e rocciosa, salda e calda,/ questa terra, è la mia terra…" e nella chiusa, dopo incisive e suggestive descrizioni, prosegue: "…Questa terra di mare e di fuoco/ che non sa dire no ed ha scordato il sì,/

questa gente che aspetta da millenni/ una giustizia che nessuno sa,/ questa terra ubriaca di saggezza avita/ nella sua poetica volontà,/ questa terra, è la mia terra." ("Questa terra" da *Ali di cera*), dove l'ipotiposi dell'isola costituisce il punto focale della solitudine ed al contempo è difficoltà dell'autrice che sente di chiudersi analogicamente, per le asprezze insolute e storiche apparentemente irrisolvibili della sua pur amata terra, anche se avvertiamo che la forza spirituale non ne esce prostrata, semmai rafforzata, come ben si evince dal proseguo di altre liriche, nelle quali si avverte un "vuoto", che alla fine è un "tutto", considerato nell'aspetto autobiografico delle liriche, che sono un punto di partenza e di arrivo della sperimentazione linguistica e letteraria di questa poetessa siciliana, che mostra appieno il lato della sua vita e il difficile incontro-scontro con la storia del suo paese. Altre volte la dimensione della realtà si fa dolcemente persuasiva poiché spostata lontano dal momento del vissuto, dove muta la sostanza dell'essere a cui è dato di attraversare il tempo nella prosaica euritmia dei secondi, nello svolgersi di una trama infinita e inconsutile, che pur filtra ciò che di buono c'è stato. Questo si evince in modo particolare dalla lirica "Certezze amiche", facente parte di una raccolta inedita, la cui chiusa recita: "...Mani che stringono i ricordi/ mi mostrano la via della speranza./ Se ancora un giorno piangerò smarrita/ portatemi con voi nei vostri viaggi;/ lontano insieme inganneremo il tempo,/ progetterò con voi l'eternità.", dove nella trama semantica è possibile riscontrare, in forma icastica ed in pienezza, il nucleo vivo e sempre lievitante di una nuova condizione di vita, in parte giocata sul chiaroscuro della simmetria e dell'antitesi nella considerazione di natura etica che ne consegue, che è poi quello del non sentirsi più sola, ma in compagnia di evocati ricordi, legati tra loro dal sentimento d'amore. Amore che la poetessa ha per la sua Sicilia, terra generosa di fuoco, di mare, di sole, di cultura, di tradizioni, di forti passioni e di sofferenza, che permea di sé lo scorrere fluido e piacevole dei versi, ma anche amore che attraversa le sue esperienze di donna e di madre, divenendo talora, per difficili vissuti momenti, dolore. In tal senso, le due raccolte di Melina Ciccotta sono espressione di quel prolungamento nel moderno, che è poi mediazione tra letteratura e vita, sia per registro stilistico, sottoposto alla pressione sociale, che per lirica presente, attraverso modalità descrittive tipiche dell'affabulazione, due aspetti in osmosi continua tra loro, quale sede di una traccia dell'esistenza, che va a collocarsi in un mondo compreso tra decadenza e trasgressione come quello odierno. Sappiamo che la poetessa ha al proprio attivo inediti, ci auguriamo che essi vedano la luce, tanto ne vale la pena!

Maria Rosaria Cofano

Maria Rosaria Cofano è nata a Foggia; ha conseguito il Diploma di Laurea presso l'Accademia di Belle Arti di Foggia in Decorazione Pittorica.

La passione per l'Arte, nella fattispecie per la pittura, il restauro e la scrittura, la porta a partecipare a diverse collettive e manifestazioni artistiche locali e nazionali, nonché a premi letterari, conseguendo riconoscimenti ed onorificenze.

Attualmente è Presidente dell'Associazione culturale "KEBHEKA", in cui si occupa principalmente di incentivare il talento sommerso, dando spazio alla creatività di giovani artisti esordienti.

Nel 2007 ha pubblicato il romanzo *Nora Daren (Il Corpo, il suo Supplizio)*.

La necessità di un accordo universale dei dati empirici diviene una esigenza etico-soggettiva, se ci riferiamo, in modo particolare, all'azione umana, che si riconosce nell'Io legislatore di Kant e secondo un movimento di ritorno che è partenza, in quanto l'*io* va al *tu*, per tornare circolarmente all'io, alla ricerca della "Vera Forma". In ciascun uomo c'è una parte divina ed il nesso che intercorre tra l'Essere Supremo e l'uomo è lo stesso che intercorre tra materia e forma, tra atto e potenza.

Il romanzo di Maria Rosaria Cofano, dal titolo *Nora Daren (Il Corpo, il suo Supplizio)*, sembra ispirarsi a questa teoria di fondo, nella credenza che il mezzo che ci rende veramente consapevoli di quello che realmente siamo, sono le nostre emozioni e, come dice l'autrice nel retro di copertina: "...dove cercare la verità, se non dentro le emozioni! Quelle che ci salvano l'anima... e quelle che ci aiutano a cadere irreparabilmente...".

Il romanzo inizia con il ritrovamento di un "libro" da parte di Nora, la protagonista femminile, che è: "All'apparenza antico, logorato dal tempo e sapientemente ricomposto; una sorta di manoscritto in forma di *Diario*, sulla cui copertina in pergamena il titolo, *Diario di un pittore sconosciuto...* Lungo i margini delle pagine, annotando a matita le sensazioni e le esperienze vissute scoprendo la lettura, il racconto di Nora incornicerà quello del *Pittore Sconosciuto...*".

Dunque, con una scrittura in corsivo, il pensiero del "Pittore sconosciuto" si alternerà al pensiero di Nora, riportato a commento, con caratteri grafici di stampa normale, volendo con ciò stabilire il nesso logico che lega i due pensieri, secondo un colloquio che strutturalmente inizia e si sviluppa sino alla fine del romanzo, secondo una narrazione di carattere dialettico-esistenziale e sapienziale, ma anche in una logica complessa e coerente, ascensiva e centripeta nell'assoluta interazione e totalità e nella creatività dell'arte, con la quale stabilire un'identità, che è cammino di unione in modi di capire, di sentire l'alterità, la spiritualità, la morte, che è presente. Con questo non vogliamo anticipare la fine, né riassumere la trama di un romanzo nel quale non manca la suspence. Ma accenneremo, comunque, ad un capitolo che ci è apparso enigmatico ed emblematico, al contempo, come già annunciato nel titolo stesso: "Dalle Pagine Mai Lette: *Chi è Vincent Daren?*". Personaggio "altro" misterioso ed inquietante, solo come possono essere gli irrisolti interrogativi della mente, ma vincente come il suo stesso nome, che è: "...forza del suo Genio". L'autrice, dopo aver dato notizie circostanziate di lui, lo relega in un alone di mistero in quanto sulla identità dello stesso scrive: "...Alienato da qualsiasi riferimento spazio-temporale, viveva sospeso in una realtà cerebrale in un contesto primordiale: un antro, ai piedi di una montagna francese, dove subiva una sola presenza estranea, la mia (che non sono la metà dell'errore)...". Dove la metafora dell'"ante" vale quell'"interiora terrae" che è poi l'inizio del viaggio iniziatico di coloro che cercano la luce. Ma è proprio nell'ultima affermazione che si acclara il concetto di "alterità" di Nora e la sua qualità interiore, nella certezza di non essere: "la metà dell'errore". Ma il vero significato della speculazione filosofico-esistenziale del "libro" nonché il suo reale valore, per noi, trova la sua giustificazione nella credenza ferma e incantante nell'arte, che è creazione e "altro da sé", momento di solare pienezza e, per ossimoro, immensa solitudine, dove l'artista si riconosce e si ama, non narcisisticamente, ma con autostima e umiltà, al contempo, e dove, contro una vita vuota e non creativa, il sogno mette ali e s'invera in forza di originalità che può mettere assieme armonicamente parole, note musicali, colori, colpi di bulino e scalpello e quant'altro serve a creare opera d'arte. È chiaro che, essendo il libro altamente simbolico, l'interpretazione del critico può essere stata del tutto personale, ma al di là dei contenuti, con tutte le sue metafore e simboli, esso offre più facce, ad ognuno la libera interpretazione di esse.

Maria Rosaria Cofano è appassionata di pittura, restauro, oltreché di scrittura, in tal senso è autrice completa. Siamo certi che pubblicherà ancora cose di grande interesse.

Franco Conti

Franco Conti è nato a Firenze da genitori abruzzesi, a due anni si trasferisce con la famiglia a L'Aquila dove rimane fino al 1939; nello stesso anno si trasferisce a Gondar, in Africa Orientale, dove vivrà con la famiglia la tragica avventura della seconda guerra mondiale. Rimpatriato nel 1946, Franco riprende gli studi interrotti, consegue il diploma magistrale e inizia l'insegnamento fino al 1979.

La vocazione per la poesia, già avvertita negli anni difficili dell'adolescenza, si manifesta inequivocabile sulla scia del padre, autore di libri di criminologia.

Nel 1949 pubblica il suo primo volume di poesie *Mea Progenies*; da allora, ogni due o tre anni, pubblica a spese proprie libri di versi, di racconti, di favole per ragazzi: *Fatima,* dramma in versi, 1950; *Mosaico,* poesie e prose, 1952; *La valle dei fiori,* poesie e prose, 1954; *I figli degli altri,* poesie e prose, 1955; *Pane e sole,* poesie e prose, 1958; *Sottovoce,* poesie e prose, 1960; *Piumino,* favole, 1963; *Vibrazioni,* poesie, 1967; *Il prigioniero,* prosa, 1967; *Usignolo dell'alba,* poesie, 1971; *Ho lasciato le scimmie urlanici,* poesie, 1975; *Il principe delle nuvole,* favole, 1978; *Poema,* poesie, 1980; *Rus – La vita elementare,* poesie, 1984; *Cronache del disamore,* poesie, 1987; *Terza pagina,* prose, 1986; *Aspettando Maria,* poesie, 1988; *Un cuore invulnerabile,* poesie, 1990; *Poesia sulle pietre,* poesie, 1991; *L'effimero e il sublime,* poesie, 1993; *Magia di Natale,* favole per il gioco-dramma, 1994; *Parva Domus,* poesie, 1996; *Consonanze,* poesie, 1999; *Poesie dall'eremo,* poesie, 2001; *Ruit hora,* poesie, 2002; *Caro Poeta,* poesie, 2004; *Nel Reame d'infinite sorprese,* poesie, 2007.

È iscritto alla SIAE come autore per la sezione musica, nel 1958 è a San Remo come coautore di "Nozze d'oro".

Come giornalista pubblicista collabora a varie testate. Nel 1966 fonda a L'Aquila il periodico "La Madia" che vivrà cinque anni, e il premio letterario LA MADIA D'ORO che porterà avanti per sedici edizioni.

Franco Conti è poeta, narratore e musicista. E per scrivere di lui, vogliamo partire proprio dal bel testo *Magia di Natale,* composto da narrativa sotto forma teatrale, poesia e pentagramma con note musicali dello stesso autore, e revisione del Maestro Claudio Frittelli, il tutto allietato da coloratissime illustrazioni, sia in copertina che all'interno, del pittore Taccola. Un "unicum" artistico prezioso che può piacere a grandi e piccini e che a buon diritto si può classificare come ottima opera della letteratura italiana per l'infanzia. Ma Franco Conti ha attraversato con la sua poesia tutta la Seconda Metà del Novecento fino ad oggi, partendo con la pubblicazione di *Mea Progenies* nel 1949, passando per una lunga teoria di opere fino a *Nel Reame d'infinite sorprese* nel 2007, cinquantotto anni di nozze con la poesia, un bel record non c'è che dire! Da una rilettura approfondita e riepilogativa delle varie raccolte, considerata nel suo sviluppo eponimo e nodale nel tempo e colta nelle infinite tematiche trattate, abbiamo individuato un comune denominatore che sta tutto nella purezza d'animo del poeta e la conseguente purezza delle immagini e del linguaggio, alle quali fa da contrappeso strutturalmente un'umanissima parola capace di dare credito e carisma all'intelligenza poetica, incline a ravvisare trame di cieli, di paesaggi geografici e reali vari, di elementi naturali appartenenti alla madre terra, come: fiori nelle loro varie morfologie, colori e simbologie, ma anche erbe e alberi in specifiche nomenclature, situate nei versi in modo tale da far pensare ad una panica trasposizione, da parte del poeta, nella natura, con funzione espressiva ed emotiva, al contempo, fino ad un godimento estetico e semantico di rara musicalità per scelte analogiche intercorrenti fra grammatica e sintassi. Sappiamo, dalla biografia, che il poeta da bambino ha vissuto in Africa, con la propria famiglia. Per cui, assieme ad un più disteso contesto abruzzese, l'Africa diviene suggestivo, ma anche inquietante sfondo estetico, nel tracciato poetico, sia per il periodo di guerra che affiora dal fluire dei versi, che per le vicissitudini affrontate dalla famiglia del poeta, che lasceranno un solco profondo nella sua vita; il tutto si avverte secondo una spaziosità espressiva, in uno stile classico e fortemente metaforico, come si evince in versi che recitano: "Quell'orticello dietro la baracca/ non dava che stenti frutti/ e così divenni artigiano./ Alle botteguche degli arabi/ ai bazar del mercato/ vendevo bicchieri/ da mezzo scellino./ Nella baracca/ tutto il giorno a ruotare la mola/ col silicio negli occhi e in gola./ Quando partivo col prezioso carico/ da tramutare in pane/ ero fiero d'un orgoglio adulto/ non sapevo che intanto bruciavo/ la stagione migliore dei sogni!" ("Nella baracca" da *Poema*), bella raccolta che racchiude un trionfo di fiori a far da contraltare a ricordi dolorosi e prospettive future di un tempo odierno che non è accettato dal poeta. Cosa che del resto egli puntualizza anche nella nota scritta di suo pugno al testo *Nel Reame d'infinite sorprese*, situata nel risvolto del fondo di copertina, che testualmente recita: "Paesaggi naturali e spirituali, specchio di una società arcaica e attuale, meditazioni sulla condizione umana e sui fini della vita, iter di fede, sono i tasselli di questa silloge che invita alla riflessione su ciò che siamo stati e siamo, a una introspezione, a una ricerca della verità.". Verità che il poeta ha, senza dubbio, trovato. Ne fanno testimonianza molte liriche di carattere religioso, delle quali vogliamo citare per intero "Fede" per bellezza ed essenzialità: "Il fiore dell'anima/ profumerà ancora/ in una dimensione celeste./ Ti ringrazio Signore/ per le parole che mi fanno esistere/ che Ti fanno esistere." dove è la Parola Giovannea a testimoniare una fede di percorso cristiano, come si ribadisce in "Ultima meditazione" che recita: "Sollievo al dolore è la Fede/ fiamma purissima che scioglie/ i grovigli dell'anima/ e le pene del corpo santifica.". La silloge si chiude con una bella sezione in lingua francese dal titolo "*Mes mains*" che comprende tre liriche "Campanules", "Automne" e "Mes mains", dove la musicalità è assicurata da orditi concettuali e sentimentali che s'incrociano in metrica infittita per ritmo, come si evince dalla lettura che deve essere fatta rigorosamente in lingua francese. Trascriviamo "Campanules": "Quel cadeau c'est le bleu sur la Terre!/ C'est l'emblème du Ciel lumineux/ c'est l'amour de Dieu eternel/ qui nous aime, c'est la joie de nos yeux.". Tante qualità, quindi, ci sono in Franco Conti, compreso un plurilinguismo, che da subito lo proietta nel futuro. Ricordiamo anche la raccolta in prosa di novelle, racconti, bozzetti e articoli vari, riuniti nel testo *Terza pagina*, che rivela il giornalista.

Antonietta de Angelis del Medico

Antonietta de Angelis del Medico, docente di materie letterarie, è nata a Reggio Calabria, dove risiede intessendo proficui rapporti di sodalizio con associazioni e personalità rappresentative del mondo culturale italiano ed estero.

Fin dall'adolescenza ha coltivato la sua naturale vocazione per le belle arti con studi e viaggi nei luoghi testimoni della storia di ogni tempo e con la frequentazione dei maggiori musei d'Europa: Atene, Roma, Prado, Firenze, Louvre, Ermitage, British Museum.

La molteplicità delle esperienze nel più diretto campo dei rapporti umani ha arricchito ancor più la sua particolare sensibilità, consentendole un approdo letterario ricco di tematiche. Milita nel campo culturale con poesie, con saggi e con racconti.

Ha pubblicato: *Fili di luna* e *Fiori d'aloe*, due sillogi poetiche riconosciute di notevole spessore, 2001; *Il caso della signora Ivette (Dedicato ai militari della seconda guerra mondiale)* e *M'ama non m'ama (I racconti della nonna per grandi e piccini)*, 2003.

Ha ricevuto da Viorel Gorbaciu la medaglia commemorativa per i 500 anni della nascita di Targu-Jiu-Gorj.

Antonietta de Angelis del Medico è delicata poetessa e spedita narratrice calabrese, che sa rendere palese ed evidente l'empatia esistente tra il suo essere scrittrice e la solare terra del Sud: la Calabria, nel caso specifico, l'"esprit" della quale è parte fondamentale dell'intreccio letterario e della poetica che scaturisce dalle vicende narrate, sia nel romanzo epistolario *Il caso della signora Ivette (Dedicato ai militari della seconda guerra mondiale)* che dalla raccolta di racconti *M'ama non m'ama (I racconti della nonna per grandi e piccini)*. Per quello che attiene le sillogi poetiche *Fili di luna* e *Fiori di aloe* sappiamo che esse sono state riconosciute di grande spessore artistico dalla critica, per panico lirismo ed urgenza di linguaggio poetico, dove la costante percezione del reale si sovrappone ad una vigile autocoscienza. Nel primo testo di narrativa pubblicato *Il caso della signora Ivette*, appunto, si racconta come la Dottoressa Olga, funzionario di polizia, incaricata di indagare su una morte che stava per concludersi con la fredda dicitura d'ufficio: "Caso Ferrioli Ivette", venga a scoprire un prezioso epistolario tra due giovani innamorati e sposi, Ivette e Stefano, risalente ai primi tumultuosi "Anni Quaranta", dal quale emerge il dramma della separazione tra i due giovani sposi, per la sopraggiunta maledetta, seconda guerra mondiale. Dramma che da privato, va ad universalizzarsi, poiché si intreccia ad una più ampia e tremenda storia, quella dell'Italia in particolare e dell'umanità tutta in generale, dilacerata da una follia militaresca che vide intere famiglie distrutte e giovani coppie falciate nei loro sogni d'amore e nella speranza di un futuro migliore. Le lettere intercorrenti tra i due giovani, che attraverso la scrittura e la memoria vincono la morte, testimoniano il loro tempo, mentre la loro dolcezza inquieta va a connotarne la ricchezza letteraria semplice, ma preziosa, perché sincera. Citiamo un breve stralcio di una lettera scritta da Ivette, allorquando Stefano fu inviato in Africa Orientale, che ci ricorda l'addio di Ettore ad Andromaca, come ammette la stessa autrice, che testualmente recita: "Ti aspetterò... Sei tutto ciò che vive dentro di me... Sei la mia stessa ragione di esistere, sei la mia vita... Forse si perde la guerra per un soldato che viene sottratto al mio battaglione? Per un soldato in meno che va a salutare la sua sposa che è incinta del primo figlio?". Nell'epistolario c'è anche, incidentalmente rammentato, un nefasto nome, quasi una premonizione: "Auschiwiz". Le lettere si snodano nel tempo, fino alla fine della guerra. Ma da alcuni documenti rinvenuti dalla Dottoressa Olga, si comprende che "Lui" Stefano, non tornerà, così la storia d'amore tragicamente finisce. Elegante nella veste tipografica, riproducente una Divinità orientale di Giancarlo Giovine, ci appare fin dalla copertina la raccolta di racconti *M'ama non m'ama* che contiene sei storie dal titolo: "Giardino Lido di un tempo"; "Il paese del mio Sud"; "Giovanna la pescatrice"; "Una visita eccellente"; "La casetta dalle tegole rosse"; "Donna Letizia", tutte calate nella realtà socio-culturale calabrese, in spaccati geografici e personaggi molto significativi ai fini di una indagine psicologica e ambientale. Tutti i titoli dei racconti sono corredati da un propedeutico sottotitolo che è sintesi e collocazione storica dei fatti narrati. Non manca un sottile e raffinato umorismo ed una venatura autobiografica, dove la discrepanza tra il pensiero e l'azione è più rarefatta, poiché scevra dalla prosaicità del vivere quotidiano, quindi salvifica e autentica, nel potere taumaturgico della parola. La vita psichica dei personaggi evocati da Antonietta, è sospesa tra scoperta ed invenzione, nella quale l'io narrante tradisce, nella scrittrice, una delicata poetessa, mentre la vita reale degli stessi, pur storicizzata, non è divisibile in astratti "prima" e "poi", poiché il flusso dinamico è unitario ed i singoli atti si compenetrano in un insieme organico di narrazione, che poi va a costituire l'insieme armonico del fluire delle narrazioni, nell'autonomia dei valori. Il testo è corredato da buona tecnica, formata umanisticamente nella conoscenza del proprio intorno letterario, dove un introiettato movimento di autentica profondità artistica crea letteratura vera.

Ada De Judicibus Lisena

Ada De Judicibus Lisena è nata e risiede a Molfetta. È laureata in Lettere Classiche, ha insegnato nelle scuole superiori della sua città.

In poesia ha pubblicato: *Versi,* 1983; *Fiori di campo,* 1984; *L'inquieto fluire del tempo,* 1984; *La cortina dei cedri,* 1986; *Questo ritmo sommesso,* 1989; *Note ai margini di una pena,* 1991; *Quasi un diario,* 1992; *Il dolore, il sorriso,* 1995; *Poesie 1980-1996; La pioggia imminente,* 2000; *Omaggio a Molfetta nel centenario dell'Università Popolare Molfettese,* 2002; *Segno d'aria,* 2003.

Collabora ai periodici "La Vallisa" di Bari e "Vernice" di Torino. Nella rivista della sua città "L'altra Molfetta" cura una pagina di poesia; presso l'AUSER locale, da vari anni, tiene incontri culturali.

La sua poesia è inserita in antologie italiane e straniere ed è analizzata in saggi, fra cui due monografie di Vincenzo Laforgia *La lirica di Ada De Judicibus Lisena,* 1998 e *La seconda stagione poetica di Ada De Judicibus Lisena,* 2006.

La bibliografia delle opere di Ada De Judicibus Lisena è ben nutrita, e molti sono gli eminenti critici che si sono occupati di lei. Dopo approfondite letture dei suoi testi, riteniamo giusto affidarci, per esigenze di spazio, alla raccolta antologica *Omaggio a Molfetta nel centenario dell'Università Popolare Molfettese*, splendido florilegio, al fine di ripercorrerne, in sintesi, l'intenso itinerario realizzato in versi, quasi a narrare e fermare le emozioni di una vita, secondo un controllo lirico equilibrato e panico con la natura che sa inabissarsi negli anfratti più profondi della memoria, in un'osmosi di ricordi che si snodano per immagini, talora venate da malinconico crepuscolarismo, per la consapevole coscienza di ciò che è vita. Citiamo interamente, ad esempio, una bella lirica che così recita: "Stelle settembrine,/ in questo spleen notturno/ com'è lontana/ la gelida perfezione/ che s'inarca sul nostro vivere/ sui nostri piccoli destini./ Lassù spaziate altere/ quaggiù siamo un groviglio/ un brivido di fragilità./ Inaccessibili enigmatiche stelle,/ splendore dell'Oscuro/ che ci sovrasta ci possiede/ in concava ambiguità!" ("Stelle settembrine" da *Segno d'aria*), dov'è evidente una religiosità panica che manifesta se stessa in quell'"Oscuro" scritto con la lettera maiuscola e sinonimo di "Inconoscibile" relativamente alla Trascendenza. Con la poetessa si entra nel vivo della carne delle parole, incisive, ialine, che vanno a scolpire l'essenza della vita e della morte, ma anche la solare gioia della pienezza dell'esistere nel transumano che entra negli elementi della natura, con i colori emanati da essa, ne dipinge i sogni, anche quando: "....lascio fra i fiori di menta, alla ringhiera,/ questo corpo/ che più non appartiene al sogno,/ questo nodo di vene/ che quietamente s'impregna di tempo." ("La chiave" da *Questo ritmo sommesso*), bellissima immagine metaforica per indicare un'età non più giovane, ma tanto vitale ancora, al punto di poter realizzare una simbiosa empatica con la natura in "ellissi di spazio" e ghirigori di pensieri. Ed è la vita che ama, Ada De Judicibus Lisena, recuperata e assaporata attimo per attimo ed espressa in poesia con parole come: "Una vita sommessa/ sussurrata:/ lungo i viali azzurri e velati/ alabastro sono gli incontri/ alabastro i passi/ gli sguardi le parole.../ alabastro lo sguardo della luna." ("Una vita segreta" da *Note ai margini di una pena*). Una vita che è anche aspirazione a ciò che non si è avuto, in illusioni da perdere, ma anche da rielaborare nella speranza di un cammino migliore. Tutte immagini, fiorite sul filo della memoria ed espresse in una chiara rappresentazione rievocativa del reale, che si rincorrono utilizzando un lessico che è poi l'intero "leit-motiv" delle varie raccolte, pur nelle differenze temporali. Non mancano poesie civili, dice la poetessa infatti nell'introduzione alla sezione "*Sangue, ancora sangue*" del testo *Segno d'aria*:

"...Oggi spirano, infatti, inquietanti "venti di guerra" ed ho sentito il bisogno di raccogliere e riproporre quanto sono venuta scrivendo durante i recenti ed attuali conflitti ad esecrazione della guerra, sempre assurda ed atroce." Seguono dieci poesie commoventi che aprono la via ad un percorso analogico ed intuitivo che è elemento negativo del pianeta e catabasi di un progetto di felicità per l'umanità, nelle tonalità semantiche capaci di sgretolare ogni illusione. Citiamo, al riguardo, i versi della chiusa di "Lasciasti che i fanciulli venissero a te" che recitano: "...Ora/ gridala tu/ questa scarpa piccola insanguinata/ questa bambola ferita/ questa palla che giace sulla strada./ Gridala al cielo, Gesù,/ quest'ira che ti uccide fanciullo/ con occhi increduli/ per il gioco tradito." (da *Segno d'aria*) dove l'assenza dei bambini per morte è resa evidente dalla presenza di "scarpa, bambola, palla" elementi inanimati e monolitici che, nella loro inutilità, visualizzano un contatto a livello lessicale con la vera vita assente, nell'andamento discorsivo che a Gesù si rivolge.

Francesco De Napoli

Francesco De Napoli è nato a Potenza e vive a Cassino (FR). Poeta, scrittore, saggista e animatore culturale.
Ha pubblicato numerose opere letterarie.
Poesia: *Noùmeno e realtà*, 1979; *Fernfahrplan*, 1980; *La dinamica degli eventi*, 1983; *L'attesa*, 1987; *Il pane di Siviglia*, 1989; *Urna d'amore*, 1992; *Dialogo serale*, 1993; *Poesie per Urbino*, 1996; *Nel tempo. A Zenja*, 1998; *Carte da gioco*, 1999; *La casa del poto*, 2002; *La dimensione del noùmeno*, 2003.
Epigrammi: *Contagi*, 1990; *Giogo/forza*, 2000.
Narrativa: *Banalità*, 1994; *Animatore d'ombre. Professione di fede d'un bibliotecario*, 1996.
Saggistica: *Del mito, del simbolo e d'altro. Cesare Pavese e il suo tempo*, 2000; *Graffiti poetici*, 2000; *Evgenij Evtushenko, cantore dei mali del mondo*, 2002; *Per una cultura del libro*, 2003.
Ha curato le antologie: *Poeti di Paideia*, 1994; *Ciò che non siamo. Omaggio a Eugenio Montale nel centenario della nascita*, 1996; *Il fiore del deserto*, 1998; *Ritmo Cassinese*, 2000; *Rocco Scotellaro oltre il Sud*, 2003.
È stato presentato al Caffè Storico Letterario di Firenze "Giubbe Rosse" di Fiorenzo Smalzi, nell'ambito di "Pianeta Poesia" Presidente Franco Manescalchi.

Non avevamo dimenticato Francesco De Napoli, dopo che l'avevamo conosciuto per aver personalmente stilato la sua nota critica in *Storia della letteratura Italiana del XX secolo*, tanto i suoi scritti avevano incontrato il nostro pieno consenso e siamo felici di rivisitare, a distanza di anni, la sua opera con gli opportuni aggiornamenti, per inserire l'autore in questa nuova "Letteratura", che vuol registrare anche i contemporanei fermenti dei primi anni del terzo millennio. Dal punto di vista metodologico, De Napoli, getta un ponte contenutistico e stilistico tra il procedere della poesia e la narrativa, la saggistica e la cura meticolosa delle varie antologie, secondo un desiderio profondo del recupero dei valori e della parola, con una sincera vena moralistica, che nulla toglie alla lirica e che, trasversalmente interseca l'intera opera letteraria, colta nei suoi vari generi. Per la poesia ribadiamo volentieri un concetto già espresso con il quale si annotava che: "La tendenza dominante, che si fa luce, nella poetica di De Napoli è quella del canto puro, con la quale l'autore tende ad incatenare, in un turbinio di suoni, un significato moralistico e satirico, pieno di passione civile, dove il dolore per l'impossibilità di intravedere la pace nel mondo è il tema dominante ed il potere evocativo della parola e del gesto riempie uno spazio ideologico sempre più assunto a riflessione morale.". Oggi purtroppo il tempo non ha potuto superare o cancellare l'assillo del poeta, semmai ne ha rafforzato la tragicità, per tutto quello che è ancora in atto nel Medio Oriente e nel pianeta, elevando il suo giudizio a vaticinio e grido d'allarme e rendendo il nostro dire ancora più icastico e accreditato. Ma, proprio per esorcizzare il dolore, da *Antologia poetica (1979-2002)* vogliamo citare dalla sezione "*L'attesa*" la lirica "In questo notturno lucano" bella come un notturno di Chopin, che già avevamo apprezzato per la sua incommensurabile poeticità e che recita: "In questo notturno lucano/ ombre e silenzi lunari/ sanno tutto di noi./ Si dia il caso che girandole di nubi/ misurano palpiti d'anni luce./ Nell'affannosa abusata veglia/ complicità spettrali come stoppie consumano/ remote tremule speranze./ Qui l'incontro, la ventura di nascere/ fra scale e vicoli celesti./ Più su non si può.../ Esposto al vento delle colline,/ ora bevo alla gelida fonte d'un tempo,/ perenne come puro spirito./ E piango.". Risalta da questi versi una disposizione interiore tutta lirica ed esistenziale senza tempo, nella cui trama semantica il verso: "Più su non si può..." rivela un crepitar dello spirito, in una icastica forma giocata nell'azzardo del volo, secondo una tecnica espressiva nell'andamento tonale che, da sola, basterebbe a conferire il titolo di poeta a De Napoli. Altre liriche, nelle antologie, accolgono il tema della memoria, specialmente quello della seconda guerra mondiale, che vide Cassino distrutta e la conseguente difficile fanciullezza del poeta, che fu anche la nostra, sempre in stretto rapporto con la realtà sociale e civile, dove la poesia pur nella scelta classica della parola è realizzata con novità espressiva. Per la narrativa l'autore ha pubblicato: *Banalità; Animatore d'ombre. Professione di fede di un bibliotecario.* L'amico Giovanni Nocentini del testo *Animatore d'ombre* molto acutamente ha scritto: "Questo 'diario' ci dà l'esatta definizione dell'impegno di Francesco De Napoli nei confronti della cultura. Intanto ci consente di capire lo spessore del suo personale patrimonio che si radica nell'humus, ricchissimo dell'umanesimo, riallacciandosi direttamente alla tradizione classica....". Cultura riscontrabile soprattutto nella saggistica, per il modo di scrivere, di esprimersi e comunicare il "principium individuationis" di vari autori, sia che si tratti di Cesare Pavese che di Evgenij Evtushenko. Con altrettanta perizia son trattati sia i temi del mito, del simbolo che quelli della cultura del libro, fino ai *Graffiti poetici.* Tutto uno scibile che avvince e convince in "trame inusitate e melodiosi canti, doppiezza/ suprema, nudità specchio del nulla./.....ma sono là le case dei poeti..." "Dimesse e grevi, ceree sembianze" da *Antologia poetica (1979-2002).*

Silvano Demarchi

Silvano Demarchi è nato a Bolzano. Poeta, scrittore, saggista, giornalista e pubblicista, ha compiuto gli studi liceali a Rovereto e quelli universitari alla Università degli Studi di Milano, dove ha conseguito la laurea in filosofia. Già professore di filosofia e di materie letterarie negli Istituti superiori, è stato Preside e Presidente della "Dante Alighieri" di Bolzano. Incaricato universitario di letteratura tedesca dal 1983.

Molto attivo sul piano culturale, è conosciuto non solo in Italia ma anche all'estero.

Nel 1994, a cura del prof. Giuseppe D'Errico, è stato pubblicato il volume: *La poesia di Silvano Demarchi attraverso la critica*, una ricca antologia di interventi e giudizi di numerosi critici fino a quella data.

Molte sue poesie compaiono in antologie italiane e straniere e sono state tradotte in tedesco, francese, inglese, spagnolo, greco, albanese, sloveno e cinese.

È membro delle Accademie: "Buon Consiglio" di Trento, "Tommaso Campanella" di Roma, "Agiati" di Rovereto, "Bronzi" di Catanzaro, "Burckard S. Gallo", "Ligure-apuana" di La Spezia; nel 1981 ha conseguito il Premio Cultura della Presidenza del Consiglio dei Ministri.

Ha pubblicato:

Saggistica: *Il pensiero estetico di Platone,* 1960; *Vita e poesia di Vincenzo M. Rippo,*1975; *Guida allo studio di Ungaretti,* 1976; *L'orizzonte platonico dell'estetica,* 1980; *Valori ritmici e tonali nella poesia di C. Pavese,* 1979; *L'esperienza estetica,* 1983; *La parola pura (Studi sulla poesia del '900),* 1983; *La poesia di Rosa Cimino Lomus,* 1987; *Aspetti e Poeti del Romanticismo tedesco,* 1988; *Il pensiero teosofico nella filosofia antica,* 1989; *Poesia e iniziazione da S. Francesco a Dante,* 1989. Ha curato nel 1990 per la Forum di Forlì l'antologia *"Gruppo Golfo '89, per una poesia come ispirazione", Questioni di estetica; L'Io interiore,* 1989; *Pensiero e opera letteraria di Beppino Disertori,* 1993; *Scrittori nel tempo,* 1994; *L'itinerario estetico di Njnni Di Stefano Busà,* 1995; *Secondo Novecento Letterario - Interventi critici,* 2002.

Traduzioni: *Lirica tedesca,* 1973/1974; *Lirica tedesca moderna,* 1977; con Elda Tapperalli *Glücklich ein Dichter zu sein, Louis Fürnberg,* 1982; *Rossa la sera,* 1985, poesie tradotte (spagnolo, francese, inglese e tedesco).

Poesia: *Una stagione,* 1968; *Gli anemoni,* 1970; *Il paese dell'anima,* 1976; *La luce oltre il sentiero,* 1981; *Il senso perduto delle cose,* 1985; *Il mito e i giorni,* 1989; *Poesie scelte,* 1990; *Radici lontane,* 1993; *Echi profondi,* 1995; *Il battello d'argento,* 1996; *Tra il serio e il faceto,* 1996; *Le strade alte del cuore,* 1995; *Stupore,* 2000.

Narrativa: *Quasi una fiaba e altri racconti,* 1978; *Gli anni di Lucio,* 1981; *L'incanto del bosco,* 1982; *I frutti dell'Eden,* 1982; *Il richiamo della montagna,* 1983; *Incomunicabilità,* 1989; *Incontri,* 1994; *Vocazioni - racconti,* 1999.

Collabora a varie riviste e periodici culturali, tra cui "La Nuova Tribuna Letteraria", "Cronache Italiane", "La Gazzetta di Bolzano", "Latmag", "Il Cristallo", "Il Ponte Italo-Americano", "Paideia"... Dirige la rivista "Nuovo Contrappunto".

È Presidente del Premio letterario nazionale "Goffredo Parise".

È presente in numerose antologie, dizionari, opere critiche, storie letterarie.

Silvano Demarchi, da oltre quarant'anni, è personalità letteraria di spicco a tutto tondo del panorama europeo. La sua opera, con più di quaranta volumi all'attivo, spazia dalla poesia alla narrativa, al giornalismo, ma anche dalla saggistica alla critica letteraria fino alla traduzione dal tedesco, con funzione estetica-conoscitiva e formativa. Per la letteratura tedesca ha scritto *Otto studi sulla letteratura tedesca da Rilke a Fürnberg,* proponendo autori come: Rainer Maria Rilke, Hugo

Von Hofmannstahl, Georg Trakl, Georg Heym, Berthold Brecht, Franz Werfel, Nelly Sachs, Hermann Hesse, Paul Celan, Louis Fürnberg, che gli hanno valso il nome di autore europeo. Le sue opere di saggistica hanno ampio respiro culturale e spaziano da Platone, Vincenzo Rippo, Ungaretti, Pavese, Rosa Cimino Lomus, Beppino Disertore, Njnni Di Stefano Busà, fino a trattare argomenti di estetica e filosofia, con particolare attenzione all'esoterismo iniziatico, con pregevolissime opere come *Il pensiero teosofico nella filosofia antica* e *Poesia e iniziazione da S. Francesco a Dante*, aspetti del tutto ignorati dalla cultura ufficiale, fatta eccezione per alcuni tra cui Umberto Eco. Il "fil rouge" che lega le opere di narrativa è la predilezione, da parte dell'autore, per il periodo edenico e giovane della vita, colto proprio nel difficile momento che va dall'infanzia all'adolescenza, ma anche l'amore profondo per la descrizione della natura, che sa fermare un paesaggio ricco di acque e di vegetazione, com'è quello della sua terra, nel quale ambienta fatti reali, venati di autobiografismo, dove l'io narrante assume toni corali e tradisce il poeta. La poesia, senza dubbio, è attività tra le più rimarchevoli dell'autore, per lirismo, ricchezza di contenuti e classicismo e ci piace citare ciò che di lui dice Antonio Crecchia in *Silvano Demarchi - Un poeta di spessore europeo*: "...Demarchi ha accolto in sé la lezione winckelmanniana, con la sua concezione estetica richiamantesi al *bello ideale* e, sotto certi aspetti, quella nietzscheiana che, con la sua componente dionisiaca, rimanda ad una visione più ampia e vera del mondo classico. Ma non bisogna dimenticare che il nostro poeta ha ereditato l'anima greca di Goethe..." concetto condivisibile e partecipabile, sin da una prima lettura delle opere del poeta. Ma ciò che ci colpisce di più è il senso profondo di sincretismo religioso che attraversa trasversalmente la sua opera, da cui è possibile comprendere come, attraverso un panico panteismo, si giunga all'intuizione cosmica del Dio unico trascendentale, e si traduca in immagini poetiche rare, allegorie profonde, dolci suoni, misurata metrica ed alla fine in versi che esaltano la dimensione lirica, secondo molteplici livelli di realtà, nell'impronta remota della classicità, che riconverte il segno, proprio nel modo dell'essere poeta. Dice di sé Silvano Demarchi: "Nato di febbraio/ sotto il segno dell'acquario/ caro ai poeti/ schivo appartato/ irrimediabilmente scettico/ ho vissuto tra gli uomini/ la mia solitaria estraneità." ("Nato di febbraio" da *Stupore*), dove c'è espressa tutta l'inafferrabilità dell'esistenza, la sua, ma anche la nostra. Tuttavia, nel complesso, la sua grande opera poetica sa uscire dal ripiegamento dell'io su se stesso, poiché sa affrontare temi come: il viaggio, il corpo, la psiche, il sociale, la religione, che sono proposti seriamente e riescono ad abbattere ogni luogo comune. Basterà citare ad esempio la poesia "Grande Esseno" per rendersene conto: "Lungo la valle del Giordano/ Camminatore instancabile,/ giungesti nell'ampia Giudea/ per conquistare il tempio./ Perché, grande Esseno,/ volesti andare nel covo/ di scribi e farisei/ - che mai fu estinto - / per incontrare i patimenti/ della croce?/ Tu che ben sapevi/ come la legge uccide l'amore/ e la capziosa ragione la fede." (da *Le strade alte del cuore*) poesia che dice molte più cose di un trattato di religione e che implicitamente ammette il periodo trascorso da Gesù presso gli Esseni dalla bianca veste, che hanno lasciato testimonianza di loro nei "rotuli" del Mar Morto, sol di recente rinvenuti. Ma è tutta la sezione *"Israel: I tortuosi sentieri"* che acclara la cultura aperta, omnicomprensiva e sincretica di Silvano Demarchi, che si è dato il posto che merita, poiché sa vivere il nostro tempo, ne coglie i fermenti, ne individua i guasti, proiettando se stesso oltre i sentieri tracciati da altri, verso una concezione più ecumenica della vita, che progetta con apertura la condizione umana nella gestione del quotidiano, oltre ogni forma fisica di politicizzazione. Una cosa è certa: la sua è poesia che riesce ad essere specchio dell'anima e di una avvertita, autentica interiorità, macerata lentamente nella fisicità della propria finitudine e nella sacralizzazione della parola colta nella bellezza eponima che fluisce nei versi. Molte sarebbero ancora le cose che vorremmo dire di questo grande autore, ma ci occorrerebbe lo spazio non di "un mattino" ma quello di un pesante volume.

Giuseppe d'Errico

Giuseppe d'Errico è nato a Gesualdo (AV).
Si è diplomato in giornalismo dopo la laurea in Lettere Classiche e alcuni anni di specializzazione presso l'Università degli Studi di Napoli "Federico II" (biennio di specializzazione in filologia moderna, corso di perfezionamento per le organizzazioni regionali europee). È stato docente di materie letterarie e quindi preside nei licei statali.
Fa parte di Accademie e giurie di premi letterari.
Ha edito tre raccolte di poesie: *Poesie*, 1963; *Canti velati,* 1963 e *Poesie. Lungo la via,* 1977; numerosi saggi di critica letteraria e libri di racconti anche per le scuole.
Molta della sua produzione saggistica, poetica e teatrale è tuttora inedita, inoltre, ha composto una serie di canzoni, anche di argomento religioso, nonché in dialetto napoletano.

Va da subito detto che, leggendo le opere di narrativa e di poesia di Giuseppe d'Errico a nostra disposizione, immediatamente si evince una vastità di orizzonti che egli sa dischiudere, per una cultura e umanità profonde che caratterizzano i suoi scritti, sempre pervasi da lirismo, anche quando sia la prosa la forma espressiva che li connota. A partire dalla produzione poetica del 1963 disposta in raccolte titolate rispettivamente *Poesie, Canti velati*, fino a *Poesie. Lungo la via* (1977), si può notare come essa sia caratterizzata da un "fil rouge" che lega le varie opere, pur considerate nelle differenze sostanziali delle tematiche, e che consiste poi in una velata, quasi radente malinconia di fondo che riesce a significare ciò che va al di là di essa, per assurgere a valore di distesa riflessione sulla vita.

Infatti nella prima raccolta, *Poesie*, l'esistenza è sinonimo di modalità in alfabeti infiniti e piste misteriose percorse da un mondo migrante nel tempo e nello spazio, dove c'è: "...il regno delle favole/ che danno l'oblio/ ed uno spento desiderio di piangere..." ("Nostalgia del West"), concetto reiterato nel "nostos" di "Natale", per il ricordo favolistico ed edenico dell'infanzia che ritorna filtrato dalla memoria.

In *Canti velati*, la metafora del titolo acclara il significato simbolico della poesia che fluisce in forza di luci ed ombre in tutto il testo. Canta infatti il poeta: "Ho nell'anima il cielo infinito/ come l'onda in un concavo abisso./ Oh! potessi migrare lontano/ come l'uccello che ignora il suo nido!/ Luci ed ombre mi squassano il cuore/ come il vento le ultime cime.../ E stupito d'ignoto cammino/ io mi annego/ nella luce infinita!" "Ho nell'anima il cielo infinito", dove i luoghi diventano una sorta di inquieta geografia dell'anima, sia per le atmosfere che per i temi ad essa collegati, e la "luce infinita" un'ipotesi di metafisica trascendentale.

In *Poesia. Lungo la via* i toni si dilatano e si alzano fino a divenire più tormentati, in spasmi più dolorosi e ricordi carichi di nostalgia, ma comunque connotati dall'amore per la moglie e i figli, per i quali il poeta scrive le sue poesie più belle, a scandire fortunatamente e felicemente il tempo che volge verso la morte, dove l'uso sapiente della lingua denota l'intenzione di definire il valore della vita umana, più per descrizione e per circoscrizione che per essenzialità.

Giuseppe d'Errico ha edito libri di racconti anche per le scuole, il valore propedeutico dei quali è di altissimo livello proprio per quelle schede come: "Osservando e riflettendo" e "Conversando con l'alunno" che aiutano i ragazzi a riflettere moralmente e socialmente sulla realtà contemporanea e che troviamo accluse in *Le vie del tempo* e *Le avventure di un piccolo eroe (ovvero dalla favola alla vita)*, ma anche in *Un anno di vita in un angolo di mondo*, nella prefazione del quale, ad opera dell'autore stesso, si legge: "...All'alunno io propongo, in queste pagine, come protagonista un'alunna, mia madre tornata bambina; ma il protagonista più vero è un paese, il mio paese, Gesualdo, che tuttavia si offre come immagine di tutti i paesi, di tutti i quartieri del mondo, in cui vivono i ragazzi e che spesso, forse troppo spesso, sono a loro, nonostante tutto sconosciuti.".

Inutile dire che la scrittura della prosa è fluida, scorrevole, esatta nella punteggiatura, come deve essere quella di un pedagogista e maestro, a tutti gli effetti, di lingua italiana, dove la cultura aleggia, miscelata ad uno "spiritus loci" meridionale, secondo un arpeggio lievissimo che genera nostalgia dei tempi trascorsi, ma sempre presenti ed attuali, comunque per noi ancora indimenticabili.

Gianni Fanzolato

P. Gianni Fanzolato è nato a Riese Pio X (TV); è un missionario scalabriniano per i migranti.

Ha conseguito la maturità magistrale a Como ed è Licenziato in Teologia pastorale all'Università Pontificia Laterano in Roma.

Nel 1977 è ordinato sacerdote a Roma dal Vicario del Papa, Card. Ugo Poletti. Ha esercitato le seguenti mansioni: viceparroco a Roma nella parrocchia Valmelaina; vicedirettore e animatore vocazionale nei seminari di Carmiano (LE) e di Siponto (FG); viceparroco a Buenos Aires (Argentina); rettore del seminario e animatore vocazionale a Santiago del Cile; missionario in Guatemala, Città del Guatemala; direttore della Casa del Migrante e parroco in Tijuana, Messico; parroco dei latinoamericani a Roma. Attualmente si trova a Loreto (AN), cappellano dell'ospedale "Abitare il tempo", al centro "ascolto giovani" della Basilica della Santa Casa, e assistente spirituale dei latinoamericani.

Ha pubblicato: *Un tredici a Pasqua - Il dono della vita tra sfida e mistero,* nel 2002 in occasione dei suoi 25 anni di sacerdozio; *Davanti a Gesù, esperienza di adorazione quotidiana,* nel 2007 in occasione dei suoi 30 anni di sacerdozio e *Nel palmo della mano di Dio - Un sentiero poetico da Dio al Padre,* nel 2007.

Padre Gianni Fanzolato è missionario scalabriniano, che ha vissuto in coerenza con il Vangelo, nella pienezza della comunione nel Cristo con i fratelli, una vita itinerante, avendo egli operato con i poveri, in primo luogo in Italia, quindi in Argentina, in Cile, in Guatemala, in

Messico, per tornare poi in Italia, a Roma, dove è stato parroco dei latinoamericani, compito che svolge ancor oggi a Loreto, oltreché essere cappellano dell'ospedale "Abitare il tempo" e al centro "ascolto giovani" della Basilica della Santa Casa. Una esperienza religiosa ed umana, la sua, maturata in luoghi e per strade diverse, ma sempre connessa ai più deboli e diseredati, dove ha incontrato nessi di causa-effetto di ogni forma di male e di sofferenza, sociale, morale, ma anche fisica e psicologica, di un pianeta nel quale, vicino all'estrema povertà, quella della mancanza dell'acqua e del pane, cresce l'opulenza e la grande ricchezza di pochi potenti, in modo del tutto smisurato. Alla luce di tali esperienze è maturata la letteratura di Padre Gianni, prosa e poesia, nella quale, attraverso il carattere autobiografico, si esprimono grandi verità religiose universali, apotropaiche e propedeutiche, di piacevolissima lettura.

Per la prosa egli ha pubblicato *Un tredici a Pasqua - Il dono della vita tra sfida e mistero* e *Davanti a Gesù - esperienza di adorazione quotidiana*. Due testi caratterizzati da apparente fluidità del dettato, nei quali si affrontano tematiche che investono ogni aspetto della vita, quella trascorsa prima della vocazione, in famiglia, con gli amati genitori e fratelli, ed il momento della vocazione. Quindi si mettono a fuoco le gioie, i dolori, la commozione, la preghiera, tutto nella positività dell'amore in Dio, quello di tutti gli uomini, compreso quello di altre religioni, che Padre Gianni sente nella dimensione globale e planetaria. Dalla lettura dei due testi, pur nelle differenze tematiche presenti, si evince lo spessore di una narrazione nella quale convergono esperienza e sapienzialità dell'uomo meditativo e operativo al contempo, il tutto attraversato e legato da una cultura contestuale, sia sociale che religiosa e spirituale, secondo una dinamicità sinergica, che si sviluppa dalle esperienze narrate e dalla Rivelazione che si tramuta in manifestazione artistico-letteraria, fedelmente registrata, attraverso la quale fare conoscere il cuore di Cristo, l'amore che ne perviene a tutti gli uomini, specialmente gli ultimi, ma anche il senso della Chiesa e l'incontro con Dio che porta "pace e gioia nello Spirito Santo". Legato ai canoni di grande poeticità ci appare il testo di poesia *Nel palmo della mano di Dio - Un sentiero poetico da Dio al Padre*, dove le liriche di carattere religioso sono corredate da exergo di: Tagore, William Blake, Gianni Ianuale, Dostoevskij, Don Orione al processo di beatificazione, Madre Teresa di Calcutta, Patrizia di Costantica, Osho, Erich Fromm, Kabir, Gibran Kahlil Gibran, Emily Dickinson, Riccardo Bacchelli, San Francesco, Cardinale Camillo Ruini, con carattere esplicativo, che ci rendono conto di una cultura a trecentosessanta gradi, aperta a varie interpretazioni, alla quale Padre Gianni si è accostato con volontà d'amore, e la adopera per supportare la sua splendida poesia di percorso cristiano. In essa si avverte tutto il segno della creaturalità dell'uomo, come ben si evince da liriche come "A mia madre", "Nel nome di mio padre", "I colori della pace", "L'uomo è migrante", "Il giovane ricco" ed altre come quelle di carattere naturalistico che hanno per soggetto il mare, il vento, il Gargano..., ma anche il grande amore per Dio e la sua Chiesa, celebrandone i lati ineffabili e sublimi, la sua pienezza ontologica, la potenza di "logos", pensiero redentore nella parola umana.

Vorremmo segnalare la lirica "Madre Teresa, sorriso di Dio" della quale, per ragioni logistiche, riporteremo solo l'"incipit" che recita: "Mistero affascinante di Dio è l'uomo che cammina sulla terra:/ Amore e grazia, stupore e gioia sussultano, odio e peccato fremono/ Dentro in una eterna lotta tra il sorriso e una smorfia fatale...". Il poeta prosegue con immagini talora scalpellate a bulino, più delicate e sfumate altre volte, che sono rivelazione e creazione poetica al contempo, atte a mettere in luce la figura di una donna Santa che ha saputo tracciare strade di luce nella palude indistinta del mondo.

Paola Fedele

Paola Fedele è nata e vive a Messina dove da quasi un trentennio si dedica alla poesia e alla pittura.

È presente con la poesia in lingua in varie pubblicazioni antologiche anche a carattere scolastico; con i suoi dipinti figura in cataloghi e dizionari del Novecento e del nuovo millennio.

Ha pubblicato dieci sillogi poetiche in lingua e sette in dialetto.

Ha pubblicato in lingua: *E perchè mai?*, 1980; *Echi lontani*, 1993; *Sfinge di sale,* 1993; *Talità Kum,* 1994; *Fotogramma,* 1995; *Fedele d'amore,* 1996; *Nelle memorie e negli incanti,* 1997; *Diario Pisano,* 1997; *Per te,* 2005 e *Sghiribizzo,* 2006. In dialetto: *Filo di seta,* 1991; *Accura!,* 1992; *È quattru venti,* 1993; *Tistimoni li stiddhi,* 1998; *Sicilia,* 2001; *Paroli di ventu,* 2003 e *Puisìa,* 2007.

L'opera di Paola Fedele, considerata nella sua totalità, accoglie varie espressioni artistiche: la poesia in lingua, la poesia in dialetto, la pittura, solare e sfolgorante di colore, il tutto in nome dell'unità dell'arte. Infatti, sia i suoi dipinti che le diverse raccolte di poesia non costituiscono una frammentazione a sé stante stilistica, ma vanno ad esprimere, attraverso immagini e parola poetica, un "unicum" che è sintesi di emozioni e linguaggio, in stretto legame con persone o cose per la scelta dialettale, più equilibrato con aspirazione diaristica e lirica quando è in lingua. Le immagini che spesso corredano i testi e sono presenti in copertina, esprimono il "Panta rei" della vita fluente, sempre in movimento: carnali ed impressionistiche, ben legano con i versi. Tutte tecniche moderne atte a comunicare e farsi comprendere fino in fondo, anche là dove l'inconscio detta le sue scoperte più profonde e dove "mythos" e "logos" s'intersecano in qualità polisemiche tra realtà e immaginario. Plurilinguismo, dunque, racchiuso in una totalità disarmante e del tutto genuina, del quale prenderemo in esame l'aspetto poetico. Le varie raccolte costituiscono un vero pellegrinaggio intellettuale alla scoperta di sé, degli altri, nel suo porsi e proporsi nel mondo, in una miriade di piccole raccolte, anche a tema, deliziose per i significativi disegni presenti, oltre che per contenuti, s'intende, gioielli preziosi da conservare in biblioteca, con tutto il riguardo possibile. Alludiamo in modo particolare alle mini edizioni di *Talita Kum, Fotogramma, Fedele d'amore, Diario Pisano*. In *Talita Kum* la poesia si porge con un linguaggio essenziale, pur avendo un carattere mistico-religioso di Metafisica Trascendentale, che declina verticalmente il tempo, pur apprezzando, la poetessa, con gioia la vita. Di *Fotogramma* dice molto acutamente Marina Amato: "...il cuore di pietra si rianima, prende di nuovo a palpitare, ad assaporare il profumo dei fiori, che a sera si congiungono in preghiera a registrare a palpito un altro fotogramma...". *Fedele d'amore* invece è raccolta di poesia d'amore, dedicata al marito fortunatamente in questo caso, dove non manca una fisicità esaltata che ben si coniuga all'amore spirituale, secondo la linea della passione erotica del "Cantico dei Cantici". Si avverte così, nel fluire dei versi, un silenzio, dovuto al fatto che lui è "l'orso di casa" ma al fine un orso benevolo, tutto da amare, in un silenzio "scandito di baci". *Diario Pisano* si snoda lungo tappe che si chiamano: "Calambrone, Cisanello, Santa Chiara" tre conosciutissimi ospedali pisani, tre mete che ci richiamano alla mente un'altra cara autrice: Alberta Bigagli, appunto, che compie la stessa operazione letteraria, dedicando a Villa Ulivella di Firenze, il suo scrivere, e non mancano in ambedue le autrici "Un sorriso ed un abbraccio a tutto il personale infermieristico" come dice Paola Fedele nella sua "nota dell'autrice" al testo, fino al ritorno a casa quando: "...Mi faccio bella: un tocco di cipria,/ un po' di rossetto e un sorriso/ al mio piccolo mondo/ che abbraccio in un pianto di gioia:/ mio figlio, un fiore e la mia terra assolata." *Piccolo mondo* dove c'è tutta la gioia della vita ritrovata, in poche scalpellate parole, che dimostrano che la poesia ha sempre bisogno della sincerità del sentire, per essere tale. Di *Nelle memorie e negli incanti* Giulio Panzani, prefatore, dice: "La Fedele dialoga con se stessa – è vero – ma aprendo agli altri, a chiunque sappia comprenderne il messaggio, spazi di riscatto se non, addirittura, di promesse. Un modo di essere e di darsi attraverso la parola, dunque, con aderenza alla quotidianità ma anche con l'intuizione del soprannaturale a cui ella si affida, in definitiva, una speranza...". *Per te* è raccolta dedicata alla piccola nipote, vita che replica una vita che non si sente più tale, per la presenza della "nera signora" che aleggia, ma che non fa paura, poiché: "...La preghiera è un fiore che non appassisce/ coltivarla dà un giardino prezioso/ e la preghiera del mio cuore/ è un fiore un bacio/ che / pongo sulle braccia della terra/ invocando solo il nome di Maria/ PER TE".

I testi in dialetto sono: *Filo di seta; Accurra!; E' quattru venti; Tistimoni li stiddhi; Sicilia; Paroli di ventu* e *Puisìa*, nei quali l'uso del dialetto si fa giusto modo per comunicare i pensieri in maniera immediata, secondo una forma edenica e primigenia del parlare, nello stretto legame tra la parola prima appresa fin dall'infanzia, l'espressione vocale che ne riecheggia lo spirito primevo ed il legame ancestrale che lega l'uomo alla propria terra d'origine. La musicalità delle poesie di Paola Fedele, in tal senso, è assicurata, fino a divenire canto lirico e elegiaco, pur nella serratezza della parola.

Ignazio Gaudiosi

Ignazio Gaudiosi è nato a Gorizia da genitori salernitani, ha vissuto la sua giovinezza in Trentino e la maturità in Liguria. Spezzino di adozione, è avvocato.

Ha esordito con un volume di liriche *Respiri in Semiluce,* nel 1983, che ha avuto echi nei testi critici, assieme alla successiva produzione, di Francesco De Nicola e Giuliano Manacorda. Sono seguiti negli anni: *Archi di parole,* 1986; *Signora Solitudine,* 1994; *Consuntivi di Autunno,* 1996; *Le umane parvenze,* 2001 e *un anno di poesia,* 2005.

È presente nel *Dizionario degli Autori Italiani del secondo Novecento* ed in numerose antologie.

Nel 2007 è stata pubblicata la monografia *Ignazio Gaudiosi poeta mediterraneo e "Le scabre risonanze",* a cura di Francesco D'Episcopo.

Ignazio Gaudiosi è nato a Gorizia da genitori salernitani, spezzino d'adozione e "in actu signato" proprio per questo, compone una poesia ricca d'intensità e di incandescente bellezza con riflessione e dichiarazione etica. Il poeta sembra accogliere la lezione di Heidegger ed Eliot, al contempo, sul dovere di privilegiare l'esperienza ed il profondo ascolto dell'Essere e, nella scelta di una parola asciutta e sintetica ma anche sapienziale, facilitato in questo da una eterogenea cultura proveniente dal Sud e dal Nord, che lo accompagna sia nella vita che nella poesia, egli compone versi abbracciando un campo molto più ampio di quello offerto dalla vita che, per ossimoro, comprende la compresenza, confortevole ed inquietante, di familiare ed estraneo. Se prendiamo in esame l'opera antologica *Le umane parvenze*, che racchiude liriche scelte di *Respiri in semiluce, Archi di parole, Signora Solitudine, Consuntivi d'Autunno*, fino ad una cinquantina di poesie inedite raccolte sotto lo stesso titolo del testo, ci accorgeremo che essa è tutto un crescendo, pur nell'efficacia stilistica e concettuale della diversità dei periodi cui appartengono i vari titoli, dove ci sono temi esistenziali e lirico-metafisici colti nella fuga del tempo, ma anche riflessioni interiorizzate, il tutto espresso con voce mediterranea e con toni classicheggianti che vanno dalla pietra solare all'ardesia bluastra, in simbiosi tra natura, persone, cose e ritorni al passato, nell'evocazione di un'infanzia dove ci sono miti meridionali, greci, deità, satiri e ninfe, come ben si evince dalla lirica "Fingi" della quale citeremo la strofa che recita: "....Fingi che qui si adombrino satiri e ninfe/ e queste scansino i desiosi inviti/ di quelle mitiche deità,/ che silenziose corrono agli amplessi...", dove costituiscono fondamento e base della poesia, forma integrata di recupero di antiche civiltà mitologiche, nello slancio di infiammate, oniriche ed alate esaltazioni e visioni, che concedono svolta di respiro classicheggiante alla poesia. Altre volte il poeta diviene indicibilmente colmo di tenerezze, quando si rivolge all'amata, com'è nel caso della lirica "I tuoi occhi", nella quale le atmosfere si fanno luminose, non scolpite nel tempo, in pienezza e simbiosi con "l'altra" per la quale il poeta compone una metaforica e vibrante rassegna di versi che così si snodano: "I tuoi occhi:/ giuochi velati,/ ombre colorate./ I tuoi occhi/ mutevole scenario,/ palpito d'ali,/ brezza carezzevole,/ onda profumata,/ penombra di pensieri,/ fiamma d'amore,/ sciame vaporoso,/ lampi di civetteria./ Liquidi voli/ di nordiche deità,/ pioggia nel sole,/ luci nel tramonto./ Brivido di gemme./ I tuoi occhi:/ silenziosa chiarità lunare.", dove una scelta lessicale, pur colta, rimanda espressività di vocaboli di facile "imprinting" comunicativo ed è chiamata a mantenere, come sostiene Heidegger, fra gli uomini, la speranza di un ritorno degli dei, percorrendo il cammino dell'arte. Nella raccolta *un anno di poesia*, che segue *Le umane parvenze*, il tono è ispirato esteticamente dallo scenario naturalistico e, per sentimento, si fa tipicamente elegiaco, nell'eterno amore materno e nella coazione che domina l'inconscio in una situazione di "heim lich" (confortevole, tranquilla, patria, nativa) in antitesi a ciò che nella vita è conturbante. E basterà citare l'"incipit" della bella lirica "Dentro questi tuoi ritorni" per rendersene conto: "Dentro questi tuoi ritorni/ mi raggiro come/ in un'altra nuova vita/ quando ogni volta/ ti provi a ravvivare/ ciò che cresciuto è in me/ insensibilmente....", dove la scrittura abbraccia il proprio senso e la tenebra che la circonda, per aprire, quindi, attraverso la parola, la possibilità di liberare la zona d'ombra su cui interrogarsi come enigma. E non c'è nella raccolta una "via regia" che dia risposta all'itinerario problematico ed approfondibile del poeta, ci sono, semmai, varie forme di vita che intercorrono fra di loro, di parola in parola, per giungere nel luogo in cui tutte le direzioni sono possibili per realizzare la ricerca in "Brividi di luce" che è poi: "...quanto osare di sperare sa/ nell'interminabile duello dubbio-fede/ l'interno smarrimento." "Diletta il trionfo della luce" da *un anno di poesia*.

Nel 2007 esce la monografia *Ignazio Gaudiosi poeta mediterraneo e "Le scabre risonanze"*, a cura e con testi critici e biografici di Francesco D'Episcopo, con la quale si acclara la biografia del poeta ed al contempo si ripropongono poesie significative con validi giudizi critici, mentre nell'ultima sezione comprendente la raccolta inedita *Le scabre risonanze*, il curatore dice: "...Poesia di svelamento, dunque, di ciò che si nasconde dietro l'angolo o negli ipogei inesplorati dell'anima; poesia che si sazia di dubbi, di domande talora irrisolte, nel tentativo di forare "ogni opacità" e di conquistare, se non una proda d'arrivo, una "vicinanza/ nel procedere lento" (*Sardegna e ritorno*)...".

Concetto che ci trova del tutto consenzienti e che ci permette di dire: "Attendiamo Ignazio Gaudiosi a nuove e sempre piacevolissime prove!"

Mirella Genovese

Mirella Genovese è nata a Barcellona P.G. (Messina) dove vive e lavora. È laureata in Lettere Classiche ed è Preside di un Liceo Scientifico.

Ha collaborato al "Giornale di Sicilia", alla "Gazzetta del Sud", alla rivista "Eva".

Ha pubblicato i libri di poesie *Codice Segreto,* 1999; *Cartografia,* 2004; *Ascolto,* 2006 e il libro di favole *Pupattola,* 2003, insieme alla figlia adottata, di nazionalità filippina, Mirellina Parisi. Inoltre ha pubblicato il romanzo *Mammy viene dal cielo*, 2006, corredato di un laboratorio didattico-educativo.

Suoi testi sono contenuti in varie antologie tra le quali *Antologia dei poeti siciliani del secondo Novecento*, 2 voll., editi nel 2003 e 2004 dalla casa editrice Bastogi.

A partire dalla raccolta *Codice Segreto* transitando per *Cartografia* fino ad un più meditativo *Ascolto*, Mirella Genovese compie un iniziatico viaggio, in tappe, verso una luce intravista, poiché gli occhi restano ancora parzialmente oscurati dal velo di Iside e lo fa tramite una poesia sempre in crescendo e mediante la trasmissione di una influenza spirituale che afferisce a lei dalla sua stessa vulcanica e sapida terra: la Sicilia, appunto, che da par suo amiamo, secondo uno sviluppo di potenzialità letteraria che trova la piena possibilità d'espressione nello spirito dei luoghi, nelle rarefatte atmosfere, nell'acuta osservazione della natura, tutta una sinfonia grandiosa di elementi, che trascina e rapisce nella contemplazione, avvicinando l'uomo all'origine sua ed al proprio "codice segreto" che racchiude tutte le informazioni genetiche ed ereditarie. In tal senso il procedere poetico si sviluppa a raggiera, sia per forme che per contenuti, investendo la propria orizzontalità e, per ossimoro, la propria verticalità al contempo. E basterà citare pochi versi per essere introdotti in questa calda atmosfera, come si evince da "Ottobre" che recita: "È il cielo/ un'ape/ che punge d'oro/ gli orti/ col capogiro ubriachi/ tra vapori di vino/ e di mostarda spruzzata/ di vaniglia e di mandorla/ tostata." (da *Codice Segreto*) dove l'ottobrata sicula è riportata in tutto il suo splendore di profumi e colori.

In *Cartografia*, il viaggio della poetessa si allarga geograficamente per altri paesi, anche stranieri, ma anche metaforicamente alla psiche e all'anima, a segnare compenetrazione tra mondo naturale, umano e divino colto nell'allegoria antitetica di "visibile-invisibile" e secondo un cosmico ontologico afflato, nel realizzarsi della poesia nel Trascendente metafisico, che andrà a prendere più corpo, tramite il silenzio interiore, nella terza raccolta *Ascolto*, che è divisa a sua volta in tre Canti: Canto I – Segundo sueño; Canto II – Ascoltando il tempo; Canto III – ascoltando la parola; giovannea s'intende, quella del Vangelo esoterico, come ben si evince dalla poesia "Leggere Giovanni" che nella chiusa recita: "....Forse il canto/ è Parola/ e come il Verbo/ porta la luce?". Del resto l'esame etimologico del nome di Giovanni ci dice che esso deriva da "Jeho-h'annan" che letteralmente vuol dire "favorito dal sole", in ebraico e, siccome i mistagoghi di Israel vedevano nel sole il dio-luce, ecco che Giovanni è "favorito da Dio", in tal senso portatore di "luce", proprio come la bella poesia di Mirella Genovese.

Per la narrativa, la poetessa, che cambia registro, dà alla stampa

Pupattola, libro di racconti scritto assieme a Mirellina Parisi, sua figlia adottiva. Dice di esso il prefatore Paolo Ruffilli: "...Si sa, i confini che normalmente separano reale e immaginario, vissuto e fantasticato, smarriscono ogni criterio distintivo. In queste favole vi imbatterete allora, è ovvio, in animali ed oggetti personificati, in angeli e creature mitologiche, in folletti e fantasmi, in principi ed emiri..." insomma tutta una teoria di reale e irreale nella visione pratica della vita.

In *Mammy viene dal cielo*, pubblicato qualche anno dopo, Mirella Genovese tratta dei problemi dell'adozione, del terzo mondo, del razzismo sempre strisciante, anche nella nostra evoluta civiltà. Non manca, nello snodarsi del dialogo tra madre e figlia, l'onda comunicativa dell'emozione, che avvince il lettore, oltre l'interesse per la tematica sociale, di grande attualità. Sono presenti, nella chiusa del testo, due sezioni di "laboratorio didattico-educativo" molto propedeutiche. Lo stile narrativo è scorrevole, moderno e accattivante, adatto per un pubblico giovane ed adulto che potrà accogliere benevolmente il messaggio di solidarietà, proveniente da Mirella Genovese, poetessa e scrittrice di valida caratura.

Edda Ghilardi Vincenti

Edda Ghilardi Vincenti è nata ad Almenno S. Salvatore (Bergamo), è laureata in Lingue e Letterature Straniere e insegnante di Inglese anche a livello universitario. Attualmente in pensione.
È stata Presidente della Sezione di Bergamo dell'A.N.I.L.S. (Associazione Nazionale Insegnanti Lingue Straniere) e Coordinatrice per la Lombardia della stessa Associazione. Durante questo periodo ha tenuto conferenze di aggiornamento agli insegnanti.
Attualmente è Presidente di un Circolo Culturale Bergamasco.
Ha partecipato a vari recitals sia a Bergamo che in provincia ed al Festival della Poesia - a livello nazionale - nel gennaio 2004.
È "Accademico di classe" dell'Accademia Internazionale dei Micenei (dal 30/8/2002) e Senatore della stessa Accademia (dal maggio 2005); fa anche parte della Accademia Internazionale Vesuviana ("International Vesuvian Academy") di Napoli.
Fa parte dell'Accademia "Armonia delle Muse" di Pontremoli, dell'A.N.P.A.I. (Associazione Nazionale Poeti, Autori e Artisti d'Italia), e del Circolo Poeti e Scrittori di Empoli.

Ha ottenuto numerosi premi e riconoscimenti. È presente in molte antologie, dizionari e storie della letteratura italiana.

Ha pubblicato i seguenti libri di poesie: *Emozioni* (Gorle, 2002), *Sognando* (Bergamo, 2003), *Tra terra e cielo* (Reggio Calabria, 2004), *Vele nell'anima* (Sanremo, 2004), *Lungo il fiume dei pensieri* (Firenze, 2006), *Sui sentieri della vita* (Empoli, 2006), *Paris, Paris...* (Sanremo, 2006), *Scorrono i giorni* (Empoli, 2006)
Il critico Fulvio Castellani le ha dedicato una monografia del titolo *Breve viaggio nella poesia di Edda Ghilardi Vincenti* (Empoli, 2007).

Da una *lectura* critica approfondita della vasta opera di poesia di Edda Ghilardi Vincenti si evince che, come nel pensiero di Goethe, simile alla tradizione platonica, la bellezza si assembli ad Eros, il quale può vivere un processo di spiritualizzazione tanto più intenso quanto più si accompagna al bello. Le varie raccolte, pubblicate in serrata sequenza, a partire da *Emozioni* fino al canzoniere d'amore *Più delle parole i silenzi*, fresco di stampa, poiché uscito nell'ottobre del 2007, sul filo di un'attenzione globale, senza mai perdere di vista gli aspetti di ogni singola raccolta e il significato dell'intera opera, sono individuabili vari nessi, sia tematici che formali, che si fondono e sintetizzano il rapporto tra natura e stato d'animo, tra paesaggio e elegia, secondo una rispondenza al genere pastorale, proprio dell'idillio antico, dove è presente una "Elpis", cioè una speranza, condotta per sapienti percorsi, sia diacronici che sincronici, che esplodono nella gioia del canto catartico che placa il dolore dell'anima, secondo un tono distesamente enunciativo capace di realizzare immagini di simbolica indeterminatezza, di freschezza e innocenza espressiva. Ne facciamo un esempio per acclarare il nostro pensiero, citando la lirica "Sera di mezza estate" che recita nell'*incipit*: "Come sei dolce/ sera di mezza estate,: e come sei triste/ con quel profumo d'autunno/ che si avvicina,: la sera più breve,/ la notte più buia/ e quella sottile malinconia/ vestita di bruma mattutina/ e di sogni spenti/ che l'estate aveva acceso/ di luce e di colori..." ("Sui sentieri della vita") dal sottofondo della quale emerge una malinconia di fondo, ineludibile, capace di reperire nel frammento microcosmico quelle tracce del macrocosmo che sono in rispondenza con un autentico avvertire il sogno di una vita, che non può allontanare la tristezza. Tuttavia troviamo un'altra estate, colta nella realtà notturna, più rassicurante e totalizzante, ad edificare positività, nel testo *Più delle parole i silenzi*, dove sono presenti i segni criptici di una grande amore condensati nella lirica "Come una notte d'estate" che nella chiusa recita: "...Immenso, infinito/ Come un cielo stellato/ È il sentimento/ Che mi lega a te/ Amore mio..." che si giova di una spaziosità espressiva in uno stile fluido e metaforico, espresso con motivi intimamente affettivi e ricchi di una incantata tenerezza, tanto da far dire a Ninnj Di Stefano Busà, nella prefazione: "...La poesia attraverso la parola innalza il sentimento a vette più alte del sogno, sperimentando il libero canto in poesia che è appunto l'espressione più elevata e fascinosa dell'intero impianto linguistico fra gli umani, la quale, a sua volta, si sublima e si esterna nella luce di un'aura che la riscatti."

Ma tante altre e pregnanti sono le parole-chiave ed i nodi intessuti dall'autrice nelle varie raccolte, che coagulano una moltitudine di significati nell'esattezza e precisione del lessico, sempre sostenuto da uno stile decisamente elegante e da chiare scelte, anche nei frangenti più inattesi come quelli volti a scrutare il terreno misterioso dell'inconscio e dell'onirico, come è riscontrabile in versi che recitano: "...Ascolto il 'Valzer triste' di Sibelius/ e volo ancora con le lacrime agli occhi/ su quelle note elegiache e disperate/ che ho tante volte ascoltato e danzato..." ("Vorrei danzare" da *Lungo il fiume dei pensieri*), nei quali il mistico e l'aereo della danza ci rimandano echi di esperienze di vita, nutriti da sottili e imprevedibili emozioni, a dar corpo ai fantasmi del sogno.

Molte poesie di Edda Ghilardi Vincenti hanno valide traduzioni in francese, lingua che per eleganza e dolcezza ben si confà alla sua poesia. Ma la poetessa si rivela anche buona coreografa editoriale, per i piccoli tagli dei libri e nelle scelte delle copertine, che evidenziano i suoi suggerimenti e la sua mano, tutti segni che costituiscono una ricerca del bello perseguita alacremente, come agnizione spirituale.

Anna Maria Giancarli

Anna Maria Giancarli è nata a Roma e vive a L'Aquila. È laureata in Filosofia e Pedagogia, ha insegnato nelle Scuole Medie ed ha svolto una intensa attività politico-culturale, ricoprendo numerose cariche istituzionali.

È Presidente dell'Associazione culturale "Itinerari Armonici", con la quale realizza iniziative multimediali, quali "Poetronics - Poesia elettronica" ed il Festival internazionale di poesia "Nuove Dimensioni".

È critico letterario ed è membro di giuria in diversi premi letterari.

Ha pubblicato: *Frammenti da una rivolta*, 1983; *Punto di caduta*, 1992; *Stato di emergenza*, 1997; *Realtà fuori misura*, 1998; *I trucchi del reale,* 1999; *Confini diversi,* 2002; *Trucurile realului,* antologie bilingue romeno-italiano, 2004; *Sconfina/menti,* 2006.

È presente in numerose antologie, tra le quali *Storia della letteratura italiana,* 1998; *Botto 3000,* antologia elettronica sul nuovo millennio, 1999; antologia di Haiku *Frecce e stelle,* 2000; antologia della ricerca poetica attuale edita dall'Università degli Studi "La Sapienza" di Roma, 2001; *No alla guerra sempre e comunque,* 2001; *Pace e libertà,* 2004; *Almanacco di scritture antagoniste,* 2005.

È presente nel DVD *Dialoghi* con i poeti Sanguineti, Muzzioli e Perilli (2004).

Ha ottenuto recensioni in numerose riviste, quotidiani e trasmissioni radiofoniche nazionali.

Suoi testi sono stati utilizzati per composizioni musicali e sono stati tradotti nelle lingue romena e serba.

È un percorso sperimentale e dinamico in una catena ininterrotta della ideazione e in una successione strutturale e mitopoietica della cultura, questo di Anna Maria Giancarli, che insegue ricchezza di preziose sollecitazioni ed una particolare e personale via al conseguimento di un peculiare linguaggio poetico e contemporaneamente una battaglia delle idee, delle quali la poetessa è stata vivamente interprete anche sul piano poetico. Ne consegue una espressività letteraria innovativa fin dalla prima pubblicazione *Frammenti da una rivolta*, per arrivare alle ultime *Confini diversi* e *Trucurile realului*, che è un'antologia bilingue romeno-italiano di testi della stessa autrice. L'espressivo linguaggio mass-mediatico e talora performativo possiede intrinsecamente una grande varietà di registri che vanno da ritmi scanditi nel verso lungo, a quello breve, talora in moduli narrativi e colloquiali, altre volte più fratti ed incisivi. È certo che Anna Maria Giancarli è mossa, in primo luogo, da una ricerca esistenziale rivelando in tal senso una natura di autrice tipica di fine Novecento e inizi terzo Millennio. Ed a proposito del linguaggio troviamo in *Trucurile realului,* una esplicativa poesia dal titolo "Malgrado la tristezza le unghie graffiano le stelle": "Te ne stai sul bordo dell'ombra,/ preferisci di un Lazzaro la morte apparente/ giusto il tempo di varcare la soglia e via./ Il tuo oroscopo protesta previste previsioni/ assalite da dubbi ora/ che proclami l'innocenza/ avrai pròtesi in quantità da adattare alle parole/ moribonde e organi a prezzi di mercato da trapiantare/ a discorsi sofferenti/ Non c'è altro rimedio alla capitolazione delle metafore/ e all'omicidio dei significati." Si può notare l'assenza di retorica e la densità della sintassi, in una autenticità di parola e di idee che porta lo stesso George Popescu – nella "notà si prefatà" intitolata "La parola ferita" – a dire: "...In definitiva, Anna Maria Giancarli, una poetessa eccezionale per la quale la poesia ancora può testimoniare sul naufragio dell'essere nel tempo postmoderno, non ha smesso mai di lottare. Solo che la sua battaglia, svuotata da vecchi slanci della rivolta retorica, si è spostata nella Parola per tentar a tradire di trucchi del reale. E non solo.". E a proposito di "trucchi del reale", la poetessa, nel testo omonimo, secondo una tensione tutta interiore, protesa al cambiamento, dà luogo ad un viaggio iniziatico, che procede per gradi ma, per giungere all'epilogo, c'è la necessità "in primis" di spogliarsi di vili orpelli e metalli, di cui è disseminata la realtà, per compiere il rito di purificazione. Ma alla fine del viaggio non c'è, come approdo, una conquistata "metafisica trascendentale" semmai la consapevolezza del dubbio volta alla costruzione di una più matura identità personale, civica e sociale, come ben di evince dalla poesia "ore 24 - Incastro perfetto e ricomposizione fugace dell'identità", che così recita: "La bocca si aprì come petalo di fiore quando le note/ giunsero e un caldo vibrare invase il suo corpo/ armonia di un istante assenza di dolore forse artificio mentale/ pensò/ ma per un attimo un solo attimo gustò la felicità/ a portata di mano senza una ragione - improvvisa/ e viscerale come il piacere che l'aveva annullata qualche/ minuto prima -/ fatti ricordi nomi volti relazioni delusioni sconfitte/ esaltazioni e godimenti si fusero dentro le cellule e tutto/ trovò il suo ordine incredibile..." dove nella ricomposizione c'è, sì, sintomo di mancanza e estraniamento, ma non esistono formazioni perturbanti e sostitutive, semmai formazioni reattive atte a soddisfare un processo difensivo dell'io, tendente a riempire, almeno parzialmente, il vuoto secondo un "ordo ab chaos" dove passato e presente si conciliano. Non manca, nel fluire della poesia, una sottile ed amara ironia, quando si dice: "...(com'era furba la realtà! con quale spregiudicatezza agiva!)..." quasi ossimoricamente a ribadire il concetto, con mezzi semantici e ritmici, che il suo io non prende in considerazione, alla fine, nessuna identità precostituita. Poesia complessa, questa di Anna Maria Giancarli, postmoderna e audace nel portare avanti idee futuribili e innovative – come si evince anche dall'antologia *Poetronics (al confine tra suono, parola, tecnologia)*, dove l'ideazione e l'organizzazione è della stessa Giancarli, assieme ad altri – e che ha molte cose da dire, indirizzata com'è a nuove esemplificazioni ad essa correlate. Il tempo ci dirà di più, ne siamo certi.

Filippo Giordano

Filippo Giordano è nato a Mistretta (Messina) dove vive e lavora, collaborando da oltre un ventennio con diverse riviste specializzate.

Ha pubblicato: *Rami di Scirocco*, 2000; *Voli di soffione*, 2001; *Perfetto 6: il filo nascosto dei numeri primi*, 2001; *Primi di Mersenne e numeri perfetti*, 2002; *Osservatorio delle terne pitagoriche primitive*, 2002; *Scorcia ri limuni scamusciata*, 2003; *Ntra lustriu e scuru (fra luce e buio)*, 2003 e *Il sale della terra*, 2004.

Filippo Giordano, poeta e narratore siciliano, riunisce nel 2000, in un solo corposo volume dal titolo *Rami di Scirocco* tutte le raccolte di poesia precedentemente pubblicate, comprese quelle apparse su riviste e antologie, con l'aggiunta di una plaquette inedita di venticinque haiku dal titolo "Minuetti per quattro stagioni", dopodiché l'autore pubblica *Il sale della terra*, quindi due raccolte in dialetto siciliano dal titolo *Ntra lustriu e scuru (fra luce e buio)* e *Scorcia ri limuni scamusciata*. In *Rami di Scirocco* c'è lucida traslitterazione antropologica nella poesia, poiché il poeta affronta la crisi dell'uomo, della società, dalla propria interiorità nell'ascultazione del sé come entropia, fino ad aprirsi alle suggestioni del tempo, nel suo incessante fluire. Dice infatti il poeta in "Sussulti d'acquazzone sulle tegole": "Confusione, senso di vuoto/ in testa, senso d'oppressione/ costante al petto, martellante,/ luce strana, giallognola/ sulle cose, sulle piante/ senza senso, ombre sui muri." dove lo spaesamento, in concomitanza con un violento acquazzone, è totale, come si evince ancora in "Biancospini" dove si dice: "Quale mistero ci spinge sull'erba/ dentro una cornice di biancospini/ - uno spiazzo fiorito tra la selva -/ sull'erba, l'uno sull'altra?/ E dire non voglio di noi/ ma della natura che conserva,/ che rinnova con forza possente./ Quale mistero ci spinge sull'erba?" solo per fare un esempio del fluire incessante d'immagini, attraverso una raffigurazione di elementi naturali e di luoghi, portata avanti con plusvalenza semantica, ma anche meditativa, ricca di una propria interiore bellezza, unita a semplicità di spirito. Il testo è dotato di una sezione dal titolo "*Villaggio fra le braccia di Morfeo*" che ospita una galleria di tipologie specifiche che assurgono ad archetipi di difetti o pregi dell'umanità. Mentre nella sezione "*Minuetti per quattro stagioni*" in versi che del minuetto hanno la brevità del segno e l'eleganza, fluiscono versi dotati di sottile ironia a deliziare il lettore. Citiamo, ad esempio, "Estate" che recita: "Tigli odorosi,/ di giorni caldissimi/ invocate ombre./ Fresca e improvvisa/ benvenuta risata,/ l'acqua scrosciante." dove un verso breve, ritmato e cadenzato in immagini pregnanti, si estende a significazione universale. Tutta la struttura semantica e sintattica del testo appare lineare e semplice, pur in una controllata elaborazione che andrà ad evidenziarsi ancor più in *Il sale della terra* secondo una miriade di tematiche, tutte racchiuse in un piccolo libretto. Ed è qui che la poesia si fa epica e civile, lirica e elegiaca, dove: "...Il Verbo di *latitudine cristiana*: c'è tutto nuovo (o quasi).... (non più per sola voce e flauto, bensì a musica d'organo)..." come si legge nel risvolto di copertina a firma di Sebastiano Lo Iacono. Per le due raccolte in dialetto citeremo, al riguardo, un brano del prefatore Francesco Maria Di Bernardo Amato che recita: "Importante il dialetto, la sua persistenza. Come se incombesse con l'unilateralità politica, passando attraverso la nozione di globalizzazione economica, un'evenienza che metterebbe a rischio le individualità d'espressione con l'unilateralità definita dalla lingua egemone degli stati più potenti...". A noi sembra, piuttosto, che il dialetto riesca ad avere una concentratissima resa linguistica, più espressionistica, più intimamente legata allo "Spiritus loci" quello siciliano, appunto, nel groviglio delle emozioni e sensazioni, sempre forti sia nel dolore che nella gioia, com'è caratteristica espressiva di questo solare popolo, ben fissato dal magistrale endecasillabo di Filippo Giordano. Per la narrativa l'autore ha scritto e pubblicato *Voli di soffione* (piccole storie di minima gente) che è raccolta di racconti dal titolo esplicativo, dove sono state riunite storie già pubblicate singolarmente in riviste letterarie. Diciannove racconti in piccoli affreschi di vita quotidiana, dove l'autore, pur simpatizzando con i personaggi e le vicende narrate, riesce a non esprimere giudizi morali riduttivi, limitandosi a comunicare e testimoniare, dando ancora una volta prova di grande equilibrio letterario.

Emanuele Giudice

Emanuele Giudice è nato a Vittoria. Vive e lavora tra Ragusa e Vittoria. È laureato in giurisprudenza, procuratore legale, già dirigente pubblico; i suoi interessi spaziano dalla saggistica, alla poesia, alla narrativa.

Nel 2002 gli è stato assegnato il premio per la cultura della Presidenza del Consiglio dei Ministri.

Sue opere sono pubblicate in antologie e hanno vinto diversi premi letterari.

Ha pubblicato, per la narrativa: *La politica e così via,* 1982; *Il viag-*

gio la memoria il sogno, 1989; *La morte dell'agave,* 2001; *Il poeta e il diavolo,* 2003.

Per la saggistica: *Mafia come solitudine e rifiuto,* 1984; *La scommessa democristiana,* 1984; *Il tempo della politica,* 1986; *L'utopia Possibile- Leoluca Orlando e il caso Palermo,* 1990; *Dinosauri e cani fedeli,* 1995; *Senza siepe,* 1997; *Liberi come Dio,* 2002; *...e venne il tempo dei gabbiani stanchi...,* 2004; *Prima che arrivi la notte. Pensieri sparsi sul nostro tempo,* 2005.

Per la poesia: *Dialogo per una scommessa,* teatro-poesia, 1991; *Una stagione di rabbie,* 1993; *Ora che il sogno è pietra...,* 1997; *Un uomo chiamato Gesù,* teatro-poesia, 1999; *Monologo sulla pietà,* 2000; *Oratorio per un bambino,* 2001.

Svolge anche attività pubblicistica collaborando a giornali e riviste di cultura e attualità politica.

Tutta l'opera letteraria di Emanuele Giudice (saggistica, teatro di poesia, poesia) è difesa intransigente della libertà della persona in Dio, alla luce radiosa di principi in grado di acclarare le linee architettoniche naturali dell'uomo e della società, nella comunicazione della parola, nel tentativo, peraltro riuscito, di dare ad essa una forma, una struttura, un contenuto con sincerità, senza mediazioni linguistiche e concettuali artefatte, al fine di creare comunicazione e contenuti propedeutici, in piena e libera espressione. Si avverte, innanzitutto, che l'uomo Emanuele Giudice è credente e fidente in Cristo che sa riconoscere, poiché già lo riconosce in sé, il segno di Dio come bene infinito, operato per l'uomo, mentre avverte la necessità, consapevole, di vivere in una globalizzazione alienante e in un nuovo "trend" storico, di instaurare un rapporto di catechesi, con quello evolutivo della società e non solo dal punto di vista religioso, ma anche con quello più laico, politico e sociale. E lo dice chiaramente l'autore in *Dinosauri e cani fedeli (Resoconto di una delusione)* con queste parole: "...Il sentiero da percorrere è quello della rivoluzione, che non attiene soltanto al cambiamento dei metodi e delle regole che governano le istituzioni e la politica, ma soprattutto alla nostra capacità di cambiare cervello, di produrre nuove idee, di promuovere nuove sensibilità, di adottare nuovi comportamenti. Una cosa appare sin da ora certa, che la rivoluzione dovrà essere culturale, prima che strutturale e politica. Oppure sarà soltanto una immensa illusione...". Mentre, a proposito della religione, Giudice dice in *Liberi come Dio (La scommessa cristiana sulla libertà)*: "...Erode? Tiberio? Chi li conosce? Gesù di Nazareth, quello dei pani e dei pesci. Quello sì. Merita di essere posto sul trono di Israele. Ecco il nostro re...". Il messaggio è chiaro, sia dal punto di vista religioso che politico, e costituisce il fondamento morale dell'intero ordine sociale auspicato dal nostro autore. Una religiosità, la sua, che va ad incidere antropologicamente sulla società, contro gli effetti distruttivi della personalità e dell'omologazione culturale dei vari integralismi laicisti e religiosi, contro la depressione psichica e l'angoscia esistenziale, la precarietà del lavoro, tutti i processi di marginalizzazione, lo stress da competività, insomma contro tutto ciò che di male esiste e che attanaglia a morsa gli abitanti del pianeta. Nel testo *Prima che arrivi la notte (Pensieri sparsi sul nostro tempo)* Giudice scrive: "...Quell'uomo che pende dalla croce incarna valori, segni, convinzioni che non sono solo cristiani, ma universali, quindi anche laici, perché appartengono alla storia e alla cultura dei non credenti e degli agnostici, come dei credenti..." dove una scrittura, non meramente letteraria, ma espressionistica e gotica, apre scenari di carattere universale con apertura apotropaica. Ed è con tale impostazione culturale e mentale che Emanuele Giudice crea un teatro di poesia con testi come *Dialogo per una scommessa* e *Un uomo chiamato Gesù*. Nel primo testo i personaggi retorici sono emblema e simbolo della morte, son posti sulla scena con fissità e vanno ad animarsi, via via che vengono nominati, la parola, in tal senso, diviene giovannea e metafora di resurrezione. Nel secondo testo, la figura di Gesù assurge a simbolo di martirio e resurrezione, nel morire per rinascere a nuova vita, ieri come oggi e, come dice Carmelo Mezzasalma nella prefazione: "...*Un uomo chiamato Gesù* interpreta gli interrogativi che questa post-modernità ormai ha fissato nella nostra anima...".

Per la poesia Giudice ha pubblicato *Ora che il sogno è pietra...* e *Monologo sulla pietà*, due raccolte che testimoniano il dolore e il solipsismo del poeta per la rottura ontologica dell'uomo moderno, ma anche per l'indolenza metafisica di coloro che sono solo spettatori indifferenti dell'essere o cultori di una teologia negativa, come sospensione della vera coscienza. Dice il poeta in "Litanie senza eco": "...Alito/ ombra/ larva/ di parola tradita/ persa nel disuso/ come pelle derelitta di serpente/ ora invade la scena/ s'offre agli spalti/ parola-vittima/ pronta a/ tutte le resurrezioni..." (da *Monologo sulla pietà*). Ma la dolorosa analisi sullo stato del mondo esplode in un inno di speranza nella bella lirica "Il mistero, la luce..." che nella chiusa recita: "...Nessuno/ resta isola agli altri/ dietro il muro./ Ognuno/ è una spalla/ per condurre/ al sincronico battito/ il destino di tutti./ Per dopo/ ora non vedo/ che porte spalancate/ e galassie di luci/ e musiche/ sciogliere enigmi/ e a vertigini di gloria/ arrendersi gli abissi." (da *Monologo sulla pietà*). Giungendo in tal modo al "kairos" che è occasione matetica che passa dall'orizzontalità alla verticalità della scoperta del sentiero di "luce" che solo può condurre a Dio.

Renato Greco

Renato Greco è nato ad Ariano Irpino, vive a Modugno di Bari dopo aver vissuto per oltre venti anni a Milano, quindi a Firenze e a Napoli per alcuni altri anni.

È laureato in giurisprudenza, si occupa da sempre prevalentemente di poesia. In tale campo ha ottenuto significativi successi nei concorsi nazionali e internazionali, tiene conferenze sulla poesia del Novecento e legge poeti nelle Università Popolari.

Ha pubblicato i seguenti volumi di poesie: *La chiave cadde in mare*, 1989; *Canti sull'imbrunire*, 1991; *Civile sdegno e consumato cuore*, 1992; *Parole sottovoce*, 1994; *Minuzie e altri casi di oggigiorno*, 1995; *Cammino tra le stelle*, 1995; *Una dolce stagione*, 1997; *Le ragioni ulteriori*, 1997; *Opera nona*, 1997; *Più luce d'ombra*, 1998; *Elegie*, 1998; *Il pittore del cielo*, 1998; *L'evidenza dei vivi*, 1999; *Stanze per voce sola*, 1999; *Echi dall'entroterra*, 2000; *Le occasioni terrestri*, 2000; *Da luoghi anteriori*, 2000; *Il pianeta sommerso*, 2002; *I paesaggi sensibili*, 2003; *La terra attraversata*, 2003; *Dai golfi del 2000*, 2004; *Rose dall'ultimo paese*, 2004; *Prove del nostro teatro*, 2004; *Barlumi e altro*, 2005; *Memoria dell'acqua*, 2006; *Fermenti immagini parole*, 2006; *In controcampo*, 2007; *Autoantologia - Poesie scelte 1955-2000*, 2002; *Biografia d'amore - Poesie 1950-2005*; 2005; *La lunga via, da ieri fino a dove - Epopea Umana*, opera di poesia epica dall'oscurità al V secolo a. C. in cinque volumi.

Il prossimo libro di poesie di Renato Greco, previsto per l'autunno 2007, è *Di qua di là dal vetro* che raccoglierà 181 poesie composte negli anni 1995/1996.

Sue poesie sono state tradotte in inglese, francese, spagnolo e serbo.

Renato Greco, critico letterario e redattore di importanti riviste, è soprattutto poeta originalissimo per misura e quantità, cadenza e accenti, talora contrassegnata da controcanto metrico di antica poesia, dove la realtà diviene, per ossimoro, diversità ed, al contempo, identità stessa che si esprime per le tematiche più disparate come il viaggio, quale espressione antropologica con annessi gli specifici lemmi del campo semantico, o come l'amore visto come sentimento epifanico ma anche doloroso e contraddittorio. Tutti elementi che costituiscono il quadro articolato e dinamico della sua scrittura, attraverso metafore e comparazioni con competenza narratologica dell'io, fino ad una raggiunta autocoscienza, anche di fronte al non-senso di certe situazioni che non si possono spiegare con la logica umana. Dai testi a nostra disposizione citiamo dalla sezione *"Barlumi"* la poesia "Quanti segreti che ti sveli" dalla raccolta *Barlumi e altro* che recita: "Quanti segreti che ti sveli/ mentre mi narro a tutto tondo,/ è per accendere i miei cieli/ e farli ardere del mondo./ Non mi sorregga che la mia/ voglia di canto nel profondo/ per aiutarmi nella via/ che sale al buio più infecondo." nella quale c'è sincera confessione e desiderio di compiere un viaggio introspettivo, ma anche itinerario spaziale e reale, per realizzare, attraverso tappe iniziatiche, la conoscenza di sé e dell'alterità, pur presente nella poesia, ma anche la voglia di comunicare "nel narrarsi a tutto tondo". In *Prove del nostro teatro*, nei meccanismi della realtà, c'è un'affabulante manipolazione, come prospettiva estetica e ideologica, nella quale i personaggi evocati sono teatrali elementi di rappresentazione e schermo di una realtà non dicibile, in cerca di orientamento. Riportiamo l'esplicativo ed acclarante exergo al testo che recita: "Unica consolazione ma lieve/ e non basta un momento per distrarsi/ la sua mano una carezza di neve/ durante la fatica d'orientarsi/ quindi raggiungere i nostri traguardi/ non senza il dono d'affettuosi sguardi." dove la parola si fa dialogo e acquista un senso, attraverso il pensiero e il sentimento. *Memorie dell'acqua* è raccolta divisa in tre sezioni dai titoli: "*Dai fuochi dell'inizio*", "*Acque fluenti*", "*Fortezza*", nelle quali si snoda una presa di posizione morale ed etica, dove è palese il convergere del bene e del male, del brutto e del bello, nel passo del "qui e ora", mentre le estraneità e le peregrinazioni reali, s'intrecciano con i percorsi ideali dello stesso poeta, secondo un'eco che rimbalza nella sfera comune del "logos". Ma, alla fine, proprio nella sezione "*Fortezza*", ci sono labirinti dove perdersi in silenzi iniziatici che sono preludio alla costruzione interiore e dove è più facile intra-vedere che vedere oggettivamente, poiché il tracciato esistenziale è mosso dall'agitazione e dal dubbio, mentre la coscienza d'essere finito, genera un'ansia d'infinito, in ritmi che non danno risposte certe di carattere metafisico. Dice infatti Renato Greco nell'"incipit" della terza sezione di *Memorie dell'acqua* dal titolo "Tesi": "Nell'opera senza risparmio/ le nostre difese sappiamo/ dal nulla apprestare. Cortine/ di solida pietra e spessore/ l'orgoglio ci impone o un timore..." e nella fine: "Un'assenza è un'assenza comunque la si intenda./ Significa mancanza di risposta/ o essere altrove e lontano da qui..." ("Ultima notazione"). "Fortezza" quindi è il topos, paragonabile ai "Luoghi non giurisdizionali di Giorgio Caproni" cui approdare laicamente quale difesa, poiché l'ottica antropologicamente salvifica del nostro agire itinerante, non è visibile nella ricerca, nei tempi e nei modi prospettati dalla poesia stessa. La bella raccolta *In controcanto* è motivata intrinsecamente da due spinte in sinergia tra loro: il canto e il controcanto. Il primo si snoda per argomento, lingua e stile, il secondo come molto giustamente dice il prefatore Sandro Gros-Pietro: "La poesia di Renato Greco si manifesta come rappresentazione della diversità e dell'identità del mondo. Nella semantica di Greco la *diversità* e l'*identità* non costituiscono opposizione di contrari, ma endiadi: l'unico concetto organico ed esplicativo della realtà...". In tal senso "Il controcanto" può essere letto e compreso sotto diversi profili eziologici, tutti utili, nella loro pluralità, a fornire una conoscenza sia nella sua eteronomia che nella sua autonomia, quindi tra i meccanismi di vincolo della personalità fino a quelli della sua libera espressione. Un bel cammino arduo, questo del poeta, che ha ancora opere in via di pubblicazione.

Antonino Grillo

Antonino Grillo è nato a Mileto (CZ) e vive a Messina. Ha compiuto gli studi universitari a Messina, con Maestri quali Giorgio Petrocchi, Armando Salvatori, Oronzo Parlangèli, Salvatore Calderone e Salvatore Costanza.

Dopo pochi anni d'insegnamento nella scuola secondaria come professore di materie letterarie e di latino e greco, è divenuto assistente ordinario di Letteratura latina alla Facoltà di Lettere e Filosofia dell'Università di Messina. Dal 1973 è docente, nella stessa sede, di Grammatica greca e latina (avendovi tenuto per un anno anche l'insegnamento di Storia della lingua latina).

La sua prima opera è stato il saggio *Poetica e critica letteraria nelle Bucoliche di Virgilio* nel 1971, esordio assai felice che gli è valso l'onore dell'invito, all'età di poco più di trent'anni, a parlare nell'esclusiva sede della "École Normale Supérieure" alla prestigiosa università della Sorbona di Parigi durante un convegno internazionale.

Successivamente ha pubblicato una serie di lavori filologici concernenti testi più o meno problematici di vari autori delle diverse epoche della letteratura latina e greca (Plauto, Varrone Reatino, Virgilio, Ilias Latina, Giovenale, Draconzio, Ditti-Settimio, Omero, Apollonio Rodio). Per la dichiarata apertura del collaudato metodo della Filologia classica ai possibili apporti della moderna narratologia si segnalano le ricerche contenute nei due volumi *Critica del testo, imitazione e narratologia* (1982) e *Tra filologia e narratologia* (1988).

Collaboratore di numerose riviste e di redazioni di opere enciclopediche, ha compilato diverse voci delle autorevoli *Enciclopedia Virgiliana* (1984-1990) ed *Enciclopedia Oraziana* (1998).

Interessato ai rapporti tra poeti moderni e antichi nel quadro del funzionamento del sistema letterario, ha scritto *Per la rivalutazione della presenza di Properzio in Foscolo*, in *Monumenta humanitatis. Studi in onore di Gianvito Resta* (2000).

Ha pubblicato i volumi di poesie *Effinzioni (versi latini e italiani)*, 1998 e *Tria Corda (Versi italiani, latini e calabresi con appendice di Carmi latini tradotti)*, 2002.

Antonino Grillo, assistente ordinario di Lettere e Filosofia all'Università di Messina e docente di Grammatica greca e latina, motivato dalla costante frequentazione poetica, come egli stesso sostiene, scrive versi latini in metri vari, come l'esametro, il distico elegiaco, il falecio, l'asclepiadeo maggiore, la strofe saffica, come si evince dalla raccolta *Effinzioni* che è divisa in due parti, la prima comprendente Carmi latini, la seconda poesie in italiano. Il titolo, solo apparentemente strano, trova la propria ragione d'essere nel "fingere" dei latini, che indica poi il comporre poetico, senza contemplare l'accezione odierna di "fiction o falsità" come è d'uso presso i media. La raccolta *Effinzioni* rappresenta una svolta creativa nella vita dello studioso che, pervaso da tensione lirica, sente il bisogno di esprimersi poeticamente, dopo averlo fatto in Letteratura, come esperto saggista e profondo storico. Senza dubbio egli è uno di quei poeti la cui arte si arricchisce e si illumina di senso e di significato alla luce dei dati biografici, infatti se il suo lirismo proviene dalle radici, la sua marca latina e sapienziale proviene dallo studio e dalla professionalità, anche se poi, tra silenzi e armonie diverse, il poeta, spinto da un anelito di vita cosmica, con approdo ad una ben dosata vivacità creativa ed espressiva, riesce a realizzare una poesia con gusto classico e mediterraneo del raccontare, fra il familiare e il letterariamente ricercato, dove non manca, talora, una sottile ironia. Citiamo ad esempio nelle due versioni "Invocatio (Invocazione)" che in latino recita: "Te precor, Rubrilla, tuos ocellos/ dulce ridentes teneramque buccam/ dulce submisseque mihi loquentem/ visere dones." e in italiano: "Troppo sono belli/ gli occhi tuoi/ dolceridenti/ e troppo bella/ la tua boccuccia/ che parla dolce e piano/ o Rossella/ Se puoi/ fanciulla/ fa' che io ti veda/ Lasciati ammirare" (da "Nugularum versus varii" Poesiole in versi vari), dove tutto un mirifico castello di lodi rivolte a Rossella, lo rendono interprete particolare, visto con l'occhio della terza dimensione, che sa focalizzare la grazia femminile. E non possiamo fare a meno di pensare a Plotino che era convinto che il suggerire le cose con efficacia e forza estetica, sorte sempre il suo effetto! Del resto le corrispondenze tra il linguaggio verbale-letterario latino e quello italiano sono possibili, proprio grazie alle analogie che intercorrono tra le grammatiche e le sintassi dei due linguaggi. La raccolta *Tria corda (Versi italiani, latini e calabresi con appendice di Carmi latini tradotti)*, è divisa in tre parti. La prima parte comprende ventotto poesie in lingua italiana. La seconda parte "Carmi latini: Nugularum versus varii – Poesiole in versi vari". La terza parte è composta da tre liriche in dialetto calabrese, tradotte in italiano, più un'appendice di Carmi latini di Tibullo, Properzio, Ovidio tradotti con tocco lieve e magistrale, che cura molteplici aspetti, quello filologico, metrico ed estetico, che ci riportano "tout-court" alle nostre radici. Ma la parte che intenerisce di più, per parola umana e lirica, alla quale fa da contrappeso la bellezza eponima del dialetto, ci appare la sezione narrativa e lirica della trilogia dedicata al padre, un padre del Sud che: "con la sua mano indurita" accarezza "dolce dolce" il figlio, un padre che fa di tutto per togliere dalla terra maledetta il figlio, riuscendoci peraltro, e che fa dire al poeta: "…Poi mi aprì le braccia sue/ grandi/ e nel mio Paradiso/ io mi gettai." ("Mio padre"). Trilogia che svolge un discorso di profonda intimità in cui c'è presenza forte del ricordo filtrato dalla memoria, quale delicato sondaggio dell'anima e momento significativo della ricerca del cuore, cui solo la lingua dialettale, colma di cromatismi e di immagini mediterranee che rendono tutto perfettamente musicale, poiché contengono saggezza, sensualità, innocenza e tenerezza, può rimandare, come ad esempio dire "Pàtrima" è molto più bello, incisivo ed efficace della pur bella espressione italiana "Mio padre". In tal senso Antonino parla di sé, ma alla fine è dei sentimenti più squisiti del mondo che parla, quello caro alla poesia che è di tutti, che sa universalizzarsi e rendere migliore l'uomo.

Antonella Guidi

Antonella Guidi è poetessa e narratrice senese.

Ha pubblicato in varie antologie dei premi, tra cui: *Fonopoli parole in movimento,* 2004; *Faccimo poesia*, 2005; *Briciole di senso,* 2006; *Voci dell'anima premio il Mulinello,* 2006; e nel giornale trimestrale "Murlo Cultura".

Ha al proprio attivo la raccolta *I ricordi del passato*, altre poesie e brani di prosa poetica.

Dalla raccolta di liriche *I ricordi del passato*, che si snodano in sfumati colori, con il gusto della metafora e delle immagini, che sanno fermare scorribande elegiache in piccoli paesi, immersi nella dolcezza e serenità dello "spiritus loci" toscano, tratteggiati in maniera ideale nel fluire del tempo, Antonella Guidi va ad indagare nei più profondi meandri dell'animo umano, secondo una irrelata e classica compostezza, che diviene paesaggio d'anima, "status" interiore ed onirico. Così come si evince in versi come: "...il tempo è sospeso in un sospiro/ figure si disegnano sulle mura/ impregnate dello spirito/ di chi vi ha vissuto/ tutta l'esistenza semplicemente/ rendendo incantato questo posto/ dove il tempo si dilata/ e tutto, anche la vita/ diventa surreale." ("A Montespecchio"), nei quali si avverte l'ombra della vita che declina nella nostalgia, nel ritorno di tutto ciò che è stato ed è ormai lontano nel tempo e che celebra la sua liturgia in un indefinibile "nostos". Così è per le liriche: il borgo di "Vallerano", il casale di "Campo Trogoli", la vecchia torre di "Crevole", dal fascino delle pietre da cui fuoriescono oniriche sensazioni, che hanno qualcosa di sacro, ma un sacro metafisico che alberga nelle cose che di loro stesse parlano, in senso antico e terreno, che trascende, tuttavia, la prosaicità del vivere quotidiano ed il plumbeo del reale, per proiettarsi nel dilatarsi di una atemporalità limbica, della quale rimane difficile intravedere la fine. Ed in questa giustapposizione di idee e di immagini esiste una complessa armonia narrativa, pur nel raccordo di ritmi pacati e musicali, attraverso la quale la poetessa giunge, con stile lirico all'apice della poesia, in esiti suggestivi e mediante il controllo espressivo, nell'equilibrata simmetria dei costrutti. Esiste, nella raccolta, una poesia dalla tempra lirica, per tema e versificazione, molto diversa, nella quale l'interesse è tutto antropocentrico, narrativo, discorsivo-esistenziale e molto commovente, nella quale la parola poetica acquista slancio secondo un processo vitale che la rende calda, colma di bellezza. Alludiamo, con ciò, a "Lacrima d'oro" che trascriviamo integralmente, quale omaggio alla vita e a colei che la dona: la donna e a Dio, appunto: "Impercettibile/ il soffio divino./ Hai visto la luce/ fra le braccia di colei/ con faccia stanca/ capelli scomposti/ ora ammira la perfezione/ il miracolo/ colmandosi gli occhi di te/ beato che dormi/ nella fatica dell'impresa/ più grande dell'uomo/ la vita./ Pelle delicata/ come lacrima d'amore/ bianca come i petali/ delle forti margherite/ di un freddo marzo./ Occhi/ piccole mandorle/ incorniciate d'innocenza/ e pugni stretti a trattenere/ il primo sogno/ per non scordarlo mai./ Sboccia silenzioso/ tra siepi anonime/ il biancospino/ in una nebbiosa alba/ che trattiene/ il sospiro del vento/ in attesa di un tuo risveglio.". Sogno innocente della nascita, che è memoria ancestrale e incanto al contempo, dove la realtà ha ancora una connotazione felice e mitica e la parola è segno, significato e significante al contempo, poiché ancora non c'è l'origine del dolore, in quanto il bimbo ha pugni stretti, quasi a trattenere il primo sogno, per non scordarlo mai, immagine estremamente dolce dal punto di vista estetico, quasi da mito poetico, dove volutamente non aleggia ancora la morte con il suo: "Ecce homo". Questo ci par d'intendere, poiché la poetessa chiude con "l'attesa del risveglio" la bella lirica. Sempre dal potere evocativo, normativo e decisionale della parola, secondo una forma di nuova poeticità, contro ogni banalità del sentimento, l'autrice crea una lirica dedicata al padre, che rivede ovunque: nel ramo dell'ulivo, nello scalino che scende, nel filare dell'uva, nel rumore di un motore, nella stanza dove vive, dove la lingua ha capacità normativa, poiché sa nominare il reale, con cognizione di causa, senza vuoti solipsismi, anche di fronte all'"assenza". Poesia che sa armonizzare, quindi, l'epoca odierna con la tradizione, che approderà a frutti ancor più maturi, ne siamo certi.

Giuseppe Limone

Giuseppe Limone è nato a Sant'Arpino (CE). È docente universitario ed è tra i più noti filosofi del diritto.
Ha pubblicato, fra l'altro, sotto il nome di Guglielmo RA: *Polifonia d'un vento*, 1986; *Dentro il tempo del sole*, 1987; *Ore d'acqua*, 1988; *Incontrando il possibile re*, 1988.
Nel 2004 ha pubblicato *Notte di fine millennio*.

Poesia ricca di energia, questa di Giuseppe Limone, dove anche la noia e il silenzio vibrano come parole in grado di decifrare la verità, così come si evince dalla raccolta *Notte di fine millennio*, nella quale di delinea netta la ricomposizione della tessitura testuale secondo un linguaggio ora esteso nel verso lungo e poematico altre volte in liriche dal taglio corto quasi epigrammatico, ma sempre ricco di strutture metaforiche, allusive nella loro estensione allegorica e nell'uso gnoseologico del discorso poetico. Ma ciò che veramente sta a cuore al poeta è la condizione umana e lo scandaglio "ab imis" di ciò che è esistenziale, dentro la magia delle sensazioni, pur nichiliste talora, ed il dipanarsi del dolore fino a rasentare il sublime, magari racchiuso dentro la morte. Citeremo per bellezza espressiva la lirica "Qui" per intero, per non intaccarne, con logistiche elisioni, la lirica bellezza: "Qui/ il sonno è di alberi e di spighe./ Vi si/ fa fresco il cuore/ ed è semina d'api/ aver pensieri./ Si arricchisce il silenzio/ si fa nuovo./ Primizie d'acqua ne dicono la lingua/ in prime gocce./ Ora/ il pagliaio/ svela ricordi e bionde/ voci al tempo./ Vi si abbevera il vento./ La vita è un bruco/ e l'acqua/ è la sua rosa./ Che nasce qui./ Morire è un sogno./ È dolce addormentarsi a vento d'acqua.". Poesia che dà dense emozioni espletate attraverso la natura, in riflessioni metafisiche, dove anche il morire è sogno e la parola è tradizionale e sperimentale al contempo e si staglia in un denso crogiolo di riflessioni e in un mosaico di figure, metri e segni, assonanze e consonanze, quasi ad essere cuore nel magma infuocato dei mutamenti che avvengono in poesia. Ma nel vorticare della vita il poeta ferma delle immagini impareggiabili di luce, della madre, del padre e del figlio, nelle quali scocca la scintilla della sintesi estrema di amore, attraverso allegorie forti e decise ed analogie fulminee, per le quali il poeta, a proposito del padre, dice: "...Tu sei l'oro del tempo. Mandaci una voce..." ("Forse perché"), e per la madre scrive: "E ti rivedo/ morta/ steso fiore./ Oro memorie bruciate nel carbone/ dell'ora viva..." ("A mia madre"), dove nella consapevolezza dell'oltre, il poeta, in virtù del proprio travaglio emotivo psichico e fisico, ridefinisce il ricordo, raggiungendo spazi immensi per cogliere l'impossibile. Mentre nel poemetto, che sigilla la raccolta, dedicato "Ad Angelo Giuseppe" che il poeta scrive in omaggio al figlio appena nato, si adombra il tenero concetto della "filialità paterna", se ci è concesso l'ossimoro, così come si evince dalla strofa che recita: "...fu l'attimo in cui nel tràntsito di carne,/ nel cordone ombelicale del sogno a volo mi cogliesti/ tuo fiore/ come un dono clandestino e un corallo e una preda e una/ refurtiva d'amore,/ perché io fossi tuo figlio – s'inverte il tempo, lo sai?..." quasi a chiedere al verde e forte virgulto la forza e la protezione per continuare a vivere. E forse non è per i figli che si continua a vivere quando tutto sembra sprofondare nel buio? Ed ancora dove cercare quella "luce" che il tempo sottrae all'uomo? Intendendo con ciò, non la Luce metafisica ma quella più umana che dovrà ancora scaldare la nostra forma, reperibile soprattutto nella famiglia. Un modo di poetare insolito, questo di Limone, poiché pone in essere un percorso in cui significante e significato s'intreccino per generare un ulteriore significato, il tutto detto con scansione delicata e per ossimoro forte. Del resto la stessa Maria Grazia Lenisa che ne ha stilato la prefazione dice: "...Sono versi di forte impatto, come dinnanzi a un abbaglio di sole e a un improvviso chiudere gli occhi – e nel buio vedere miriadi di punti luminosi...". Mentre Renato Filippelli nella postfazione aggiunge: "...Il vero collante di questo libro è, a nostro avviso, la forza della fantasia: è la virtù creativa, che l'autore custodisce in sé come un istinto primordiale...".

Dalla biografia apprendiamo che il poeta aveva già pubblicato altre quattro raccolte di poesia con uno pseudonimo. Siamo certi che saranno dal par suo.

Annalisa Macchia

Annalisa Macchia è nata a Lucca, è laureata in Lingue e Letterature Straniere presso l'Università di Pisa.
Coniugata, madre di quattro figli, attualmente insegna francese in un istituto di Firenze, città in cui risiede.
Collabora ad alcune associazioni fiorentine, come U.C.A.I. (Unione Cattolica Artisti Italiani), "Novecento - Pianeta Poesia", a cura di Franco Manescalchi, alla rivista "Erba d'Arno" e ad alcuni siti internet, tra cui "Poiein", a cura di Gianmario Lucini, e "Senecio - Poetry wave", a cura di Emilio Piccolo con la collaborazione di Gianni Caccia, Lorenzo Fort e Letizia Lanza.
Sue liriche, fiabe e racconti compaiono su antologie, riviste letterarie e su alcuni siti internet.
Ha pubblicato: nei Quaderni della Fondazione "Carlo Collodi" il saggio *Pinocchio in Francia*, 1978; i piccoli libri in rima per l'infanzia: *La gattina dalla coda blu; La formica giramondo; Il fantasmino; Il pesce palla e la nave pirata*, 2002; sempre per l'infanzia: *Mondopiccino, piccole storie in rima*, 2003; la raccolta di poesie: *La stanza segreta*, 2004; la raccolta di racconti: *I sogni del mattino*, 2005.

Dopo pubblicazioni come il saggio *Pinocchio in Francia* e i libri per l'infanzia *La gattina dalla coda blu; La formica giramondo; Il fantasmino* e *Il pesce palla e la nave pirata*, Annalisa Macchia pubblica ancora per l'infanzia *Mondopiccino, piccole storie in rima* a nostra disposizione. Tale testo sviluppa le sue storie in tre dimensioni: una favolistico-mistica, l'altra esistenziale e reale, la terza dimensione è linguistica poiché ben realizza una riduzione lessicale atta ad essere compresa dai più piccoli. Per comprendere questo delizioso itinerario basterà soffermarsi sulla filastrocca dell'"incipit" del testo, che si sviluppa in riferimento alla favola iniziatica del grande di Collodi, Carlo Lorenzini: Pinocchio appunto, nella quale l'autrice mescida, al contempo, l'intenzione ludica con quella pedagogica. Piccolo, elegante testo con filastrocche in rima e illustrazioni a colori vivaci e divertenti di Roberto Silvestroni, in fugati narrativi dagli esiti fantastici notevoli per soluzioni poetiche, capaci di rendere il rapporto tra significato e significante, secondo un respiro lirico di innocenza, in ascendenze classiche, a distillarne la dolcezza estrema. Fa seguito una raccolta di poesie, simbolicamente intitolata *La stanza segreta* nel senso di mistici rapimenti e astrazioni inattingibili, della quale il prefatore Leandro Piantini dice: "Quella di Annalisa Macchia è una ricerca poetica in divenire, che po-

trebbe portare presto anche a risultati molto cospicui, imprevedibili...".
Ci associamo volentieri all'enunciato del tutto condivisibile, poiché l'autrice dà prova di una cifra stilistica compiuta e personale, sintomatica di una visione del proprio universo poetico "in essere" dove il tempo è misura del tutto attraverso il movimento, crescita fenomenica nella vita ed inevitabile morte, con speranza dichiarata nell'Aldilà. Dice Annalisa: "...Mi sento sasso tra i sassi,/ una pietra che suda, che slitta./ ...Io, prigioniera del corpo,/ libero soltanto una preghiera." ("Pellegrinaggio"). Concetto ribadito ed ancora più acclarato in "La Croce", nella chiusa della quale si dice: "...Trasfigurato corpo,/ Dio morto, Dio risorto/ in eterna promessa./ Non pianto,/ ma dolcissimo canto/ chiede/ un segno di croce;/ non voce/ affannata, soltanto/ folle/ parola di pace." secondo una raggiunta catarsi dello spirito. Assoluto rigore e nitore, quindi, sviluppatosi in piena sinteticità di mezzi linguistici, venato talvolta di estraneità indubitabile, ma anche risolta, nell'equilibrio dell'io lirico talora sliricizzato per intrinseche ragioni esplicite e recondite, ci appare caratterizzare la personalità di Annalisa Macchia, che molto ha ancora da dire per aspirazione ed età anagrafica. Affascinanti sono poi le metafore che parlano in immagini fluttuanti del concreto di esperienze, del tutto personali. Ma la poetessa si racconta anche in prosa e lo ha fatto con il testo di narrativa *I sogni del mattino*, dove persiste, senza subire modificazioni di fondo, la sua schietta personalità, la sua identità, quasi a ribadire che lei "Annalisa" è sempre presente nella sua totalità, portatrice di idee chiare, anche considerata nella componente onirica esistente, che sa rielaborare un linguaggio narrativo e disteso. Lo stesso affabulante titolo *I sogni del mattino* è espressione che illumina, poiché è proprio al mattino che il subconscio invia messaggi che varcano le soglie del reale, in un attimo da cui è visibile: passato, presente e futuro, dimensione come si dice a pag. 57: "...giusta per imparare a suonare il mob-budù..." con solfeggiante dolcezza e secondo un'idea psicoanalitica della letteratura intesa, come un riaffiorare dell'elemento inconscio, nel mentale. Perfetta armonia di toni e misure, quindi, con qualche sforamento favolistico e surreale, ma pur sempre nella formulazione sensitivo-concettuale del proprio essere al mondo per la vita, quella terrena e quella della Resurrezione ed eterna, nella quale Annalisa Macchia, con fede, crede fermamente.

Ettore Enzo Maffei

Ettore Enzo Maffei è nato a Fondi. Portato già nella prima infanzia a difendere amici più deboli dalle prepotenze dei più forti, il suo carattere solare emerge nelle scuole elementari e medie, ma non viene capito dai suoi insegnanti. Finite le Medie abbandona la scuola e si dedica alla lettura privata, legge vari testi ma, non essendo soddisfatto, ritorna alla Scuola Professionale dove acquisisce la specializzazione di meccanica totale.

Comincia a scrivere poesie ed altro e conduce anche vari programmi su radio locali. Conosce intanto il direttore di Radio Antenna Musica, Lorenzo Nallo, ne nasce un rapporto di collaborazione e amicizia che perdura ancora oggi.

Un grave incidente gli procurerà grandi sofferenze.

Nel Gennaio 2007 pubblica il libro di poesie *Un amore d'altri tempi* e nel Settembre 2007 il racconto *Viaggio di una simbiosi d'amore! Terrena... (esperienza di vita)*.

L'intero procedere letterario di Ettore Enzo Mattei, sia che esso si realizzi in narrativa che in poesia, con i due testi intitolati rispettivamente *Viaggio di una simbiosi d'amore! Terrena... (esperienza di vita)* e *Un amore d'altri tempi,* mostra una omogeneità di percorsi, di tentativi, di ripensamenti, di contraddizioni, che si spiegano attraverso una approfondita lettura globale, che specularmente rappresenta il paesaggio della psiche e dell'anima dello stesso autore. Il testo di prosa è diviso in tre parti, che sono poi tre parti di un viaggio di conoscenza per gradi, nella realtà, effettuato in modo surreale e con pura fantasia, attraverso il quale acclarare le tante devianze della vita, al fine di porvi rimedio, tra le quali l'autore include: "La religione, Dio, il Papa..." chiedendosi cosa abbiano fatto per il bene dell'umanità, se c'è ancora chi soffre la fame nel mondo, come egli stesso dice nell'introduzione al testo, senza ovviamente dimenticare il malvagio potere. I tre protagonisti della narrazione sono: Flutto, Flutta e Sole nascente che farà da guida, nel viaggio da essi intrapreso; l'epilogo sarà a lieto fine, poiché verranno distrutti i simboli della negatività. È chiaro che l'autore si serve della reificazione e del paradosso, come strumenti capaci di arrecare una soluzione positiva, e lo fa con uno scarto tale da assicurare un effetto di immediatezza alla lettura. Ma, come dice il critico Vittorio Pannone: "All'improvviso arriva la poesia. Inaspettatamente. Cattura il malcapitato e la fa suo. Un demone...". Sappiamo che circostanze esistenziali hanno squarciato il muro di essa e favorito la sua realizzazione, in modo immediato. Ma noi preferiamo dire che la sua favilla doveva tacere sopita sotto la cenere e che comunque si sarebbe accesa, anche spinta da altre motivazioni, poiché si avverte in essa tutto un modo di essere in toto e sostanziale che mette in atto quelle sacre zone della cosmologia lirica ed, uno per tutti, il "topos" eterno della nostalgia sentimentale, promossa a referente ideologico e paradigma stesso in cui l'atto di scrivere si conferma e si declina. Il testo apre con la lirica che dà poi titolo alla raccolta *Un amore di altri tempi*, che riportiamo per intero e che recita: "Il mio dolore più grande,/ la mia tristezza più grande,/ la mia paura più grande,/ l'amore mio più più più grande,/ l'odio l'odio che assilla la mia mente il mio cuore,/ l'indifferenza della vita che mi circonda e mi costringe a/ vivere,/ ah la mia la nostra follia di un attimo di eternità in un/ attimo estremo d'amore di vita./ Ahh ahh il mio urlo non squarcerà mai il silenzio degli/ innocenti./ Noi non ci conosceremo mai mai mai,/ come è silente la nostra vita,/ come sarà silente il nostro futuro./ Come vivremo nei tempi dei tempi.", dove il poeta mette in luce i sottili labirinti che lo attanagliano, in eventi che inesorabilmente hanno inciso a bulino l'anima e lo fa con una apertura che gli permette di esprimersi in pienezza, senza peraltro sciogliere i nodi del suo discorso, che resta riservato, in movenze che raffigurano tutta la sua inquietudine con reiterati lessemi di carattere prèvertiano, che tornano a ribadire il dolore. E nel fluire dei versi si manifesta tutta l'esistenzialità, nelle tematiche del ricordo, del silenzio, del tempo, dell'isola, dell'ombra, dell'odio e dell'amore e soprattutto il dolore, "galassia di dolore", come dice il poeta, che focalizza il flusso dei sentimenti e delle idee, come se il poeta non temesse di affondare il coltello delle sue parole nella poesia. È chiaro che la raccolta propone una poesia nata da una sentita sofferenza e da un'osservazione costante di ciò che accade nel mondo, dove non ci sono voli metafisici trascendentali, ma voli da cormorano, rasoterra, in un'aura di dissolvenza entro se stessi, che sanno cogliere i momenti cruciali della vita e fermarli per farne meditazione e urlo poiché come dice Ettore Enzo Mattei nella sua bella lirica intitolata appunto "L'urlo": "...L'amore non appartiene all'umanità.". Ma noi vorremmo obiettare che l'atto stesso di poetare e quindi comunicare con gli altri, è già di per se stesso un grande atto di amore, che egli, il poeta, con il suo testo ha offerto ai lettori.

Marina Marini

Marina Marini è nata a Roma dove vive.
Coltiva l'hobby della scrittura nei momenti liberi dal lavoro e dagli impegni familiari.
Nel 2007 ha pubblicato il libro *La voce dell'anima*.

Non è la prima volta che ci troviamo dinanzi ad una letteratura "venuta dal cielo", poiché sono già quattro i volumi da noi curati, tutti dettati con le stesse modalità da Angeli. Per Dion Fortune, scrittrice del famoso testo "La Cabala Mistica" "...Gli angeli, oggigiorno, sono esseri completamenti evoluti mentre l'uomo non lo è. In tal modo egli è molto inferiore agli angeli come il bambino di tre anni è meno sviluppato del cane di tre anni..." (Cap. XI pag. 75 Cabala mistica). Noi sappiamo dall'angelologia che i sette Angeli Planetari che presiedono le sette regioni sono: Michele (Pauper Dei) che presiede a Saturno, Gabriele (Fortitudo Dei) che presiede a Giove, Uriele (Ignis Dei) che presiede a Marte, Zerachiele (Oriens Deus) che presiede al sole, Chamaliele (Indulgentia Dei) che presiede a Venere, Raffaele (Medicina Dei) che presiede a Mercurio, Zafiele (Absconditus Dei) che presiede alla luna e sappiamo inoltre che essi sono esseri puramente spirituali e intellettuali rappresentati nell'arte secondo forma umana di giovanile bellezza, e sono assegnati agli uomini, quali protettori divini. Ma nel caso specifico non è compito nostro indagare sul come e sul perché è avvenuto il fenomeno che ha prodotto poi il testo *La voce dell'anima*. Ci atterremo, piuttosto, alla sua letterarietà, che pur esiste, cristallina e limpida come acqua pura, poiché la compilatrice è autodidatta. Nel retro di copertina, assieme alla notizia biografica troviamo scritto: "Marina Marini... è autodidatta e non si dichiara scrittrice. Scrive perché ritiene di aver incontrato un Angelo che le detta messaggi d'amore per lei e per il Mondo, convinta com'è che presto l'umanità tornerà ad amare... Sempre dietro ispirazione del suo amato Angelo, sta scrivendo una storia d'amore vissuta più di un secolo fa in Inghilterra...".

Il testo è costituito da poesie intercalate da prose esplicative. Le poesie sono state dettate dall'Angelo che poi si chiama Renato, sono scritte a mano e pubblicate con scrittura anastatica e in stampa. Trascriveremo una lirica che recita: "Vorrei essere il mare per cullarti/ vorrei essere il vento per baciarti/ vorrei essere il sole per scaldarti/ vorrei essere lui per abbracciarti/ vorrei essere lui per legarti al cuore/ e allora, amor mio, in lui sarò/ per viver tutto ciò.", dove si intuisce un amore da parte dell'Angelo Renato per Marina, connotato anche da un tipo di fisicità che si ferma al bacio o alla carezza, mentre dal punto di vista protettivo è completo, poiché egli aiuta Marina ad andare avanti nella vita, visto che ha dei figli da mantenere, facendole trovare il lavoro che ella saprà conservare anche in momenti difficili. Ma l'Angelo insegna a Marina ad amare l'umanità, e vivere nella verità, con parole così espresse: "Se saprai ascoltare/ la voce del mare/ respirerai l'aria della vita,/ e scaldata da un raggio di sole/ conoscerai come è bello vivere/ nella verità,/ ed è ciò che tu, figlia cara,/ sempre respirerai, se lo vorrai." ("La voce dell'anima"). In una nota in fondo al libro, l'autrice invia un ringraziamento al lettore, poiché ella dice: "....sono certa che da ora saprai fare del tuo cuore il tuo amico maestro di vita!". È certo che la motivazione che spinge l'autrice a scrivere è un processo evolutivo non uniforme ed omogeneo, poiché regolato da un ritmo misteriosofico che scandisce il tempo, e condizionato da elementi diversi posizionati nello spazio, per giungere a conoscenza, che si circoscrive e si organizza nel limite, che è poi quel punto di pura centralità di cui parlano le "Upanishad", sul quale tutte le particolari esperienze si ritagliano anche al di là della stessa percezione della realtà, sia quella storicizzata nel visibile, che quella delle corrispondenze universali, dell'universale analogia e simpatia con le forze sottili, che uniscono le parti corrispondenti ed analoghe nel cosmo, secondo un processo "naturale straordinario o naturale esaltato" come dice Eliphas Levi.

Linda Mavian

Linda Mavian è nata a Venezia, dove vive e lavora nel settore dei beni culturali; è autrice, in tal ambito, di pubblicazioni, saggi e contributi; collabora a ricerche e progetti relativi al patrimonio paesaggistico, storico e culturale.
Nel 1994 pubblica la sua prima raccolta di poesie *Dattiloscritto d'acqua* e nel 1999 *Città leggera*.
Collabora, con poesie, articoli, interviste, a riviste culturali e letterarie. Partecipa a "readings" poetici, tra cui "Ad Alta Voce".
Nel 2002 presenta a Venezia un'installazione con frammenti sonori di Claudio Ambrosini.
È inserita in alcune raccolte antologiche, tra cui *L'altro Novecento. Volume II. La poesia femminile in Italia. Con rassegna storica dal '200 all' '800; L'altro Novecento. Volume VII. La poesia "impura"; Nueve po-*

etas italianas. Traducción, selección y noticias bio-bibliograficas de Dolores Ramirez Almazán y Mercedes Arriaga Flóres.

Nel dicembre 2004 partecipa, a Tolosa, al Festival internazionale di lettura-poesia-letteratura *Les mots du monde*, manifestazione nell'ambito della quale le sue poesie sono proposte in italiano e in francese.

La sua poesia "Transfert" è presente nel sito "The Poets of the Virtual Island", evento on line della 51.ma Biennale di Venezia Arti Visive 2005.

Al viaggio di pace e di solidarietà marcopolo2005, sulle tracce di Marco Polo, ha dedicato la sequenza di poesie "Poesie in viaggio", due delle quali sono state tradotte in armeno e due in cinese, reperibili on line.

Dal 2005 è socio attivo del P.E.N. Club Italiano.

C'è nella poesia delle due raccolte di Linda Mavian, intitolate rispettivamente *Dattiloscritto d'acqua* e *Città leggera*, una forza tecnico-formale della metafora, che si traduce in proficuo senso tecnico-letterario, attraverso stilemi che ne rilevano tutta la cogenza, con una scrittura puntuale ed essenziale, pur nella volontà di sfuggire agli approdi della punteggiatura, come specificamente detto dalla stessa autrice nel fondo di copertina di *Città leggera*, mentre la libera sintassi assume una flessuosità che accoglie il frammento psicologico ed intimistico, spezzando l'immobilità del dire poetico e la dimensione meditativa e contemplativa di talune sue figurazioni, come, ad esempio, si può evincere da versi che recitano: "i respiri le foglie/ i respiri l'erba/ i respiri le nuvole/ tutte sorelle nel lungo nastro/ tutta la tua musica per un semplice incastro/ per un'ampia campitura/ di spazi azzurri di vetri di campi ho paura..." ("linee da risalire" da *Città leggera*), dove l'impasto linguistico si carica di significazioni epifaniche entro i reticoli del quotidiano, nel libero rapporto di sentite emozioni, di realtà introspettive di coscienza, fino alla sfera dell'aurorale e dell'alterità, come è riscontrabile nella bella lirica "antologica" dello stesso testo citato, che recita: "troppa luce dal mare/ dolcemente cede ogni resistenza/ il gioco solco su cui mi soffermo/ vicino al lato inconscio/ è molti sentieri/ è un percorso non percorso ancora/ rarefatta musica di ieri/ per arrivare ad una casa non distante/ molto dal mare/ per smemorare per donare", nella quale l'immaginosità metaforica-emblematica-simbolica, è trasfigurazione della realtà, non nel senso di rapporto individuale, ma come condizione di oggettività, ormai, propria dell'esistere. Il che è modo imprescindibilmente intrinseco del fare poesia, ribaltando il discorso dal piano artistico a quello più delicato ed esistenziale, che guida l'idea di vita della poetessa, cosa che avvertiamo per sensazioni sottili e inesplicabili che interagiscono tra lei, e noi che leggiamo, come è riscontrabile anche nell'"haiku" "Fragile convinzione" che recita: "ho guardato a lungo il cielo/ per questo penso di avere gli occhi azzurri" (da *Dattiloscritto d'acqua*, sezione "*Smemoratezza*"), dove l'immagine, nella sua funzione simbolica, diviene pensiero fra il razionale, il fantastico ed il pretesto intellettuale che pur è presente, quale chiave privilegiata che consente alla voce interiore di esprimersi e quindi comunicare. Nel movimento del linguaggio, del tutto particolare in Linda Mavian, va detto, proprio per quella malinconica pace di cui è pervaso, si coagula nelle due raccolte un punto fermo di carattere equoreo, in una tonalità che fissa il tempo nel suo divenire e nell'eternità dell'istante, un punto azzurro di carattere archetipale, fatto d'acqua, che è respiro senza tempo e simbolico, mutuato dall'ambiente geografico, ma che parte da dentro l'anima della poetessa, in quanto, già sintesi della forma, da veicolare all'ascoltatore. Cosa che per primo ha affermato anche Francesco Zambon, nell'incipit della prefazione al testo *Dattiloscritto d'acqua* che così recita: "L'orizzonte che si apre a chi si inoltri per queste fresche pagine poetiche di Linda Mavian è interamente dominato dalle acque: è l'orizzonte lagunare e marino di Venezia, della "città acquatica" in cui l'autrice è nata e vissuta e che costituisce lo sfondo, visibile o invisibile, di tutto il suo libro..." e noi aggiungiamo, con nessi correlativi ed ipotetici e nel privilegio di verbi sempre ben scelti, nel perspicuo intento di coinvolgere il lettore attraverso una magia del linguaggio, sempre chiaro e circostanziato, ma singolare per intensità psicologica e pittorica, poiché trova la sua manifestazione epistemologica nel paesaggio, spesso colorato di azzurro, con acque, erbe, ma anche luci ed ombre e silenzi, e voci di freddo, di neve dove: "....tutto fluisce indeterminato/ dove la vita è sogno/ dove forse si sogna di vivere." ("un altro modo di cautelarsi" da *Città leggera*). Poesia, quindi, che fluisce nell'equilibrio fra abbandono lirico e parola che, con versi fratti, ma anche più distesi e lunghi in un forte respiro, suggella, frange e ricompone il complicato intreccio della vita anche per "Messaggi non recapitati" come recita la lirica di chiusura del testo *Dattiloscritto d'acqua*.

Ettore Mingolla

Ettore Mingolla è nato a Oria (BR) e risiede a Torino dove si è trasferito nel 1955.
È membro di varie Accademie nazionali e internazionali e collaboratore di riviste letterarie.

È inserito in una antologia bilingue dal titolo *Da Torino a San Pietroburgo* realizzata con testi di poeti pietroburghesi e torinesi per iniziativa del Gruppo di Poesia "Delos" di cui è stato fondatore e Segretario Generale, dei Comitati Torinesi e Pietroburghesi della società "Dante Alighieri", della "CORUSS" (Associazione per la Cooperazione Culturale con la Russia) e della redazione della rivista letteraria "Novyj Zhurnal" 1996. Fa parte di una antologia in lingua rumena realizzata con testi di poeti piemontesi contemporanei dal titolo *Antologie da poesie piemonteză*.

Ha pubblicato: *Dimensione umana*, 1984; *Aria di casa*, 1985; *La vera fragilità*, 1988; *L'insostituibile voglia di vivere*, 1988; *Melodia dell'essere*, 1994; *Sole infinito*, 1998 – seconda edizione 2000; *L'occhio del pensiero*, 2004; *Sinfonie d'autunno*, 2007.

È citato in diverse opere letterarie e ha curato alcune antologie di poesia contemporanea; sue poesie sono incluse in numerose antologie, agende e rassegne letterarie.

A partire dalla raccolta di poesia *La vera fragilità*, passando per *L'insostituibile voglia di vivere*; *Melodia dell'essere*; *Sole infinito* fino a *L'occhio del pensiero* e *Sinfonie d'autunno*, testi a nostra disposizione, la poesia di Ettore Mingolla, secondo un ritmo ascensionale, si snoda in una continua e meditata ricerca del codice umano, morale, sociale e religioso, che restituisca all'uomo, nel caso specifico al poeta, un approdo che sia comunicazione tra lui, la collettività e Dio, secondo una riunificazione che è totale liberazione. E lo dice chiaramente il poeta, nella chiusa della lirica "La libertà dell'essere" con versi che recitano: "…Catene senza colpe che la mente umana a volte/ Stenta ad accettare anche se vinta/ E implora la notte che trasforma/ Gravi momenti di tensione in facili abbandoni/ Scoprendo tra le ragioni vuote l'unica passione vera:/ La libertà dell'Essere." (da *La vera fragilità*), dove il lessema "libertà dell'Essere" è l'equivalente di una forza incoercibile e inalienabile dell'uomo, che si estrinseca in modo prorompente, immediato, totale e irrinunciabile.

Le ultime due raccolte sono legate da un comune denominatore, che è poi un'organica sintesi dei momenti significativi della sua vita, comprensivi di tutto un tessuto di sentimenti e di emozioni che si trasfigurano in simboli, nella dilatazione della loro dimensione, fino a raggiungere l'universalizzazione. Una poesia, quindi, che nasce in musicali ritmi, nell'esaltante valore del canto dei settenari, ottonari e endecasillabi di perfetta fattura, come ben rileva anche il prefatore delle due opere Andrea Maia e che è suggestiva per i colori paesistici, ricca per tematiche di carattere amoroso, esistenziale, ma anche civile e religioso, volte alla ricerca d'identità personale e per ossimoro alla sua dispersione, ma anche alla continuità e la metamorfosi, tutti motivi attorno ai quali le due raccolte si librano e trovano la loro profonda coesione e unità, dove c'è una non elusa malinconia di fondo ed una nostalgia sempre sospesa, nella quale forse risiede, per il poeta, la sola vera possibile vita. Nella raccolta *L'occhio del pensiero*, Andrea Maia, nella sua splendida prefazione, dice: "Le principali tematiche sviluppate nel libro (l'unità tonale e l'omogeneità stilistica mi fanno preferire questa definizione a quella di antologia) mi appaiono quattro: il paesaggio e stati d'animo connessi; l'amore; la tristezza esistenziale; l'impegno sociale e religioso...". Ovviamente le varie argomentazioni si intersecano tra di loro, nella tonalità paesaggistica di parola-segno-colore e secondo una fantasmagoria di immagini evocative, nel respiro di luce ed ombra, dove le parole sono trasfigurate in ritmi sonori. Citiamo ad esempio la bella lirica "Sull'Arno" che ci tocca poiché mirabilmente descritta nella sua realtà, a noi nota, per essere esso il nostro fiume di residenza, e che recita: "Vecchio ponte che amavi/ Riflettermi nell'onda/ Trasparente di maggio/ E tu madonna luna/ Che sorridevi a tratti/ E mi guardavi amara/ Quando il silenzio freddo/ Mi costringeva a dare/ Quell'ultimo saluto./ Nubi d'argento e fiori/ Riflessi nella dolce/ Primavera di sole/ Ove le dolci chiome/ Si scioglievano al vento.../ Ora lo specchio ardente/ È già lastra di pietra/ L'acqua è piena di fango/ E l'aria della sera/ Non si disseta al canto/ Del grillo solitario/ Che fa sentire al mondo/ L'eterno suo richiamo.", dove non manca il rilievo ecologico della diminuizione delle acque nell'Arno, che non è gridato ma sotteso, ed ugualmente efficace nella sua metafora. Dalla poesia "T'amerò mio Dio" si avverte una determinazione di pensiero, traslata in una relazione assoluta e del tutto universale con la Divinità, vero Essere che tutto comprende, anche i pensieri di rappresentare il vero, la destinazione dell'uomo, la sua moralità. Nella raccolta *Sinfonie d'autunno*, il racconto poetico prosegue e lo dice chiaramente il poeta con versi che recitano: "Il mio racconto è un sogno senza fine/ Dove le stelle vagano in silenzio/ Verso la nuova strada dell'amore..." ("Il mio racconto"). Il titolo dell'ultima raccolta è esplicativo ed essa è innervata da splendidi canti, intitolati rispettivamente: "Sinfonia d'autunno", "Sinfonia del vento", "Sinfonia del sole", "Sinfonia del mare", "Sinfonia del cuore", "Sinfonia d'amore", "Sinfonia del vino", "Sinfonia d'argento", "Sinfonia d'Azzurro", "Sinfonia di te". Tutte liriche con una loro tonalità ed un ritmo musicale che consente loro di radicarsi nella pienezza della vita, fra anima e parola, fra essere e valore, con la capacità di allontanare dalla casualità e dall'insensatezza, secondo una meditazione-contemplazione sul mondo da parte del poeta. Ci è caro citare l'"incipit" di "Sinfonia di te" che recita:

"Sentire nel silenzio il cuore/ Traboccante di felicità/ L'ombra del tuo sorriso pieno/ Di grazia e di fervore antico/ Godere sino in fondo di te/ Che sei la fonte dell'amore." dove la fantasia inventiva si compone nell'organizzazione sentimentale e con una ricerca di innalzamento del registro linguistico, secondo un vero e proprio espressionismo del cuore. Insomma Ettore Mingolla ci sa trasportare in uno spazio profondo, dove il mistero viene sensibilmente toccato e dove la vita sa trovare la sua mirabile fusione con Dio, nell'attesa della morte.

Antonella Molica Franco

Antonella Molica Franco è nata a Messina. È laureata in Lettere Classiche ed insegna Italiano e Latino nei licei.

Sue poesie sono state pubblicate in varie antologie, tra le quali *Poeti Siciliani del Secondo Novecento; Poeti siciliani del terzo millennio; Latitudini; Cento poeti per l'Europa del terzo millennio;* nel *Dizionario dei Poeti* e in *Opus*, Quaderno del "II Premio Artistico Letterario Città di Barcellona Pozzo di Gotto 2003".

Il modo secondo il quale si organizza la letteratura di Antonella Molica Franco ed il "medium" in cui essa ha luogo, non sono condizionati solo dall'ambiente naturale (mare, paesaggio rurale), ma anche attraverso la sua personalissima percezione sensoriale ed umana che caratterizza i modi ed i generi con cui si esprime sia in poesia che in narrativa, dove è riflesso il modello di cultura che la sostanzia. Dunque tempo, spazio, percezione del mondo, amore, l'idea stessa del fluido equoreo, flusso di coscienza, altrove e Dio, sono le principali tematiche predilette dalla Molica Franco, espresse e liberate da vecchie "impasse" ed usate come esistenti metafisici che vanno a rivelare il loro carattere di fondo sostanziale e veritiero. Citiamo ad esempio la bella lirica "Nostalgia" che testualmente recita: "Nel mare colore del vino/ rincorro il destino/ ardo di sete/ dispero il ritorno/ Ma è il nostos/ che voglio?/ o questa nave/ nera ancora/ come la terra/ che appare/ lì presso il vorace Orizzonte?/ Non cede mai la Verde Dea/ non teme Tuche/ né dà pace/ al mio abisso cupo/ Si sveste l'io e nudo/ nell'ultimo viaggio/ conoscerà il suo Dio.", dove nell'eracliteo flusso della vita si smarrisce linguisticamente la propria identità nell'"abisso cupo", ma la si riacquista ontologicamente, poiché l'io nel suo ultimo viaggio conoscerà il "proprio Dio". E tante altre belle immagini si snodano nelle liriche a noi giunte, in metafore eleganti, ricche di senso e creazioni sintattiche originali, dove non manca una certa pervasività mediale, che è naturale e non cercata, quasi audiottatile ed espressionistica, come è evidente in versi che recitano: "Io amo/ il gelsomino africano/ e il sole bagnato/ sul tuo corpo sfinito/ dal fuoco impietoso/ di luglio/ E ti voglio/ ti voglio/ e temo l'Inverno...." ("Estate"). Oppure come in: "Frane di nuvole/ gocciole sparse/ concerto/ di tagliaerbe." ("Concerto"), dove le parole sono simultanee e risonanti, secondo un procedimento estetico genuino che sgorga zampillante come da sorgente d'acqua pura, capace di far percepire dal corpo linguistico la pienezza interiore ed, in modo espressionistico, il prolungamento dell'io nel mondo. Dice in una nota critica riportata in *Poeti siciliani del Secondo Novecento* a cura di Carmelo Aliberti, Maria Pia Cappotto: "*Mare adulatore, mare incantato, mare maestosa azzurrità di un destino negato; il mare è donna* che non può né abbracciare né guardare mentre imperversa la burrasca; il mare è l'acqua che con il suo gorgogliare *incanta* gli scogli, il mare è *gorghi profondi*, è una superficie increspata, il mare *è l'essere, è l'eterno....*". In effetti, per la poetessa il mare è il cielo perenne che ha visto il divenire delle cose e ne vedrà il ritorno, è donna poiché esso è come il liquido amniotico che nutre e fa crescere la vita ed è quindi spirito e materia al contempo, dunque archetipo che si trasforma in simboli perenni, atti a rompere la sfera del silenzio e della solitudine in cui le parole trovano colore e calore, ritmo e significato.

Per la narrativa da *Opus*, quaderno del II Premio Artistico Letterario di Città Barcellona Pozzo di Gotto, citiamo il racconto lungo "La pecora, il bue e l'ulivo" che è in realtà una prosa poetica di una medesima esperienza letteraria, che si dipana contemporaneamente nel paesaggio rurale, entrando nel mondo degli affetti con garbo e timbro del tutto femminile, che rimanda a una personalità vibratile e appassionata al contempo, aprendosi alla confessione anche delle cose minime e misurando con ricchezza di immagini e ricordi, sia la narratività che il suo lirismo. Le frasi del racconto si susseguono, concentrando una fitta sequenza di azioni, col risultato di accelerare il ritmo della narrazione, secondo una semplicità microsintattica che bilancia e compensa la complessità di fondo dello stesso racconto. Ne facciamo un breve esempio, citando un piccolo stralcio che recita: "...Conobbi allora, le molte forme della bellezza, io che portavo gli occhi colmi dei tramonti assolati della mia Sicilia e, in fondo in fondo, l'assurdo orgoglio della mia superiorità culturale di occidentale...". Pregevole produzione, questa di Antonella Molica Franco, che è in attesa di pubblicazione singola.

Sandro Mugnai

Sandro Mugnai è nato e vive a San Giovanni Valdarno (AR).

Ha pubblicato le raccolte di poesie *Earl's Court; Aller-retour; Da un hotel all'altro; Da Settignano alla Ferrovia 1; Da Settignano alla Ferrovia 2*, ma ha al suo attivo numerose raccolte inedite.

Dopo aver lavorato all'estero, specialmente in Francia, si è trasferito definitivamente in Italia.

Sale, dal coagulo del proprio mondo quotidiano ed onirico, dal respiro della natura, avvertita panicamente come paesaggio d'anima, la poesia esistenziale di Sandro Mugnai, che attraverso un metaforico viaggio, a partire da *Aller-retour* a *Da Settignano alla Ferrovia 1*, *Da Settignano alla Ferrovia 2*, raccolte a nostra disposizione, si muove dal luogo geografico a quello fisico del corpo, anche sensualmente avvertito, fino a giungere a compenetrare le pieghe più nascoste della sostanza terrena, per arrivare come approdo alla meditazione metafisica, che stenta a trasformarsi in metafisica trascendentale, per mezzo della fede. Poeta del sogno, quindi, e dal punto di vista civile, poeta dell'utopia, che cerca il primato dell'immateriale sul fisico, secondo una dialettica esistenziale di "Aller-retoru", come recita lo stesso titolo della sua seconda raccolta. Citiamo al riguardo la lirica "Inutile scrivere se lo Spirito non guida", dove il poeta dice: ""Inutile scrivere se lo Spirito non guida"/ l'albe non sono conosciute/ né la splendezza del sole./ C'è dolore e teatralità./ Il tuo amore/ non vuole più nascondersi./ L'idea di partire/ è sempre più idea e poca decisione./ Penso spesso alla scena del Budda/ e dell'incendio:/ l'estrema indecisione degli inquilini…/ Scrivo./ Aspettando una svolta,/ la fecondazione d'un mondo inesistente./ Una sola cosa ti serve/ ma di questo non se ne parla./ Il cielo è coperto,/ sull'asfalto/ poche stelle." quasi malinconicamente a stigmatizzare la difficoltà e l'indecisione nell'affrontare l'azzardo del volo verticale. Nella raccolta *Da un hotel all'altro* la metafora delle tappe del viaggio è ancor più itinerante ed evidente, in esperienze che narrano le sue inquietudini, gli improvvisi lampi e folgorazioni che lo attraversano, ma anche il dolore e la solitudine e, per ossimoro, l'amore, la gioia e il tormento che arrecano, nell'evanescenza del tempo che scorre, ma anche la nostalgia prodotta dalla perdita nel sottile sondaggio dell'anima, lungo l'itinerario poetico percorso. Così come si evince da versi che recitano: "La Parola mi è accanto muta./ Gli Intenti e la Volontà che mi imponevo/ Niente è rimasto./ Mi riconduco a fogli lavorati/ Ne adatto le parole/ Scrivo, Taglio, Soffro, Amo./ Tra lavoro e banalità/ Nell'immutata incostanza della mia Anima./ Disorientato ho perso l'Indicazione e la Via..." (da *Da Settignano alla Ferrovia 1*), raccolta che contiene una preziosa lirica dedicata alla madre e che recita: "Le nuvole, mamma/ coprono le rose di maggio/ timorose di aprirsi e dare/ quel profumo che volevi nella tua camera/ fresca nella penombra dell'estate.../ Le nuvole, coprono anche il mio cuore.../ ...I miei passi.../ Stasera la luce si è nascosta./ Di te mi sale l'odore del fascio di rose/ Che stringevi/ Con occhi ridenti." dove c'è un "Nostos" delicatamente palpabile in nodi di tenere e soffuse situazioni esistenziali e in un discorso di intimità profonda che va ad illuminare di sé la poesia di un intatto lucore, immediatamente trasmesso al lettore per suggestivi timbri poetici in effluvi di rose, ed è subito profondo ed emotivo "imprinting". Reiterati silenzi caratterizzano la raccolta *Da Settignano alla Ferrovia 2*, silenzi interiori che favoriscono la ricerca ontologica, secondo un circolo lirico che avvince ed avvolge il poeta nella completa consapevolezza di: "...non andare oltre ai dubbi/ Alle minime certezze/ che mi legano/ A questa visceralità di cuore..." "Consapevole", volendo con ciò significare che la ricerca è ancora in atto e forte il richiamo delle sirene. Per cui il viaggio di Sandro Mugnai continua, sui temi propri dell'esperienza interiore e del vivere insieme agli uomini, cogliendo i segreti nascosti del vivere il proprio tempo in ciò che è partecipabile, ricomponendo comunque, nell'unità degli affetti, il misterioso senso dell'esistere, che oggi può trovare riscontro nella presenza di un piccolo bimbo biondo, che è venuto ad allietare la sua vita.

Franca Olivo Fusco

Franca Olivo Fusco è nata a Trieste dove vive. È docente di Poesia italiana e straniera all'Università delle LiberEtà di Trieste.
Ha pubblicato le raccolte di poesia: *Ascolto interiore*, 1998; *Ho cucito parole*, 2001; *Tre donne*, 2002; *Di tanto in tanto*, 2005.
Nel 2004 ha esordito nella saggistica con *Cinema & Poesia*.

Franca Olivo Fusco, sia che si tratti di definire sinteticamente il proprio stato d'animo, che tratteggiare un paesaggio che fa da sfondo alla poesia, o sia che ella si rivolga a Dio, passa da squarci iconici ed epigrammatici, a componimenti più distesi in versi lunghi, realizzando una connessione dialettica che si configura non per momenti antitetici, ma per graduali mutamenti, a partire proprio dalla sua prima raccolta *Ascolto interiore*, dove c'è un richiamo improcrastinabile al Divino, che non è approdo del viaggio spirituale e poetico, ma punto di partenza e primo gradino senza il quale quel viaggio non ci sarebbe stato, sia in verticale che in orizzontale, perlomeno non con questi esiti. Ed è proprio con l'omaggio all'Altissimo che si apre *Ascolto interiore*, con una lirica dal titolo "Conversione" che recita: "Mio Dio,/ Ti ho ritrovato/ nella magia di un'aurora,/ nello sbocciare/ di un fiore a primavera,/ nel palpitare/ di una vita nel mio grembo./ Per troppo tempo/ Ti avevo trascurato/ ma Tu, paziente,/ aspettavi ch'io cercassi/ la Tua immagine/ dentro il mio cuore.", dove uno stupore tutto francescano della mente e del cuore si trasforma in visione di fede. E tutta la prima raccolta è percorsa dal sentimento d'amore in senso lato, rivolto anche alla madre e al padre che sono morti, cosa che non conferisce alla poesia un'atmosfera purgatoriale, ma immagini molto amate, che accolgono il tema della memoria rendendole reali, pur nella loro simbolicità e nel loro carattere filogenetico.

La seconda raccolta *Ho cucito parole* è divisa in tre sezioni dal titolo: *"Pensieri"*; *"Emozioni"* e *"Pensieri d'amore"*, tre aspetti inscindibili, quasi archetipi di un'ancestrale emozionalità della quale la poetessa ricerca l'evoluzione costante ed intima nell'intonazione poetica.

Anche la terza raccolta *Tre donne* è divisa in tre sezioni dal titolo simbolicamente esplicativo: *"Sensibile"*; *"Provocatoria"* e *"Romantica"*, dove la poesia diviene espressione di un'esistenza caratterizzata da molteplici sfumature, secondo una mediazione linguistica argomentata in scansioni letterarie e pause e silenzi, splendidi nel loro parlato minimalismo in versi brevi, talora sottesamente autoironici, riscontrabili in tutte le sezioni, dove non manca la propensione narrativa e diegetica che garantisce ugualmente quel "primum" ontologico, caratteristico della buona poesia.

L'ultimo testo pubblicato il cui titolo recita *Di tanto in tanto*, quasi a determinare momenti evocati in modo non continuativo, reca in copertina versi della stessa autrice che recitano: "Ogni giorno/ la poesia/ la leggo/ la cerco/ la scopro/ la vivo./ Di tanto in tanto/ scrivo,/ quando ho/ qualcosa da dire.". Versi di poche parole, fratti, in battute secche, con predicati chiari, a testimoniare che la sintesi è ormai scelta, oltreché necessità e risorsa del dettato poetico, una tecnica personale ed originale atta a creare un moderno edificio architettonico di poesia. Vogliamo citare la penultima composizione "Libera Scelta" che sottostà, per forma, agli stessi canoni, ma di ben altro contenuto poiché così recita: "Non mi turba/ il pensiero del fumo/ che uscirà dal camino./ È una mia scelta./ Molti mi hanno preceduto/ e non per volontà propria./ Sono felice. Oggi ho visto un'urna bellissima,/ mi si addice..." e aggiunta a mano dall'autrice la frase: "...a forma di libro.". Miracolo della buona poesia, che dice tutto, senza dire (Molti mi hanno preceduto/ e non per volontà propria) (Olocausto), trattando difficili ed, al contempo, semplici tematiche come quelle della morte e della cremazione, senza che una parola venga scritta. Ermetismo? Diremmo di sì, ma non quello di corrente, ermetismo del tutto personale, trasfigurato in simboli perenni ed ideali figurazioni, nate nella maturata sfera della poesia. E forse la catarsi della poetessa si manifesta proprio in questa maturata sfera, di profonda sintesi.

Giulio Panzani

Giulio Panzani è nato a Fucecchio, Firenze, dove vive e lavora.
Laureato e specializzato a Bologna e poi, ancora, a Siena, è giornalista e scrive per "La Nazione" oltre che su prestigiose riviste letterarie. È titolato alla Scuola Militare.
Poeta da sempre, fa parte di giurie di importanti concorsi e fra questi è stato, traendone indelebili esperienze, con Mino Maccari al "Cinghiale" e per anni al "Città di Scala" presieduto da Domenico Rea e al "Molinello" con Mario Luzi.
Ha pubblicato nel 2007 il volume di poesie *Custode d'ombre*.
S'interessa di pittura curando cataloghi.

È titolo sintomatico del proprio universo poetico questo scelto a Giulio Panzani per la sua prima raccolta di poesie, quale tassonomia dell'esistenza e personale atto percettivo ed elaborativo della realtà, sia di pensiero che di parola che sa entrare nel vivo per cogliere il senso del mistero profondo della vita ed affrontare il rapporto tra Dio ed identità, secondo un concetto di vissuta pienezza universale, nella quale confluiscono le ragioni prime ed ultime dell'esistere. Ma dallo scontro con una difficile realtà del quotidiano ed i suoi attacchi ai sentimenti, nasce la metafora, splendida in verità del "Custode d'ombre".
Nella letteratura popolare, non a caso, i "custodi" sono preposti alla sorveglianza dei templi o dei tesori e sono raffigurati da emblematici copritori con spada, o da fate benefiche, nani e folletti, dando corpo, in tal senso, alle suggestioni che hanno stimolato il poeta che diviene così "Custode d'ombre", ombre che alla fine non sono altro che il suo tesoro

nascosto. Infatti, le ombre più volte reiterate, a vario titolo, nelle liriche, assieme al silenzio ed al vento, sono collegate alla vitalità psichica del poeta, colta nella dialettica delle molteplici tensioni che le animano e che si sprigionano dall'intimo in quadri compositi di luce ed ombra, dove è quest'ultima a prevalere, secondo un'ermeneutica che tenga conto della psicologia del profondo, conservano, al contempo, la sua ascendenza teologico-morale che martella la coscienza, proiettata verso un'ascesi pensata e sognata dello spirito. In tal senso l'ombra è pur sempre l'affermazione di una dialettica che abbia una consistenza ed un centro, mentre l'ombra che scompare, sappiamo bene che è il massimo dell'orrore poiché diviene disintegrazione e solitudine più completa, in quanto non avviene quel processo che permette di assimilare l'alterità, con il fine di arrivare all'equilibrio, ed anche se essa è un aspetto dell'assenza, non è vuoto o niente totale, perché Giulio Panzani sa colloquiare con Dio. Considerata in tal senso, la metafora "Custode d'ombre" si dispone ad essere interpretata secondo un senso polivoco ed onirico, dove le tensioni cercano di ricomporsi secondo una poesia di ispirazione, che è pensiero d'anima, viaggio nei tempi del tempo, compresi quelli del cuore, come si evince dalle liriche: "A mia madre", "A Giulia", "A Bruno", "A mia moglie", "A Guido, a Mirella, a mio padre", "A mio padre", "A coloro che ho lasciato", dove la memoria è custodita dalla vigile presenza dell'amore in senso lato, a distillarne una delicata dolcezza. Ma dove la luce va a penetrare nell'ombra, perché anch'essa splenda, è nella lirica "Dedicata a..." che recita: "Tu dai voce/ al silenzio,/ tu sei rete/ al vento/ che m'avvolge,/ senso al mio senso/ nei tumuli dei sogni/ d'infinite quaresime/ violati./ Tu sigilli/ la tregua/ di quest'ansia/ e mi zavorri/ l'anima/ che affonda/ nell'ora che increduli (viviamo) oltre il tempo/ che resta" nella quale si restituisce l'angoscia al flusso vitale e caldo dell'esistere, qui ed ora, nella dimensione temporale.

Dal punto di vista formale la poesia di Panzani si realizza in brevi ed intense fiammate, nel lirico respiro di ascendenza classica e nel supporto semantico-concettuale di un decoroso controllo culturale, proveniente dall'avere dimestichezza con l'apporre nero su bianco, da parte del poeta, che è anche giornalista ed apprezzato giudice di premi letterari. Mentre la liminarità di luce ed ombra, dal punto di vista religioso, è sconfitta da subito, dalla soggettività che ha accesso alla profondità della comprensione in orizzonti personali e dimensione empatica, dove si rivela l'Essere Supremo anche in una forma lessicale lucida, che trova senso e respiro nella sua vera motivazione e destinazione, come si evince dalla lirica di apertura del testo, con la quale vogliamo chiudere questa nota critica, e che recita: "Rispondimi/ e dimmi dove nascono/ le stelle/ liturgie di silenzi/ crocifissi/ al pensiero di un'alba./ Parlami/ in questo luogo d'ansie: liquefatte/ dove l'amore/ è viaggio senza ormeggi/ e noi ombre scolpite/ come fiato/ che gela nella notte/ d'inverno" ("A Dio"), nella quale la conoscibilità e comunicabilità è tutta nell'urgenza e nella elaborazione formale del linguaggio poetico.

Marisa Pelle

Marisa Pelle, calabrese di origine, è nata a Ardore (RC).
Ordinaria di Lettere nelle scuole superiori, insegna al Liceo Classico "G. La Farina" di Messina.
Ha pubblicato le seguenti sillogi di poesie: *Fiore di cactus*, 1987; *Scagliosi silenzi*, 1991; *Fatamorgana*, 1996; *Sulla cifra del tempo*, 2004.
Sue poesie sono presenti in diverse pubblicazioni antologiche anche a carattere scolastico.
Marisa Pelle ha al suo attivo la silloge inedita *Sul crinale del giorno*.

Un viaggio, questo di Marisa Pelle, attraverso i titoli *Fiore di cactus; Scagliosi silenzi; Fatamorgana; Sulla cifra del tempo* e *Sul crinale del giorno*, effettuato in acque perigliose, ma intenso ed in direzione della vera poesia, nell'aura di: "Hanno l'acre sapore del vento/ questi giorni strappati al silenzio/ fiori recisi sulla cifra del tempo." ("Hanno l'acre sapore del vento" da *Sulla cifra del tempo*), dove una tenace escursione verso chi non è più e ciò che si perde, o ciò che non si è mai avuto nella vita, trova la propria catarsi nella poesia, nel canto, nella danza delle parole, ascoltando la voce del bene e del male, del caos e dell'armonia, ma soprattutto quella del silenzio, che ha una sua prorompente voce interiore che è presenza forte nell'"iter" poetico di Marisa Pelle. E ciò è evidente a partire dalla prima raccolta *Fiore di cactus* dove la poetessa dice: "...E tutto porta ad un silenzio amaro,/ dove tu sei tu e l'altro è l'altro,/ in un mondo di sentimenti repressi,/ di parole smozzicate a bassa voce,/ di suoni falsi e strani,/ che impediscono ogni comunicazione..." ("Quante parole mai pronunciate"). Si arriva così al silenzio totale, come percorso di un oscuro viaggio, anche se frammentato da sprazzi di luce, verso un'intravista metafisica trascendentale, alla quale rivolgersi con rassegnazione. E dal silenzio, che ha come punto di partenza tutta una sua geometrica e meditata astrattezza, e la materialità del punto fisico si dipana inesorabilmente il tempo in "Irti/ scagliosi/ silenzi/ del tumultuare/ difforme/ dei sentimenti..." ("Irti scagliosi silenzi" dall'omonima raccolta). Ma il viaggio della poetessa non è lacerante frammentazione od oscuro smembramento di carattere froidiano, piuttosto cosciente consapevolezza di un amaro destino, ineluttabile, dove la vita e la morte, l'amore ed il sogno, le delusioni ed una vagheggiata speranza assumono toni che vanno a trasfigurarsi in simboli universali, accostamenti fantastici, secondo un discorso venato di solarità, così come si evince da una bella e più matura silloge inedita, a noi pervenuta, dal metaforico e simbolico titolo *Sul crinale del giorno* e che, senza dubbio, proprio per una tecnica fine e sorvegliata nell'andamento del verso, ricca di belle immagini, prelude ad un cammino poetico con: "approdo certo per sempre". Infatti la raccolta poetica *Sul crinale del giorno* di Marisa Pelle ci aiuta ad entrare nella profondità della sua condizione esistenziale, nel susseguirsi di sensazioni e di rivelazioni quotidiane che si aprono a raggiera nell'esistere e scoprono gli infiniti dilemmi del sulfureo immaginifico, a metà strada tra il reale ed il mitico, secondo una umanissima voce femminile del Sud, tanto icastica, quanto sbalzata a colpi di bulino o pennello, talora in colori, altre volte in reiterati riferimenti musivi, sostanzialmente meditativi e sapienziali, ricchi di una loro interna bellezza e valenza simbolica. Citiamo, una per tante, ad esempio, una lirica che recita: "A te che sei nei miei silenzi/ non tentare il bosco della siepe/ di qua d'Acheronte/ in fila gli anni lungo la parete/ ancora attendono di trovare quiete/ e Persefone rapita più non ritorna." ("A te che sei nei miei silenzi"). E sempre dal mondo onirico provengono immagini incastonate in raffinate inerenze classiche a reinterpretare sensazioni vive ed incandescenti come l'"incipit" che recita: "Dal mitico giardino/ vennero a noi le Esperidi/ perché delibassimo l'aureo frutto..." ("Dal mitico giardino") oppure la chiusa che dice: "...ma Scilla è sempre là a ghermire/ se incauto t'accosti a prode certe/ dimentico del viaggio." ("A schegge e scaglie chiarità si fonde"). E nella diade limite-illimite, senza una coerente spiegazione al riguardo, fluisce la lirica della poetessa, dove il primo termine è processivo ed il secondo stabile e permanente, così come si evince da versi che recitano: "Granelli di sabbia nella clessidra/ del tempo/ scivolano lente le nostre vite/ monadi sperse nell'universo/ noi siamo la memoria di noi stessi/ lembi di cielo in questa creta mortale." ("Granelli di sabbia"), dove è l'universo il punto fermo e stabile, certezza tangibile dell'uomo. Mentre, in sfumature tonali delicate e dissolvenze dall'anima e del sentimento, descritte nella vaghezza del sogno, scorrono immagini del mondo visibile a rivelare momenti indicibili e a prefigurare un "non ritorno" di ciò che sacrale è stato e che per sempre ci respira addosso. Ma ascoltiamo i versi che recitano: "Di questa partitura musicale/ che una volta sola è dato eseguire/ a noi mortali/ vere le sole note/ silenzi e misteriose/ non scritte sullo spartito/ invisibili segni/ da annodare sempre/ che trascendono parole e suoni." ("Di questa partitura musicale"). Momento quasi irrelato della vita, in considerazione dell'universale sua superiorità, colto in poche, inconfondibili parole, che esprimono l'inesprimibile e concepiscono l'inconcepibile, inserite in una coordinazione con posizione di preminenza tale da trascendere se stesse, poiché né scritte, né visibili, tanto può dire, in ossimori, la poesia. La raccolta prosegue fra dolore e rimpianti, riflettendo la realtà delle cose determinate, nella quale vige l'indistinzione assoluta di nomi e situazioni personali, ma si fa permanenza e dimora l'incessante movimento del vedere le cose, e conoscerle nella loro perfetta identità, come viaggio iniziatico, svelamento e laboriosa ricerca del senso della vita, che si stempera in una soffusa malinconia che si sposta dal piano esistenziale a quello artistico in sensazioni sottili e inesplicabili. La raccolta chiude infatti con una lirica che recita: "Si sfrangia il silenzio in un improvviso/ refolo di vento/ righe tracciate a matita/ tra spazio e tempo/ ed è malinconia/ lame d'azzurro su questo mare antico/ che declinano in rivoli di luce." ("Si sfrangia il silenzio in un improvviso"), dove le parole sono atte a fermare, nella lirica, le più tenui e fuggevoli onde del sentimento, del pensiero, fino all'incoercibile sogno, poiché rivoli di luce sono aurore presenti in lame azzurre di mare, nella tranquillizzante sicurezza del valore d'uso del senso della stessa parola, così da rivelarne le implicazioni nascoste nei confini semantici, e in precise strutture grammaticali. *Sul crinale del giorno* diviene, in tal senso, momento onirico e lirico, venato di classicismo, che sa offrire bella poesia.

Anna Maria Piccini

Anna Maria Piccini è nata a Roma, ma vive a Castelfiorentino (FI).
Ha pubblicato: *La Favola della Vita*, 1995, favole; *Vivere*, 1997, poesie; *Sogno e realtà*, 1998, favole- racconti- poesie; *Io e le parole*, 1999, poesie; *Gita a Alfabetilia*, 2004, favola; *Strada facendo*, 2002, romanzo.

Anna Maria Piccini è narratrice e poetessa, si dedica soprattutto alla letteratura infantile. La parola chiave della sua scrittura, è: AMORE, con tutte le emozioni e le implicazioni che essa suscita. Amore verso la natura, gli animaletti, specialmente, gattini furbetti, animate letterine dell'Alfabeto – senza le quali l'uomo potrebbe tornare ad essere scimmia –, palloncini che vanno a cercare il cielo, casette bianche dove c'è la presenza benevola di mamma e papà, voce suadente di fate e di angeli, e perfino i due anni di collegio a S. Marinella. Son tutti elementi benevoli che servono ad accattivare l'attenzione del fruitore e fanno da "Imprinting", per meglio comunicare con gli altri ma soprattutto con i bambini verso i quali l'Autrice ha una particolare attenzione. Del resto essi sono e, sempre saranno, il fiore cosmico più bello del nostro pianeta. Dice di lei Nicla Morletti: "…Anna Maria Piccini coniuga felicemente fantasia fiabesca, sogno e poesia in girandole di emozioni che, mosse dal vento, fanno volare in alto le parole". In modo migliore non si poteva raffigurare l'arte di questa narratrice-poetessa, che ci appare pura nella natura, come il fluire delle sue stesse parole; che ama citare Hermann Hesse e dire della tristezza: "Tristezza/ se non ti avessi conosciuta/ non avrei mai saputo/ cos'è la gioia.". E dire che ella ha visto morire, in età prematura, madre e fratello! Ma le sue opere non risentono dello specchio deformante della vita, semmai vogliono suonare il flauto magico ed incantatore della fantasia per grandi e piccini attraverso l'incanto della parola. Più adulta e talvolta screziata, in brani e brandelli del quotidiano, ci appare la poesia che tuttavia va serenandosi in una natura panicamente avvertita, e mirabilmente descritta, che gioca a rimpiattino con le parole. Dice infatti la Poetessa: "Io gioco/ con le parole/ disegno/ con le parole/ il sole parla/ la luna sorride/ il vento sussurra,/ il tempo insegna./ Io vivo/ in armonia/ con le parole." ("Io e le parole") dall'omonimo testo, secondo un lirismo diffuso che provoca emozioni. Ed è tutto un fiorire di scintillanti, poetiche immagini rare, dalle sfumature diaristiche, secondo un lessico familiare vivo ed immediato, che emerge dai testi poetici, sempre arricchiti da acquerelli e disegni, come si conviene in modo particolare alla letteratura per bambini, sia in copertina che all'interno. Letteratura sorgiva, trasparente e fresca come l'acqua, che fa bene al cuore, in questo tempo complicato e dolente.

Carlo Piro

Carlo Piro è nato a Cosenza. È un noto endocrinologo ed autore di pubblicazioni scientifiche nella disciplina che lo ha visto per lunghi anni professore universitario alla "Sapienza" di Roma.

Ha pubblicato nel 2005 la raccolta di poesie *Parole di sera*.

È poesia che opera soprattutto per temi, questa della raccolta *Parole di sera* di Carlo Piro, che si snoda liricamente, passando attraverso emozione e sentimenti, esposti linearmente, facendo della parola qualcosa di coscientemente attuale, nel proprio porsi. Il poeta gioca con le ombre della notte, consapevole che, come dice Freud: "L'universo del gioco non è la serietà bensì la realtà", che è poi sguardo a ritroso del presente che, secondo un'"ars" combinatoria, ingloba il passato, per proiettarsi in un, non certo, futuro, dove è possibile recuperare inaudita profondità dell'anima, nella moltiplicazione dei significati poetici. La realtà del medico Carlo Piro, è illuminata nel buio da un linguaggio incantatorio, che salda le immagini del mondo in toni, ritmi, sussurrii ed inconfondibili timbri, provenienti dall'evocazione e dal sogno, mentre i componimenti, veicolati dalla notte, originano sentimenti onirici che vanno ad esprimersi in *Parole di sera* nella concentrazione del verso, dove si avverte già la presenza dell'arte. Citiamo ad esempio una piccola lirica, quasi un haiku, dal titolo "Solitudine" che recita: "Aspetto da sempre/ nel buio,/ una mano che sfiori il mio viso./ Nell'ombra si perde, lontano,/ l'immagine fissa/ di te." dove lo stato di precarietà e di perdita denuncia solitudine e bisogno di tangibile amore, del quale il poeta è attento esegeta e "Free poet", dai toni crepuscolari, come ben si evince anche da "Senso" che recita: "I lunghi sussurri/ del tuo corpo/ scavano solchi giallastri/ nella nebbia della mia tristezza/ e nella notte/ cresce,/ frantumata,/ la mia solitudine./ Si spezzano in gola/ parole d'amore." dove esiste un silenzio primordiale che precede anche il caos, cancellando la traccia della parola catartica, poiché si spezza in gola. Tra alti e bassi, anche per strade impervie, su misure tonali dense e raffinate, in tessiture fratte e articolate, la raccolta procede evidenziando un cammino che sembra perdersi nei meandri dell'inconscio, testimoniando, tuttavia, un percorso che va dalle tenebre alla luce, cosa che si evince quando il poeta dice, nella lirica che chiude la prima parte del testo in lingua italiana, dal titolo "Non andare", nella parte finale: "...Non andare./ Restiamo ancora insieme/ un'altra notte/ ed aspettando i sogni di domani,/ riprenderemo il tempo per le ali/ e lo terremo stretto/ in mezzo a noi." quasi a ricercare una pienezza dell'essere, nella possibilità di coesistere e convivere con l'altra persona, che è, poi, in fondo la parte celeste che mancava e che forse è giunta a colmare il vuoto, il dolore, l'assenza. La raccolta *Parole di sera* contiene una seconda sezione che il poeta chiama "*Appendice*" scritta in romanesco. Dialetto che non è quello delle sue radici, poiché il poeta, pur essendosi trasferito a Roma, è nato in Calabria. Sei poesie, quindi, dai titoli: "Ar compagno de scola"; "Roma sparita"; "Roma"; "La neve a Roma"; "Er gatto"; "Dar farmacista", dove il tema dinamico che dà sonorità intensa alle liriche, anche a causa del dialetto, è la città di Roma eterna che, proprio per il pirotecnico gioco verbale, è concepita in funzione di un'autenticità totale, che rifugge da ogni manierismo. In tal senso il poeta riesce a fare della capitale qualcosa di candido, quasi autobiografico diremmo, modellato ritmicamente nei versi, da donare al lettore e a se stesso, gioia e gioco, come ben si evince dalla bella lirica: "Dar farmacista" al quale è richiesta una ricetta fatta di: "...un pizzichetto d'azzurrino,/ ...un po' de rosso de tramonto,/ un po' de verde tenero d'aprile,/ ...Me bbasta un sorzo all'anno/ e so' guarito." come se i temi, al di là dello stile e dello stesso linguaggio, potessero pervenire ad una magica trasparenza, nell'altissimo senso dialettale del ritmo, che ci restituisce l'autore stesso, nel recupero di una primigenia naturalità nella partecipazione completa alla propria lingua. È certo un percorso isolato, questo del medico Carlo Piro, che segue una propria individuale via, ma che sa conseguire un peculiare linguaggio poetico ancora in divenire e via di sviluppo.

Inoltre, c'è da dire che il testo *Parole di sera* è corredato da bellissimi disegni di Mimmo Andriuoli.

Maria Grazia Pirracchio

Maria Grazia Pirracchio è nata a Catania, dove attualmente vive. È laureata in Lettere Moderne e insegna materie letterarie negli Istituti Superiori di primo e secondo grado.

È scrittrice, poetessa e saggista, si dedica a varie attività culturali. Alcune sue composizioni sono inserite in prestigiose antologie. Dal 1997 collabora al periodico bimestrale di informazione, cultura, arte, attualità e costume "Sotto il Vulcano" con articoli e poesie. Dal 2002 ha tenuto diversi incontri letterari a Catania, presentando la sua attività letteraria ma anche la sua personale raccolta di poesie.

Nel 2007 pubblica la sua prima raccolta di poesie *Briciole di Tempo*.

Poetessa discreta e colloquiale, Maria Grazia Pirracchio, quasi criptica, che si nutre di paesaggi che nascono, come suo apporto complementare, dalle azzurrità e trasparenze del "mare nostrum" che riporta echi di conchiglie, di maree incessanti calde e lunghe a lambire sabbie infuocate, dove fiorirono civiltà e miti e dove da oltre l'orizzonte spira vento africano. Ma oltre all'effetto pittorico, che pur c'è nella sua raccolta *Briciole di Tempo*, e alla suggestività musicale, va detto che ad esse si aggiungono capacità di osservazione, di riflessione, di traduzione in immagini del pensiero e del sentimento, tendente all'osservazione del particolare, nel senso dell'anabasi spirituale e secondo un viaggio nel quotidiano, solo apparentemente semplice. Ed è ancora la Sicilia a far da sfondo alle liriche, per la quale la poetessa scrive i suoi versi più caldi, alcuni dei quali recitano: "...*Sicilia mia*/ dei fiori tu sei la regina/ e i loro colori smaglianti/ inneggiano alla tua bellezza./ Quando un giorno una nave/ mi portò all'altra sponda,/ una rosa lasciai sul mare/ perché le onde la portassero/ sulla tua riva per dirti:/ Io parto, ma il mio cuore/ è con te, *Sicilia mia.*" ("Sicilia mia terra da amare"). Una galleria di parole che fissano il fatto lirico che le germina, le qualifica e le motiva. Ma la raccolta, procedendo per snodi essenziali, ascoltando la voce poetica in "itinere" che proviene dal profondo, prodotta dall'urgenza, dalle irradiazioni e dagli stimoli interni ed esterni, postula e si muove in spazi lirici che vanno dall'attraversare la vita, anche negli eventi minimi, all'amore vissuto con freschezza ed incanto fino all'amarezza per l'assenza. Una poesia dinamica, dunque, ancora in via di compimento nella sua metamorfosi, ma che ha già radici profonde nell'"humus" dell'anima della sua creatrice, che sa cogliere, con il potere magico della parola e con sensibilità del tutto muliebre, il "panta rei" che intorno a lei incessantemente fluisce. E proprio nella poesia d'amore non manca una ludica sensualità, in rimandi polisemici e metaforici che generano diletto per la musicalità del verso, come ben si comprende dalla lirica "Giochi" che recita: "Drappi poco colorati/ in questa stanza/ dipinta d'amore./ Baci dolci e soavi/ su questo divano/ abbandonato da tempo./ *Giochi* proibiti/ tentano i nostri corpi./ La luce dei tuoi occhi/ sul mio volto scuro./ I miei baci caldi sulla tua pelle/ e i nostri corpi/ arroventati dal sole tenace/ dell'estate/ giacciono accanto/ a questa stagione estiva.", dove l'energia del verso scende da Saffo e dagli anacreonti, in effetti di immagini evocatrici, con tensione verso la bellezza, riscontrabile sia nell'amore che nella natura, nella musica, nella pittura, tutte arti praticate dalla poetessa, come si apprende dalla biografia, e che celebrano la loro unità nella poesia. Insomma, il vano insorgere della gioia e del dolore, il senso di solitudine che pur c'è, il silenzio, lo slancio verso il mistero del tempo, il sensuale desiderio d'amore, l'apprezzamento verso la grazia muliebre, l'amore verso la madre, son tutte tematiche affioranti dalle liriche, attraverso la trama di un vivere, scandito per momenti simbolici, in avanzamenti e ritorni improvvisi, nell'azzardo della fantasia e nell'affiorare alla luce della coscienza di elementi del quotidiano e della realtà. Significativa ci appare la lirica dedicata a Leopardi, quale modello estetico di riferimento, fruito in qualità di intimo archetipo, con la quale la poetessa costruisce un osmotico, continuo dialogo, ricordando il dolore del grande poeta e la difficoltà di adattamento che esso gli impose, ma che va dritta alle corde del cuore del fruitore. La lirica è scritta in rima, realizzando in tal modo una fragranza di verità contestuale, posta in essere con naturalezza in versi precisi, volti a trarre specifiche indicazioni di bellezza e di sintesi. Di lei, la prefatrice Dora Coco scrive: "...Un esordio fresco e promettente quello della Pirracchio, ricco di immagini, di monologhi, di interrogazioni e di affermazioni, che parte da autobiografici luoghi personali per approdare alla coscienza di ciascuno di noi.".

Carmelo Pirrera

Carmelo Pirrera è nato a Caltanissetta, vive da molti anni a Palermo. È autore di diverse pubblicazioni, di narrativa e poesia, alle quali si è interessata la critica più attenta. È pure autore di note critiche, saggi e note di costume, apparsi su vari periodici. Sue poesie sono state tradotte in lingua inglese, francese, rumena, neo-greca, ungherese, macedone, serbo-croata.

Per la narrativa ha pubblicato: *La ragazzata*, 1972; *Quaranta sigarette*, 1974; *Il colonnello non vuole morire*, 1978 tradotta in Jugoslavia in lingua serbo-croata nel 1985; *Ipotesi sul caso Majorana e altri racconti*, 1981; *Il regno*, 1992; *L'uomo della Volvo*, 1994; *Buio come la notte*, 1998; *Epilogo per Paolo il caldo*, 2002; *Antonino Guastaferro, pittore*, 2003.

Per la poesia: *Quartiere degli angeli*, 1968; *Con la banda in testa*, 1971; *Quest'animale muore*, 1976; *Dalla parte del Minotauro*, 1981; *Giocando con la polvere*, 1982; *Quartiere degli angeli e altre cose*, 1983; *Di un giardino tradotto e poi tradito*, 1984; *Il miele di maggio*, 1985; *Le mosche* in "carte siciliane", 1986; *Pergamo - la cenere*, 1986; *Gli eredi del sole, rapporto sulla poesia dei siciliani*, 1987; *Stanza con vista sul mare*, 1987; *La farfalla di Brodskij*, 1989; *Tradotta per Roncisvalle*, 1994; *Luoghi del silenzio*, 1995; *Nugella*, 1997; *Naufragio presunto*, 2003; *Versi per la madre*, 2005 e *Cronaca*, 2006.

Figura in alcune antologie estere e italiane.

Carmelo Pirrera è poeta e narratore. In poesia egli rianima le cose con un'incisiva parola poetica, rendendole avvolte in un'apodittica aura insulare, dove non manca: "...un residuo saraceno d'anima." ("Primavera del Mille" da *Tradotta per Roncisvalle*) e come ebbe a scrivere Nat Scammacca in "Trapani nuova": "...Il semplice dire di Carmelo Pirrera che è nato in una famiglia di zolfatari, è l'eco sincera che parte dalle viscere della terra riproponendoci i problemi delle miniere e del minatore. Egli parla, scrive e reagisce da zolfataro, da uomo sfruttato e non da una posizione di agiatezza..." (testo *Quartiere degli angeli*). Leggendo, infatti, le sue poesie caratterizzate da autobiografismo metafisico e dal dramma esistenziale del vivere, si evince anche come oggi egli sia anche cantore della lotta sociale e della libertà, come riscatto possibile dell'uomo di fronte alla morte, ed al contempo non mancano momenti di astrazione e ricerca di un mondo "altro e parallelo", come ben si evince a pag. 7 della raccolta *Pergamo la cenere* con versi che recitano: "Mi scavo nella notte un buco-notte/ astrazione o rifugio/ e in un posto così precario, assurdo e segreto/ prendo a parlarti di Pergamo/ quasi a volerlo popolare di timori e di fuochi./ Ti dico Pergamo./ Pergamo e la cenere/ mentre altri due che noi non siamo,/ due da noi sognati semplicemente o disegnati/ su un vetro umido/ ripetono in una monade gemella/ le stesse cose, parlano del fuoco.", dove nel simbolo del fuoco c'è la purificazione e morte per rinascere dalla cenere. Il poeta riunisce i momenti più significativi di un itinerario trentennale di poesie i cui estremi si collocano in "Ulisse" e in "Colomba che vai per mare" nella raccolta *Il miele di maggio* del 1985, nella quale egli stesso si presenta come moderno Ulisse: "...io, Ulisse/ con occhi brucianti/ di antico sale/ e di recente pianto/ spio l'onde di nero silenzio/ e rivado ai rimpianti naufragi..." a significare il suo periglioso viaggio di uomo e di artista che proseguirà nell'andamento epico e lirico, al contempo, della raccolta *Naufragio presunto*, nella quale l'angoscia si traduce nell'aspettazione del tempo, fino all'"estremo" ed "oltre", limite dell'indeterminatezza, in dissonanze prodotte dall'irrequieta tensione, piuttosto che da armonia e compostezza, secondo un naturale ermetismo di un realista che sente il mistero di un non rassegnato divenire. Ma è in *Versi per la madre* che, per noi, Carmelo Pirrera scrive le sue liriche più belle, dove c'è reticenza di non detto, di amore, di scaglie di pudore, secondo un ritmo diverso che avanza lentamente verso un altrove, bussando ai portali di un'altra dimensione. La silloge *Cronaca* si snoda per ricordi, riflessioni che vanno ad incidere nella sfera del sentimento, e sul piano più strettamente umano, biografico e vario sul realismo della presenza e della cronaca che si affievolisce in uno spaesato realismo della distanza.

Vasta è anche l'opera di narrativa, fatta di raccolte di racconti e romanzi, dove il medium scelto non è di poco conto e le scene sono topiche e storiche, nelle quali è possibile passare ad una identità maieutica e mobile, continuamente sovvertibile per la trasformazione, all'essere che nell'arte è vitalità. La libertà primigenia è il comune denominatore delle opere e trascende la coscienza della sopravvivenza, specialmente nelle opere caratterizzate da storicismo, come *Antonino Guastaferro, pittore* e *Ipotesi sul caso Majorana e altri racconti*. Dove la cultura storica, della quale i due libri sono rappresentanti per antonomasia, è il filo sottile che li unisce, contro ogni apparente lontananza, e consiste nella consapevolezza che cultura e civiltà possano coesistere solo nella precisione della ricerca, fonte feconda per ogni opera d'arte.

Autore, quindi, con coscienza narrativa in tecniche di analessi e prolessi in soluzioni esterne ed interne, che si presentano in una loro struttura linguistica, narrativa estrinseco-logico-sequenziale perfetta, che fa di Pirrera un ottimo rappresentante della narrativa dei primi anni del terzo millennio.

Francesco Predaroli

Francesco Predaroli è nato a Genova dove vive. Insegnante elementare di ruolo, ha svolto la sua professione per trentasei anni, dodici dei quali con assistenza pomeridiana agli alunni più disagiati.

Durante la sua carriera ha scritto molte poesie a completamento dei testi; è autore di racconti-commedie di notevole successo pedagogico per il recupero degli "sfiduciati", commedie tutte rappresentate con successo.

Ha pubblicato: *Sogno di un'inferma*, (poemetto) 1993; *Amore ovunque*, (raccolta) 1996; *Il Regno delle carote*, (racconto) 1996; *Gli aquiloni non cadevano*, (poesie) 1998; *Dialogando con Terra e Cielo*, (poesie) 2002; *Tre sillogi*, (poesie) 2003; *La Dannata Commedia - Volume Primo* e *Volume Secondo*, (commedia-poema) 2004; *E risalgo la china*, (poesie) 2005; *Corsia B ed altro*, (poesie) 2005; *I fatti di Propano*, (racconto) 2006; *Pietradura e Castagnasecca*, (racconti) 2006; *Racconti di un maestro*, 2006; *Voce d'oltretomba*, (racconto) 2007.

Francesco Predaroli poeta è autore propedeutico di racconti-commedie dal notevole successo pedagogico, per il recupero degli "sfiduciati", ma ciò che più conta, tutte pièces rappresentate ed applaudite dal pubblico e dalla critica. Per la narrativa egli ha pubblicato il libro di racconti *Pietradura e Castagnasecca*, il romanzo breve *Il Regno delle caro-*

te, *I fatti di Propano, Racconti di un maestro e Voce d'oltretomba*. Tutta narrativa del genere favolistico e fantastico, che si snoda tra buffe vicende e, per ossimoro, in episodi talora tristi, ma considerati sempre nel fluire della vita quotidiana, dove ciò che è importante è la finalità morale-etica-civile e religiosa, sottesa o conclamata nei fatti, che è poi la cifra interiore dello stesso autore. Spesso i testi sono corredati da poesie che arricchiscono la valenza del messaggio narrativo. La poesia è edita da "autori autogestiti associati liguri" e comprende le raccolte dal titolo rispettivamente: *Dialogando con Terra e Cielo (liriche); Tre sillogi: Fra opache cose ardere, Un grido, Sommessamente; Corsia B ed altro*, tutte opere che emanano "Divina Luce" ed uscite nei primi anni del terzo millennio, nei quali verrà pubblicata anche l'opera più importante del poeta in due volumi, un poema dal titolo *La Dannata Commedia*, che il poeta aveva iniziato a scrivere nel 1992, proprio cinquecento anni dopo che era stata scoperta l'America e, non sembri peregrino il riferimento, poiché è da questa storica data, con le conseguenze da essa apportate, che nasce l'idea di Francesco Predaroli di dare inizio al suo difficile percorso. In essa l'autore evidenzia come dopo la scoperta geografica, avvenne nel nuovo continente, l'ennesimo olocausto della storia, che va ad aggiungersi a quelli più noti maturati nella Bibbia, fino a quelli scientificamente organizzati odierni, rileviamo noi, e qualche volta abbuiati dall'informazione. Per Predaroli l'odio, la distruzione di intere razze assume l'aspetto di opera Satanica e se, nei due testi, alcuni personaggi sono di fantasia, della realtà è lo snodarsi dei fatti ormai storicizzati. In essi l'emblema della sofferenza e della giustizia è presente nella persona di Francisco, sia nei confronti del nuovo mondo, sia nei riguardi del vecchio continente, dove aveva operato la cosiddetta "Santa" inquisizione, torturando liberi pensatori, bruciando streghe sul rogo, organizzando eccidi, come quello della Vandea, ed altri olocausti, considerando la libertà d'opinione come eresia. La narrazione poetica, in versi liberi, si snoda in un flusso di rappresentazioni talora surreali, talaltra di vivido realismo, che hanno, al contempo, le ombre e i turbamenti del sogno e il lucore della veglia. È evidente che l'opera è vissuta dall'autore come necessità interiore e proviene da una odierna realtà che preoccupa, anche se storicizzata in altra epoca, che la motiva nel "sacro", quel sacro in direzione del quale il poeta ha sempre volto, con tenacia e profonda fede, la sua ricerca, per mezzo della Letteratura, che egli offre ai suoi lettori, quale momento magico di riscatto, nei valori e nella credenza di Dio. In tal senso, siamo di fronte all'integralità dell'"homo aestheticus" che rivendica il carattere di indagine metafisica dell'estetica e che sa affrontare i problemi della forma, della bellezza e dell'arte in un ruolo sistematico e codificatore, dove il contenuto sta nella forma e, contemporaneamente, dentro l'attività dello spirito, e non è cosa da poco, poiché il lavoro poetico di Predaroli appare in un momento nichilista della speculazione, ma anche di frattura e negazione nei confronti del sentiero religioso creato dalle religioni, per sublimarsi poi in quello più puro proposto dallo stesso poeta.

Antonio Puddu

Antonio Puddu è nato a Siddi (CA). Cura direttamente la sua azienda agraria. Collabora fin da giovanissimo a giornali e riviste con articoli e racconti.
Ha pubblicato: *Zio Mundeddu*, 1968; *La colpa di vivere*, 1983; *La valle dei colombi*, 1996; *Dopo l'estate*, 2001.
I suoi romanzi, anche in edizione scolastica, sono già stati oggetto di studio per numerose tesi di laurea.

La narrativa di Antonio Puddu, tre romanzi ed una raccolta di racconti, è legata, senza dubbio, alla poetica delle cose umili, con una predilezione per la famiglia e i sentimenti colti al di là dell'aspetto esteriore e bozzettistico, con particolare attenzione alle inquietudini, ai tormenti interiori dei personaggi che la animano, alla loro ferialità e natività, senza dimenticare gli aspetti etici e civili di uomini che vivono quotidianamente immersi nella natura, della quale conoscono bellezze e difficoltà, unitamente al senso di profonda religiosità che emana, per essere, ella, "vestigia Dei". E ciò si evince da subito, a cominciare dal romanzo *Zio Mundeddu*, primo romanzo edito nella collana di narrativa per la scuola, della "Bastogi", dove si apprende che lo scrittore "non è né un professore né un impiegato. Dirige un'azienda agricola e i suoi rapporti col mondo dei contadini e dei pastori sono quotidiani" e dove attraverso Mundeddu, il protagonista e la di lui moglie Maddalena, si affrontano i gravi problemi esistenziali che attanagliano la loro vita, con amare conclusioni, nel farsi delle stagioni e del tempo che si consuma nella Sardegna pastorale, fino alla morte che aleggia e che viene cristianamente accettata, poiché ella abita nello stesso fluire delle cose e della vita. Nel secondo romanzo pubblicato *La colpa di vivere*, l'autore narra la storia del protagonista, Ettore Luna. Il contesto storico è quello che va dagli anni della fine della seconda guerra mondiale, fino ai nostri giorni, tracciando un pezzo di vita difficile per Luna che è più un vinto che un eroe. Nel romanzo l'autore riesce a ben mescidare il pubblico con il privato, fino a raggiungere una connotazione emblematica ed archetipale dell'uomo, che per un'invalicabile fatalità connotativa, dove non mancano orizzonti lirico-elegiaci, è condannato biologicamente e cosmicamente alla "colpa di vivere", pur nel caso specifico vivendo, proprio per la sua isolitudine, al riparo dalle contorsioni della storia e dalle lacerazioni della cultura. Al secondo romanzo, segue la pubblicazione di una bella raccolta di racconti, quindici in tutto, dal titolo emblematico *La valle dei colombi*, animata da personaggi di diverse estrazione e differenti tra loro, che vivono nel piccolo agglomerato urbano di Siddi, angolo della provincia sarda, che è poi luogo limbico arretrato ma anche fascinosamente familiare, secondo la regola di un "topos" che appartiene solo apparentemente ad un mondo minore, perché l'ambiente ed i personaggi descritti realizzano l'isola caratteristica, capace di fare colore. Infatti, se ci sono perdite, smarrimenti e ferite, c'è anche la voglia irresistibile di andare avanti nella vita, pur nella vigile coscienza dell'inevitabile morte. Nell'ultimo romanzo edito dal titolo *Dopo l'estate*, il "pathos" apologetico dell'autore ci rappresenta ancora la propria impareggiabile terra, vibrante di passione di onirici abbandoni, in atmosfere di soffuse malinconie, di fatiche non ripagate, di ombre e di luci, di dolori e di speranze, il tutto gelosamente difeso da uno statuto di lingua sempre vicina alle cose reali. La storia prende l'avvio con Michele Doro, giovane di sedici anni, che si trasferisce da Siddi alla vicina Pauli Arbarei, per fare il pastore, con il suo aiutante e la compagnia di due libri scolastici. La vita fluisce tra amori, lavoro nei campi e feste paesane, nel movimento di una lunga teoria di personaggi, fissati anche nel gesto folcloristico, sino a che le moderne sequenze televisive, a partire dallo sbarco sulla luna fino all'attuale terrorismo, vengono a turbare l'astorica assolutezza della Sardegna. La storia è quanto mai veritiera, per questo capace di quell'evocatività che può essere percepita come elemento viscerale d'identità, in antitesi all'omologazione dell'era in cui viviamo. La lingua di Antonio Puddu, costante in tutte le opere, adopera l'italiano e non il dialetto sardo e possiede sfumature profonde di incisività visiva, per i netti cromatismi delle descrizioni che caratterizzano con spessore antropologico i suoi personaggi e di colore solare la natura stessa. Ne facciamo un esempio riportando un breve stralcio che recita: "Quando le pecore meriggiavano all'ombra delle tamerici e dei giovani pioppi che Michele aveva messo a dimora, lui e Brai, il suo ragazzo aiutante, potevano riposare o anche spostarsi. E il giorno decisero d'andare alla festa di Santa Maria. – Per non perdervi starò al vostro passo! O poco avanti, – rise Tito Lobina guardandoli sottecchi, con ilare ed affettuosa spocchia, mentre partiva lentamente..." (da *Dopo l'estate*), nel quale la sintassi spinge verso esiti persuasivi e corporei che movimentano il discorso, con modo d'essere sardo nell'anima, diremo, che fa di questo autore un grande della narrativa italiana.

Franco Riccio

Franco Riccio è nato a Cosenza, vive da molti anni a Napoli.
Ha pubblicato le raccolte di poesie: *Esperienze*, 1950; *...Poi fu terrestre il mio peso*, 1953; *Il sole non basta*, 1957; *L'antico dolore*, 1961; *L'equilibrio difficile*, 1965; *Amor quotidiano*, 1969; *Compagno alla prigione*, 1969; *La vita, con coraggio*, 1976; *Pause di eclissi*, 1979; *I giorni dell'ansia*, 1984; *Lacerazioni*, 1989; *Parole per dirsi*, 1994; *Vita minore*, 1999 e *Canzoniere*, 2003.
È anche traduttore di: Bonnefoy, Cendrars, Char, Noël, Ponge, Prévert, Valery e Lorca.

La poesia, sappiamo, è il luogo privilegiato dell'espressione umana, poiché essa si fa portatrice di un'incessante tensione verso la bellezza, la luce, la saggezza, anche in temi minimi contribuendo, in tal modo, al miglioramento dell'umanità secondo una cultura più consapevole. Ed è per questo che il campo semantico delle ottanta poesie della raccolta *Vita minore* di Franco Riccio, correlato al titolo stesso del testo, è in perfetta simbiosi artistica con l'itinerario enunciato, come viaggio poetico nella parola che lo definisce, capace di opporsi, grazie alla purezza del poeta, ad un mondo che segna l'esistenza individuale e collettiva con le sue discrepanze. Le poesie, pur snodandosi in tematiche diverse, hanno come punto ultimo di riferimento la città di Napoli, colta nel suo estremo degrado, ma anche "in medias res", nella sua sfavillante bellezza e nella solarità del suo popolo, costituito per successive stratificazioni che si manifestano in infinite interazioni, qualche volta "ad excludendum", dove l'esistere per coloro che hanno "vita minore" non è facile. Così fluiscono le varie tematiche di una poesia squisitamente esistenziale che tratta di tempo, di vita, di morte, del sonno e del sogno filtrato dalla memoria del bene e del male, della malattia, del pieno e del vuoto, anche se nel substrato delle emozioni è sempre presente il bisogno di armonia e di felicità insito nell'uomo, assieme alla sua costante ricerca di identità. Le similitudini di fondo della raccolta sono espresse tramite quei giochi di colore che riassumono le caratteristiche vitali di primavera, estate, autunno, inverno, nel loro incessante fluire che accompagnano le diverse tappe della vita umana, passando, per analogia, dalla nascita, adolescenza, maturità, fino a giungere alla morte, che è poi il "perturbante" della nostra vita. Ne facciamo un esempio eclatante citando la lirica "Quando il sole lentamente sboccia" che recita: "Quando il sole lentamente sboccia/ vermiglio da un orizzonte di caligini/ e poi rapido e corrusco avanza/ come lanciato da un potente discobolo,/ scopre intatta la città che dorme,/ fragile e inerme sotto i suoi bruni/ tegoli corrosi da verde ruggine./ E scopre me, come altri dimoranti,/ pronto da sempre ad aggredire il giorno,/ purtroppo meno agile e più basso/ nel quoziente di vita,/ non disarmato però a vivere con affanno/ e residua clandestina forza fino a quando/ morte da esistenza non mi separi." (da *Vita minore*) dove la bellezza della parola poetica compensa, con la sua eternità, la finitezza terrestre.

La raccolta antologica *Canzoniere* che contiene in apertura di testo anche degli inediti, costituisce un prezioso florilegio dell'intera opera di Franco Riccio, con poesie scelte da *Vita minore; Parole per dirsi; Lacerazioni; I giorni dell'ansia; Pause di eclissi; La vita, con coraggio; Compagno alla prigione; Amor quotidiano; L'equilibrio difficile; L'antico dolore; Il sole non basta; ...Poi fu terrestre il mio peso; Esperienze*, secondo un cammino a ritroso che va dal 2002, fino agli anni '50 del Novecento, mezzo secolo di lavoro quindi, che ha visto il poeta ben tre volte selezionato per il "Premio Viareggio". Del *Canzoniere* il prefatore Paolo Ruffilli ha detto, molto acutamente: "Il mondo della poesia di Franco Riccio caratterizzato da un'inquietudine sottile, da una mobilità dinamica, da un contiguo e sorprendente far festa e far lutto per ogni diversa cosa che passando dagli occhi arrivi al cuore o nella mente, è quello di una ineludibile mescolanza di deriva e di continua correzione di rotta, di caso e volontà, di istinto e di ragione, di natura e di cultura...". Dunque poesia del divenire, colta nella sua dicotomia ed ossimoricità, che è diventata forza corroborante e catartica dello stesso autore, poiché non oppone il sigillo incontrovertibile alle sue vicende che rivive nei versi (anche in presenza di connotazioni di morte e proprio per questo vivifica), ed opponente una forte resistenza nei confronti della corrività quotidiana, che sa dominare con il dire poetico.

Virgilio Righetti

Virgilio Righetti è nato a San Bonifacio e vive a Verona. Già ordinario di Letteratura e Storia presso un Istituto veronese, collabora a riviste culturali, occupandosi di autori classici e contemporanei.

Di poesia ha pubblicato: *Poesie*, 1973; *Momenti nel tempo*, 1974; *Fremiti d'estate*, 1974; *Eclissi d'esistenza*, 1976; *Sensazioni d'ascolto*, 1980; *La nottola di Minerva*, 1982; *Da fessure di roccia*, 1987; *Oltre quel muro lontano*, 1989; *Una terra d'esilio*, 1991; *Dalle scogliere del tempo*, 1995; *Plenilunio d'agosto*, 1996; *Sui fiumi della storia*, 1998; *Memorie allo specchio*, 2000; *Il mio universo*, 2001.

Di narrativa ha pubblicato: *Vaniloquio di un solitario del dissenso*, 1982; *Da dove il veleno del suicidio*, 1982; *Racconti*, 1982; *Cunizza da Romano e altri racconti*, 1987; *Un uomo di vetro*, 1991; *I piaceri dell'Alhambra, altri racconti*, 1994; *Ditteo e i silenzi della storia (con tracce di vita e personaggi del Trecento scaligero)*, 1998; *Enrichetta, dai boschi d'Africa ai silenzi della sua terra*, 1998; *Come dal vivo di sorgente*, 2000.

Inoltre ha pubblicato numerosi saggi su autori classici e contemporanei, nonché su argomenti di cultura varia.

Avevamo già scritto, assieme a quelli di altri autori, i profili critici di Virgilio Righetti, nella *Letteratura* e relativa *Antologia del XX Secolo*. Oggi, dopo aver rivisitato l'opera omnia di questo prolifico autore, ci siamo fatti, a distanza di anni, un'idea ancora più chiara del suo vasto universo letterario che comprende: poesia, narrativa, saggistica, dalla quale si dipana un filo di creatività, che lega trasversalmente le sue opere, pur in un crescendo continuo, proveniente dalla macerazione interiore e dall'esperienza terrena. Ed è senza dubbio la poesia, il modo espressivo e magmatico, di pur rapida e sottile intuizione, ma anche il dato filosofico-intuitivo, ad essere succo misterioso che dà senso alla vita, in Virgilio Righetti. Una poesia di scavo interiore, quindi, alla ricerca di una introvabile verità, secondo un metaforico viaggio, nel rispetto dell'antico assioma che recita: "Visita interiora terrae, rectificandoque invenies occultum lapidem". Per questo ne deriva un canto ispirato, che spazia dal soliloquio ontologico, al confidente colloquio d'amore, fino a quello più allargato a ventaglio, rivolto al contesto sociale, verso il quale, il poeta, ma anche lo scrittore, rivolge la sua sensibile attenzione. Un viaggio iniziato nel lontano 1973 con la raccolta *Poesie* passando attraverso numerose pubblicazioni, fino alla raccolta *Memorie allo specchio* del 2000. Il poeta avverte ermeticamente e ficinianamente il riflettersi del microcosmo nel macrocosmo, nel fluttuare in "Silenzi terrestri" e rigore morale. Il tema della Trascendenza, avvertita come emozione e sentimento che si compenetrano, è risolto come eterno equilibrio tra l'uomo e la natura, secondo un valore altamente qualitativo e panico. Citiamo per intero la bella lirica "L'attesa" per acclarare il nostro dire: "Fa ch'io ritorni/ Dio d'ogni tempo/ al movimento della mente/ verso le molteplici verità/ ed anzitutto verso quell'unica/ che m'apporti il sereno/ quando il dubbio spesso s'incendia/ e s'addensano le nubi/ sul terreno sparse del mio cielo./ Troppo tempo inerte rimasi/ oscurato nei risvegli/ sul continuo correre al nuovo/ scoperto sull'immensa Natura/ - specchio d'un potere arcano/ rinnovato nel tempo -/ e m'era dolce quel tanto fiorire/ dell'anima in festa./ Mi sia breve l'attesa/ come quando sull'alba/ s'infuoca il cielo/ per l'astro che ancora non ci abbandona." (da *Il mio universo*). Trascendenza resa visibile dalle "Vestigia Dei", quindi, nel percorso periglioso e rivelatore della "gnosis", che ha anche precise motivazioni psicologico-esistenziali. Per la narrativa, abbiamo a disposizione il romanzo *Un uomo di vetro* e *Ditteo e i silenzi della storia (con tracce di vita e personaggi del Trecento scaligero)*. Nel romanzo la narrazione scorre secondo squarci di vita vissuta, oltreché nei sentimenti d'amore e nelle aspirazioni alla libertà, alla giustizia ed alla natura, dove Arione, giovane protagonista del romanzo, diviene, da semplice operaio, uomo di cultura ed esponente del sapere sia umanistico che scientifico, con mente libera da dogmi e condizionamenti. L'epilogo non sarà dei più lieti, quasi a voler stigmatizzare il concetto che la libertà si paga a caro prezzo. In *Ditteo e i silenzi della storia* si ripercorrono le tracce e le vite dei personaggi, della vita scaligera veronese del Trecento, tra cui Dante Alighieri, Cangrande I, Giovanna di Svevia, dame e cavalieri, Ditteo e la sua passione per la storia, in un intreccio di tradimento. Da una nota dell'autore, apprendiamo che tutte le consultazioni bibliografiche sono avvenute presso la Biblioteca Capitolare di Verona, altre ancora presso la Biblioteca Civica di Verona, dando prova di saper bene coagulare lo storico con l'esistenziale e viceversa, con una creatività che è ricerca del senso misterioso della vita, anche quella già storicizzata e secondo uno slancio che è ancora: poesia. *Per capire la natura umana* è testo che raccoglie preziosi saggi dell'autore, trattanti gli argomenti più disparati e personaggi che hanno lasciato indelebili impronte di sé, nella storia dell'umanità, tra cui: Dante, Boccaccio, Leopardi, Cecco Angiolieri, Antonio Rosmini, Elio Vittorini, Silvano De Marchi, Saul Bellow, Rousseau, Giordano Bruno, Leopold Sédar Senghor, Anna Maria Bassi, ma quello che ci lascia ammirati è uno splendido saggio dal titolo *La coscienza secondo Blavatsky e la vita interiore,* grande autrice della "Dottrina segreta", opera conosciuta da pochi, poiché non appartiene all'ottica della cultura ufficiale, ed il fatto che Virgilio Righetti ci parli della grande "Elena" ci fa pensare che la sua cultura è veramente sapienziale, esoterica e libera. Molte sarebbero le opere da analizzare: di poesia, narrativa e ancora saggistica, nell'impossibilità logistica di farlo ci limiteremo a dire di lui, con Vincenzo Bendinelli: "Si tratta... di un'anima mai sazia di esperienza e di conoscenza: un maestro di vita.".

Nicola Romano

Nicola Romano è nato a Palermo dove risiede. È giornalista pubblicista, collabora a quotidiani e periodici con articoli d'interesse sociale e culturale. È iscritto alle Siae sezione musica come "paroliere".
Alcuni suoi testi hanno trovato traduzione su riviste spagnole, irlandesi e romene. Nel 1997 ha partecipato, su invito, ad incontri di poesia in Irlanda assieme all'attrice Mariella Lo Giudice ed ai poeti Maria Attanasio e Carmelo Zaffora.
Ha pubblicato le seguenti raccolte di poesia: *I faraglioni della mente*, 1983; *Amori con la luna*, 1985; *Tonfi*, 1986; *Visibilità discreta*, 1989; *Estremo niente*, 1992; *Fescennino per Palermo*, 1993; *Questioni d'anima*, 1995; *Elogio de los labios*, 1995; *Malva e Linosa*, 1996; *Bagagli smarriti*, 2000; *Tocchi e rintocchi*, 2003.

Una coscienza silenziosa, che si evolve in germinazioni allegoriche e metaforiche, reinventate in ampi scenari naturistici, secondo una scrittura aperta alla rigenerazione dell'uomo, che va a creare percorribili strade di poesia, in lievi barocchismi di carattere solare e siculo, questa che caratterizza Nicola Romano, poeta, giornalista e pubblicista, che ha al proprio attivo più di dieci pubblicazioni di poesia. Ma l'autore, malgrado piccole forme sperimentali, conserva un temperamento profondamente lirico, che si riabbraccia certamente alla sua origine meridionale dove, quando esplode l'universo storico del canto, scaturisce un'area ineguagliabile di civiltà senza tempo che, per ossimoro, attraverso misteriosi giardini dell'inconscio è "altro da sé" ed "estraneità". Ma ascoltiamo la poesia "Mediterranea" che citeremo per intero, per non turbarne la liricità e l'assonanza che recita: "Solo per te/ - carezza del mio sud -/ raccoglierò quest'alba di mimose/ con l'allegria del giorno che accalora/ quando raffredda marzo dentro i pugni/ e salirò/ col sangue un po' poeta/ un mattino di pioppi addormentati/ per giungere nel fuoco dei tuoi occhi/ dove rifugia l'oro dei limoni/ e il brivido ruffiano d'Aretusa/ Solo per te/ - certezza del mio sud -/ coltiverò la luna sui crateri/ dimenticando i solchi d'un diario/ fatto di spine e d'aspro siciliano/ Mediterranea tu/ - lava e corallo -/ serena geografia dopo un risveglio/ da sonni spinti da scirocco breve./ Girare intorno all'anima è trovarti/ nel limite più dolce/ all'esistenza" (da *Questioni d'anima*) alla quale fa da controcanto "Per poi continuare", che ha per "refrain": "Che brutto affare/ capitare nell'*oltre*...../ Che triste altura/ abitare nell'*oltre*.../ se il tempo fu eco/ di rare domande/ insepolte insolute/ per cieli inclementi/ che sanno parlarti soltanto/ di aria e di sogno..." (da *Questioni d'anima*), dove c'è la fenomenologia dell'estraniazione, nella contestualità solipsistica artistica e dell'anima, che può essere compresa come patto siglato dal poeta con se stesso, per sottrarre la propria esperienza ad ogni tipo di soluzione categoriale, che ponga limiti alle continue metamorfosi antropologiche cui egli è sottoposto, secondo una motivazione concentrica dell'io, che va a recepire il respiro universale. Abbiamo trovato delicatissima la lirica "Lettera", che sigla e chiude la raccolta *Questioni d'anima*, quasi un'esortazione-testamento di carattere panico, avventura-evento di futuri panorami, in una concreta enunciazione condizionata da "extraluogo", dove la poesia pretende di scrivere in altri livelli, con illuministica determinazione, intrecciando fonemi in ritmi naturali e simbolici, che sanno scavare nel tempo, nella metafora, nella parola. Citeremo i versi dell'"incipit" come esempio: "Cercami quando è dolce il risveglio/ tra la pioggia di novembre/ che ingrossa fiumi lontani/ quando deponendo le lenti/ massaggi gli occhi stanchi/ ed il buio ti narra una storia/ sull'alchimia d'un amore/ Chiamami...", dove è presenza forte una probabile "assenza" nel fluire dei bellissimi versi, venati di un crepuscolarismo, che è tipico della buona poesia. Dal punto di vista della forma, Nicola Romano adotta quasi sempre l'endecasillabo, mentre, per quello che attiene la scelta dei termini, predilige il sostantivo in forma analogica alle immagini, colte nel contrappunto fra significati e significanti. Dal punto di vista della religiosità, vi è acclarata la metafisica delle cose, ma non è espressa chiaramente la via della metafisica Trascendentale, quella che fa percorrere un preciso sentiero, con approdo, ma è presente una compartecipazione umana che è "pietas" vigile, secondo una fuga verso gli altri, aurea, armonica e costruttiva, dalla quale si diparte tanta poesia.

Aldo G.B. Rossi

Aldo G.B. Rossi è nato a Genova dove vive. Ingegnere civile di professione e Maestro del Lavoro, si è dedicato con fedeltà alla poesia, dando voce alla propria intima e viva esperienza di uomo.

Ha pubblicato: *Oltre la parola*, 1965; *Il fiore dell'agave*, 1966; *The blue collars*, 1969; *Dal rigattiere*, 1975; *Sulla strada di Émmaus*, 1979; *Il guado*, 1983; *Cartoline dalle Dolomiti del Brenta (poesie a due voci)*, insieme a Giovanni Cristini, 1985; *Émmaus e nuove poesie*, 1991; *Versi per Irene e altre poesie*, 1995; *La luce di Émmaus*, 1999; *Il pagaro d'oro*, 2003; *Il silenzio del bosco*, 2004; *Irene*, 2005.

I versi di Aldo G.B. Rossi, a partire dalla summa della produzione della sua opera poetica *La luce di Émmaus*, passando per *Il silenzio del bosco* fino a *Irene*, testi da noi approfonditamente studiati, sono correlati, come campo semantico, al tema del viaggio quale inizio di un itinerario della parola che definisce il pensiero, lo stato d'animo, i sentimenti più profondi. Per Aldo G.B. Rossi poetare annuncia uno spirituale inerpicarsi in volate a quota alta, con finale "per sempre" in un "oltre" che alla fine non spaventa, poiché c'è la presenza di una solida fede, mediante la quale ci si può riunire alla parte celeste amata sulla terra. Tutta la struttura poetica dell'autore è affascinante, nei versi che la declinano, la cui "impronta gnomica" si sprigiona in immagini uditive, direttamente attingibili pur conservando significati mistici e religiosi colti nella griglia spazio-temporale. Dal maturo atteggiamento delle varie tematiche della poesia si connota, da subito, l'uomo provvisto di saggezza altamente spirituale, vocata al bene nell'alta dignità morale, ma anche del tutto umana e panica per l'amore che si avverte nei confronti della natura mirabilmente descritta. Il viaggio di Rossi è simile al transito di Ulisse in *Joyce*, al "Passaggio di Enea" in Caproni, poiché capace di volare dalla terra verso il cielo incontro ad una trasparente "luce", ma, a differenza dei poeti ricordati, per Rossi, essa è resa più palese dalla Fede, capace quindi di decifrare il fine della vita e il senso del limite e del vuoto che talora ci assale. Questo ci appare il significato simbolico dello stesso titolo dell'opera *La luce di Émmaus* nel fluire della poesia. L'opera è divisa in sezioni come: "*Dedicate al padre*"; "*Altro non vi so offrire*"; "*Orizzonti spirituali*"; "*Versi civili*"; "*Bagliori d'arte*"; "*I colletti blu*"; "*La voce della terra*"; "*Cartoline dalle Dolomiti del Brenta*"; "*Viaggiando l'ineffabile*"; "*Poesia come preghiera*"; "*Versi per Irene*"; "*Dediche*", tutte sezioni-tappa del viaggio, di carattere testimoniale ed evocativo, dove è sempre presente uno slancio vitale e di speranza, anche quando il poeta, pur registrando la difficile condizione del mondo, dice: "...Un Bimbo soltanto/ da questi scheggiati frammenti farà ancora rifulgere/ nel caleidoscopio della prima innocenza/ la più luminosa cometa." ("Il Natale lacerato") volendo con ciò affermare che, oltre la terra, con tutti i suoi fenomeni e le sue difettose creature umane, c'è l'imperscrutabile disegno di Dio che, attraverso l'innocenza e il sacrificio del figlio, salverà l'umanità. Della bella raccolta *Il silenzio nel bosco*, molto acutamente osserva Silvia Ragazzini Martelli, nella prefazione: "...L'amore per la Natura, per l'Arte, per la Vita in generale, per i profumi e i colori, per gli effluvi e gli scrosci d'acque cristalline e zampillanti, per le alte cime e gli ardori degli alpinisti provetti, siano i sapori delle trofiette, le care voci familiari e amiche in sottofondo, siano la neve a Ferragosto sull'"Azzurra genziana" o i bimbi che cinguettano felici e garantiscono la continuità dell'esistenza umana... Tutto questo è vita...". Vita considerata secondo una anamnesi di beatitudine sacra, in seno alle tenebre dell'esistenza per immagini liriche, d'una levità quasi mozartiana, come ben si evince da versi che recitano: "Il prato dilata a immensi spazi./ A specchio il laghetto marezzato,/ ove ti saluta il fruscio dei germani./ - scivolano sulle acque zigzagando,/ tracciano frizzanti labili scie,/ testimonianza dell'effimero/ di fronte al maestoso anfiteatro,/ così aperto al senso del perenne..." ("Estiva a Pradalago - Rifugio Viviani" da *Il silenzio del bosco*).

La raccolta *Irene* elegante per veste editoriale, con copertina corredata da un dipinto di Oscar Saccorotti dal titolo "Raccoglitrice di mirtilli", è un vero e proprio canzoniere d'amore di Aldo G.B. Rossi per la moglie dove, vicino a momenti di intimità quotidiana, c'è tutta una cronaca in versi del viaggio terreno percorso vicino alla donna amata, ed un triste, appena intravisto, futuro distacco, per riunirsi per sempre nella vita spirituale. Di *Irene* l'exergo al libro recita: "Splendore dei miei occhi,/ luce della mia vita". Parole che da sole si commentano e con le quali chiudiamo il nostro brevissimo commento ad un "canzoniere d'amore" del terzo millennio.

Ma il poeta è anche narratore. In tal senso ha pubblicato quindici racconti dal metaforico titolo *Il pagaro d'oro*, collocati temporalmente nella seconda parte del ventennio fascista, con intertesti antecedenti, atti a ricostruire la memoria del passato. Lo stile, elegante e sintetico, volge verso la rappresentazione di una realtà che ci rimanda, da parte dell'autore, ad una sete di verità e chiarezza, in funzione rievocativa e palpitante, dove spesso la descrizione ha il profumo, il sapore della vera poesia. Rossi appartiene alla schiera degli ingegneri-poeti che, assieme ad altri contemporanei, come Medardo Macori, venuto a mancare da poco, hanno fatto onore alla scienza umanistica, con la poesia e la narrativa.

Gianna Sallustio

Gianna Sallustio è nata a Molfetta dove risiede. Si è laureata in Lettere e Filosofia all'Università di Bari col massimo dei voti, è stata ordinaria di Storia della Letteratura Italiana in una Scuola Media Superiore. Si dedica alla scrittura dall'età di diciassette anni.

I suoi primi versi venivano pubblicati sulla rivista "L'Italia che scrive", una rivista culturale romana, nel 1961. In seguito su riviste come: "Prove" di Torino, "Prospetti" di Roma, "Lettera" di Cardiff e "Aube Magazine" di Lyon.

Sue liriche e racconti sono inseriti in decine di antologie tra le quali *Raccolta di poesie moderne; La poesia etico-civile in Italia; L'Altro Novecento*.

Collabora, pubblicando recensioni, racconti e poesie, a numerose riviste tra le quali: "Il Cristallo" di Bolzano; "Alla bottega" di Milano; "Controcorrente" di Milano; "Vernice" di Torino; "Talento" di Torino; "La Nuova Tribuna Letteraria" di Abano; "La Ballata" di Livorno; "Fermenti" di Roma; "Nuove Lettere" di Napoli; "La Vallisa" di Bari; "Il Corsivo" di Lecce; "Portofranco" di Taranto; nonché ai mensili cittadini "L'altra Molfetta" e "Quindici".

Ha pubblicato: *Rosaria Scardigno: dialettologa e pedagoga*, (monografia), 1981; *Le stagioni pittoriche di Franco Poli*, (monografia), 1983; *Quest'allòtria*, (liriche), 1986; *Taccuino*, (critica letteraria), 1988; *Morte di un'ideologia*, (saggio storico), 1990; *Come alga*, (liriche), 1992; *L'agguato del tempo*, (liriche), 1993; *Rosolio*, (racconti), 1994; *Dovidjenia*, (note di viaggio), 1995; *Neanche un cammello*, (romanzo), 1997; *Oltre le colonne d'Ercole, Saggio sulla poesia di Veniero Scarselli*, (monografia), 1998; *La ciarda sul Danubio*, (racconti), 2001; *Sango Mondéle (Padre Bianco)*, (diario africano), 2005 e *Labirinti*, (liriche), 2007.

Tra la fine del 2007 e l'inizio del 2008 saranno editi altri due libri.

Alcune sue opere sono tradotte in lingua francese e serba.

Gianna Sallustio, poetessa, narratrice e anche saggista con sensibilità spiccata per la pittura, ha al suo attivo tre monografie (Poli, Scardigno, Scarselli) e predilige la ricerca filologica e storica, sul filo della quale intesse la sua produzione letteraria, secondo una cultura allargata, legata ad ogni essere umano che lotti per conquistare la libertà. Ed è facile partecipare al mondo poetico di questa straordinaria autrice, che abbraccia, poi, sia la scrittura in versi che in prosa, per le sue doti fondamentali morali e spirituali di donna, madre e nonna, per raziocinio e sensibilità, per le molteplici e differenti circostanze espressive e ambientali che si vanno a creare nel diverso linguaggio di una cultura ricca e varia, in cui vengono trasportate. In Gianna Sallustio, la donna, la poetessa, la scrittrice, la saggista, coincidono, secondo una chiarezza senza ombre, come il sole allo zenit, per quel non nascondere nulla del bene e del male. La poesia, poi, è un mezzo naturale del discorso umano, per comunicare con gli altri. Essa infatti si accompagna, attraverso l'estro spontaneo e la coscienza razionale, alla partecipazione critica della storia, del divenire umano, ma anche del proprio stato d'animo individuale, in toni epici, elegiaci e lirici, talora di disperazione e di rabbia, che contengono, altresì, una tensione liberatrice e non il compiacimento di un piangersi addosso per permanente capitolazione, cui non sono estranee motivazioni che potremo definire pedagogiche, in senso lato, nelle quali si può rilevare una sottesa ed elegante autobiografia, in immagini scalpellate, che si succedono rapide, vive e incalzanti. Tutto ciò si evince dalla bella raccolta autobiografica *Labirinti* che comprende poesie da *Quest'allòtria, Come alga,* e trentasei inediti sotto il titolo "*Labirinti*" che titola poi l'intero testo, secondo un discorso organizzato, come dice Sandro Gros Pietro nella prefazione: "...in forma di viaggio, di avventura ulissiaca quasi improntata all'azzardo di un colpo di mano sacrilego, cioè di un'esperienza oltre i confini dell'esperienza, ma anche rappresentato con la tecnica raffinata della parola poetica, che è suadente, iterativa, ricorrente e poliarmonica, come il canone inverso tipico del canto liturgico, fatto di riprese e abbandoni sullo stesso motivo...". Il tema dell'amore ha una sua grande centralità, con toni sensuali e spirituali, al contempo, quasi da "Cantico dei Cantici", in forma moderna ed è tutto per il compagno che non c'è più. Citiamo ad esempio una bella lirica dal titolo "Voglio chiamarti amore" dalla sezione "*Labirinti*" che recita: "Voglio chiamarti amore/ quello che vibra nelle vene/ quando ti guardo/ Voglio chiamarti/ anima mia/ quella che turgido il cuore/ gonfia quando mi accosti./ Le tue braccia a stringermi.../ in un patto di affetti e significati/ al fiume dei ricordi/ le tue adorabili inquietudini/ confluiranno.../ le tue braccia a proteggermi..." dove c'è tutta una squisita affermazione di protezione, tutta femminile, che purtroppo è difficilmente riscontrabile nella vita reale delle donne, oggi chiamate ad essere uomo-donna. Certo, "Labirinto" c'è nella poesia, ma la sua creatrice dà l'impressione di integrarsi bene nella dinamica dell'esistenza del reale, dove non mancano vita che replica la vita, negli occhioni dolci di "Amedeo" e "...Gli idoli/ barbagianni solitari/ nei meandri della Storia/ bivaccano."("Rapsodia cosmica" da sezione "*Labirinti*"). Per la narrativa ci sono giunti *La ciarda sul Danubio* (I racconti di un poeta) ed il romanzo *Neanche un cammello*. Nei racconti sfilano una teoria di donne alla ricerca di libertà: di sesso, d'amore, d'indipendenza. Tutti valori che fanno parte dell'aspirazione delle donne del pianeta, ma realizzate in parte apparentemente solo nel mondo occidentale. Dice Giuseppe Selvaggi nella prefazione: "...Da intellettuale contemporaneo, questa autrice espone, con la sua opera che va oltre i racconti di questo suo essenziale libro, una filosofia dell'esistere e un modo di rappresentarla che sono databili più con il domani che con l'oggi" e lo fa con un linguaggio da poeta, nella sconfinata fiducia di poter esprimere poeticamente ogni angolo della realtà, così come si può notare nel romanzo *Neanche un cammello*, nel quale non c'è paura di evidenziare la dicotomia venutasi a creare tra cultura orientale e occidentale, dove non mancano spezzoni di sensuale amore e tutto il fascino onirico "Nella terra dei nomadi sapienti". Un romanzo da leggersi "tutto d'un fiato" per suspence e bellezza. Apprendiamo anche che Gianna Sallustio ha dato alla stampa due volumi che usciranno nel 2008.

Innocenza Scerrotta Samà

Innocenza Scerrotta Samà, docente di Lettere in pensione, è nata e risiede a Catanzaro, con alternanza di alcuni periodi a Firenze, dove è conosciuta ed apprezzata poetessa e frequentatrice assidua di prestigiose associazioni culturali quali "Pianeta Poesia", "Camerata dei Poeti", "Le Muse" all'interno delle quali è stata presentata più volte la sua opera.

È presente in alcune antologie come *Nostos, Poeti degli Anni Novanta a Firenze, Donne Verso, Poeti e scrittori allo specchio, I Poeti dell'Arca*, volume II.

Ha pubblicato nove raccolte di poesia: *Per un mondo migliore*, 1985; *A fil di voce*, 1990 (l'edizione francese è presentata da Pierre La Roche(; *Come Sorella*, 1992; *Il colore del gelso*, 1995; *Fra i rovi del dubbio*, 1997; *Quale volto*, 1999; *Dal sangue di medusa*, 2002; *Il peso del silenzio*, 2004 e *Afa d'agosto*, 2006.

Nel flusso poetico di Innocenza, la vita umana, almeno quella storicizzata nel visibile, è attraversata dal momento tutto umano e doloroso dell'antitesi di una dialettica universale, nella quale la poetessa ricerca il senso e la prospettiva della vita dell'uomo e la fisionomia tangibile del suo stesso mistero, dove il dolore nasce dal fatto che non è pensabile che persone care, ed il nostro stesso io sparisca, mentre il mondo cosmico sopravvive eterno al di là della fluttuazione ed obliquità delle cose

che sono e non sono. La grande certezza avvertita è la mancanza corporea e fisica di coloro che abbiamo amato e che: "... accarezzo, piano,/ quasi temessi/ di recarle male?" ("Chi può dire?" da *Come Sorella*) che la poetessa panicamente riconosce nell'erba o nella luce. A partire dalle raccolte a nostra disposizione, iniziando da *Come Sorella* del 1992, con presentazione di Oriana Fallaci, passando da *Il colore del gelso* per *Tra i rovi del dubbio* a *Quel volto* fino a *Dal sangue di Medusa* ed *Il peso del silenzio* compresa l'ultima opera *Afa d'Agosto* del 2006, il cammino di Innocenza ci appare irto di spine, dionisiaco, iniziatico e altamente simbolico e metaforico, ugualmente reiterato nei vari titoli, dove vi è negazione, dubbio, deserto, realtà che soffre d'irrealtà, evidenza che soffre di precarietà, luce d'oscurità, per approdare alla grande solitudine apportata dalla voce straniante del silenzio. In esso, tra la noia implicita o esplicita, albeggia un principio tragico, tendente a quel punto di centralità pura e universale che pur passa dalla dolorosa esperienza di separazione dall'infinito, che s'impone quando, per fatti dolorosi e tragici tutti terreni ed umani, la ricerca apre un processo o un recesso all'Infinito, nel dilagamento dell'anima dolorosa, che si circoscrive nel limite, ma che addiviene alla gioia dello spirito, che si asside sovrano nell'Alterità riconosciuta, che è poi l'oggetto stesso dionisiaco, catartico e consolatorio dell'indagine. Tuttavia la sintesi della vita non potrà essere assoluta e omnicomprensiva, poiché continuamente condizionata da discriminazioni individuatrici e selezionatrici di elementi dal volto umano e di carattere esistenziale, tratti dalla universa realtà, dalla quale sarà possibile distaccarsi solo nel momento in cui il corpo si decompone e la corrente che era prima andrà a confondersi con il mare, come ben si evince da versi che recitano: "Ignara/ saltella fra pietre/ la fiumana./ Morirà d'estate/ in pieno sole./ Gli olmi si specchieranno/ in acque nuove." ("Ignara saltella fra pietre" da *Afa d'agosto*), lirica che sigilla l'ultima raccolta. Dunque, come ben aveva rilevato la grande scrittrice e giornalista Oriana Fallaci nella nota critica alla corposa raccolta *Come Sorella* (e noi sappiamo quant'ella fosse schiva a trattar di poesia!): "...città e cielo sono anzi tutto due condizioni dell'anima..." per proseguire poi: "...Tuttavia, per una coscienza vigile e dolente poiché attaccata alla vita e non del tutto rassegnata alla sua fragilità quantunque capace di accettare la prova più dura, non rimane facile costruirsi quei riposi dove ritemprare gli affanni, la solitudine, la nostalgia...".
Ed è a questo punto che entra in gioco tutta l'umanità di Innocenza, che trova il proprio apice nel pianto elegiaco di "Portami la figlia mia perduta" della bellissima sezione *"Voci di assenti"* del testo *Come Sorella* che nell'incipit recita: "Portami, o Dio,/ la figlia mia perduta,/ dammela viva/ dentro le mie braccia,/ quando, esausta di pene,/ precipito

nel sonno..." dove il dolore per assenza, in qualche modo del suo divenire, raggiunge una resistenza universale e colloquia con Dio, per cui si può arguire che la Suprema Potenza si serve del dolore come mezzo, per ottenere la catarsi, anche se i rigidi limiti della ragione comprendono più facilmente con i sensi. In ultima analisi, sembra che la poetessa si convinca che è con le fonti dell'amore e della verità che si può conquistare una vita nuova e superiore che le darà la forza di resistere, fidente, ad ogni contrarietà, pur vivendo in una "santa malinconia" come dice Schleiermacher. Il mondo poetico e reale di questa straordinaria autrice, va quindi inteso come frammento di un grandioso sistema, nel quale ella agisce e crea artisticamente, in modo conciso e sintetico, per essere utile al "tutto" nel quale ci troviamo, dove è anche presente il sentimento della compassione che è, dalla ragione, portata a chiaro e preciso pensiero d'amore, verso tutti, nella praticata e raggiunta catarsi dello spirito.

Enzo Schiavi

Enzo Schiavi è poeta, narratore, giornalista, critico d'arte e letterario.
Ha pubblicato le raccolte di poesia: *Nel sentiero dei rovi; Un'anima in ritardo; E se un giorno l'anima...; Il sospiro profondo del mare; Suoni e altro; Il sole è ancora alto sugli altipiani;* i romanzi: *Divieto di sosta; Il canto del gallo; Le notti della luna piena; In bilico; Dalla porta stretta* e la raccolta di racconti: *Quindici racconti newyorchesi.*
Importante è stato il suo contributo per la realizzazione della nuova *Guida Pirelli* di Giorgio Mondadori & Associati.

Judd Stafford, pseudonimo di Enzo Schiavi, è poeta, narratore, giornalista, critico letterario e d'arte, con importante produzione in tutti i settori. In poesia a prevalere, quale preciso referente esistenziale della profondità interiore, è l'anima, che talora respira una pena lieve per assenza, pur muovendosi tra silenzi e armonie universe, altre volte più amara, anche se: "...l'uomo vince la morte", come dice lo stesso poeta in "Il sole è ancora alto sugli altipiani" dalla raccolta omonima, raccogliendo immagini del mondo, espresse con parole metaforiche, ossimori, oniriche rêveries, come pensieri di vita, realizzando, attraverso il prolifico "iter" poetico, una poesia tipica che è tutta e solo staffordiana. A cominciare da: *Nel sentiero dei rovi,* passando per *Sul monte dei lecci,*

Un'anima in ritardo, *E se un giorno l'anima...* fino a *Il sospiro profondo del mare*, *Suoni, e altro* e *Il sole è ancora alto sugli altipiani*, la parola poetica, pur nella maturazione nel tempo e la diversità delle tematiche, è sempre sintetica e dell'estetico non ha che qualche fuggevole sfumatura, mentre sa cogliere con pienezza di significato la voce del mondo e quella più profonda "ab imis" che si presenta in quadri più astratti e compositi di luce-ombra, per un dolore che si sprigiona dall'intimo secondo molteplici tensioni, come bachelardiana voce dell'umanità. Citiamo per intero la lirica "Chiedi all'ombra azzurra" che testualmente recita: "Ed è già mistero./ Chiedi all'ombra azzurra/ il granello infuocato/ del deserto;/ afferra la notte/ cantando il mistero/ del sorriso;/ vai oltre./ Oltre l'impossibile tremito/ del riposo,/ stringendo le mani nel vento/ per cogliere l'aurora/ al di là della sosta./ Non c'è soffio / di paura/ nel dolce silenzio/ dell'airone." (da *E se un giorno l'anima...*), nella quale l'azzurro e non il grigio dell'ombra fanno intendere una indicibile qualità d'affetti, e nella sua astrazione è presente come ascesi pensata e sognata dello spirito, pur presente nella coscienza vigile ed anche se evoca richiami funebri, rappresenta una vitale dialettica con consistenza e centro, poiché capace di introiettare "l'aurora" e "dolce silenzio dell'airone". Non manca, quindi, accettazione dell'alterità, anche se difficile a comprendere, che è vitalità archetipica e panica riscontrabile in tutto il percorso esistenziale e poetico di questo straordinario autore. Citiamo ad esempio una breve lirica dal titolo "Per quell'attimo di luce" della raccolta *Il sole è ancora alto sugli altipiani* che testualmente recita: "Colori./ Il tuo fascino/ graffia/ l'ampio scenario/ di un sogno./ Non c'è fuga/ nel silenzio della sera,/ i tuoi colori/ gridano la luce." ed ugualmente significative sono liriche come: "Voglio la tua pietà", "La tua presenza resta", quasi ad esorcizzare ossimoricamente il tono doloroso dell'elegia "L'urlo" dello stesso testo. C'è, dunque, attenzione, velocità e premura, tipica di quell'ansia a comprendere, che è, al contempo, tensione all'espressione che ricompone se stessa nel verso, anche se, nel dipanarsi delle liriche, gli alti e i bassi si susseguono in una nostalgia sempre sospesa tra "Ombre nere della notte" e "Verde bruciato dai ricordi" commisurata al significato profondo, psichico e vitale dello stesso poeta. Per la narrativa Enzo Schiavi, adoperando anche lo pseudonimo, ha scritto i romanzi: *Divieto di sosta*, *Il canto del gallo*, *Le notti della luna piena*, *In bilico*, *Dalla porta stretta*, *Il lungo bianco* e *Coppie* inedito che sta per uscire in autunno. Tutti testi, nei quali, al di sopra delle vicende umane narrate, con varietà tematica diremo, c'è in gioco fantasia e realtà secondo una circolarità della vita e come si riporta nel retro di copertina di *Tutto come prima*: "...Ascoltava il grande mondo dei suoni e delle preghiere, e i suoni e le preghiere non finivano mai all'ultima nota. Tutto moriva, tutto risuscitava..." questa sembra essere la filosofia di fondo della narrativa di Schiavi. Un discorso a parte merita la raccolta di racconti *Quindici racconti newyorchesi*, che si snodano in altrettanti quartieri della famosa città americana, quale sceneggiatura e contesto storico-geografico della stessa narrazione, dove c'è tutta un'umanità in corsa continua verso un proprio specifico e individuale traguardo e secondo una vita, che definire tumultuosa è poco, ma senza dubbio contrassegnata da libertà. Ed è sulla libertà, appunto, che l'autore pone insistentemente, e a buon diritto, l'accento. Ci troviamo senza dubbio di fronte ad un autore prolifico, a cavallo fra due culture: quella europea e l'altra d'oltreoceano e americana, che si evidenzia specialmente nella prosa, per visione cosmica, antropologica e psicologica, in valori che sono poi quelli di tutti, poiché universali.

Edio Felice Schiavone

Edio Felice Schiavone, nato a Torremaggiore (FG), già primario pediatra ospedaliero, risiede a San Severo (FG).
Ha pubblicato: *La morte non ha la smorfia del teschio,* 1961; *Io e il mio Sud - Prima parte,* 1987; *Io e il mio Sud - Seconda parte,* 1990; *L'uomo questo mistero,* 1993; *L'ultima sera di carnevale,* (poesie tradotte in serbo-croato da Dragan Mraovis), 1996; *Senza l'uomo,* 1997; *Quasi un diario* (Parte Prima), 2000; *Poesia dove,* 2002.
È presente in numerose antologie, tra le quali: *Poesia Italiana del Novecento; Poesia-non poesia-antipoesia del '900 italiano; Storia della Letteratura Italiana del Secondo Novecento; Scrittori nel tempo; La poesia in Puglia; L'altro Novecento nella poesia italiana, Vol. I°-III°-V°; Poeti e scrittori contemporanei allo specchio; Storia della Letteratura Italiana del XX secolo.*

Lo avevamo già scritto nella nota critica, a proposito di Edio Felice Schiavone, della "Storia della Letteratura Italiana del XX secolo" con le testuali parole: "....abituato per la sua umanissima professione di medico a scrutare fin nelle viscere, l'immensa sofferenza anche fisica dell'uomo, con la sua poesia di insostenibile leggerezza, che alla fine è la materiale leggerezza dell'uomo, ci comunica un fraterno ammonimento che è millenario, mai trascurato e disperso dall'amore delle genti, perché si plachi, se è possibile, l'urlo di dolore della tragedia che travolge il destino dell'uomo.". In seguito Neuro Bonifazi, nella prefazione alla raccolta *Quasi un diario* dirà, ribadendo il nostro pensiero: "Questa "crudele" paura dell'uomo è vista nascere "nel fondo buio di periferia" come simbolica paura di un fanciullo, ed è dilatata all'indietro nel tempo, nella preistoria dell'umanità, con una immaginazione che ha una base scientifica, antropologica (fino agli "approdi giurassici") e astronomica ("il ciclo inesorabile di terra") e persino biologica ("nella barra sensibile dei geni")...".

Con una conseguente concezione pessimistica dell'umanità, alla quale peraltro si contrappone l'infinita magia che proviene dalla terra, la sua terra, quella calda del Sud, ricca di colori e profumi, che rivive luminosa in tutte le raccolte di poesia di Schiavone. Ne facciamo un esempio citando versi come: "Malinconici muri/ smaltati di sole/ sul grigio d'un rotto/ orizzonte di monti/ lungo bianche contrade/ confuse nella gamma dei colori/ di sospiranti/ vegetazioni/ e nei profumi/ penetranti di cose/ che hanno del mistero e delle rose/ e non sono tali." ("Paesaggio pugliese" da *Io e il mio Sud*) nei quali, alla bellezza solare della terra e del paesaggio, si contrappone quel "e non sono tali" che implicitamente fa pensare a tutte le difficoltà ed i problemi che oggi pur tutti abbiamo, ma che, con valenza moltiplicata, esistono nel nostro straordinario Sud. Ma, nell'atto di sincerità della parola poetica, c'è in realtà quello più estremo dell'amore incondizionato verso ciò che si vorrebbe diverso, secondo una visione più allargata e universale dell'umanità. Nella distensione del canto, con conclusione epigrammatica talora, in forme strutturalmente diverse, nel senso della sintesi e della concisione nei confronti delle altre pubblicazioni, ci appare la poesia della raccolta intitolata *Poesia dove*, organizzata in un piccolo libro fuori commercio, dove l'autore propone il pensiero di una vita trascorsa, nel lavoro, nella famiglia e sulla scia della poesia, sempre vissuta nel luziano "fuoco della controversia" e nella lotta tra razionalità e emozionalità. Varie sono le tematiche, ma sempre di profondo significato, con conclusioni sospese sul vivere e sul difficile esistere, dove non manca una sottile, leggera ironia di fondo, che alla fine si manifesta come salvica risorsa della vita. Ne facciamo un esempio citando la poesia "Denaro" che recita: "Ossessione – Magia – Liberazione./ Solutore blindato d'ogni intoppo/ a portata di mano; il dio immediato/ senza retorica, nudo, tangibile./ come e più della pace;/ come e più ancora della libertà.../ il più invocato e amato, il dio segreto/ di tutti, sino al crimine./ Simbolo tuttavia.".

"Più della pace e della libertà" canta il poeta, relativamente al denaro, sintomo di tracce tutte umane del "non senso" che portano alla luce "gli inferi" di ciascuno di noi, evidenziati nel corto circuito della poesia. La poesia del piccolo testo fluisce tra lampi e barlumi, tra evidenze, oscurità e smarrimenti semantici, evidenzia come l'uomo "ctonio lo scibile, indomo tenace" sia capace di distruggere anche i beni della sua stessa vita come l'acqua e l'aria, così come si evince in "Kyoto 1999".

Pensatore creativo e originale, rappresentante della cultura mediterranea ed europea, il dottor Edio Felice Schiavone si pone all'attenzione del mondo della poesia per modernità di stile, di contenuti ed è, al contempo, poeta ben integrato, in quella schiera di medici, che da qualche decennio, contribuiscono allo sviluppo letterario italiano, con pregevoli opere.

Mario Sodi

Mario Sodi è nato a Siena, vive a Scandicci (Firenze).
Ha pubblicato e collaborato alle riviste "Atelier", "Città di Vita", "Il Rinnovamento", "Pietraserena", "Poesia" e alle antologie del "Premio David", del "Lerici-Pea", del "San Domenichino", della "Società Dante Alighieri", del "Monferrato", "NOSTOS - Poeti degli anni 90 a Firenze", ecc.

Ha pubblicato i volumi di poesia: *Il chiostro delle rondini*, 1988; *Il campo del vasaio*, 1990; *Amare Terre*, 1991; *I cortili del vento*, 1992; *Fatica di vedere*, 1993; *La scatola delle quattro lune*, 1994; *Le bandiere dell'Onda*, 1997; *Talita Kum*, 2000; per la prosa il libro di racconti *Il Giardino degli aromi*, 2007.

È presente in varie giurie, ha curato testi di letteratura e critica d'arte ed è operatore culturale.

Sue opere sono state tradotte in francese, inglese e russo.

Oltre la sua attività di scrittore, si dedica attivamente al Volontariato (è Presidente dell'A.I.D.O. di Scandicci).

Fa parte delle Associazioni "Città Alta", "Centro d'Arte Modigliani", "Pianeta Poesia", "Sguardo e Sogno", U.C.A.I..

Il simbolo risponde al bisogno di dare forma oggettiva alle concezioni dello spirito, aprendo, in tal senso, una finestra sull'infinito. La parola simbolo deriva dal greco "súmbolom" ed indica una rappresentazione analogica in rapporto all'oggetto considerato. L'abate Auber nell'*Histoire et Théorie du Symbolisme religeux*, a pag. 50, distingue quattro sensi che possono riferirsi al simbolo in generale: il senso letterale, allegorico, morale o tropologico ed infine anagogico. Il senso anagogico da "anagogé" (elevazione) ha senso mistico. Questo per dire che, per noi, l'intera opera letteraria di Mario Sodi, narrativa e poesia è permeata da simbolismo con carattere anagogico e con consistenza propria, attraverso la quale si può afferrare una relazione di significati, in quanto prima di significare essi posseggono già una loro natura, hanno cioè una loro antecedenza. Le regole precise e scientifiche del simbolismo di Sodi sono emanate dagli archetipi, parola che deriva dal greco "arché" e "tupos", prototipo ideale delle cose, o idea che serve da modello in rapporto ad altre. Cosa che si evince fin dalla prima lirica del testo *Chiostro delle rondini* dal titolo "Solo un esile raggio di luna" che nella seconda strofa recita: "...Resta il mistero/ di questo viaggio entro la terra./ L'angoscia e le voci segrete/ nel buio di questo tunnel,/ l'attesa di uno sbocco./ E lo sciame dei miei pensieri/ turbina e cresce nella mente/ senza un'uscita..." nella quale si può notare il lavoro di scavo attraverso un viaggio interiore: "Visita interiora terrae, rectificandoque invenies occultum lapidem" dall'apparenza senza sbocco, ma solo dall'apparenza poiché il poeta conosce: "La marea risorgente della luce" e la trasparenza dell'elemento equoreo, spesso ricorrente nella sua poesia, come gli "indecifrabili paesi" ed "il mio grande castello" ed ancora "un cristallo di luce fra i pianeti" tutte immagini indefinite ed "altre" che appartengono all'interiorità del poeta. Reale e archetipale al contempo, ci appare la figura della madre, vita che replica la vita, come la Vergine Maria, nel concetto cristiano di pura carità, invocata.

Per la collana "Piccola poesia" Sodi ha pubblicato *Il campo del vasaio* dove è frequente e reiterato il simbolo della "Luce" quale elemento cosmico di Metafisica Trascendentale e dove è conclamata, in una breve lirica, l'idea di "Resurrezione" con questi splendidi versi: "All'ora sesta/ si fece buio/ su tutta la terra./ Ma un bambino continua a lanciare/ sulla collina/ l'aquilone./ Ecco risale il fiume/ vento di Primavera.".

In *Talita Kum* il poeta si trova alle soglie del silenzio, religiosamente motivato e quindi collegato al divino, secondo un "continuum" esistenziale di base, proveniente dalla sfera interiore, agente sia dal punto di vista psico-spirituale che in correlazione con l'ambito psico-fisico, dove la quotidianeità è vissuta con partecipazione globale e integrata, con tutta la propria struttura esistenziale. Questa ci sembra la caratteristica della poetica ricerca di Mario Sodi, al centro della quale c'è la conoscenza del divino, senza dimenticare l'uomo, come composto di mente-sentimento-corpo, ma soprattutto di essenza spirituale con aspirazione alla Metafisica Trascendentale. Ma a parere nostro c'è ancora qualcosa di più, qualcosa spesso celato sotto il simbolo, l'allegoria, la metafora, che consiste nel vedere le cose nel loro "ante" e "post" che ha carattere profondamente iniziatico e si snoda nel filo aureo di un modo diverso di vedere ciò che ci circonda. Anche la scelta della copertina di

Talita Kum, che riporta un particolare del dipinto di Paul Gauguin dal titolo "Donde veniamo? Che cosa siamo? Dove andiamo?" è esplicativa e propedeutica all'interpretazione della raccolta, nella quale il campo religioso approda alla Rivelazione, attraverso il "libero esame". Concetti che si acclarano ancor più nella raccolta di prose poetiche o poesie in prosa di *Il giardino degli aromi,* dove secondo un riaffluire d'energie che rinfrancano, in un rievocare teneri sentimenti, è presenza costante la figura della "Madre" vera o archetipale, di sangue o alta Creatura, Vergine Maria che sia, comunque sublimamente simbolo d'amore, dolcezza, altruismo estremo, bellezza. I brani scorrono avvicinando il lettore al Creatore, alla luce, secondo un ritorno di dantesca memoria: "del lume che per tutto il ciel si spazia/ noi semo accesi" e sono di una bellezza estetica a non finire, proprio per quel sapere evocare la natura in senso animistico, e ci rimandano un'immagine d'autore, come egli stesso si presenta: "Sono ancora un ragazzo affamato della vita. Incauto predatore di sogni, alchimista e sciamano, so trattenere nella mia cera le impronte più lievi e lontane, il soffio di una nube, il colore di quelle rose...". Certamente più poeticamente non ci si poteva esprimere. E noi siamo certi che, assieme ad altri, Mario Sodi saprà cogliere l'eredità di Mario Luzi, di cui era estimatore ed amico.

Antonio Spagnuolo

Antonio Spagnuolo è nato a Napoli dove vive. È inserito in molte antologie e presente in numerose mostre di poesia visiva nazionali e internazionali; collabora a periodici e riviste di varia cultura, tra le quali: "Altri termini", "Hebenon", "Il Cobold", "Incroci", "Issimo", "L'immaginazione", "Mito", "Offerta speciale", ecc.
Attualmente dirige la collana "L'assedio della poesia" per Guida editore e la rassegna "poetry wave" in internet.
Ha pubblicato:
Per la poesia: *Ore del tempo perduto,* 1953; *Rintocchi nel cielo,* 1954; *Erba sul muro,* 1965; *Poesie 74,* 1974; *Affinità imperfette,* 1978; *I diritti senza nome,* 1978; *Angolo artificiale,* 1979; *Graffito controluce,* 1980; *Ingresso bianco,* 1983; *Le stanze,* 1983; *Fogli dal calendario,* 1984; *Candida,* 1985; *Dieci poesie d'amore e una prova d'autore,* 1987; *Infibul/azione,* 1988; *Il tempo scalzato,* 1989; *L'intimo piacere di svestirsi,* 1992;

Il gesto - le camelie, 1992; *Dietro il restauro*, 1993; *Attese*, 1994; *Inedito 95*, 1996; *Io ti inseguirò*, 1999; *Rapinando alfabeti*, 2001; *Corruptions*, 2004; *Per lembi*, 2004; *Fugacità del tempo*, 2007.

Per la prosa: *Monica ed altri*, 1980; *Pausa di sghembo*, 1994; *Un sogno nel bagaglio*, 2006; *L'ultima verità*, di Alferio e Antonio Spagnuolo, 2006.

Per il teatro: *Il cofanetto*, due atti, 1995.

È tradotto in francese, inglese, greco moderno, iugoslavo, spagnolo.

Nel volume *Ritmi del lontano presente* Massimo Pamio prende in esame le sue opere edite tra il 1974 e il 1990.

Dai volumi di poesia di Antonio Spagnuolo a noi pervenuti, intitolati rispettivamente *Infibul / azione, Dietro il restauro, Rapinando alfabeti, Corruptions, Per lembi,* emerge una originale ed intima "mise en abîme", nel segno di una parola simbolista ed ermetica nuova, con la quale il poeta ridisegna il mondo secondo un "bordeline" di conflittualità permanente con se stesso e con la sperimentazione letteraria di forma e contenuti, che egli realizza con uno stile di carattere movimentista, nel quale è presente una scia di sensuale piacere, che segna il confine tra vita ed il sogno di essa, come ben si evince dalla chiusa di "Nelle tue moine" che recita: "...Hai lasciato rispondere le fiabe/ prigioniere dell'alba." (da *Attese*) ed ancora leggiamo nella stessa raccolta: "...Il tuo scrigno spacca paradossi,/ sfiora verga all'affanno..." "Decompongo orologi alle frequenze" tanto per fare solo due piccoli esempi, che da soli rendono conto di un procedere poetico dove la disarticolazione musicale ed un coraggio dei sentimenti, espresso sensualmente senza filtri, mettono in luce uno stile del tutto individuale e personale, inimitabile, diremmo, per stilemi, di carattere semantico-archetipo, dove la parola poetica realizza se stessa: *Rapinando alfabeti* in un coacervo di materiali linguistici dissonanti, atti a rappresentare le ansie generazionali del proprio tempo, che non rinunciano, tuttavia, ad una complessità psicologica e conoscitiva. Dice bene Asor Rosa nel *Dizionario della Letteratura italiana del Novecento* a proposito del nostro poeta: "...l'adesione a un'idea psicoanalitica della poesia, intesa come affiorare di un elemento prelogico nell'esperienza mentale, comporta in Spagnuolo il rifiuto della sintassi vincolante, sul piano del linguaggio, come su quello del senso". In trame testuali ai limiti del silenzio, dove eventi minimi sono privi di mediazioni e divengono importanti, si snodano le liriche di Spagnuolo nel gesto essenzialmente creativo, e di costruzione intensamente vitale, dove è presente una Metafisica Trascendentale intravista, che è già mezza luce ed inizio, forse, di un nuovo corso di poesia.

Per la narrativa ci sono giunti i romanzi *Un sogno nel bagaglio* e a quattro mani *L'ultima verità (Un giallo napoletano)* scritto con Alferio Spagnuolo, giovane di quarantatré anni, che ha già pubblicato il romanzo *Nucleo impenetrabile*. Le vicende di *Un sogno nel bagaglio* si snodano, storicamente, nell'arco di un ultimo Novecento; il protagonista è un uomo semplice che vuol lottare poiché non si vuol arrendere alle sconfitte quotidiane portando con sé un proprio sogno. Il testo ha anche carattere descrittivo, ne facciamo un esempio riportando una frase: "...C'era lassù una quiete severa, in quell'ora del pomeriggio. Qualche uccello cinguettava tra le foglie, lo stormire degli alberi si fondeva con il mormorio del mare, che luccicava in basso, ed una vela lontana beccheggiava lentamente...", dove lo stile si rivela autonomo ed ispirato, in grado di interpretare attese da tempo sospese.

L'ultima verità è romanzo giallo, ambientato nella splendida città di Napoli, dove non mancano scorci di Mergellina e Posillipo, funestata dall'uccisione di una donna dal passato torbido. La polizia lavorerà per scoprire la verità, in realtà storie di droga, scommesse clandestine, truffe e tradimenti. La scoperta dell'assassino sarà "l'ultima verità" e l'approdo di giustizia della storia. Non mancano "suspence", emozioni e colpi di scena, del tutto coinvolgenti, fra gesto e segno, fra mente e senso, che meriterebbero una buona sceneggiatura e magari una realizzazione cinematografica, tanto la lingua emotiva si traduce in semantica denotativa e sintassi di comunicazione.

Abbiamo appreso dalle notizie biografiche che il poeta Spagnuolo ha scritto per il teatro ed è direttore della collana "L'assedio della poesia". Letterato dai grandi interessi ed aperture a trecentosessanta gradi, che non finisce di stupire.

Alessandra Tamarri

Alessandra Tamarri è nata a Firenze dove risiede, lavora in qualità di pubblico ufficiale presso una società afferente al Corpo di Polizia Municipale.

Scrive poesia e prosa fin da bambina.

Alla poesia approda con una raccolta dove sono presenti prose poetiche dal titolo *La radice dell'anima* dove ha scritto: "...storie ispirate a visioni che solo i piccoli cullano negli occhi sgranati, e incollavo poi le copertine dei quaderni a formare un libro, primo rudimento di un sogno accarezzato. Proseguendo gli anni il libro proseguiva tenendomi per mano, temprandosi nel tradurre segni interiori, luoghi vissuti o immaginati, ma con un nuovo compagno: il dolore di sé e della scelta. Fino a quando, nell'ultimo svolgersi, quei capitoli mi hanno superato frangendosi in versi: qui la Meta, il Dove compiuto nel Come, la Radice riappropriata di se stessa, che di Libertà innerva il terreno di un'imbrigliante disciplina...".

È socia del Centro d'Arte Modigliani di Scandicci, con Presidente Roberto Cellini.

Diceva Montale che la poesia è un diario del profondo, che a lei sono affidate le più alte istanze e che nei suoi migliori esponenti essa racchiude messaggi squisitamente filosofici, ma vogliamo aggiungere che è importante vedere com'è che essa dice tutto ciò e quale sia lo strumento della sua metrica, i suoi ritmi, i suoi accenti. Ebbene a queste premesse ci sembra aderire la poesia della giovane Alessandra Tamarri, anche se la sua lirica è senza dubbio ancora tutta in divenire, proprio per quell'essere contrassegnata dal fluire del passato nel presente a dare quel leggero tocco di pessimismo, e dal principio del movimento verso una difficile ricerca di significato e di senso nella vita che è poi cifra e tono timbrico della raccolta di cui si parla, divisa in due sezioni scandite da *exergo*. La prima sezione apre con la lirica "Il tempo" la cui chiusa recita: "...Il tempo: indicibile vento/ d'anime e segni,/ fregiato di voli/ che sempre dileguano,/ ma d'ogni attimo stillano/ il seme inalienabile." dove l'uomo, invaso dal tempo, all'interno di un fondale evocativo, sa stillare il seme della vita e dove c'è il sognabile di ogni esistenza. E quasi a codificare una propria dichiarazione di intento di poesia, tra luci ed ombre di coscienza, fluisce la lirica "Poesia" che nell'"incipit" recita: "Dal canto che urge/ mi vieni,/ non so se madre pietosa/ o istigante chimera:/ soave ferita mi salvi/ dalle piaghe dell'entro..." dove la parola è veicolo di verità cercata nella soffusa aura della metafora e del denso simbolismo. Ma Alessandra ama la parola volta alla comunicazione, per farsi amare ed intendere, con limpidezza di dettato. Ne sono testimonianza le acclaranti prose poetiche piegate, appunto, ad esplicare la più sintetica struttura dei versi, con vera sapienza di cuore e con capacità di superamento del dato meramente autobiografico, in un raggiunto fine universale. La raccolta, nella sua totalità si presenta in nodi esistenziali che urgono dentro, lasciati in sospese metafore dal riferimento indefinito, con propensione all'interrogazione e riflessione sui fatti della vita. Gli "incipit" sono di sicura scelta ed i mezzi espressivi, pur in via di maturazione, dimostrano già un impianto, una propensione alla scansione, alla partitura polifonica della frase, sia che essa si presenti lunga o più breve od epigrammatica, cosa che si evince anche dalla seconda sezione "D'amore" che da subito annuncia, quasi a voler chiarire: "D'amore so/ l'averlo mancato." nella quale la poesia è fertile e distesa, capace di realizzarsi narrativamente nella forma del poemetto, immerso nell'atmosfera dei meandri umani e linguistici che vivono di interrogativi partecipabili, che posseggono intrinseche risposte, già nell'immediatezza della loro formulazione, mentre i versi vanno a formare figure ed immagini sospese, pur geometricamente efficaci e vive. Ne facciamo un chiaro esempio: "Ti ho rubato/ l'ultimo fiato – / il mio era sospeso:/ soffiavi il velo/ che traspariva/ un'effige immutabile,/ ottusa l'anima/ allo spigolo acuminato/ della ragione... ("Ti ho rubato"), dove Alessandra percorre un viaggio amoroso che è dolorosamente icastico, ma lo fa con libertà interiore, di parola e di estetica di narrazione, diremmo a mo' di ballata moderna, scandagliando, ma anche sorreggendo il proprio cuore che si dibatte fra la necessità di vivere e la desolazione dell'assenza, nell'urgenza della poesia che scorre come la vita, arrecando inquietudine, ma anche catarsi dell'anima, come si evince da "La fine" che recita: "In lutto./ Nessuna smania a violarmi./ Fermo è il riflusso/ di cose sentite, pigliate, perdute./ Domani scriverò di un lucido frammento/ che io volli stella fulgida,/ da quel cielo infine rotolata/ come pietra greve a ferirmi il petto./ Ora mi addormento." dove si rende conto, attraverso la relazione del percepito e del sentito, della vera vita assente e del bisogno di silenzio, con l'interruzione di attività per mezzo del sonno, che è sospensione, ma pur sempre vita. Miscela di scrittura razionale con quella liberata, di pensiero diretto e libero, di caratteri tipografici e di disegni simbolici, quale mezzo di penetrazione negli strati profondi del mentale, questa della giovane Alessandra Tamarri, nella quale di sono tutte le premesse per addivenire a vette alte, con l'esercizio ed il confronto, s'intende, cosa che ella farà, non ci sono dubbi.

Imperia Tognacci

Imperia Tognacci è nata a San Mauro Pascoli. Ha conseguito la maturità Magistrale a Rimini. Dopo aver vinto il concorso Magistrale a Roma vi si è trasferita, interrompendo gli studi al Magistero di Urbino, per dedicarsi all'insegnamento.

Ama la poesia, l'arte, la natura e la sua terra, la Romagna. Si è sempre sentita accomunata al suo grande conterraneo, Giovanni Pascoli, nell'amore verso la terra natale e per la nostalgia della lontananza.

Ha pubblicato: *Tra sogno e realtà* (poesie), 1994; *Traiettoria di uno stelo* (poemetto), 2001; *Giovanni Pascoli - La strada della memoria* (saggio), 2002; *Non dire mai ciò che sarà domani* (romanzo), 2002; *La notte di Getsemani* (poesie), 2004; *Natale a Zollara* (poesie), 2005; *Odissea pascoliana* (poesie), 2006.

Sue poesie e recensioni sono apparse su diverse riviste letterarie quali "Silarus", "Oggifuturo", "Il Messaggio", "Sentieri Molisani", "Altiripinia", "Il Corriere di Roma", "Pomezia notizie".

Collabora assiduamente da diversi anni alla rivista culturale "La Procellaria".

È presente in molte antologie.

Imperia Tognacci è poetessa, saggista e narratrice. Ha al proprio attivo ben cinque raccolte di poesie tra le quali un prezioso poemetto intitolato *La notte di Getsemani* di evidente ispirazione religiosa, in versi liberi, nel quale l'autrice ripercorre la notte di sofferenza di Gesù, notte che impernierà di sé il cammino delle civiltà che vivono nel Cristianesimo e che poi è quella che precede il Calvario di Cristo, prima che donasse la sua vita sulla Croce, per salvare l'umanità dal peccato originale. Dai versi, che denotano convergenza assiologica, cioè di valore tra il Divino e l'umano, la vita e la morte, ben si evince come il cammino poetico effettuato da Imperia sia, al contempo, una rilettura del proprio cammino spirituale, come risurrezione ad una vita nuova. Notte di oscurità, dolore, smarrimento, ma alla fine: luce e chiarezza nella fede, che pur scaldano nel dramma anche l'animo del fruitore e che conferiscono alla poesia un carattere acclarante e determinante, tanto da far chiudere, alla poetessa, il poemetto, con versi decisi e sereni riferendosi al Signore: "...Si alzò deciso al dono gratuito/ della sua vita. E abbracciò la croce." sigillando in tal modo, sinteticamente e consapevolmente la drammaticità del momento, non per enigmi ma secondo il vero essere delle cose realmente accadute. Poemetto, dunque, quale esperienza spirituale di contemplazione-elevazione-sacrificio-trasformazione, secondo un paolino rapimento al terzo cielo, di chi vuol omaggiare in versi il proprio Redentore. Segue nel tempo la narrativa, espressa nel romanzo *Non dire mai cosa sarà domani* che va a tracciare un cammino, per quadri, di normali vite di donne che si chiamano: Maria, Paola, Rosa, Adele, Loretta, Letizia, Brunella, Ninetta e soprattutto Lei "Imperia" che, malgrado i modi che attanagliano la società, costella magicamente e sottilmente di eventi l'intreccio letterario, con una forza apotropaica, panica e corroborante, che è dono poetico alla prosa, descrivendo un paesaggio che ha in sé le "vestigia Dei" ed è microcosmo che riflette, ficinianamente, il macrocosmo, nel quale è serenamente vivere, malgrado tutto, ma soprattutto dove: "Non dire mai cosa sarà domani". Il romanzo, per i riferimenti a Dante Alighieri e all'amato Pascoli, ma anche per eleganza di forma e correttezza grammaticale e sintattica, ci rimanda l'immagine di un'autrice colta e raffinata, capace di realizzare una scrittura scorrevole e piacevole alla lettura. In ordine di tempo l'autrice pubblica un prezioso testo di saggistica *Giovanni Pascoli - La strada della memoria* per tenere viva la memoria dell'indimenticabile autore di *Myricae* suo compaesano, con il quale è in empatica armonia. Il libro è suddiviso in capitoli che servono a mettere a fuoco la personalità del grande romagnolo, che sono così suddivisi: *"Pascoli e l'ambiente"*; *"Pascoli e il dolore"*; *"Pascoli e l'uomo"*; *"Pascoli e la poesia"*; *"Pascoli e la critica del Croce"*; per ultimo è riportata una nota bibliografica scritta di pugno da Pascoli stesso, in occasione della Sesta Edizione di *Myricae*. Fanno seguito altre due raccolte di poesia *Natale a Zollara* e *Odissea pascoliana*. Della prima, il prefatore Pasquale Matrone dice: "La poesia di Imperia Tognacci nasce da un'ispirazione autentica e, nel contempo, rivela di essersi nutrita di buona letteratura: i classici, le Sacre Scritture, Giovanni Pascoli, Giacomo Leopardi, i contemporanei". In questa poesia della Tognacci c'è l'impronta – per usare una sua parola – della terra in cui è nata, anzi c'è il "soffio caldo" di quella terra. Infatti è proprio nel "setacciare colli e calanchi/ perlustrare fondali, per rinnovare/ la fedeltà a questa terra feconda" "Confluenza di itinerari" che la poetessa ritrova il proprio paesaggio d'anima. In *Odissea pascoliana* scrive nella prefazione Giuseppe Anziano: "L'opera si presenta come dialogo-monologo con il poeta secondo una comunanza di idee ed un empatico afflato per mezzo di un cammino che conduce verso la speranza". Infatti, nei due poeti c'è il medesimo paesaggio, colto nello svariar di stagioni, e simili elementi esistenziali, che vanno a creare quel "fil rouge" che attraversa la loro poetica e che sa dare veramente un'anima a tutte le cose.

Domenico Totaro

Domenico Totaro è nato a Monte Sant'Angelo (FG), si è laureato in lettere classiche a Bari. Ha insegnato nelle scuole medie delle province di Varese, Milano e Foggia.

Nel 2007 ha pubblicato la sua prima opera letteraria, un racconto dal titolo *La notte di Sant'Anna*.

L'insegnante Domenico Totaro, con originalità stilistica e secondo un "continuum" che si organizza per unità narrative, si cimenta in letteratura con il racconto *La notte di Sant'Anna*. Ed è proprio sul terreno dello spaccato neorealista e memorialista che si connota la strategia culturale dell'autore, che divulga la conoscenza di fatti realmente accaduti a Monte Sant'Angelo in Puglia, caratterizzati da sano moralismo di fondo, da ceti sociali semplici, ma dotati di antica umanità, in forma intimamente dialogica che si realizza per mezzo di un intreccio di voci e secondo una periodizzazione con impostazione sostanzialmente sincronica e sinottica, dove non mancano piccoli segni dialettali, quali minime infrazioni, che vengono utilizzate dall'autore per una corretta pronuncia, quale simbolo dell'alfabeto fonetico internazionale, mentre la z è sempre aspra e, quando scritta con un puntino sopra, ha suono dolce, al contempo, la vocale scritta in maniera accentata ha suono prolungato, come sostiene lo stesso autore, in una nota al testo. Tanto era essenziale dire per spiegare il criterio adottato nella scrittura del testo, che va a caratterizzare, poi, i personaggi che popolano la scansione narrativa nelle varie forme di resa letteraria, nel dipanarsi di situazioni e riflessioni e nell'esigenza stessa di descriverne le azioni, i paesaggi, la natura e i singoli particolari, che sono poi la voce rifratta dello stesso autore. Ne facciamo un esempio, trascrivendo uno stralcio, che recita: "...Un lungo boato percorre il cielo, come colpi di artiglieria in successione. Nel buio più fitto Michelino scoppia a piangere. La mamma lo stringe a sé; io tastoni allungo la mano, so dove sono i fiammiferi, ne strofino uno e accendo la lampada. Mangiamo il pane bagnato nella scodella. Mio padre parla dei suoi fatti di lavoro, vuole distrarci, ma nessuno gli dà la corda. La mamma divide in quattro l'uovo e dà a ciascuno di noi un pezzettino, poi va a prendere delle olive...", dove c'è tanta sacralità, nella ritualità di una parca cena, mentre si avvicina la tempesta, foriera di lutti e di eventi che hanno del prodigioso. È evidente che, in tal senso, Domenico Totaro va a rispettare, attraverso una verosimiglianza espressiva, la provenienza storico-geografica, ma soprattutto sociale, degli stessi protagonisti del racconto, creando movenze e dialoghi, che rispecchiano alla perfezione quelli realmente avvenuti. Ed è così che la storia di Libero Troiano, personaggio reale e ancora vivente, si dipana nel testo in tutta la sua drammaticità che, per ossimoro, avrà un lieto finale a sorpresa, ma che non raccontiamo, per non sciupare la "suspence". Il riferimento dei fatti, realmente accaduti, è alla notte di Sant'Anna, quando sembrò che acque torrenziali, cadute con tuoni e fulmini dal cielo, volessero spazzar via la città dell'Arcangelo Michele. Vi furono molti danni ed alcuni morti, ma Libero Troiano, si salverà, miracolosamente e prodigiosamente. Questi gli emozionanti fatti della narrazione, efficace per quello sciorinare una gamma semantica ricca di coloritura, con periodi fratti ed esatta punteggiatura, dove non manca un deciso lavoro lessicale. Ma come dice la nota nel fondo di copertina, la letterarietà del testo è avvalorata da: "...Fanno da cornice i ricordi d'infanzia dell'autore, che via via riaffiorano nell'età dello stupore, quando il mondo è magico e ineffabile. Anche le piccole cose emozionano e si imprimono nell'animo. Se ne avverte la bellezza, la semplicità, la schiettezza.". Ed aggiungiamo che anche le due belle stampe, tratte dal calendario 2007, dell'Istituto comprensivo "V. Amicarelli" di Monte Sant'Angelo e raffiguranti rispettivamente: la Piazza di San Francesco e la Chiesa di San Giuseppe, nella loro lineare e severa esecuzione in chiaroscuro, aggiungono esteticamente e artisticamente pregevolezza al testo, divenendo assieme alla natura descritta sempre efficacemente, paesaggio d'anima, "res extensa" e meditazione, al contempo. Dunque, scrittura di un autore che ha consapevolezza del proprio lavoro, con una sua corretta funzione culturale, ma capace altresì di farsi leggere amabilmente e divertire i lettori, numerosi crediamo.

Michele Urrasio

Michele Urrasio è nato ad Alberona (FG), vive ed insegna a Lucera da molti anni. Dal 1996 insegna anche all'Università della Terza Età. Si interessa all'Arte del Novecento, ma specialmente alla letteratura italiana contemporanea; è giornalista e dirige la rivista "Fortore" e il quindicinale "Il Nuovo Foglietto". È stato direttore del mensile di cultura "Tholus" e redattore capo del periodico culturale-letterario "Opinioni libere".

Ha pubblicato le seguenti opere di poesia: *Fibra su fibra*, 1965; *Ancora un giorno*, 1970; *Nel visibile ed oltre*, 1974; *Dal fondo dei Dolmen*, 1977; *Lettere dall'Inferno*, 1981; *Il segmento dell'esistenza*, 1983; *La metafora della parola*, 1990; *L'infinita pazienza e altri poemetti*, 1992; *Il nodo caduto*, 1999; *Le pietre custodi*, 2003 e *Tempo senza tempo*, 2005.

Ha pubblicato inoltre: *La pittura di Leonardo De Santis*, 1980; *La pittura di Giancarlo Scoppitto*, 1988; *L'umanità poetica di Giacomo Strizzi*, 1989; *Contemporaneità e lirismo nella pittura di Luisa Marinari*, 1989; *Enrico Venditti, l'uomo e lo scrittore*, 1989; *Giovanni Postiglione - Miraggi*, 2000; *Le emozioni di Renato Guttuso*, 2002; *Morena*

Marini - *I termini della nostra identità,* 2003; *Il dialetto dauno nella poesia e nella prosa,* 2004.

Ha curato, in collaborazione con Giuseppe De Matteis, la pubblicazione dell'opera omnia di Michele Caruso, *Pe' l'occhie du' penzére,* 1992 e l'edizione dell'opera omnia di Giacomo Strizzi, *Poesie dialettali,* 1992.

Difficile e poco significante toponomastica poetica sarebbe il voler percorrere tutto il cammino artistico della ricca tematica di Michele Urrasio, in così breve spazio, per cui per dire qualcosa di efficace ci affideremo al ritmo incalzante delle immagini poetiche ed alla traccia che esse hanno lasciato in noi. La raccolta dall'emblematico titolo *Le pietre custodi* più che essere un libro antologico è un florilegio, nel quale sono state incluse liriche appartenenti ad altre raccolte, secondo l'indicazione di estimatori e critici, come osserva anche il prefatore Donato Valli, raccolte dal titolo rispettivamente: *Nel visibile ed oltre, Il segmento dell'esistenza, La metafora della parola, Il nodo caduto,* che costituiscono poi un simbolo concreto e molteplice della complessità di posizione del poeta Michele Urrasio, per le suggestioni del caso esistenziale e quelle rappresentate dal caso più squisitamente letterario, sul quale già si sono espressi molti eminenti critici. Fin dalle prime liriche entra nella pagina la storia privata del poeta, caratterizzata dall'archetipo dell'ombra che è poi privato simbolo dell'assurdo vivere. Recitano infatti gli "incipit" di "Due accordi per un'ombra": "Ora ti so la mia ombra inquieta./ Compagna dei miei passi/ nel silenzio, dei ritorni/ sotto cieli di nuvole dove il corvo/ stride il suo lamento...." ed ancora: "Ora ti so la mia ombra vana./ Ho disperso le parole tue/ nelle ceneri del tempo,/ e più non so se pietà o amore/ ti legò al mio verso...." (da *Nel visibile ed oltre*), dove c'è ricerca di un "Ubi consistam" che è poi voce di liricità interiore per districarsi dal groviglio dell'assenza. Ed anche se c'è dialettica e ricerca tra semplicità euclidea e tensione psichica, nel fluire della poesia, da questo iato fiorisce la parola poetica con la quale si ribadisce ancora, nella chiusa della lirica, che prende nome dallo stesso verso: "...E resto qui nell'ombra/ a mordere i miei giorni con rabbia." (da *Il segmento dell'esistenza*), dove c'è ancora tensione che parte dall'interiorità come un ghirigoro surreale, che produce solitudine, iniziando proprio dalle tonalità inferiori della psiche, svegliando la coscienza verso un'ascesi pensata e sognata, dove la poesia possa raggiungere una vera consistenza. Cosa che sappiamo, giungerà con la raccolta *Tempo senza tempo*. E comunque, nel florilegio, si avverte la presenza, nei versi, di una duplice voce di richiamo, caratterizzata da quella terra cara ad Archita e ai Pitagorici, quasi a testimoniare l'assunto di quella Puglia amara e dolente, che ha bisogno di essere amata, come richiede lo stesso poeta, per riempire la propria solitudine, anche se vi è qualcosa di più e di diverso della solitudine connotativa della natura umana. Vi è adombrata, infatti, una forma di silenzio interiore fatto di tufo, di calce, di "pietre custodi" come i muri bianchi delle case di Puglia. Dice, infatti, il poeta nella chiusa di "Dialogo": "...Non oso tentare l'enigma:/ non ha certezze il vero./ Freme al di là della siepe/ dove, stretto al pendio che scoscende,/ dialoga con il vento/ l'ultimo frammento di ginestra." (da *Il nodo caduto*), dove elementi, clima, simboli, sono arcani portatori dei sentimenti e dei poteri segreti dell'artista artefice, in questo caso, del suo mondo misterioso nel quale c'è: "...il sentore delle palme/ d'Africa il vento che scompiglia/ gli orizzonti: il gabbiano/ scrive a chiare geometrie/ il suo tormento e l'onda/ leviga a sassi d'aria/ il tessuto del cuore... conforto alle nostre incertezze.". Si tratta certamente del "favonio", vento affocato che spira dai deserti d'Africa, bruciando la terra con il suo caldo alito, mentre l'onda leviga sassi nel cuore. Poesia, dunque, che non indulge a preziosismi descrittivi, che sa rendere, con vivezza e incisività la forte bellezza dei luoghi, assieme allo spirito delle cose e dell'anima, mentre il cuore si scioglie nella dolcezza di un amore panteistico, per una sacralità ancestrale che tutto pervade. Sacralità che si fa "urlo nel silenzio", come voce di Dio nella raccolta *Tempo senza tempo*, dove una solitudine silenziosa e discreta spinge il poeta a meditare il "nulla" delle umane vicende e il tutto dell'Eterno, dell'idea, del pensiero, che emanano dalla stessa goccia luminosa che pervade di sé la vita dell'uomo. E tutte le spiritualissime liriche si snodano in tal senso, citiamo ad esempio "Oltre il labirinto", per la sensazione di leggerezza verso cieli più ospitali ed aperti che fa intravedere e che recita: "Oltre il labirinto/ delle tue parole il mistero/ si fa conforto e luce./ Segno di vita è l'acqua/ che nutre il salice/ dei nostri affanni./ Ora anche l'aridità/ delle zolle diventa seme:/ germoglio fecondo/ negli steli di labbra mute.", versi che suonano come sorgente di grandi emozioni, questi, ricchi di spaziosità universale proveniente dalla meraviglia della poesia. E tutto ciò è indice che il suo creatore è già nel giusto e nel buono, anche se nell'arte, si sa, non c'è mai un punto d'arrivo, ma a noi sembra che Michele Urrasio abbia già raggiunta una vigorosa maturità, che potrà offrire ancora mirabili sorprese.

Sebastiano Ventresca

Sebastiano Ventresca è nato a Torre dei Nolfi, comune di Bugnara, e risiede a L'Aquila.

Autodidatta. Ha prestato servizio dapprima come insegnante, poi come impiegato, presso l'Ispettorato scolastico e il Provveditorato agli Studi di L'Aquila.

Si interessa di poesia, narrativa, archeologia e cultura popolare tradizionale.

Ha pubblicato le seguenti opere: *Dissonanze,* liriche, 1965; *Costruzioni,* romanzo d'amore, 1969; *Zizzerlino il cococciaro,* romanzo per ragazzi, 1976; *Gli abitatori della vasta pianura,* romanzo di fantascienza, 1981; *Quando Afrodite,* poesie d'amore, 1982; *Approdi,* liriche, 1988; *Ivan il rosso,* poesie civili, 1990; *Il segreto dello scantinato,* romanzo, 1995; *Sedimentazioni,* racconti sugli uso e costumi e sulle credenze popolari abruzzesi, 2000; *Tempo di passione,* poesie religiose, 2006.

Ha collaborato ai seguenti periodici: "La Vallisa", Bari; "Rivista Abruzzese", Lanciano; "Oggi e Domani", Pescara; "Ju Zirè", L'Aquila; "Il Corriere di Roma"; "Confronto", Fondi-Latina; "Sardegna Magazine New", Cagliari.

È presente in alcune Antologie e in due Storie della Letteratura italiana del secondo novecento.

Alcuni suoi libri di prosa sono stati adottati in diverse scuole medie, come testi di narrativa.

In qualità di appassionato di archeologia, ha scoperto una stazione del Paleolitico, una necropoli italica e un insediamento romano del periodo imperiale.

È innegabile che Sebastiano Ventresca, come narratore, esprima l'abilità dello scrittore che propone icasticamente personaggi e situazioni, attraverso una serie di riferimenti precisi che configurano, agli occhi del lettore, quadri chiari e circostanziati, che posseggono il costante intendimento di trasferire i dati concreti in una sfera che ne accresce le possibilità interpretative. Con ciò alludiamo alla narrativa del romanzo di fantascienza *Gli abitatori della vasta pianura* che rimanda l'eterna storia del Bene aggredito dal Male, dove l'ipotesi dei "Semi" è implicito concetto creazionista in contrapposizione all'idea materialista ed evoluzionista, ancor oggi dilagante nel mondo, da quando Darwin l'ha formulata. I temi del romanzo sono sapienziali e propedeutici, per questo adatti ad essere proposti a giovani studenti, essendo essi di carattere astrofisico, geofisico, archeologico, fantascientifico, con le conseguenti considerazioni di natura ideologica, morale, sociale e religiosa, quindi educativi.

Dal romanzo *Il segreto dello scantinato* citiamo un brano, per rendere palese l'idea della tematica di base del testo, senza svelarne la trama, che recita: "L'uomo dallo zigomo sfregiato annuì ripetutamente. – Tutto risolto. Due settimane fa abbiamo sottoposto una cellula ad uno speciale trattamento a base di composti organici vegetali e, sia pure per un brevissimo lasso di tempo, si è decuplicata, sì da riempire più della metà della provetta in cui era sistemata. È stato un momento magico ed esaltante, che nessuno di noi del gruppo potrà mai dimenticare", dove è evidente che lo scrittore mette a fuoco il concetto che non c'è più limite alla incontrollabile mancanza di confini etici e deontologici della ricerca, divenuta in alcuni casi molto discutibile.

A proposito della raccolta *Sedimentazioni*, racconti sugli usi e costumi e sulle credenze popolari abruzzesi, l'Editore Federico Gabrieli, molto acutamente nota: "...Opera, infatti, non comune quella di mettere a disposizione del patrimonio spirituale della società, idee e pensieri, con i quali si vuole lanciare un "messaggio" all'evoluzione della nostra storia.". Infatti la raccolta è suddivisa in cinque parti, che si integrano vicendevolmente, e titolate rispettivamente: *"Usi e costumi"*; *"Fantasmi"*; *"Maghi e credenze varie"*; *"Streghe e diavoli"*; *"Canti popolari e altro"*, sezioni che sanno andare "dentro al fuoco" dei problemi fino al profondo cuore d'Abruzzo, sia dal punto di vista antropologico che psicologico, alla ricerca della libertà primigenia e secondo una coralità di voci e di punti di vista che appartengono alla vera narrativa.

Per la poesia abbiamo a disposizione le raccolte *Ivan il rosso*, *Una vita d'amore* e *Tempo di Passione*.

Ivan il rosso è raccolta dove, grazie alla bravura del poeta, si evidenzia un dramma, a tutto tondo, finalmente, che è stato del primo comunismo e della società italiana al contempo, quello del compagno Ivan, appunto, ponendo in scena un trentennio, caratterizzato da genocidi, anni di piombo, terrorismo ideologico e reale e tutto ciò che l'ideologia della falce e del martello storicamente ha apportato di orrendo nel mondo. In tal senso il poeta va controcorrente, in quanto gli intellettuali del periodo di riferimento avevano una collocazione quasi unidirezionale, tolto rari esempi, e scrive a proposito versi significativi, ironici e satirici che recitano: "...Tu sei ovunque,/ si dica ONNIPRESENTE,/ e hai prerogative da ONNISCIENTE./ Sei del filo rosso tu,/ è il tuo maneggio,/ con quattro mani fisse sul "Viareggio"....." ("Ivan l'intellettuale"). E sappiamo, per certo, che ciò è realmente accaduto!

Una vita d'amore è vero e proprio canzoniere dedicato a "Lei", donna simbolo, archetipo d'amore, anche se poi ha riscontri nella realtà. La raccolta infatti è divisa in otto sezioni con nomi diversi di donna, nelle quali una combinazione di segni e suoni conferiscono espressività e fisicità al fluire dei versi, dove non mancano passaggi narrativi.

Il commovente monologo *Tempo di Passione* è opera religiosa, corredata da bellissime immagini riproducenti famosi scorci di opere di: Cima da Conegliano, Giotto, Rodolfo Oreste Luzi, che aggiungono preziosità e drammaticità alla pur bellissima poesia. La voce narrante del monologo è quella dello stesso Redentore, che racconta: "L'Arresto, Il Processo, L'Imposizione della Croce, Prima Caduta, L'Incontro con la Madre, Il Cireneo, La Veronica, Seconda Caduta, Le Pie Donne, Terza Caduta, La Spoliazione, La Crocifissione, La Morte, La Deposizione, La Sepoltura" secondo un intimismo sacrificale che commuove.

Umberto Zanetti

Umberto Zanetti è nato a Bergamo dove vive. Completati gli studi superiori, ha diretto l'ufficio editoriale dell'Istituto d'Arti Grafiche di Bergamo, quindi ha diretto il periodico "La Penna".
È socio dal 1968 del Circolo Artistico Bergamasco.
Ha rappresentato la Lombardia nell'ambito dell'Associazione degli Scrittori dell'Arco Alpino con sede a Udine.
È socio dal 1966 dell'Associazione Nazionale Poeti e Scrittori Dialettali con sede in Roma e delle più importanti accademie culturali italiane.
Ha fatto parte del comitato scientifico del Centro Regionale di documentazione degli studi sulle lingue e le letterature della Lombardia con sede in Busto Arsizio.
Per la Provincia di Bergamo ha curato nel 2002 un'antologia critica delle poesie bergamasche di Giacinto Gambirasio e nel 2004 un'antologia delle poesie bergamasche dell'abate Giuseppe Rota.
Dirige una collana di letteratura dialettale bergamasca per la casa editrice "Grafica e Arte" di Bergamo; per essa ha curato le raccolte postume delle poesie dialettali di vari autori.
Suoi componimenti figurano in varie antologie nazionali.
Le sue opere monografiche sono: *Poeti dialettali bergamaschi del Novecento,* 1965; *Sonetti in dialetto bergamasco,* 1966; *La pittura di Ermenegildo Agazzi,* 1968; *Buonumore bergamasco (con Davide Cugini),* 1970; *L'insurrezione bergamasca del 1848 vista da un austriacante,* 1971; *Nuove poesie in bergamasco,* 1972; *Pàder e s-cèt (sonetti berga-*

maschi), 1974; Sonetti giocosi in bergamasco, 1974; Ballate in bergamasco, 1975; Gandaie spantegade, 1976; Nostalgia della terra bergamasca, 1977; Scritti di Davide Cugini, 1977; La cà di memòrie, 1977; La letteratura dialettale bergamasca del Novecento, 1978; Grignì, pensér e làcrime, 1978; Poesie dialettali bergamasche (saggio antologico), 1978; Ol Gioàn di bòghe, (un atto buffo in bergamasco)*, 1979; La mia Bergamo, 1979; Migle, 1980; Brase del foglà, 1980; La tòr di poiane, 1981; Volti e mestieri di Bergamo scomparsa, 1983; Öltem dialèt, 1983; Vecchie botteghe in Bergamo, 1983; Bergamo d'una volta, 1983; Biligòrnie de sul e de lüna, 1985; Paesi e luoghi di Bergamo, 1985; Passeggiate bergamasche, 1986; Versi superstiti, 1987; Magia di Bergamo, 1990; Berghèm de sass, 1990; Leggende di Val Brembana, 1993; Il monastero di Sant'Egidio a Fontanella di Sotto il Monte, 1993; Rapsodia bergamasca, 1993; Visioni di Lombardia, 1995; Lombardia fuori porta, 1996; Mé dialèt, 1996; Città nobili di Lombardia, 1998; I òtre paròle, 1998; Il fiore della poesia in bergamasco, 2003; La grammatica bergamasca, 2004; Cör in amùr, 2005.*

Collabora a quotidiani, a pubblicazioni monografiche, scrive prefazioni, è oratore ed operatore culturale.

Nessuna regione italiana ha avuto una storia linguistica unitaria e nessuna di esse può fare a meno delle proprie radici linguistiche, tanto meno in poesia, che trae la propria linfa vitale dal patrimonio collettivo, dalla cultura intesa come sedimento della tradizione di un popolo. Nel caso specifico sarà necessario dire come i bergamaschi siano rappresentanti di una tradizione dialettale che si manifesta in modo distinto ed originale, rispetto alle altre varietà lombarde. Distinzione sostanzialmente giustificata sia sul piano fonetico che su quello della letteratura dialettale. Infatti è più facile non riscontrare differenze tra il piemontese ed il milanese, che tra il milanese ed il bergamasco. Sappiamo che la Lombardia è terra classica di simbiosi gallo-italica e che le principali città corrispondono ai territori delle tribù galliche, in tal senso Bergamo corrisponde alla tribù degli Orumbovii, mentre l'accesso alla latinità, che pur c'è stato, si fonda essenzialmente sui due passaggi del Po a Piacenza e Cremona, attraverso i quali avvenivano i contatti con i popoli di lingua latina; per questo i popoli lombardi ed i loro dialetti, in genere, ne hanno una illuminazione indiretta, mentre conservano, ab imis, una natura gallo-italica, con tutto ciò che ne consegue dal punto di vista dell'esposizione grammaticale e fonetico-lessicale. Umberto Zanetti, raffinato letterato bergamasco, fedele alla bellezza delle sue radici linguistiche, scrive poesia in dialetto, per esaltarne la bellezza tematica, tonale ed etica e sottolinearne le differenze con la lingua italiana, proprio nel recupero delle parole della storia. La sua poesia si avvale di contenuti e tematiche varie, passando dalla denuncia sociale, alla poesia d'amore che ben si lega alla suggestione della poesia romanza, fino ad arrivare al registro metafisico, in ampio respiro lirico e neoumanista, cosicché il poeta diviene portatore di una cultura più consapevole, dove non ci sia emarginazione delle minoranze linguistiche, ma l'omniscenza dell'uomo che ha ereditato la vecchia cultura e creato la nuova. Tutta una lirica realistica, dunque, colta nella totalità più assoluta di fedeltà alle tradizioni orobiche, secondo un discorso poetico asciutto, senza forzature filologiche, tendente a salvare l'antica germinazione spontanea di un linguaggio popolare da una fine certa, nella quale potrebbe avere un ruolo determinante anche il fenomeno della globalizzazione, che ormai non è più in divenire ma in essere, e che tende a schiacciare tutto ciò che è "minoritario". Citiamo alcuni versi in dialetto ed in lingua, per facilitarne la lettura, che recitano: "Terassì de cimènt. Rösa malada/ presunéra d'ü vas de tèra còcia/ come la s-cèta biònda del tèrs pià/ che la se tèca ai fèr de la ringhiéra/ per vardàga a l'asfàlt del curtilèt...." (Terazina di cemento. Rosa ammalata prigioniera di un vaso di terracotta come la fanciulla bionda del terzo piano che si attacca ai ferri della ringhiera per guardare l'asfalto del cortiletto) ("Cà de periferia" (Case di periferia) da *I òtre paròle*). Si può notare come le assonanze ed il ritmo nel dialetto, assumano tonalità evocative più musicali. Citiamo per bellezza la raccolta *La cà di memòrie*, nella quale Luigi Olivero, nella prefazione dice: "...Zanetti è un genuino fabbro di poesia. E "Poesia [è] la mùsica delle idee", secondo l'aforisma di Vincenzo Monti. È la Supersignora di tutte le arti, la più incantevole delle nove divine sorelle domiciliate alla Fonte Castàlia, che da vent'anni ha il proprio apparecchio radio ricetrasmittente sintonizzato con quello cuore-mente di questo suo costante fedele d'amore...". E non ci meravigli il parallelo, essendo i "Fedeli d'amore" seguaci di Dante Alighieri e suoi fratelli in poesia. In una raccolta del 2005 dal titolo *Cör in amùr*, nella lirica che sigla la chiusura, il poeta dice: "Oh il paradiso, l'eterna primavera,/ la terra in mezzo al mare, verdeggiante di boschi,/ cercata da tanto tempo e mai trovata/ a causa delle tempeste. Eppure c'è,/ da qualche parte, bella e fortunata,/ l'isola della pace e dell'amore...." "L'isola della vita", volendo con ciò significare una sua difficile ricerca, simbolica e reale di pace e di amore, proprio là nell'isola dove si dissolvono i crocevia dei tempi, "fra effluvi/ di balsami nell'aria" nel respiro forte dell'anima, che sa scuotere le tenebre del dolore. Poeta radicato nel tempo e fuori del tempo, che ne infrange le spire stringenti, per chiamare a sé la vita, col "medium" della edenica parola poetica, nell'universalità del linguaggio d'amore.

Appendice di Aggiornamento al Primo Volume

Domenico Agnello

Domenico Agnello è nato a Grotte (AG) risiede a Verona.

Ha pubblicato le raccolte: *come quando*, 1984; *Parole per Klee*, 1987; *Campionario (con preghiera e dedica)*, 1990; *Sonetti*, 1993.

Sue poesie si trovano nelle antologie: *Tautologia '86; La trasparenza della voce*, 1990; *ContrAppunti perVersi*, 1991; *La conservazione dell'oggetto poetico*, 1993; nella cartella di litografie di Mario Marconato *Dallaterracalancolucanailsole*, 1981; sulle riviste letterarie "Salvo imprevisti", "Tam Tam", "Lettera", "Tracce".

Sue poesie sono state tradotte da Carlos Vitale, su "Cristal", "La gata Itzzela" (Spagna), "Babel (Argentina) e sui numeri 4 e 6 di "Viceversa" (foglietto stampato da Carlos Vitale).

Nel Dicembre 2006 ha pubblicato il libro di sonetti *Verde mio verde*.

L'ultima opera poetica pubblicata da Domenico Agnello è del 2006, ed è caratterizzata dal simbolico titolo *Verde mio verde*.

Avevamo già detto che, in virtù ed in relazione della diversa situazione dell'uomo contemporaneo, la poetica di Agnello, prendendo le distanze da svolte letterarie precedenti, si affianca ad un'età di avanguardia per reiterate forme strutturali, stilistiche e linguistiche sperimentali, in una raggiunta felicità espressiva, dove non manca una sottesissima ironia. Non vorremmo, con questo, racchiudere un'opera così complessa, in aride schematizzazioni, ma renderla, semmai, ancor più viva e flessibile. Ma al di là, formalmente, di come "si dice", vogliamo evidenziare come in essa sia presente una tensione dialettica esistenziale che origina dolore ed antinomie simboliche che popolano la scansione letteraria del testo, colta nella vitalità del verde, che è ricerca di identità, anche edenica, di una persona che sfugge ad ogni omologazione. Dall'antico simbolismo sappiamo che il verde è luminosità silenziosa e vibrazione che pervade, invade, placa progressivamente, mentre come ideogramma esso è simbolo di Venere e di purificazione al contempo, per questo il poeta a questo colore si ricongiunge, con profondo "nostos" letterario, in un cammino talora a ritroso nel tempo, come si evince frequentemente nelle liriche ed in modo particolare nell'"incipit" di "La polvere rosse del tramonto" che citiamo: "A un tratto vidi/ la polvere rossa del tramonto./ Era come i tuoi capelli. La luce/ allagò le valli, il silenzio/ eterno dei monti fu una voce/ altissima/ per fare ala al passaggio/ della tua giovinezza verde/ nella campagna verde./ Non volevo che finisse la gloria/ di sole nei tuoi occhi assorti./ Eri più bella/ dei mandorli in fiore del tramonto...", nella quale l'eccellenza estetica del verde, crea un'atmosfera rarefatta ed un indicibile fascino, contro l'arido deserto dell'esistenza.

Ci ricorda Maria Grazia Lenisa, nella prefazione: "Il libro ha una sua parte sperimentale dedicata al poeta Dante Maffia, IN FORMA DI SONETTI (Piccolo sonetto filologico) che recita: ...ah vieni qua che ti acciuffo/ innegabile verità identità tra/ significante e significato...", vezzo riscontrabile anche nella Lenisa stessa e in Mariella Bettarini, che amano comunicare attraverso la poesia.

Brandisio Andolfi

Brandisio Andolfi è nato a Casale di Carinola; fin da bambino vive a Sessa Aurunca (CE), dove studia al Liceo-Ginnasio "Agostino Nifo". Si laurea in Lettere Moderne presso l'Università degli Studi di Napoli "Federico II" ed insegna nelle Scuole Secondarie di Stato. Si trasferisce a Caserta e qui continua la sua attività di docente, poeta, scrittore e saggista.

Ha pubblicato tredici libri di poesie: *Riflusso,* 1985; *Nel mio tempo,* 1986; *Oltre la vita,* 1988; *Ai limiti del silenzio,* 1990; *Sulla fuga del tempo,* 1991; *La voce dei giorni,* 1992; *Aprire la finestra,* 1993; *Come zampilla l'acqua,* 1995; *Il diario della sera,* 1996; *Alberi curvi d'acqua,* 1997; *Il mondo è la parola,* 1998; *Dentro la tua presenza,* 1999; *Dettati dell'anima (poesie 2000-2004),* 2005; un opuscoletto critico-analitico su *Vincenzo Rossi,* 1998, un altro su *Gaetano Andrisani Poeta,* 2000; e su *Rudy De Cadaval,* 2005; una vita storicizzata, *Muzio Attendolo Sforza - Un condottiero alla corte di Giovanna II di Napoli,* 2001. Ha pubblicato un libro di memorie personali e storiche dal titolo: *I luoghi della memoria - Usi, costumi, mestieri, tradizioni e ricordi di guerra a Sessa Aurunca negli anni 1930-1970.*

Nel 2007 ha pubblicato la raccolta di poesia *Ricordi e riflessioni.*

Collabora a riviste nazionali e internazionali di letteratura.

È inserito in molte antologie e studi critico-letterari; è presente nella pubblicazione *International Who's Who in Poetry and Poets' Encyclopedia,* a cura dell'International Biographical Centre di Cambridge, Inghilterra.

E fra un volume e l'altro della nostra "Letteratura" Brandisio Andolfi riceve il primo premio "Aeclanum" per la poesia edita, che citiamo per l'eccezionalità dell'evento, come fa rilevare nel suo articolo Rudy De Cadaval su il "Corriere di Roma" del 19/3/2007, in quanto voluto dal Presidente di giuria Giuseppe Giacalone che non ha potuto presenziare alla premiazione per sopraggiunta morte. Il nostro aggiornamento è volto all'opera di narrativa storica *Muzio Attendolo Sforza - Un condottiero alla corte di Giovanna II di Napoli*, che viene a colmare, con narrazione retrospettiva, una lacuna storica, attraverso una struttura linguistico-narrativa-logica-sequenziale. Si parte infatti con l'evidenziare che il condottiero Attendolo, di provenienza romagnola e contadina, fu padre di Francesco Sforza, Duca di Milano e principe del Rinascimento, che diviene Duca per aver sposato la figlia unica di Filippo Visconti, Bianca Maria. Ma la fortuna e la storia degli Sforza ha origine a Marsciano, ridente cittadina dell'Umbria, in quanto Francesco era nato da una relazione di Attendolo con una bellissima giovane marscianese, dopo una convivenza "more uxorio", da qui se ne evince che un destino era segnato, con tutto ciò che il novello Duca fu per Milano. Il testo si realizza secondo un codice ermeneutico con riferimenti chiari, con ordine nitido di analessi e prolessi, secondo una logica narrativa che predilige l'aspetto umano dei personaggi evocati, mentre le considerazioni sui costumi, le abitudini, il potere rispecchiano i tempi contestuali, fermandone l'universalità.

Nel 2007, Brandisio Andolfi pubblica la raccolta di poesia *Ricordi e riflessioni* dove c'è consapevolezza e presa di coscienza di ciò che c'è e ciò che resta dell'esserci, come: la voce, i ricordi, i sogni, gli scorci d'ambiente e d'anima, radicati nel tempo. Un corposo testo dell'universo culturale-antropologico del poeta, stilato come figuralità e semantica indifferenziata, pregnante di sentimento e di passione, con forte connotazione civile e religiosa, che ci rimanda un autore completo, come giustamente dice Dante Cerilli nella conclusione della sua nota critica al testo: "…Brandisio Andolfi appare come scrittore completo di interessi e di stile, figura di sicuro rilievo nel panorama post-novecentesco."

Angela Aprile

Angela Aprile è nata a Canicattì (AG) e risiede a Palermo dove ha compiuto gli studi. È docente T.I.C. (Tecniche di comunicazione e informazione) presso un Istituto Superiore di Bagheria.

La sua frequentazione con l'ambiente letterario è recente, anche se è da molti anni che compone.

Ha pubblicato i seguenti libri di poesia: *Crisalide d'amore*, 2002; *I palpiti dell'amore*, 2003; *Incantesimo d'amore*, 2003; *Le mie ali ti lascio per volare*, 2004; *Orizzonte d'amore*, 2004; *Poesia del cuore*, 2005.

Ha pubblicato anche le seguenti sillogi in Antologie: *Crepuscolo del cuore*, 2003; *Oltre quel cielo*, 2005; *Corolla di emozioni*, 2005 ed è presente anche in alte prestigiose antologie, tra cui: *Poesie d'amore per il terzo millennio*, 2006.

Nel 2006 ha pubblicato: *Mosaico di emozioni* e *Incantesimo Eterno*.

Nel 2006/2007 è stata inserita in numerose antologie di poesia e narrativa, tra cui ricordiamo: *Cento Poeti per l'Europa del terzo Millennio* con l'Accademia il Convivio; *Un orizzonte di voci*, antologia di poeti contemporanei.

Altre poesie "selezionate" saranno prossimamente inserite nelle antologie *I Poeti del S. Domenichino* e *Poesia oltre i confini* (opera bilingue - italiano/inglese).

Da una rilettura essenziale e riepilogativa o dall'esegesi delle ultime due raccolte di poesia di Angela Aprile, dal titolo *Mosaico di emozioni* e *Incantesimo eterno*, è riscontrabile una fondamentale continuità di pensiero, di stile e di sentimenti amorosi prevalenti nei temi, freschi di una sempre presente ed incantata tenerezza, che non escludono, tuttavia, un tangibile crescendo che conduce la poetessa, per vie più aeree e spirituali, da "Fedeli d'amore" diremmo, che hanno caratterizzato la poesia d'amore del "Dolce Stil novo". L'oggetto del canto e d'amore, infatti, tende ad identificarsi con la via che conduce alla Trascendenza, come ben si evince da versi che recitano: "Divinizzerò con l'uomo il sentimento/ che in alto mi conduce, verso le vie del cielo (incipit) …Ti eternerò, perché sei luce e simbolo/ del sentimento vivo, che ti dono così." ("Divinità d'amore" da *Mosaico di emozioni*).

È così anche in questa raccolta, dall'ampia strutturazione della quale, nella densità espressiva dei versi lunghi e nella inventiva figurativa delle immagini, Angela Aprile colloca ancora la sua speranza d'amore terrenamente delusa, nell'arduo tragitto celeste e "altro". Citiamo ad esempio versi che recitano: "Miele è il sapore d'amore corrisposto,/ che gusterò, lassù, quando ci incontreremo,/ fra le colline d'indaco, perlate d'amaranto,/ che il sol ci porgerà, per benvenuto./ Indaco, l'emozione che coglierò con te,/ entro lo spazio di un sentimento immenso,/ che i cuori fonderà, in un pianeta solo…." ("Nettare e miele" da *Incantesimo Eterno*), dove la ragione e l'equilibrio per sfuggire all'opacità plumbea del reale, trova il suo "ubi consistam" nell'Altrove, con l'illuminante lampada della creatività, che sa trasformare l'opacità in luce vivida. Angela ripercorre quindi il cammino di "Eros" nel "Fedro", divenendo il delirio filosofico che porta l'anima a contemplare sulla terra le forme dell'Essere che diverranno assolute, nel sacro che si manifesta nella bellezza d'amore.

Lilly Brogi

Lilly Brogi, è nata a Livorno e vive a Firenze, dove lavora come pittrice ed operatrice culturale. È presente in Toscana come esperta d'arte antica e moderna. È anche poetessa e scrittrice, ed organizza, secondo una forma multimediale, nella sua galleria "La Pergola", sita nel centro storico di Firenze, letture di poesie, nell'ambito di mostre di pittura, creando un "unicum" prezioso dell'arte, molto apprezzato dalla critica giornalistica e televisiva.

È presente in varie antologie: *I Poeti dell'Arca,* 2004; *Rassegna poesia e musica,* 2005; *Poesie d'amore per il terzo millennio,* 2005.

Ha pubblicato nel 2005 il volume di racconti *Toscana ...Cave canem - Tra leggenda e realtà*, che è stato presentato alle "Giubbe Rosse" di Fiorenzo Smalzi.

Nel 2007 ha pubblicato la raccolta di liriche religiose *Un soffio di vita*.

Nel 2006, la Regione Toscana, ha messo a disposizione la sua sede per una mostra antologica di pittura, che ha ottenuto successo di critica e di pubblico. Sempre in omaggio all'unità tra Pittura e Poesia, l'Artista ha eseguito dieci ritratti a Poetesse fiorentine.

È Presidente dell'Associazione "Pergola arte" che ha istituito l'omonimo "Premio Letterario" di cui è Presidente Lia Bronzi.

Come già preannunciato nella biografia del primo volume della "Letteratura Italiana - Poesia e narrativa dal Secondo Novecento ad oggi", è uscita la raccolta di liriche religiose *Un soffio di vita* di Lilly Brogi, dedicato alla nipote Carlotta Maria, in versi che suonano nell'incanto e nell'esaltazione dello spirito, ma anche in respiri d'anima e di mente, nel recupero degli ipogei della coscienza, verso una comprensione più aperta e gioiosa della Trascendenza. Infatti, partendo proprio dall'abbrivio delle piccole cose del quotidiano, ma anche dagli affetti più cari,

Lilly approda a catartiche verità, attraverso la meditazione e l'afflato con la natura, come solo un buon pittore sa fare, dove non mancano paniche, animistiche e panteistiche interpretazioni, per giungere a Dio, sempre attraverso l'amore, sentimento più volte reiterato nella raccolta, come unica condizione di vita vera. Citiamo al riguardo l'"incipit" di "Ghirigori d'amore" che recita: "Volo di rondine/ un benefico vento/ l'accompagna. Al suo/ nido sempre torna,/ la guida amore./ Vita mia ricolma/ di cose gentili create/ dalla fantasia,/ non conosce appiglio,/ rifugio amico,/ svolazza libera nell'aere/ del nulla...".

Per Maria, madre di Gesù, la poetessa scrive il suo canto più bello dal titolo "Ringraziamento" che chiude il testo, quasi ad invitare tutti a confidare nel grande amore archetipale e universale di madre; lirica dedicata alla Madonna di Montenero (Livorno) e per la quale Lilly dice: "...Armonia arcaica viva,/ solo silenzio:/ preghiera di ringraziamento.".

La piccola, ma preziosa raccolta è corredata da bei disegni della stessa autrice, nel movimento di bimbi che giocano festosamente, con il sole trino, stelle, mondi, lune e piccoli paesini con casette arrampicate, in atmosfere di delicata innocenza, come la stessa poesia.

Paolo Broussard

Paolo Broussard è nato a Pizzo Calabro (CZ), ma risiede da molti anni a Colleferro (Roma). Ha insegnato filosofia e storia nei licei.
Della sua produzione letteraria, ricordiamo:
Per la poesia: *L'acqua gli stenti e le disperazioni*, 1949; *A Chopin*, 1949; *Album d'inverno*, 1955; *Tornare a casa*, 1957; *Tempo di redenzione*, 1957; *Spazio ardente*, 1958; *La lupa*, 1960; *Galassia criterion*, 1963; *Il cubo*, 1978; *Logotica*, 1978; *Quia absurdum*, 1984.
Per la saggistica: *La concentrazione*, 1954; *Libertà dello scrittore*, 1956; *Interpretazione del Natale*, 1960; *Educazione sessuale*, 1964; *Il neologismo*, 1965; *Note su Marcuse*, 1968; *Ipotesi e deduzione nel rapporto arte-ergonomia*, 1970; *Perscrutazione artistica e super- lavoro mentale*, 1977; *Presenza umana nella biosfera*, 1979; *Psicologia dell'infortunio*, 1979; *La perscrutazione nelle arti*, 1980; *Diacronia galluppiana*, 1991; *Filosofare e cristianesimo*, 1993; *Musica e metafisica*, 1995; *Metafisica del pervasità*, 2000.

Nel 2006 esce il libro di Guido Cimino dedicato a "Paolo Broussard poeta" (figlio della forte terra di Calabria trapiantato a Colleferro), curato dal critico letterario Dante Cerilli. Anche noi lo usiamo per ripercorrerne, quale aggiornamento, le più importanti tematiche. L'intera opera di Broussard: filosofia, teologia, poesia, si inserisce senza dubbio come apporto culturale e novità in questo già avviato primo decennio del terzo millennio, proprio per il forte codice della cifra letteraria in qualsiasi genere essa si realizzi, regolata da normatività religiosa incalzante, quale mezzo compenetrativo e di comunicazione. L'intera opera broussardiana annuncia una filosofia teologica di positività, con sferzanti interrogativi atti ad evidenziare tutto ciò che sfugge al brusio assordante della cultura contemporanea, dove il culto del "nulla", del niente, del vuoto, che caratterizza alcune delle ossessioni e dei luoghi comuni della "vulgata al negativo" scientifica-filosofica-letteraria odierna, ci sta portando verso un crollo rovinoso ed improvviso. Basterà riallacciarsi a ciò che Broussard aveva scritto in *L'acqua gli stenti e le disperazioni* che citiamo: "Siamo ciò che potremo,/ non siamo in ciò che ora stimiamo/ perché non vogliamo./ Immaginosamente/ ci scarnifichiamo;/ atavica ansia di noi?/ Allora perché *pretendiamo* Dio,/ *l'inattingibile*/ un *non–nome*/ *al di fuori* di spazi razionabili,/ di enti concettuabili,/ di forme perenni,/ non legato a cosmi,/ fuori della stessa intellezione/ del *fuori*, pace del nulla?" (III cap.).

Interrogativi ai quali il poeta dà diverse risposte di carattere armoniosamente cosmico. Citiamo alcuni versi da *Quia absurdam* per bellezza poetica: "Brillare tra i fiori ed incarnare il profumo/ è questa la coscienza della vita./ Il "prima" e la "fine" si compiono/ nella libertà di tutte le immagini assetate di luce." quale implicita risposta di un uomo "di valore" del nostro tempo, che non cerca ricompense (se non morali) alla propria virtù, andando contro corrente, in un mondo dove è l'"avere" e la "logica di mercato" a primeggiare e non: "immagini assetate di luce".

Giuseppe Antonio Brunelli

Giuseppe Antonio Brunelli è nato a Milano e risiede a Firenze, è stato docente universitario, e allievo del poeta e professore francesista Diego Valeri, tra i primi critici a segnalarlo nel 1948 e 1949 quando l'editore Garzanti gli pubblicò le due prime raccolte di poesie: *Se canto se rido se gioco* e *Le cascate d'agosto*. Sempre nel 1948 tradusse l'opera:

Villon, Sei ballate, autore di cui Brunelli si occuperà anche in seguito. Altre due importanti sue raccolte sono state le: *Poesie per Giovanna* e *Concerto per Palma,* nel 1983 e nel 1995. Tradotto in francese da Ben Félix Pinô, alias Sicca Venier, è nei: *Poètes d'Italie, Des origines à nos jours,* 1999, in spagnolo da Amparo Garcìa Morgado e suoi allievi nell'Antologia: *Rive nel tempo – Riberas en el tiempo,* 2003, e nella successiva Antologia del 2005. Tra il 1999 e il 2004 le sue poesie sono state tradotte anche in veneziano da Attilio Carminati. È presente in prestigiose Antologie come: *I Poeti dell'Arca* e *Poesie d'amore per il terzo millennio.*

È vicepresidente della "Camerata dei Poeti" di Firenze.
Nel 2007 ha pubblicato il libro *Il più bel Credo.*

Avevamo già effettuato un "excursus" sull'opera Brunelliana nel I volume della "Letteratura Italiana - Poesia e narrativa dal Secondo Novecento ad oggi". Nel riaffermare ciò che avevamo scritto, ci apprestiamo oggi, a prendere in esame con piacere la raccolta *Il più bel Credo,* opera ultima di Giuseppe Antonio Brunelli che, da subito, si presenta come l'elaborato spirituale di un poeta che, pur prendendo atto dei limiti dell'età che gli è stata assegnata di vivere, intende far valere tutto il peso morale, artistico e religioso della propria presenza, nel mondo, con una comunicazione poetica di grande sincerità e afflato religioso. Il poeta, infatti, sembra ormai accorgersi di vivere un momento definitorio, originario e assoluto all'interno dell'esperienza immanentistico-trascendentale che, da sempre, lo ha contraddistinto in letteratura, secondo un modo di essere sostanziale che è poi identità del suo essere parte nel Tutto, in un contesto onmicentrico. Citiamo ad esempio la lirica che dà il titolo alla raccolta: "Il più bel *Credo/* è quello che prorompe/ dal tuo labbro nel buio,/ nel sacrificio, nel dolore:/ sforzo e dono supremo/ d'una infallibile volontà di bene./ Quel *Credo* allora è come una folgore/ che squarcia le tenebre dell'anima./ Nel balenar della tempesta/ sulle onde t'innalza/ e d'onda in onda ti conduce a riva/ fino al Padre, a Dio." nella quale il poeta afferma che sia dal dolore, come dal bene l'uomo può trarre la "luce" di cui ha bisogno per vivere e, da "Homo aestheticus" che sa combinare cultura e natura come creazione cosciente e deliberata, con il profondo senso religioso della vita, canta il "Deus absconditus" in modo onnicomprensivo, passando dalla bellezza naturale a quella artistica per mezzo della parola poetica, per elevare a Lui le sue lodi più belle, quale moderno "frate Francesco". Del resto non è forse con l'arte che l'uomo imbocca la via diretta per comprendere l'Assoluto, anche al di là di ogni riflessione o speculazione, secondo un processo interattivo tra letteratura, vita e religione? In tal senso *Il più bel Credo* non è solo intuizione o sentimento, ma il momento concreto in cui il percorso religioso si realizza e si esprime con un originale linguaggio di creazione e invenzione ma anche di mimesi e rappresentazione, secondo un "unicum" globale di grande effetto comunicativo. Non è un caso che la preghiera-poesia dal titolo italiano "Nel nome del Padre e del figlio e dello Spirito Santo" tradotta in latino dallo stesso poeta, sia stata pubblicata dalle Sorelle Clarisse di San Gregorio in Sicilia, con approvazione ecclesiastica del Vescovo di Acireale nel 1987, quale "Requiem Trinitario" divenendo in tal modo anche moderna forma multimediale dell'arte, colta nell'aspetto religioso-lirico, che Giuseppe Antonio Brunelli, con preparazione e maturità teologica, vuol comunicare anche agli altri.

Marianna Bucchich

Marianna Bucchich è nata a Parma e discende da un'antica famiglia dalmata dell'isola di Hvar. Si è laureata in Lettere moderne all'Università di Bologna. Vive a Roma.

Ha esordito nel 1972 nell'antologia *Le madri*. Ha pubblicato i volumi di poesia *Il sogno dalmata*, 1976; *La dama di compagnia*, 1981; *Il bosco viennese*, 1987.

Per la narrativa ha pubblicato *Il valzer di compleanno*, 1992; *Casa in transito*, 1999 e nel 2007 *Le zie sulla riva del mare*.

È inserita in varie antologie fra cui *Europa in versi - La poesia femminile del Novecento*, a cura di Luce d'Erasmo e Gabriella Sobrino; nei volumi *L'altro Novecento - Vol. III; La poesia etico-civile in Italia, Vol. IV; La poesia etico-religiosa in Italia*, a cura di Vittoriano Esposito; *Poesie d'amore - In segreto e in passione. Le più celebri poetesse italiane di oggi*, a cura di Francesca Pansa; *I poeti dell'Arca*, a cura di Angelo Manuali; *L'altro Novecento - Vol. VII - La poesia impura*, a cura di Vittoriano Esposito; *Poesie per Karol*, a cura di A. Clementi e Anna Manna; *Poesie d'amore per il Terzo Millennio*, a cura di Lia Bronzi; *Tempo di luce - Fiamme di guerra*, a cura di Silvana Folliero; *A Roma i poeti*, a cura di Anna Manna; *Antologia di Voce Romana*, a cura di Nadia Angelini e Marcello Vigna.

Nell'Aprile del 2007, Marianna Bucchich, pubblica il libro di narrativa *Le zie sulla riva del mare*. Vien subito da domandarsi: è testo di introspezione autobiografica? Questo non può interessare più di tanto, anche se i protagonisti dei fatti narrati hanno senza dubbio sottaciuti nomi eclatanti e di tutto rilievo nell'ambito della letteratura contemporanea, poiché il procedere squisitamente letterario del testo è tale da offuscare qualsiasi rilievo di carattere biografico. Quello che appare evidente è che l'autrice riesce a fare immergere fatti, personaggi e luoghi totalmente nella realtà e, con sguardo oggettivato nel disincanto del ricordo, affila le sue armi di lucida analista, mentre con notevole cultura aristocratica ed umanista si muove in spazi contestuali contemporanei con capacità progettuale, raccontando fatti ed episodi di una società mitteleuropea con un genere narrativo del tutto personale che si allontana dall'"establishement" letterario di moda, raggiungendo un risultato assai notevole nello svecchiamento prosodico attuale, che si avvale più della richiesta del mercato che del valore reale delle opere. Il risultato dovrebbe essere l'apertura ad un pubblico più consapevole, proprio per quei rimandi e stilemi culturali che fanno del rigore in tal senso una ragione del suo essere scrittrice e poetessa di livello, lontana dai moduli narrativi volgari e di promozione politica.

Le zie sulla riva del mare risulta essere testo pregevolmente illuminato, poiché riesce a rianimare un contesto geografico, con luoghi come Trieste, Parma, Roma, in cui la protagonista vive ed ha vissuto, ed al contempo fa rivivere le ragioni umane, esistenziali e liriche che hanno reso endemicamente vivibile la vita dell'autrice, nel bene e nel male, ridefinendo il proprio ruolo e accordando con equilibrio gli strumenti della comunicazione letteraria, senza sferzante sarcasmo e disgressione intellettuale, anche quando si parla di "lui", protagonista maschile del libro, che pur nel male ha saputo agire. Il risultato è quello di una creazione di alcuni territori ideali dove potersi muovere, nei quali c'è partenza e ritorno con interrelazione profonda, che in realtà poi sono costitutivi dello statuto letterario di Marianna Bucchich, che già avevamo precedentemente apprezzato e che sa ancora sentenziare: "..."La pace dovrebbe iniziare nel sentiero della vita di due esseri umani"... Fra me e Uberto, che all'inizio ci tenevamo per mano, il sentiero si è trasformato in un'autostrada spesso intasata nella quale ci siamo dispersi..." (Capitolo "Io e Uberto"). Dove il viaggio e i lemmi dello stesso campo semantico s'incontrano, ad indicare una dimensione esistenziale o a stabilire una metafora testuale di grande efficacia.

Sara Ciampi

Sara Ciampi è nata a Genova, città dove risiede insieme al padre Franco (bancario) e alla madre Livia Capozzi (biologa ed ex insegnante). Nel 1995 si è diplomata al Liceo Linguistico "G. Deledda", dopo aver interrotto gli studi ufficiali a causa della tubercolosi polmonare. Attualmente studia ed opera a Genova in qualità di scrittrice tradizionalista, di critica letteraria e dove coltiva la sua passione per la scienza e per la politica. Sin da giovanissima ha rivelato una forte attitudine per la letteratura e ha iniziato a scrivere le sue prime composizioni in poesia ed in prosa all'età di 14 anni, spinta anche da seri problemi di salute e varie malattie tra cui la scoliosi e la malaria.

Ha pubblicato: *Momenti* (poesie), 1995; *Malinconia di un'anima* (poesie), 1999; *La maschera delle illusioni* (racconti), 1999; nella primavera 2000 la sua tesi di laurea H.C. su "Giacomo Leopardi"; *Rassegna di novelle e di canti* (libro trilingue: italiano, inglese, spagnolo), 2000; *La mia vita* (autobiografia dei primi 25 anni di una scrittrice), 2003; *I giorni dei cristalli (Una testimonianza storica sul G8 di Genova del luglio 2001)*, 2006. Queste pubblicazioni sono state inserite nel Centro Mondiale della Poesia e della Cultura a Recanati.

È presente in antologie, dizionari italiani ed esteri ed anche in enciclopedie ed inserita nel volume *Storia della Letteratura Italiana del XX secolo* e nella relativa parte antologica.

Nel 2001 l'Università "International Academy of Culture and Political Science" (registrata presso l'UNESCO e l'ONU) le ha conferito la Laurea H.C. in Filosofia.

È stata candidata al premio Nobel per la Letteratura nel 2001, nel 2002 e nel 2007.

Nel 2006 gli U.S.A. le hanno conferito la "Gold Medal For Italy" per la sua attività letteraria.

La ricerca poetica dell'ultima raccolta di Sara Ciampi, che è anche ottima narratrice, rivela un carattere composto per temi come avevamo già rilevato nelle opere precedenti, dove sono presenti: la condizione esistenziale, l'incomunicabilità, la solitudine, la difficile realtà storica e quotidiana, ma anche l'amore per la legalità e per gli altri in senso universale. La raccolta si snoda secondo i canoni di una elegia elegante, stimolante la m«editazione, ma anche controcorrente, poiché non sono pochi gli pseudo-intellettuali che vanno di moda e che siedono in dorati seggi, sventolando le bandiere di un falso pacifismo, a profanare anche la letteratura. Dunque, fuori del coro, Sara, si esprime sia per accenti lirici, che con toni di denuncia, estesa ad "exempla", secondo un registro che disegna lo spaccato storico attuale italiano e mondiale, sortendo nel lettore un effetto di mimesi. In tal senso, questa poesia si riappropria della capacità di riportare un ordine etico attraverso l'esposizione di momenti cruciali della realtà, dai quali trarre le dovute conseguenze, le suggestioni liriche, le profonde affabulazioni, caratterizzate da un appena percettibile colloquiare con gli altri. Nasce così la trilogia dell'"incipit" della raccolta, come: "Il corpo di polizia", dove vengono giustamente gratificati gli agenti per il loro coraggio, e non processati come tristemente ci è stato dato di vedere. "11 Settembre 2001" che nasce dal "Nostos", dalla drammatica malinconia per il ricordo di giorni che hanno scioccato e segnato il mondo. "Alle future generazioni" nella quale si offre ai giovani grumi di vita vera, ricchi di spessore etico, senza alchimie linguistiche. Una trilogia propedeutica, dove c'è palese l'indicazione di un "neoumanesimo" da perseguire quale peso di vita vera. Quindi la raccolta prosegue con versi che ci ricordano i disastri ecologici, ai quali si deve porre rimedio, e che si condensano nella lirica "All'umanità", che riconferma l'identità fra rispetto per la natura e poeta. Con ellissi verbali pacate, ci appare "Il sentiero dei ricordi", dove il tema del passato è affrancato da quello più avvertito della nostalgia e dal giudizio critico in senso negativo nei confronti di una società senza valori, il tutto a rivelare un intimo passaggio fra i diversi stati d'animo, secondo una descrizione visiva e figurativa. In "Lacrime" si passa, paradossalmente, dalla lirica pura e semplice, come un palloncino che vola, sfuggito dalle mani di un fanciullo, a considerazioni allargate all'umanità, che la poetessa accoglie nella propria fisicità, nell'interrogarsi continuo tra la propria soggettività e il mondo esterno, sospeso tra divenire e permanenza, dove si posiziona anche "La Clessidra" lirica nella quale si dice che forse la: "…cieca follia/ di qualche scellerata nazione/ scatenerà guerre nucleari/ capaci d'annientare il mondo intero/ mentre nella clessidra del Destino/ cadrà alla fine l'ultimo granello.".

Tutte tematiche storiche attuali, quindi, filtrate e mediate dalla voce lirica che, per ossimoro, le rende astratte nella loro simbolicità, quindi universali. Anche quest'anno Sara è stata ricandidata al "Nobel per la Letteratura" riconosciuto merito, al quale ci uniamo convintamente.

Carmelo Consoli

Carmelo Consoli è nato a Catania, ma da molti anni risiede a Firenze, dove ha terminato i propri studi e dove lavora.

È poeta e membro del consiglio direttivo del Centro d'Arte Modigliani di Scandicci - Presidente Roberto Cellini e socio del Circolo poeti e scrittori di Empoli.

Ha pubblicato due raccolte di poesie: *Il canto dell'eremita*, 2005 e *Percorsi quotidiani (Poesie di strade, piazze, innamoramenti)*, 2006, testo più volte presentato, con positivi riscontri di critica e di pubblico, in varie associazioni culturali fiorentine.

Nel 2007, Carmelo Consoli completa e dà alla stampa la sua nuova raccolta di poesie che, emblematicamente titola *Eppure mi sfiorano le stelle*, dalla quale si evince che proprio per quel ricercare indifessamente la coscienza della vita e la lealtà dello stesso vivere, l'evoluzione poetica, spirituale ed artistica in questa nuova raccolta, in "nuce", già suona lessicalmente in esplicazione di vaste risonanze, sintetizzando con una fraseologia matura e chiara il senso d'infinito implicito, fra picchi d'arte e sensibilissime vibrazioni del cuore, che il poeta avverte nel rimodellarsi quotidiano a valenze superiori per serene illuminazioni, con capacità d'ascolto dei più piccoli o più assordanti rumori dell'esistere. Dall'esegesi del sé e del mondo contestuale in cui egli vive o ha vissuto, secondo un'aulodia di spiccata sensibilità umana, qual è la sua, come ci è stato dato di constatare dalla sua frequentazione, fluisce una poesia lirica, ma anche sociale e civile, con graduale conseguimento di versi precisi, attinenti la costituzione dell'essere umano e la sua aspirazione alla bellezza, all'amore ed alla Trascendenza, punto di riferimento costante anche nelle altre pubblicazioni, tanto che la nuova raccolta apre e chiude con due liriche rispettivamente intitolate: "Eppure mi sfiorano le stelle" e "Alla fine" a testimoniare la sua tensione spirituale verso l' "Alto", secondo uno spazio ideale che è anabasi poetica stessa, dove l'atteggiamento si fa preghiera di timbro ontologico e colloquiale con Dio padre e dove la capacità di fare aderire con straordinaria interiorizzazione la parola al pensiero è totalmente riuscita, per estrema duttilità versificatoria. Per quello che attiene la poesia civile non possiamo fare a meno di pensare ad un altro siciliano, Salvatore Quasimodo, che versificò: "Sei ancora quello della pietra e della fionda/ uomo del mio tempo" sintetizzando con poche parole un dolore immenso per lo stato del mondo. Al pari suo, Carmelo Consoli evidenzia mali ancora più gravi, come ad esempio in "Bambini soldati" che recita in due strofe: "...Sepolti candori/ nel sangue delle fosse,/ fiori di campo/ in attonite terre,/ adolescenze negate/ allo stupore,/ al pianto./ Oh Dio quale terribile/ pena di noi uomini/ queste praterie/ di antiche vergogne.", assolvendo, in tal modo, al compito di comunicare sentimenti ed idee che rispecchino i fermenti della propria epoca, in rivolte presso poteri devastanti, non solo vissuti individualmente, ma con commovente universalità, indotti come sono da una profonda ondata di "pietas" che lo investe, che ha del sentimento di religiosità la connotazione.

La raccolta si divide in quattro sezioni: *"Visioni"*, *"Aeree vibrazioni"*, *"La terra dei limoni"*, *"Deliri quotidiani"* che appartengono all'universo culturale e antropologico del poeta, dove le pulsioni dell'inconscio per il "non detto" subiscono una subliminale catarsi.

Dal punto di vista formale, con il ricorso alle anafore, alle metafore, al simbolo e talora ad alcune forme reiterative, pur sempre nella semplicità espressiva del metro, talora lungo altre volte più fratto, ma sempre incisivo, Consoli sa realizzare una musicalità ben dosata ed efficace che rende la poesia agevole e moderna e di piacevolissima lettura.

Roberta Degl'Innocenti

Roberta Degl'Innocenti vive ed opera a Firenze. È poetessa, scrittrice ed operatrice culturale. Ha pubblicato tre libri di racconti: *Il venditore di palloncini e altre storie*, 1995-97; *L'Azalea*, 1998; *Donne in fuga*, 2003 e tre raccolte di poesia: *Il Percorso*, 1996; *Colore di donna*, 2000; *Un vestito di niente*, 2005.

È organizzatrice del premio di poesia *Semaforo Rosso* ed è Vice Presidente del Centro d'Arte Modigliani.

È inserita in quattro Antologie: *Slanci e partecipazione - 15 poetesse fiorentine; Parlavi alla luna giocavi coi fiori, omaggio a Fabrizio De Andrè; Novelle per il terzo millennio; Poesie d'amore per il terzo millennio*. Collabora presso la rivista letteraria "Punto di Vista" ed è presente nell'Atlante Letterario Italiano. Ha al suo attivo molte positive critiche letterarie.

La sua opera letteraria è stata più volte presentata presso prestigiose Associazioni culturali, che la vedono, al contempo, infaticabile presentatrice, a sua volta, di poeti, scrittori e pittori.

Nel 2007 ha pubblicato il libro di "fiabe per grandi e piccini" *La luna e gli Spazzacamini*.

Roberta Degl'Innocenti, pubblica nel 2007 *La luna e gli Spazzacamini (fiabe per grandi e piccini)* e, come Gozzano, Moretti e Gatto, unitamente ad altri autori presenti nella nostra storia letteraria, si va a misurare, oltreché con la poesia e la narrativa, anche con la Letteratura per l'infanzia. Dal punto di vista storico, alla fine dell'Ottocento, con lo scopo di debellare l'analfabetismo scolastico, nasce l'interesse di curare un tipo di letteratura adatta all'infanzia. Ne sarà il capostipite Carlo Lorenzini detto "Collodi", con l'opera artistica *Pinocchio*, che realizzerà l'aspetto ludico con elementi estetici e surreali, curiosità ed avventure, divenendo uno dei libri più letti al mondo. Gli faranno seguito: Collodi nipote, Salgari e Vamba, assieme ad altri. Ma per concretizzare una libera letteratura per l'infanzia bisognerà arrivare al dopoguerra, con scrittori e poeti come Bontempelli, Buzzati, Landolfi, Moravia e la Morante, ma anche Calvino e Pontiggia, Gina Lagorio, Campanile e Chiara che, con un linguaggio semplice, dedicheranno una parte delle loro opere ai ragazzi. Nella contemporaneità, ricordiamo fra gli altri, Gianni Rodari e Mario Lodi, ma anche Donatella Ziliotto e Bianca Pitzormo. A questa moderna schiera si aggiunge Roberta Degl'Innocenti che, con il suo testo, attraverso un linguaggio onirico e netto di grande comunicazione, come del resto lo è nella poesia e nella narrativa precedenti, partecipa all'importante momento di riflessione letteraria e linguistica presente nel nostro paese, al fine di potenziare l'energia espressiva rivolta ai giovani, che vuol essere ludica e propedeutica in modo del tutto divertente, per colmare il vuoto che le moderne tecnologie e l'assenza genitoriale, producono.

Il libro è adatto anche ad un pubblico adulto, che potrà trascorrere momenti di grande piacevolezza e distensione, con la semplicità immediata del linguaggio poetico, capace di cogliere l'azione nell'aderenza della parola alla realtà di immagine concettuale. Così "La luna e gli Spazzacamini", "Margie e Fosforina", "Freddy, la Zanzara distratta", "Virgola e Biancolina", "La Pescatrice di Conchiglie", "Trecciolina", "Bombolo e le Cioppine", "Perla", "Gnam Gnam, il Folletto Grasso", "Il Valzer di Orso Bruno" non solo ci riportano tout-court al nostro mondo edenico ed infantile, ma sono al contempo archetipi e aspetti della nostra coscienza, colta nel suo incantato momento di purezza, andando l'opera a posizionarsi, con ciò, nel filone del romanzo di formazione.

Il libro è corredato di fantastiche illustrazioni di Andrea Gelici, associato al Centro d'Arte Modigliani di cui è Vice Presidente la stessa scrittrice.

Antonio delle Noci

Antonio delle Noci è nato a Monte S. Angelo (FG).
Dopo aver conseguito la maturità classica, è stato allievo di Walter Binni all'Università di Roma "La Sapienza", ove si è laureato in Lettere con una tesi su "Niccolò Machiavelli letterato".
È ordinario di italiano e latino nel Liceo scientifico statale "G. Galilei" di Manfredonia (FG).
Ha pubblicato le raccolte di poesie: *Il coraggio della luce,* 1984; *Per umbram ad lucem,* 2004; *Nel labirinto del tempo,* 2005 e *Opera d'amore,* 2007.

La nuova raccolta di poesie *Opera d'amore* di Antonio delle Noci, edita nel 2007, rappresenta il contraltare della vita che urge, considerata nel suo svariare e colorirsi, nella sua più reale consistenza e nelle sue fughe fantastiche, dove vanno a realizzarsi incontri splendenti di luce, alternati ad ombre, che provengono dal ricordo, dall'assenza di coloro che abbiamo amato e se ne sono andati, lasciandoci soli. Nel caso specifico è la madre ad essere protagonista della sua poesia, adorata figura femminile, assurta ad archetipo di amore per la sua ascendenza, quasi sospensione del presente sul bianco metafisico del foglio che si impreziosisce, via via, di un tessuto connettivo fatto di amore, di nostalgia e malinconia, come si può evincere dalle diverse liriche a lei dedicate, delle quali trascriviamo "Madre, tu conosci..." che recita: "Madre, tu conosci/ il freddo silenzio,/ le imboscate conosci/ del mio dolore,/ conosci le oscure/ parole della terra/ che aprile già veste/ di petali e di luce.", dove le cadenze musicali diventano ineffabile concerto, nella magistrale orchestrazione degli "a solo" del poeta, naufrago di una storia infranta ed attonito spettatore dell'universale umano che è in lui e si riflette nel macrocosmo. In questo nuovo testo, dunque, l'immaginario poetico di Antonio delle Noci, si rivela collegato strettamente alla sua vitalità psichica, con la funzione di integrare in essa la guerra di tensioni che si presentano in quadri compositi e astratti di luce ed ombra, come Bachelardiana voce del mondo. Ma nello snodarsi della poesia è la luce a prevalere, poiché si integra all'anima e alla vitalità del poeta e, con la sua luminosità, fa dileguare l'ombra, più volte presente e reiterata. E comunque la luce, termine nobile, conserva la sua metaforica ascendenza teologico-morale in grado di padroneggiare in un contesto interpretativo a sfondo religioso, anche se non conclamato apertamente. La raccolta, infatti, chiude con una lirica esplicativa che riporteremo integralmente poiché acclara il pensiero del poeta, si tratta di "Buio, non luce…" che così fluisce: "Buio, non luce,/ è l'abbagliante meta/ di chi crede il sole/ una lanterna sospetta./ Perché dubitare della luce/ che mena dritto per ogni calle?/ Non è un garbuglio/ di mente insana/ e nessuno può dire/ che sarà cenere fredda/ in un cielo di ghiaccio.". Ed è proprio in questa volontà di ricerca che risiede la vis artistica e l'ispirazione di Antonio delle Noci, che mena dritto nella strada che porta in alto, per quel senso di fattiva ed operante religiosità che regna nelle sue opere.

Mario Di Campli

Mario Di Campli è nato a Lanciano (CH). Ha pubblicato: *Del silenzio avrai il volto*, 1965; *Poesie d'amore*, 1966; *Che resta*, 1967; *Foulard a pois*, 1969; *Venezia che muori*, 1976; *Cristo in Jeans, Eclissi, Le mura di Sabbia, Poliorama*, 1979; *L'ipotesi di Liszt, Estasi*, 1983; *Capriccio Frentano*, 1984; *Le cavallucce* (poesie dialettali abruzzesi), 1985; *L'ombrellino di Amleto*, 1986; *La cena dell'alleluja, Ballando uomo*; 1987; *Vaso con fenice, Locandine lancianesi*, 1989; *Nel ventaglio del fauno*, 1990; *Rondò per maschere, Fiori di passiflora* (antologia della poesia religiosa), *Manon in giardino*, 1991; *Il brum di cristallo*, 1992; *Rapsodia di uno scriba, Siparietto*, 1993; *Il fuoco*, 1994; *Il sogno della pioggia, Il giorno delle lanterne*, 1995; *La via delle capanne, L'Ireos*, 1996; *La farfalla del fato*, 1997; *Il talento dell'Angelo*, 1998; *Il grande anello, L'ironia del sole*, 1999; *L'Infinito e altre poesie*, 2000; *Presagio in 40 secondi*, 2001; *Suite, L'albero vassallo*, 2002; *I giorni del deserto*, 2003; *Le tavole di Zeus*, 2004; *Il Pegaso di Lanciano e quadri a sua immagine, Degas e il sogno di Emanuela*, 2005; *Ecce Homo*, 2006; *Fashion Giulietta*, 2007.

Nel 2007 Mario Di Campli pubblica la raccolta di poesie *Fashion Giulietta*, che ha in copertina un simbolico collage dello stesso autore, nella quale egli rivela ancora come la dialettica sia propria del suo "essere uomo" di libertà e di rigore, nel "continuum" coerente e coeso con le precedenti opere. Non esiste trasformismo, infatti, in Di Campli, o funambolismo ideologico poiché a prevalere nei temi della poesia è ancora la contestazione ai modi di produzione materiale e culturale di oggi, nella regressione della barbarie bellica e nella dispersione dei valori fondamentali della vita, contestazione che vuol essere liberazione sua e dell'umanità spossessata. E non è pedagogismo moralistico, quello del poeta, al contrario l'indicazione della poesia è rivolta ad un riscatto che sia sociale-morale-religioso al contempo, al fine di realizzare l'agognata "pax" nel mondo, con l'intercessione dell'Altissimo. Citiamo, al riguardo, versi esplicativi che recitano: "Tu sei la Luce del mondo/ e l'Astro della Pace,/ Signore./ Ecco,/ noi combattiamo/ col coltello della carne!/ La Pace.../ Fà, mio Dio,/ che, almeno nei miei versi,/ possa accogliere/ la - Colomba ferita -." ("Tu sei la Luce del mondo"), dove si trasmette il proprio messaggio di Metafisica Trascendentale e d'amore, e la speranza di accogliere con la poesia "la colomba ferita", sentimenti più volte reiterati e dominanti nella poetica dicampliana. Non mancheremo di citare una lirica piccola come un haiku, ma grande ed ermetica per il messaggio che invia, simile ai versi che Dante dedicò alla "Vergine Madre, figlia del tuo figlio", ed espressa con un analogismo vertiginoso delle immagini, nell'assonanza del metro e delle strutture sintattiche, che così recita: "Mia madre/ sospesa/ tra cielo e terra/ fino/ all'ultimo figlio/ al di sopra di lei.", volendo con ciò sottendere la presenza di Dio, sacrificato sulla croce: Gesù Cristo, che il poeta sente di amare poiché: "...E se i - rapaci - / fossero dealati?/ Cristo/ è tra i poveri...!" ("Votazione").

E non abbiamo alcun dubbio: il poeta è con loro!

Maria Tiziana Dondi

Maria Tiziana Dondi è nata a Bologna, dove risiede.

Ha pubblicato i testi di poesia: *Una stella almeno sulla mia vita,* 2003; *Dove piangono i gatti,* 2005; *Una nuova giornata,* 2006 e *Fiocchi di neve,* 2007.

È presente in varie antologie fra le quali: *Poesie d'amore per il terzo millennio.*

Senso di assenza e di disappartenenza, tra passato, presente e futuro, segna la vita e la poesia di Maria Tiziana Dondi, sfiorando la realtà, in modo delicato, così come si evince dalla sua nuova raccolta di poesie intitolata, appunto *Fiocchi di neve,* quasi a stigmatizzare la levità, il candore, le buone intenzioni di una vita in tal senso vissuta, ma caratterizzata, comunque, dal dolore della perdita. Ed è in questo che il suo linguaggio, chiaro e disteso, risulta essere pienamente aderente, per crepuscolare espressività, al flusso di realtà, colta nel suo divenire, in movimenti e gesti dei quali avvertiamo il palpito del cuore, il galleggiamento del nulla che si fa quotidianità in sequenza filmica, per ricomporre quegli avvenimenti che la poetessa avrebbe voluto più favorevoli e comunque diversi dal lutto. Già in "Passaggi", epigramma di carattere ermetico, che va a porsi, quale cuneo, in una distesa poesia, ella sintetizza con versi che recitano: "Tre passaggi nella vita/ dalla culla: il pianto, il riso,/ il nulla." dove la sua idea di vita è molto simile all'idea quasimodiana di "Ed è subito sera". E questa tristezza sempre sospesa, proviene dai perduti affetti del passato, ma ancora vivi, incandescenti e presenti, che non si è voluto sostituire, che son pur ombre "corporee e fisiche" alle quali non ci si può sottrarre e assurgono a dolore individuale, atto a rappresentarla nel mondo. Ma è la quotidianità, fatta di piccole e grandi cose, come l'amore per il figlio venato da piccoli screzi, i fiori del prato come le timide violette che fanno capolino nei prati a primavera, il ricordo dei giovani scolari, oggi irriconoscibili uomini, ad attivare tutto un mondo fanciullo ed innocente, che è poi vero "humus" legato al filo della memoria, capace di rendere il vuoto meno doloroso, dove abita anche una gattina, sempre in cerca di libertà, che fa scrivere a Tiziana versi come: "Mia piccola, mia dolce/ compagna di solitudine./ Con te, riesco ancora/ a cantare,/ con te, riesco ancora/ a giocare.../ Così penso che, a volte,/ basti davvero poco/ per essere felici." ("Alla mia gatta"). Felina presenza da secoli amica dell'uomo, più dello stesso uomo, che con le sue fusa esercita, a detta dei medici, un'azione benefica sull'umore. Con questo pensiero si chiude una raccolta colma di dignità umana, dove c'è l'uso rispettoso della poesia.

Vincenzo Gasparro

Vincenzo Gasparro è nato a Ceglie Messapica (BR) dove vive e insegna. Ha collaborato a diversi giornali nazionali e locali ed è stato per molti anni impegnato politicamente ricoprendo incarichi di consigliere comunale e provinciale.

Ha pubblicato: *La pampanella amara*, libro di storie e memorie corredato di acquarelli del pittore Domenico Biondi, 1989; i volumi di poesie: *Taccuino*, 1994; *parole mai distratte*, 2000; *Grazie per i balconi fioriti*, 2001; *Barchette Arancio e Limone*, 2002 e *Nel mattino disperso*, 2004.

Sue poesie sono state pubblicate su antologie come: *Specchio della Stampa, Poeti del Terzo Millennio, Dalla soglia di un sogno* e *L'anemone e la luna*.

Nel 2006 ha pubblicato *La cura di Gaia* e *Il passero maldestro*.

Di Vincenzo Gasparro ci giungono le raccolte di poesia *La cura di Gaia* e *Il passero maldestro*.

In edizione preziosa e artigianale la prima, arricchita da due opere simboliche di Nevia Gregorovich, che si riferiscono al mondo, sostenuto da mani di bambini in copertina e da grosse mani scure che sostengono un bianco globo a chiusura del testo. La raccolta consta di sezioni strutturate a poemetto ed intitolate: "*La cura di Gaia*", "*La lanterna di Diogene*" e "*Mediterraneo*" dove, rispetto alle precedenti raccolte, si fa più forte il senso di eternità, da cogliere nella traslitterazione antropologica e nell'energia semantica del paesaggio e della natura, sempre mirabilmente descritta e tesa a nuovi significati che si realizzano per successive immagini, che restano aperte alla suggestione del fluire del tempo come materia visibile, in ritmi spaziali, suoni e odori. Nella chiusa del testo c'è palese una richiesta del "Divino" che il poeta chiama l'"Unico", nel senso di: Dio di tutte le religioni, simile al cabalistico "Ensoph" che sta al di sopra del Manifesto "Keter" nell'albero sefirotico. Dice il poeta: "...Ma ci unisce l'Unico/ Non le sue rappresentazioni e le forme./ Nel silenzio la Voce ti folgora/ Nel profumo terso del limone/ Mentre antico il Mediterraneo perdura." (sez. "*Mediterraneo*"), dove dietro il velame sapienziale si manifesta un levitare che è itinerario d'anima che vuol sconfiggere l'entropia.

La seconda raccolta *Il passero maldestro* fluisce in versi lirici, che danno criptici segni della loro mediterraneità, attraverso il valore mediatico della parola poetica, che sa contare la natura del Sud, tra lo sfolgorio del reale e gli spazi di un insondabile ideale. Citiamo la lirica "La notte illumina" che recita: "La notte illumina/ i filari. Poi sboccerà/ sul seno la viola/ e succhi deliziosi/ e mani avide/ nel vigneto dei colori/ ti baceranno nel giardino/ della voluttà./ Pensa una luna/ amore. Una di quelle/ antiche che profumano/ d'uva rosa e malvasia.".

Due raccolte, queste del 2006, quindi, che sembrano volerci rivelare l'intimo segreto delle cose, nell'estremo appello al metafisico, quello dei "Luoghi non giurisdizionali" di caproniana memoria.

Maria Grazia Lenisa

Maria Grazia Lenisa, poetessa, saggista e critico letterario, vive a Terni.

Numerose sono le sue pubblicazioni: *Il tempo muore con noi*, 1955; *Canti vallombrosani*, 1956; *Canti non solitari*, 1956; *L'uccello nell'inverno*, 1958; *I pensieri di Catullo*, 1958; *I credenti*, 1968; *Test*, 1973; *Terra violata e pura*, 1975; *Erotica*, 1979; *L'ilarità di Apollo*, 1983; *L'adultère*, 1986; *Rosa fresca aulentissima*, 1986; *La ragazza di Arthur*, 1991; *La ragazza di Arthur e altre poesie*, 1992; *L'apres-midi d'une nymphe*, 1992; *L'acquario ardente*, 1993; *Laude dell'identificazione con Maria*, 1993; *L'agguato immortale*, 1995; *L'amoroso gaudio*, 1995; *In ricordo del poeta greco Delfi*, 1995; *Arianna in Parnaso*, 1996; *Verso Bisanzio*, 1997; *Un pianeta d'amore*, 1998; *Incendio e fuga*, 2000; *La dinamica del comprendere*, 2000; *Le Bonheur*, 2001; *La predilezione*, 2002; *L'ombelico d'oro*, 2003; *Eros sadico*, 2003; *Il Canzoniere bifronte*, 2004; *Saffo chimera*, 2004; *La rosa indigesta. Contrasti*, 2006.

La rosa indigesta (2006) di Maria Grazia Lenisa, che riproponiamo nell'aggiornamento, prospetta una dialettica concettuale caratterizzata da particolare "forma mentis" che, nell'autonomia della poesia, approda ad una atmosfera drammatica ed ironica al contempo, che è poi la caratteristica delle opere di autentica poesia. Infatti, nei sentieri speculativi ed operativi delle molteplici forme considerate, nella loro azione sinergica e senza discontinuità di anima e corpo, come centro di volizione e di pensiero, conoscere vuol dire stabilire dei nessi nella nozione fondamentale di mediazione. La conoscenza di Maria Grazia Lenisa è senza dubbio sovrarazionale in quanto, attraverso l'elaborazione dei simboli con carattere semantico, assume i segni di ricerca dell'"uno", inteso come scienza sacra, metafisica e realizzativa, nel senso più profondo e corretto della realizzazione dell'esperienza poetica che fa dell'"uno", qualcosa che va al di là del numero o dell'identificazione con la persona divina. Dice la poetessa in "Risposte al maestro": "Superare il Duale? Non è un accento,/ ma il corpo diverso della Poesia/ che emette un solo/ grido./ Bassa strisciò per la stanza una musica,/ conficcandomi in corpo gli aghi, i suoni./ M'aprivo, mi chiudevo/ come valva,/ ione del mare, dissociata/ materia.", dove le parole corrono sensuali ed espressive, nell'orchestrazione sperimentale, con accordo musicale e scandito. L'autrice, della sua splendida raccolta dice: *La rosa indigesta* si articola in tre parti: l'omonima del titolo; "*Il canzoniere bifronte*", già edito con minor numero di testi da "Il Croco" nel marzo del 2004, qui con un titolo diverso, *"Fragmenta"*... petrarchesco ma in chiave comica, firmato da Laura...; la terza parte... *"Priapee e altro"*.

Nella costruzione dell'opera, poiché di vera opera si tratta, la poetessa non tralascia di adoperare tutte le parole, nella loro integralità, nella necessità della costante interpretazione dei segni del vivere, del ricordare, del travalicare il tempo; e questo ci sembra una legittimazione per adire ad un certo sperimentalismo, originale e non di corrente.

Onofrio Lo Dico

Onofrio Lo Dico è nato a Joppolo Giancaxio (AG), ha vissuto ad Agrigento ed ha insegnato lettere nei licei.

Ha pubblicato per la poesia: *Autunno*, 1958; *I fiumi sono secchi*, 1965; *La nostra estate*, 1978; *La cenere dell'albero*, 1982.

Per la saggistica: *Elio Vittorini*, 1984; *Leonardo Sciascia - tecniche narrative e ideologia*, 1988; *La fede nella scrittura - Leonardo Sciascia*, 1990.

Sue poesie figurano in varie antologie, anche scolastiche, fra le quali: *Inchiesta sulla poesia*, 1978; *Critica alla poesia del Novecento*, 1979; *Linguaggio e categorie della sicilitudine*, 1979; *...Febbre, furore e fiele*, 1983; *Traversata dell'azzardo*, 1990; *Discorso sulla nuova poesia*, 1980.

Ha collaborato con la rivista letteraria "Ausonia".

Apprendiamo, con dolore, che il poeta agrigentino Onofrio Lo Dico è venuto a mancare, anche se con noi resta la sua poesia, che già avevamo apprezzato e per la quale avevamo stilato la nostra nota critica nel primo volume della presente "Letteratura". Oggi vogliamo ribadire ancora come nel poeta essa si identificasse con la sua disperata vitalità, come se il suo essere fosse un tutt'uno con ciò che egli scriveva. Sì, Lo Dico era e resta parola, segno, significato e significante, portando a compimento una vita di poesia, che è dispiegata pregnanza di immagini e che declina il tempo secondo un orizzontale criterio di durata, sul piano tutto umano e reale, pur fissando la sacralità dell'uomo, per l'esigenza di chiarezza e di rigore, per l'irrisolto magma dal quale scaturisce il lievito poetico. Citiamo ad esempio la lirica "A mio padre" della raccolta *La Nostra Estate* che testualmente recita: "Io non ricordo l'estate/ così lontana:/ cani randagi passavano/ presso il pagliaio/ il pane era bianco di latte/ al mattino./ Io non ricordo l'estate/ così lontana:/ mio padre nell'aia/ uomo di paglia e di luce/ la forza nelle mani/ dolcezza negli occhi,/ un ragazzo correva/ nell'aria secca del torrente/ a spaventare le capre./ Io non ricordo l'estate/ così lontana,/ sulle mie strade / l'asfalto nero/ copre anche l'amore.", dove c'è incanto, istinto, ma anche memoria ancestrale ed un sogno doloroso, che si antepone ad una dolce figura di padre, per riempire comunque la vita che già presenta il vuoto, il dolore poiché: "l'asfalto nero/ copre anche l'amore" secondo un'ombra lunga che si adagia nella nostalgia, nel "nostos" che è già ritorno a ciò che è lontano nel tempo, e che torna, torna inesorabilmente, secondo una poeticità dell'anima ed una mesta, serotina dolcezza di fondo, pur nella sinteticità di una visione in cui esemplari umani e paesaggio si fondono e convergono, rendendo presenza ogni cosa, capace di uscire dalle secche del solipsismo a tracciare, quindi, alogiche visioni, come ben si evince nell'epigramma "Dentro la luce" con versi che recitano: "Il tuo corpo/ dentro la luce/ ragazzo/ a rompere il cuore della terra." (da *La Nostra Estate*). Una poesia questa che sa ridare "vita postuma alla morte" in una sinfonia di ossimori nella notte del ricordo, e che si pone come atto finale di una forte statura poetica di un animo sofferente, che aspira alla pacificazione umana, lasciando un proprio messaggio che confluisce nel sentimento dell'esistenza, catarticamente accoglibile da tutti.

Alfredo Lucifero

Alfredo Lucifero è nato e vive a Pisa. È poeta, narratore, storico ma anche valente scultore. Esercita la professione di avvocato, ed è magistrato onorario.

Ha pubblicato per la poesia: *Maschere di sabbia,* 1959; *Il segreto del tempo,* 1994; *Ferie d'agosto,* 2000 e *Epigrammi per Lesbia,* 2003. Per la prosa ha dato alle stampe: *Asterischi,* 1990; *Il fagiano,* 1997; *Il ponte girante,* 2002; *Alfredo Lucifero "Profilo d'Autore", monografia,* 2003; *Ulisse per sempre e altre storie,* 2004 e *Il fagiano e il cinghiale,* 2006. Ha curato per Mondadori il testo *L'ultimo re* dove sono pubblicati preziosi documenti storici di suo zio Falcone Lucifero, ministro di Casa Savoia. È presente in molte Antologie letterarie e nel *Quadrato* come scultore. Lia Bronzi e Vittorio Sgarbi hanno curato un prezioso testo d'arte con riproduzione delle sue sculture. È presente, con sue poesie, in numerose Antologie.

Nel 2007 ha pubblicato la raccolta di poesie *Un'altra vita*.
È stato più volte presentato alla "Camerata dei Poeti", al "Caffè Letterario Giubbe Rosse" e al "Centro d'Arte Modigliani" a Firenze e alla "Versiliana" a Forte dei Marmi (LU).

Alfredo Lucifero, poeta, narratore, scultore, già presente nella nostra "Letteratura", con un "excursus" breve su tutte le sue opere, pubblica nel febbraio 2007 la raccolta di poesie *Un'altra vita* secondo una forma d'arte che è "continuum" dei diversi linguaggi espressivi che lo caratterizzano. Dice Romano Battaglia nella presentazione al testo: "…Le parole, il dialogo, sono importanti solo se ci arricchiscono, se trasmettono delle verità, se manifestano idee, che aiutano a percorrere meglio il cammino della nostra esistenza. Le poesie di Lucifero sono così, vengono incontro ai desideri di tutti coloro che cercano.". Ma noi vogliamo aggiungere che questa nuova raccolta, fra l'altro già presentata nella rubrica "Segnalibro" del TG2 del mattino, con lusinghiero commento, ha un emblematico titolo, quasi ad indicare uno stato in cui si delinea un passaggio da una ad un'altra condizione, verso una più avvertita astrazione, intesa a tracciare un alogico distacco dai fatti della vita, anche se è ancora l'amore, come nelle altre raccolte poetiche, il punto di fuga che diparte e s'allarga a ventaglio sulle varie tematiche, nella loro logica ed organica consistenza. Nel registro lirico del poeta, annotiamo esperienze filosofico-antropologiche che ci riportano direttamente al concetto d'amore espresso da Platone, secondo il quale Amore è il mezzo per pervenire alla conoscenza ed è essenza intermediaria tra mortale e immortale, mentre rappresenta lo sforzo continuo dell'anima per ritrovare ciò che essa ha amato di più e che non cessa di essere amabile. Dice infatti Alfredo Lucifero: "Quanta vita/ nascosta nel pensiero/ sfiorato dall'anima/ che vorrebbe uscire/ e visitare un altro corpo,/ cercare la vita nascosta/ e farla propria." ("Un'altra vita"), volendo con ciò significare che non c'è né umiltà, né completezza, senza il ritrovamento dell'altra parte celeste, dove Eros e Logos sono avvinti.

Nella lirica "Dormire" torna il tema della morte ed è la notte a veicolarlo nel riposo notturno, morte non procrastinabile come quando si è giovani, ma vista come eternità di sonno, come condizione statica, luogo di riposo e di calma della stessa vita. Ogni lirica della nuova raccolta si pone come inno che travalica la personalità dello stesso poeta, per divenire voce universale di dolore, nell'equilibrata fluidità conoscitiva ed esistenziale, secondo un'ideazione poetica con sfumature ermetiche ed introflesse che vanno a sciogliersi in espansione lirica, nella dimensione estetica, sull'onda di ciò che è vitale.

Un'altra vita ci ripropone, quindi, la verifica del poeta del suo essere al mondo, tra alti e bassi, tra malinconie ed estasi, più che vicine ad un approdo certo.

Giuseppina Luongo Bartolini

Giuseppina Luongo Bartolini, poetessa, scrittrice, saggista e drammaturgo, vive a Benevento. È laureata in Lettere, ha insegnato italiano e storia negli Istituti Tecnici e Magistrali ed è stata Preside di Scuola Media.

Ha pubblicato numerose opere poetiche: *Dilemma*, 1981; *L'esca del lucro*, 1986; *Paglia dell'oro*, 1989; *Meraviglia del dove*, 1994; *Bagno della regina Giovanna*, 1994; *Emblemata*, 1995; *Village/Icona*, 1998; *Via Crucis per Teresa Manganiello*, 2000; *The Heft of the Wings and Other Poems (Il peso delle ali)*, 2001; *Detriti- Haiku e altre terzine*, 2002; *Itinerari*, 2002; *Klischee*, 2002; *Del cuore delle cose*, 2004; *Circostanze/Circostances*, 2004; *Album- Poesie d'amore*, 2005; *La polvere dei calzari*, 2005 e *Terra di passo*, 2006. Di saggistica e prosa pubblica: *Note di didattica per la scuola media*, 1969; *Guida di Benevento e della sua provincia*, 1981; *Questione Donna*, 1986; *Strade in città*, (racconti) 1991; *Da Via della Giudecca al Serralium alla Shoah - Ebrei in Benevento, sec. XII-XVI*, 2000; *Miscellanea Sannio*, 2001; *Santi di Benevento*, 2002 e *Paesaggi culturali nella Benevento dei secoli XVI-XVII-XVIII*, 2004. Per il teatro: *Nicolò Franco beneventano*, 1996; *Salvatore Sabariani 1805-1854. Una vicenda beneventana*, 1998; *Nostra Signora dei Gelsi. La vocazione di Teresa Manganiello*, 2002 e *Grimoaldo Re*, 2004.

Svolge attività di pubblicista su numerose riviste letterarie.

È presente in antologie e testi di critica letteraria.

Avevamo già scritto nel primo volume della nostra "Letteratura" che: "Con la Bartolini Luongo ci troviamo, quindi, di fronte ad un profondo e quanto mai prolifico "corpus poetico" certamente fra i più importanti, che va dal Secondo Novecento al Primo Lustro del Terzo Millennio.". Con il macropoema dal simbolico e metaforico titolo *VILLAGE/ICÓNA*, Giuseppina Luongo Bartolini, sviluppa un progetto poetico chiaro e sapienziale, ma non didascalico, che si sviluppa passando per il quotidiano, l'epico, il contingente scientifico, per giungere al paradigma storico ed universale. E come si legge nella "Giustificazione del volume": "VILLAGE /ICÓNA: è il titolo del poema. Il vocabolo VILLAGE (ingl. franc.: villaggio) sta a significare un'idea dell'universo mondo naturale, di cui è parte la terra, paesi, città, case in cui l'uomo vive. ICÓNA: le immagini/quadri che ne danno la rappresentazione.". Più acclarante il concetto non poteva essere. Una costruzione concettuale e deontologica del poema, quindi, condotta con un verseggiare esteso e orientato al narrativo, che si realizza secondo una personalissima cifra verso composizioni con ampio significante nel respiro lirico-allegorico, da prodomo della letteratura come stimiamo essere Giuseppina Luongo Bartolini, che si interroga incessantemente sul fluire della vita, sul suo senso e mutamento. Dalla sezione *"Joie de vivre"* citiamo l'"incipit" di "La verticale del tempo" che recita: "Le tavolette di creta frammenti d'Eraclito/ l'oscuro rotolo del Mar Morto papiri d'Ercolano/ exultet pergamene di chiese medioevali risalgono/ la verticale del tempo in direzione del mio/ segmento convocati agli sconvolgenti meandri/ della crescita neuronale alla sonda degli spessori/ fluidi del mio percorso..." dove dall'astrattezza del punto geometrico e la materialità di quello fisico si diparte il tempo, nel rapporto d'equilibrio tra l'essere e il mondo, tanto per fare un esempio, tutte immagini che sono poi ideali figurazioni indirizzate verso uno scientifico sapere che si esprime con tecnica espressiva e sorvegliata e in accostamenti che sono simboli perenni. È evidente che la poetessa continua, con questo nuovo testo, la ricerca della verità, e lo fa con lo strumento che le è più congeniale: la poesia, che vale per lei il raggiungimento dell'amore universale.

Anita Norcini Tosi

Anita Norcini Tosi, fiorentina, non si stanca di notare le bellezze della propria città, dove è nata e vive.

Poetessa e pittrice, è socia del "PEN CLUB ITALIANO"; dell'Associazione culturale "Sguardo e sogno"; dell'associazione Donne d'Europa; dell'Associazione Lib(e)ramente; è vicepresidente della sezione fiorentina dell'UCAI.

Ha insegnato per venti anni lingua e letteratura italiana presso l'Istituto Italiano di Cultura Dante Alighieri.

Nel 2004 ha pubblicato un libro di poesie intitolato: *Quell'unica perla*.

È presente nell'antologia: *Icona d'invisibile*. (La ricerca di Cristo nella poesia italiana del Novecento)

Ha al suo attivo numerose mostre di pittura in Italia ed in America. Nel 2007 ha pubblicato la raccolta di poesie *Vibrazioni*.

Dopo *Quell'unica perla*, Anita Norcini Tosi, pittrice e poetessa fiorentina, con radici romagnole, riscontrabili nella festevole e sognante allegria del suo spirito, pubblica *Vibrazioni* con proprie opere riportate in prima pagina di copertina, "Fusioni d'amore", e in quarta di copertina, "Danzando".

Il titolo *Vibrazioni*, alla luce di considerazioni da esprimersi lungo l'asse esegetico, ci appare come classico esempio di teologia letteraria, in quanto "medium poetico", comunicazione e chiarificazione di un cammino fondativo del discorso teologico e della tensione verso l'assoluto della poetessa stessa. Con ciò non vogliamo dire che la poesia di Anita sia di carattere strettamente religioso, semmai ci troviamo di fronte ad un intreccio fra denotazione naturalistica e divinità, in modo particolare nella prima parte del testo, in cui la "physis" si rivela nella trasfigurazione mistica, per il legame che esiste con il sacro e la presenza del Verbo che si è fatto carne, secondo una terrena mobilità monologale che diviene ancora più preziosa quando si fa "luce", la cui essenziale melodia dà vita ad una parola poetica trascendentale ed immediata, carica di passionalità e purezza al contempo, espressa in tessere policrome, come la pittura, dove è presente un rosso lacca di carattere indiano, quasi a ricordare il V Chakra (3,86) dove l'antica saggezza è racchiusa nell'occhio che vede tutto, situato in mezzo alla fronte, che sa ben riconoscere "...l'anziano dei giorni". Ed è così che si ha la sensazione, con "vibrazioni" diverse, di compiere un viaggio metaforico dell'animo umano verso l'Unità, nel gesto dell'identificazione artistica che va al cuore dei problemi e delle tematiche più dense e significative esistenziali, che non si esauriscono nel semplice fatto estetico, ma vanno a realizzare una fascinazione sulla mente e nello spirito del lettore, per effetto di proiezione, nel comune sentire coeva, nonché sul con-sentire di "ethoi" considerati nella loro molteplicità di multiculturalismo ed interreligiosità. Autrice in "progress" Anita Norcini Tosi, che ha ancora molte cose da scrivere e molte tele da dipingere, per aspirazione al miglioramento e per età ancor giovane.

Maria Suglia Pesce

Maria Suglia Pesce è nata a New York (cittadina Italiana) e si è laureata in Lettere Classiche alla "Sapienza" di Roma.
Vive a Roma, ove ha insegnato lettere nei licei-classici statali.
Ha pubblicato: *Evaristo*, 1989; *Le Esopine; Aldino e le diable*, 1994; *Il colbacco color champagne*, 1996; *Feuilleton d'Italie*, 1999 e *Un uomo: cos'è mai un uomo? Lettere di una amore virtuale*, 2006.
Nel 2007 ha pubblicato la raccolta di favole *Storie di animali*.

Nel 2007 Maria Suglia Pesce, pubblica la raccolta di favole *Storie di animali*, che non appare come un'ulteriore aggiunta all'istanza narrativa, tanto è originale e nuova. Infatti la lunga teoria di animali, diversi per specie fra loro, sono in realtà uno zoo di tipologie antropologiche nelle quali talora la "ferinatas" appare di qualità superiore all'"humanitas" che siamo quotidianamente abituati ad incontrare. Avevamo già scritto a proposito di "Esopine, storie di animali" che esse: "...da Esopo, schiavo frigio del VI secolo a. C., mutuano il fascino, come del resto fecero Fedro e La Fontaine con calchi più aderenti", ma da una lettura approfondita delle nuove favole, che non si attenga solo al testo linguistico, si può notare come in esse, pur apparendo una compresenza di disagi sostenuti nel nostro tempo, vi è chiara o sottesa l'intenzione verso l'approdo di una soluzione etica. Infatti la scrittrice, attraverso l'uso di strumenti retorici e forme prosodiche appropriate, che dell'opzione poetica hanno tutto il sapore, crea storie di comuni animali che sembrano, sì, provenire da un mondo classico antico per forma e per costrutto architettonico, ma per contenuti si rapportano al nostro mondo e, racconto per racconto, ne evidenziano pregi e difetti che, in astrazione divengono simbolo archetipale, pur nel loro animalesco minimalismo, secondo una dimensione di ottima leggibilità. E questa è una delle caratteristiche particolari di Maria Suglia Pesce, capace di evocare dall'atavico patrimonio paremiologico, come espressione dell'animo e del costume popolari, animali che celano, dietro la loro figuralità, una rivisitazione, talora criticamente negativa, altre volte più divertita, dell'odierna umanità, per la quale è importante il "mercato" e "il possedere". Citiamo ad esempio le parole scritte nella favola "Il coccodrillo", la cui pelle serve per scarpette, cinture, borsette e portafogli, che recitano: "...Oggetti "deliciae generis humani", anzi foeminarum che, così, per trionfare, come spesso fanno, hanno bisogno del sacrificio cruento degli esseri, come dee sanguinarie mai sazie. Come è difficile capire, se non impossibile, la vita, gli uomini, gli animali, la natura; tutto!". Dove c'è identità tra "logos" ed immagine nella ricerca linguistica che, in quanto tale, diviene esperienza etica e propedeutica, a vantaggio della comunicazione.

Lenio Vallati

Lenio Vallati, narratore e poeta, è nato a Gavorrano (GR), risiede a Sesto Fiorentino ed è Capostazione a Firenze Castello.

Ha pubblicato: *Soggiorno a Bip-Bop*, 2003; *Un criceto al computer*, 2004; *Desiderio di volare*, 2006, tutti testi di narrativa. Per la poesia ha al suo attivo molte liriche, alcune delle quali pubblicate in antologie tra cui: *Poesie d'amore per il terzo millennio*.

È associato al "Centro d'Arte Modigliani", Presidente Roberto Cellini, dove è stato presentato il testo: *Desiderio di volare*.

Nel 2007 ha pubblicato la raccolta di poesie *Alba e tramonto*.

Alba e tramonto, questo il titolo dell'ultima raccolta di poesie di Lenio Vallati, quale metafora stessa dell'intera esistenza, dove simboleggia l'alba la giovane figlia che ha: "...i vestiti/ ancora aspersi di rugiada/ nel cuore i misteri della notte/ e negli occhi luccichii di stelle." e lui, il poeta, il tramonto con: "...foglie secche nell'anima/ e negli occhi/ rossastri bagliori/ di un sole cadente.". Tramonto, quindi, quale simbolo dell'ora crepuscolare ed incerta, che volge verso il buio della notte planetaria e la fine della forma fisica, unica cosa di cui il poeta sembra avere certezza, oltre che: "...tanta voglia di amare..." che non è cosa da poco, del resto questa è la vera cifra della letteratura di Vallati: poesia e narrativa, quale spazio di empatia da condividere con una immaginaria alterità, con la quale interloquire e considerare come riconoscibile "semblabe" fraterna, alla quale rivolgersi con approccio socio-semiologico-comunicativo.

In tal senso si snoda la poesia totale di Lenio Vallati, che non ha solo carattere lineare, in quanto è pur piacevolissima all'ascolto, al sonoro, al recitato, proprio per la voglia di comunicazione e la solarità che le è intrinseca, come si è potuto notare allorché altra sua raccolta è stata presentata in pubblico, che ha accolto lo sfolgorare delle immagini con simpatia ed attenzione. Lo stesso autore, rivolgendosi alla "Poesia", dice: "Poesia,/ dolce frutto della mia anima... và... traduci... Parla poesia... parla il linguaggio/ dell'amore" affidando ad essa il proprio amore e il sogno, che si trasforma in simbolo perenne, secondo un discorso inteso a rompere la sfera del silenzio e della solitudine.

Le tematiche della raccolta sono le più varie ed eterogenee, anche se l'amore per la figlia e la moglie è più volte reiterato come in: "Stella cadente"; "Ritratto di donna"; "Altalene"; "Cosa penserai di me"; "Cercami" tutte dedicate alla figlia, mentre dedicate alla moglie sono: "Dimentica"; "Notte folle"; "Ciò che mi resta di te"; "L'amore è"; "È bello pensare che". Tutte liriche che donano alla raccolta un sapore ed un profumo di pulita e sana aria familiare, secondo una lucida topografia del cuore, che riconosce nella famiglia la propria radice, il vero e primo nucleo sociale che rassicura l'esistenza. Le altre poesie rispondono all'interpretazione dello spirito del nostro tempo, nella predisposizione visiva e figurativa della scrittura, in un più stretto rapporto con la realtà sociale e civile, che il poeta, con spazi efficaci, capaci di suscitare emozioni profonde, cerca di comprendere e di portare nel circuito delle emozioni, nel flusso stesso di bellezza della parola poetica, con valore catartico, e che egli attribuisce, in varie liriche, proprio direttamente alla poesia, in prospettive del tutto esistenziali che si esprimono tra gli elementi panici della natura e la parola che fluisce ispirata dallo "spiritus loci", secondo un moltiplicarsi di vibrazioni dal valore tutto umano. Ne nasce un lirismo che va ad intersecarsi all'aspetto civile e sociale e si manifesta, oltreché attraverso l'amore, anche nel richiamo dei ricordi e nelle espressioni della natura come in "La campagna toscana" e "Maremma" che rievoca quella zona geografica della nostra bella regione, quando era "regno maledetto di malaria", Maremma amara dunque, del disagio sociale, in contrapposizione a quella di oggi dove: "...i giorni/ han tramonti di quiete/ e fra le fronde/ delle annose querci/ canta felice un pettirosso" secondo una ritrovata armonia e un'avvertita panica credenza, trascendentalmente elusa, ma pur sempre nella forza di un processo logico-dinamico-ispirativo, che va a segnare di laica spiritualità il modo di sentire dell'anima poetica, nello stesso atto compositivo, nella sua estrinsecazione e reinvenzione della vita, nel suo carattere filogenetico e ontogenetico insieme, colto in un'emozionalità quasi ancestrale. In poche parole, Vallati, più che cercare consenso o dissenso, cerca il vero senso della vita, che non sia solo ripiegamento su se stessi, ma soprattutto apertura, amore e comunicazione con il prossimo, muovendo deciso verso l'approdo di una soluzione etica, sulla cui base incarnare la comprensibilità del messaggio poetico, nel riadeguamento del lessico ad una dimensione di maggior leggibilità possibile. E se, come dice Leibniz, "l'amore condiziona la giustizia, e questa serve la carità. La giustizia è la carità del saggio", la poesia di Vallati è messaggera d'amore e porta la sua pietruzza alla costruzione di una vita umana più dignitosa e più giusta, nel senso di religiosità ontologica del termine, al fine di "...progettare arcobaleni di speranza." E questo certamente sa fare *Alba e tramonto*, come "atto misterioso che sempre si pronuncia ma mai si produce compiutamente" come amava dire Borges.

Antonio Marcello Villucci

Antonio Marcello Villucci è nato a Soresina (CR), vive e lavora a Sessa Aurunca. È stato docente di Materie letterarie negli Istituti d'istruzione secondaria. Ha collaborato alla rivista "Crisi e letteratura" diretta da Gaetano Salveti, ed ha ricoperto l'incarico di Direttore dell'Università Popolare "G. Lucilio" in Sessa Aurunca.

Ha pubblicato: *Rifugio*, 1970; *L'albatros*, 1971; *Dopo lo spettacolo*, 1974; *Controcanto*, 1989; *I giorni e la memoria*, 1996; *Oltre il silenzio della luna*, 1999; *Da un'altra stagione*, 2001; *Una sciabica di stelle*, 2003 e *Fiori d'arcobaleno*, 2005.

È presente nei volumi: *Poeti Aurunci - antologia di testi*, 1989; *Lettere vanitose*, 1985; *La poesia in Campania*, 1990; *Dizionario degli autori italiani contemporanei*, 1998; *L'altro Novecento nella poesia italiana*, I, 1995; *L'altro Novecento. La poesia etico-religiosa in Italia*, IV, 1998; *L'altro Novecento. La poesia centro-meridionale e insulare*, 1999; *L'altro Novecento. La poesia "onesta"*, VIII, 2004; *Viaggio letterario nell'Italia europea*, 2001.

Nel 2007 ha pubblicato la raccolta di poesia *Oltre il silenzio*.

È appunto giunto a compimento, a maturazione, il tempo della coscienza accordato a quello divino, nella raccolta *Oltre il silenzio* di Antonio Marcello Villucci, nella quale si manifesta il passaggio dal discorso interiore al silenzio e quindi "Oltre" di esso, dove abita Dio, in una posizione che trova la propria ragione d'essere, ancor prima della originaria duplicità del parlare e del tacere, anche quando sia presente dolore o gioia, disagio terreno o ascesi nei confronti del divino. Non si tratta, quindi, di raggiungere una verità teoretica, ma una verità che oltrepassi la realtà, attraverso anche la contemplazione sino alle soglie dell'esicosmo, del vivere in pace. Dice il poeta: "Verrò con gli Angeli/ alla curva dell'azzurro/ per salpare con il vento della sera/ verso l'Oriente del Signore." ("Verrò con gli angeli") e anche quando i richiami cosmici e terreni, che pur sono presenti nel fluire della poesia, si fanno più vivi e sentiti, essi si manifestano nella rarefazione del semplice e dell'essenziale, come ben si evince da diverse liriche, tra cui "Ritorna primavera" che recita: "Ritorna primavera./ Ascolto rivivere le creature della terra,/ l'acqua, i rami e le erbe del bosco/ e i loro rinati profumi/ per le sere di festa.". Lirica icasticamente breve e scorrevole, quasi filocolica, poiché contempla e implicitamente introietta le "vestigia Dei", trascendendo, al contempo, la dimensione sensibile stessa e, per ossimoro, avvertendo in essa l'afflato vitale divino, nell'intreccio dell'immanenza-trascendenza. E sono molte le liriche che esprimono l'"Harmonia mundi", quale modello metafisico ed estetico, della manifestazione, dopo la figura del Cristo, s'intende, Dio sacrificato sulla croce e principale immagine dell'essenza divina. È evidente come, nella sua ultima raccolta, il poeta avverta un terreno precategoriale, originario, che sta nell'"ante" del parlare e del tacere, cioè in quella soglia "in Limine" dove non è più possibile distinguere l'uno dall'altro e che va fondendosi in aperture di rievocazioni del passato, che si agganciano misticamente all'infinito, "eu topos", dove è possibile dialogare con: "...angeli di arcobaleno/ aprono il giorno/ alla rinnovata primavera./ Ritorna il tuo passo nelle stanze/ e il canto di 'Sei tu il bolero'." ("Nella tua casa di Maròpati"), dove l'assenza diviene "presenza sempre". Raccolta grammatica dell'anima, quindi, umanamente partecipata nell'aspirazione alta alla "Trascendenza".

INDICE

Nota Editoriale al I volume	Pag.	5
La Critica Letteraria dal Secondo Novecento ad oggi (Alcuni critici, teorie e vari metodi) di *Lia Bronzi*	"	7
Le Poetiche del Novecento di *Angelo Manuali*	"	13
Ricerca e Tendenze di Nuove Forme Letterarie agli inizi del Terzo Millennio di *Nicla Morletti*	"	23
Panorama della Narrativa Italiana del '900 (Sintesi) di *Vittoriano Esposito*	"	29
Nino Agnello	"	81
Marzia Alunni	"	83
Angela Ambrosini	"	85
Fausto Mariano Antonucci	"	87
Antonia Arcuri	"	89
Roberta Bagnoli	"	91
Rita Baldassarri	"	93
Claudio Battistich	"	95
Beatrice Bausi Busi	"	97
Sesto Benedetto	"	99
Alberta Bigagli	"	101
Pasqualino Bongiovanni	"	104
Mariella Bottone	"	106

Marzia Maria Braglia	"	108
Serena Caramitti	"	109
Antonio Casula	"	111
Nadia Cavalera	"	113
Luciano Cecchinel	"	115
Franco Chiocchini	"	117
Amelia Ciarnella	"	120
Melina Ciccotta	"	122
Maria Rosaria Cofano	"	124
Franco Conti	"	126
Antonietta de Angelis del Medico	"	128
Ada De Judicibus Lisena	"	130
Francesco De Napoli	"	132
Silvano Demarchi	"	134
Giuseppe d'Errico	"	137
Gianni Fanzolato	"	139
Paola Fedele	"	141
Ignazio Gaudiosi	"	143
Mirella Genovese	"	145
Edda Ghilardi Vincenti	"	147
Anna Maria Giancarli	"	149
Filippo Giordano	"	152
Emanuele Giudice	"	153
Renato Greco	"	156
Antonino Grillo	"	158
Antonella Guidi	"	160
Giuseppe Limone	"	162
Annalisa Macchia	"	164
Ettore Enzo Maffei	"	166
Marina Marini	"	168
Linda Mavian	"	169
Ettore Mingolla	"	171
Antonella Molica Franco	"	174
Sandro Mugnai	"	176
Franca Olivo Fusco	"	177

Giulio Panzani	"	179
Marisa Pelle	"	181
Anna Maria Piccini	"	183
Carlo Piro	"	184
Maria Grazia Pirracchio	"	186
Carmelo Pirrera	"	188
Francesco Predaroli	"	190
Antonio Puddu	"	192
Franco Riccio	"	194
Virgilio Righetti	"	196
Nicola Romano	"	198
Aldo G.B. Rossi	"	200
Gianna Sallustio	"	202
Innocenza Scerrotta Samà	"	204
Enzo Schiavi	"	206
Edio Felice Schiavone	"	208
Mario Sodi	"	210
Antonio Spagnuolo	"	212
Alessandra Tamarri	"	214
Imperia Tognacci	"	216
Domenico Totaro	"	218
Michele Urrasio	"	220
Sebastiano Ventresca	"	223
Umberto Zanetti	"	225

APPENDICE DI AGGIORNAMENTO AL PRIMO VOLUME

Domenico Agnello	"	231
Brandisio Andolfi	"	232
Angela Aprile	"	233
Lilly Brogi	"	235
Paolo Broussard	"	236
Giuseppe Antonio Brunelli	"	237
Marianna Bucchich	"	239
Sara Ciampi	"	241

Carmelo Consoli	"	243
Roberta Degl'Innocenti	"	244
Antonio delle Noci	"	246
Mario Di Campli	"	247
Maria Tiziana Dondi	"	248
Vincenzo Gasparro	"	249
Maria Grazia Lenisa	"	251
Onofrio Lo Dico	"	252
Alfredo Lucifero	"	253
Giuseppina Luongo Bartolini	"	255
Anita Norcini Tosi	"	256
Maria Suglia Pesce	"	258
Lenio Vallati	"	259
Antonio Marcello Villucci	"	261

Finito di stampare nel mese di ottobre 2007
dalla BASTOGI EDITRICE ITALIANA srl - 71100 Foggia
presso Grafiche DIGI.MA.IL - Foggia